Je vis ma grossesse et le développement de mon bébé

Je vis ma grossesse
et le développement
de mon bébé

Votre guide pour une grossesse heureuse et en santé
et pour les soins du bébé jusqu'à l'âge de trois ans

 **Broquet**

97-B, montée des Bouleaux,
Saint-Constant, Qc, Canada, J5A 1A9
www.broquet.qc.ca   info@broquet.qc.ca
Tél. : 450 638-3338   Téléc. : 450 638-4338

Catalogage avant publication de Bibliothèque et Archives nationales du Québec et Bibliothèque et Archives Canada

Vedette principale au titre:

Je vis ma grossesse et le développement de mon bébé

Traduction de: My pregnancy & baby.

Comprend un index.

ISBN 978-2-89654-235-2

1. Grossesse - Ouvrages de vulgarisation. 2. Nourrissons - Soins.
I. Roby, Jean. II. Laramée, Christiane.

RG551.M914 2011   618.2   C2011-940369-2

Pour l'aide à la réalisation de son programme éditorial, l'éditeur remercie:
Le gouvernement du Canada par l'entremise du Programme d'aide au développement de l'industrie de l'édition (PADIÉ); la Société de développement des entreprises culturelles (SODEC); l'Association pour l'exportation du livre canadien (AELC).
Le gouvernement du Québec – Programme de crédit d'impôt pour l'édition de livres – Gestion SODEC.

Titre original: *My pregnancy & baby*

Copyright © Carroll & Brown Limited 2011
Carroll & Brown Publishers Limited
20 Lonsdale Road
London NW6 6RD

POUR L'ÉDITION CANADIENNE EN LANGUE FRANÇAISE:
Traduction: Jean Roby et Christiane Laramée
Révision scientifique: Andrée Lavoie
Correction d'épreuves: Andrée Laprise
Conception de la page couverture: Brigit Levesque
Infographie: Nancy Lépine

Copyright © Ottawa 2012 Broquet inc.
Dépôt légal — Bibliothèque et Archives nationales du Québec
1er trimestre 2012

Imprimé en Chine

ISBN 978-2-89654-235-2

Contenu

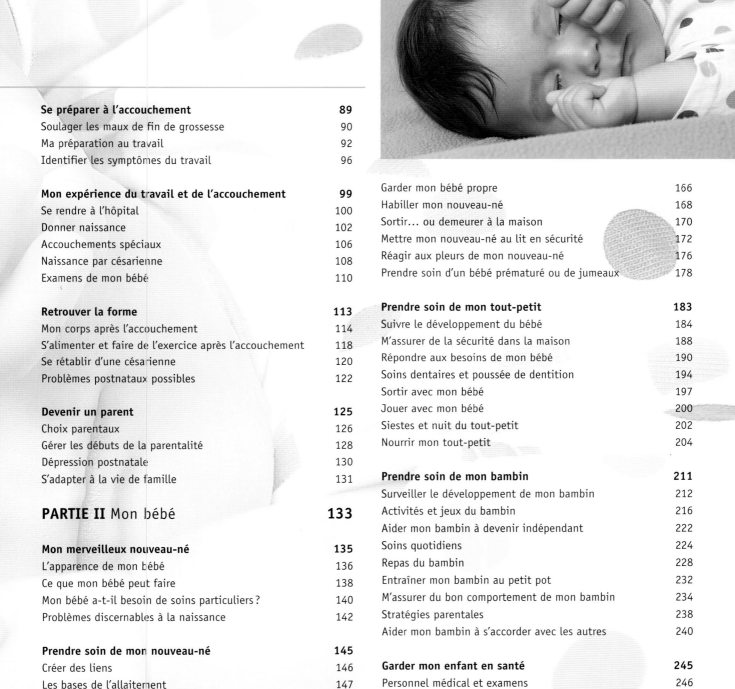

Avant-propos

Les femmes sont faites pour avoir des bébés. Si vous avez choisi d'en avoir un, vous êtes alors sur le point de vous lancer dans l'expérience qui transformera le plus votre vie. En sélectionnant ce livre comme compagnon de votre grossesse et des soins pour votre bébé, vous vous êtes placée entre bonnes mains. Vous y trouverez toute l'aide nécessaire pour que votre intuition et votre désir de faire ce qu'il y a de mieux pour votre bébé (ou vos bébés) puissent prévaloir. Vous en savez déjà beaucoup concernant ce que vous devriez faire pour protéger votre bébé et vous-même – mais ce que vous ne savez pas, vous le trouverez indubitablement dans ce livre.

Vous serez toujours la plus grande protectrice de votre bébé et cela commence avant même que vous ne soyez enceinte, avec le soin que vous prenez à suivre un régime alimentaire sain et un programme de conditionnement physique, et à éviter les dangers potentiels. Une fois que votre bébé aura vu le jour, vous le connaîtrez mieux que quiconque et vous serez la première à comprendre ses besoins et à y répondre. Ce livre a été écrit avec l'intention de vous soutenir dans votre recherche du meilleur que vous puissiez offrir à votre bébé. Plutôt que de vous communiquer l'information émanant de quelques sphères supérieures et impersonnelles, il cherche à travailler en partenariat avec vos idées et vos pensées relatives au fait d'avoir et de prendre soin de votre bébé. Il vous procurera toute l'information requise pour prendre des décisions éclairées, vous encourageant ainsi à faire ce qu'il faut. Les rubriques « Je ne ferai pas moins que… », les listes de vérification, les encadrés « Supprimer… » et « Avis d'experts » faciliteront l'adoption des meilleures pratiques. Le calendrier de grossesse avec images du développement fœtal vous livrera des aperçus surprenants sur le développement de votre fœtus dans l'utérus. Les nombreuses pages consacrées aux questions de sécurité, de premiers soins et de santé vous assureront de prévenir des accidents ou des situations qui s'aggravent, et de pouvoir agir vite et correctement si un imprévu se produit ou si votre enfant est malade.

Il n'y a pas deux grossesses identiques – même vécues par la même mère ; par conséquent, n'ayez pas peur d'utiliser le livre pour y consigner vos propres expériences et réactions personnelles. Après tout, il s'agit de votre grossesse et de votre bébé !

PARTIE I Ma grossesse

PARTIE I Ma grossesse

Je suis enceinte !

Découvrir que j'étais enceinte a été définitivement l'un des moments les plus excitants que j'ai connus. Cependant, le plaisir immédiat a été presque aussitôt atténué par de grandes inquiétudes à propos de ma préparation et de ma capacité à devenir parent. Heureusement, ces pensées négatives se sont dissipées tandis que je songeais aux choses miraculeuses qui avaient déjà pris place sans que j'en aie conscience – l'un de mes ovules avait été fertilisé et une nouvelle vie avait commencé – et aux nombreux mois à venir avec leurs multiples nouveaux développements pour moi et mon fœtus.

Les premiers jours

J'ai essayé d'avoir un bébé et je pense que j'ai réussi enfin à être enceinte. Je sens mon corps différent, mais je n'ai pas ressenti tous les signes révélateurs. Un test de grossesse à domicile devrait déterminer définitivement si je suis enceinte, mais si mes menstruations sont irrégulières ou si ma grossesse est trop précoce pour être détectée, le test peut s'avérer négatif. Si l'impression d'être enceinte subsiste, je peux reprendre le test 5 à 7 jours plus tard. Je peux aussi demander à mon médecin de procéder à une analyse sanguine ou à un examen interne.

TROUSSES DE TEST DE GROSSESSE À DOMICILE

Plusieurs sortes de tests sont disponibles, mais ils vérifient tous la présence de gonadotrophine chorionique (hCG), qui est une hormone sécrétée par le placenta en développement. J'ai choisi un test qui peut être utilisé à compter du premier jour sans menstruation. Il sera plus précis si j'utilise la pre-

mière urine du matin parce qu'elle est plus concentrée ; ainsi, même de minuscules quantités de hCG peuvent être détectées. Ce test exige d'uriner d'abord dans un contenant propre, puis de faire tomber quelques gouttes, avec le compte-gouttes fourni, dans la fenêtre d'un bâtonnet ovale ; un autre test exige de tenir un bâtonnet dans le flot d'urine pendant la miction. Le résultat devrait apparaître en quelques minutes ; la réponse est donnée par une ligne colorée dans une fenêtre sur le bâtonnet. Souvent, une ligne indique que le test a été effectué correctement.

SUIS-JE ENCEINTE ?

Vous trouverez dans la liste ci-dessous les signes et symptômes classiques de la grossesse, quoiqu'ils puissent apparaître à différents moments.

☐ Je n'ai pas eu de menstruations ce mois-ci.

☐ Mes seins sont sensibles et ils ont augmenté de volume.

☐ J'ai eu des nausées le matin et, parfois, aussi la nuit. J'ai vomi quelques fois.

☐ Je me sens vraiment fatiguée. J'ai de la difficulté à sortir du lit le matin. Je suis prête à m'y remettre dès que je rentre le soir.

☐ Je dois uriner plus souvent qu'à l'habitude.

☐ En même temps, je me rends compte que je suis constipée.

☐ Des odeurs et des goûts en particulier me rebutent. En fait, j'ai un étrange goût métallique dans la bouche et mon café goûte bizarre.

☐ Mon humeur est très instable ; j'ai parfois envie de pleurer et je me sens excessivement émotive.

Janvier	1	2	3	4	5	6	7	8	9	10	11	12	13	14	15	16	17	18	19	20	21	22	23	24	25	26	27	28	29	30	31
Oct./Nov.	8	9	10	11	12	13	14	15	16	17	18	19	20	21	22	23	24	25	26	27	28	29	30	31	1	2	3	4	5	6	7
Février	1	2	3	4	5	6	7	8	9	10	11	12	13	14	15	16	17	18	19	20	21	22	23	24	25	26	27	28			
Nov./Déc.	8	9	10	11	12	13	14	15	16	17	18	19	20	21	22	23	24	25	26	27	28	29	30	1	2	3	4	5			
Mars	1	2	3	4	5	6	7	8	9	10	11	12	13	14	15	16	17	18	19	20	21	22	23	24	25	26	27	28	29	30	31
Déc./Janv.	6	7	8	9	10	11	12	13	14	15	16	17	18	19	20	21	22	23	24	25	26	27	28	29	30	31	1	2	3	4	5
Avril	1	2	3	4	5	6	7	8	9	10	11	12	13	14	15	16	17	18	19	20	21	22	23	24	25	26	27	28	29	30	
Janv./Fév.	6	7	8	9	10	11	12	13	14	15	16	17	18	19	20	21	22	23	24	25	26	27	28	29	30	31	1	2	3	4	
Mai	1	2	3	4	5	6	7	8	9	10	11	12	13	14	15	16	17	18	19	20	21	22	23	24	25	26	27	28	29	30	31
Fév./Mars	5	6	7	8	9	10	11	12	13	14	15	16	17	18	19	20	21	22	23	24	25	26	27	28	1	2	3	4	5	6	7
Juin	1	2	3	4	5	6	7	8	9	10	11	12	13	14	15	16	17	18	19	20	21	22	23	24	25	26	27	28	29	30	
Mars/Avr.	8	9	10	11	12	13	14	15	16	17	18	19	20	21	22	23	24	25	26	27	28	29	30	31	1	2	3	4	5	6	
Juillet	1	2	3	4	5	6	7	8	9	10	11	12	13	14	15	16	17	18	19	20	21	22	23	24	25	26	27	28	29	30	31
Avr./Mai	7	8	9	10	11	12	13	14	15	16	17	18	19	20	21	22	23	24	25	26	27	28	29	30	1	2	3	4	5	6	7
Août	1	2	3	4	5	6	7	8	9	10	11	12	13	14	15	16	17	18	19	20	21	22	23	24	25	26	27	28	29	30	31
Mai/Juin	8	9	10	11	12	13	14	15	16	17	18	19	20	21	22	23	24	25	26	27	28	29	30	31	1	2	3	4	5	6	7
Septembre	1	2	3	4	5	6	7	8	9	10	11	12	13	14	15	16	17	18	19	20	21	22	23	24	25	26	27	28	29	30	
Juin/Juil.	8	9	10	11	12	13	14	15	16	17	18	19	20	21	22	23	24	25	26	27	28	29	30	1	2	3	4	5	6	7	
Octobre	1	2	3	4	5	6	7	8	9	10	11	12	13	14	15	16	17	18	19	20	21	22	23	24	25	26	27	28	29	30	31
Juil./Août	8	9	10	11	12	13	14	15	16	17	18	19	20	21	22	23	24	25	26	27	28	29	30	31	1	2	3	4	5	6	7
Novembre	1	2	3	4	5	6	7	8	9	10	11	12	13	14	15	16	17	18	19	20	21	22	23	24	25	26	27	28	29	30	
Août/Sept.	8	9	10	11	12	13	14	15	16	17	18	19	20	21	22	23	24	25	26	27	28	29	30	31	1	2	3	4	5	6	
Décembre	1	2	3	4	5	6	7	8	9	10	11	12	13	14	15	16	17	18	19	20	21	22	23	24	25	26	27	28	29	30	31
Sept./Oct.	7	8	9	10	11	12	13	14	15	16	17	18	19	20	21	22	23	24	25	26	27	28	29	30	1	2	3	4	5	6	7

CALCULER MA DATE D'ACCOUCHEMENT

La grossesse est calculée depuis le premier jour de mes dernières menstruations et elle couvre 280 jours en moyenne. Le tableau ci-dessus indiquera la date présumée de l'accouchement (DPA). Pour l'utiliser, je dois d'abord regarder les nombres en caractères gras pour trouver la date du début de mes dernières menstruations. Je regarde ensuite le nombre sur la ligne directement au-dessous, laquelle représente ma DPA. Comme la date de mes dernières menstruations était le 1er novembre, je devrait accoucher le 8 août de l'année suivante. Cependant, ce n'est qu'une indication générale, parce que ce tableau est conçu pour des femmes qui ont un cycle menstruel régulier de 28 jours ; la date doit être ajustée en fonction de la durée du cycle d'une femme. Si, à titre d'exemple, vous avez un cycle de 26 jours, calculez 9 mois plus 5 jours à compter de la date de vos menstruations, ou 278 jours. Si vous avez un cycle de 32 jours, calculez 9 mois plus 11 jours à compter de la date de vos menstruations, ou 284 jours, et ainsi de suite.

ATTENDRE DES JUMEAUX (OU PLUS)

Au Canada, on dénombre plus de 4000 naissances multiples par année, c'est-à-dire 2 % des naissances. Les naissances gémellaires et autres naissances multiples augmentent en raison des traitements de fertilité. Une partie du processus consiste à utiliser systématiquement des médicaments qui stimulent la libération de plus d'un ovule. Environ le tiers des jumeaux sont identiques – techniquement jumeaux monozygotes – et les deux tiers ne sont pas identiques – techniquement jumeaux dizygotes. Les jumeaux identiques se développent comme lors d'une conception normale, lorsqu'un ovule est fertilisé par un seul spermatozoïde. L'ovule fertilisé se divise alors en deux, entraînant la développement de deux embryons – s'il se divise en trois, le résultat donne des triplés, et ainsi de suite. Les jumeaux identiques peuvent ou non partager un même placenta et un même sac amniotique, mais chaque jumeau possède son propre cordon ombilical. Ces bébés auront une constitution génétique identique et seront de même sexe. Ils auront aussi la même couleur de cheveux et d'yeux, et le même groupe sanguin.

Les jumeaux non identiques – aussi dits jumeaux fraternels – sont produits quand plus d'un ovule est libéré au moment de l'ovulation. Il peut s'agir de deux ovules d'un ovaire ou d'un ovule de chaque ovaire. Chaque ovule est fertilisé par un spermatozoïde différent et deux bébés génétiquement différents sont conçus. Ils peuvent être du même sexe, ou un garçon et une fille, et se ressembler beaucoup ou être différents comme des frères et sœurs quelconques.

Dans le cas de triplés, quadruplés et plus, il peut y avoir toutes les combinaisons d'enfants identiques et non identiques (voir aussi à la page 17).

Soins prénataux

PROFESSIONNELS DE LA SANTÉ

Les soins prénataux sont offerts par le Centre local de services communautaires (CLSC) et la plupart des médecins pourront vous informer à ce propos, que la naissance prévue ait lieu à l'hôpital avec un médecin ou à la maison des naissances avec une sage-femme. En général, je rencontrerai mon médecin ou ma sage-femme pour la plupart de mes bilans de santé et, d'ordinaire, je n'irai à l'hôpital que pour un ou deux examens et pour mes échographies. Si ma grossesse a de fortes chances d'être sans problème, je pourrai choisir d'être sous la surveillance de sages-femmes. Elles s'occuperont de tous les soins prénataux et de mon accouchement – à l'hôpital, à la maison des naissances ou à domicile –, de même que des soins postnataux. Je peux aussi choisir d'être examinée par un obstétricien, médecin spécialisé de la grossesse, travail et accouchement. Dans ce cas, je verrai un obstétricien pour tous les soins prénataux, l'accouchement et les soins postnataux. Au Québec, les sages-femmes n'ayant pas de contrat de service avec un centre de santé ne peuvent travailler en cabinet privé.

GROSSESSES SPÉCIALES

Les femmes qui ont plus de 35 ans, qui ont une condition médicale antérieure comme l'asthme ou le diabète, qui ont déjà eu une grossesse à risque ou qui portent des jumeaux (ou plus) peuvent se voir offrir plus de tests de dépistage et être obligées de se rendre à des rendez-vous supplémentaires.

Aux femmes de plus de 35 ans, on proposera une amniocentèse ou un prélèvement des villosités chorioniques. Celles qui souffrent de diabète et d'hypertension artérielle passeront plus d'échographies pour surveiller le développement du fœtus. Tout en subissant une vérification de la tension artérielle et des tests d'urine plus fréquents, les femmes portant des jumeaux subiront des échographies additionnelles pour évaluer la croissance et le développement des fœtus et un supplément de vitamines sera prescrit. Aussi, les bébés devront naître à l'hôpital.

Si j'ai eu une condition médicale antérieure, si j'ai eu une grossesse ou une naissance à risque antérieure, ou si certains facteurs peuvent compromettre sérieusement ma grossesse, mes soins prénataux seront sous la surveillance d'un obstétricien à l'hôpital.

VISITES ET RENDEZ-VOUS

Tout au long de ma grossesse, je serai examinée sur une base régulière et je passerai divers tests et des examens (voir aux pages 26 à 29) pour vérifier si ma santé et celle de mon bébé sont telles que prévues. Après ma première rencontre, j'aurai des visites plus courtes, environ une fois par mois, jusqu'à la 28e semaine de grossesse ; elles augmenteront ensuite à une par deux semaines jusqu'à la 36e semaine, puis auront lieu toutes les semaines.

Ouverture de dossier

Lors de cette longue rencontre, 8 à 12 semaines après mes dernières règles, je subirai un certain nombre de tests, répondrai à de nombreuses questions et on calculera ma date probable d'accouchement (DPA).

Mon médecin, ou ma sage-femme, voudra connaître mon passé médical (et celui de mon partenaire), mon hérédité familiale et mes habitudes de vie en vue d'évaluer tout risque potentiel pour la santé de mon bébé. S'il y a des maladies génétiques héréditaires dans la famille, je devrai subir des analyses sanguines supplémentaires. Mon poids et ma taille peuvent être mesurés ; cela pouvant donner une idée de la taille approximative de mon bassin obstétrical. Mon cœur et mes poumons seront examinés. Quoiqu'inhabituel lors d'une première visite, je peux subir un examen interne si mon médecin a certaines inquiétudes.

On procédera à une analyse d'urine pour vérifier le taux de glycémie ou de protéines dans l'urine – signes que le diabète ou une infection peuvent être présents. On prendra ma tension artérielle et on effectuera quelques prises de sang pour déterminer mon groupe sanguin et le facteur Rhésus ainsi que pour déterminer si je suis anémique, si je souffre d'hépatite B ou de syphilis et si je suis immunisée contre la rubéole. On me demandera si je désire un test de dépistage du VIH.

Si je n'ai pas subi de frottis cervical depuis trois ans, on m'en offrira un.

Visites subséquentes

Différents tests de dépistage, dont l'échographies de routine ou celles révélant une anomalie peuvent être mis à l'horaire des visites régulières ou entre elles, mais ma tension artérielle sera prise et mon urine sera analysée pour vérifier le taux de protéines (pour un diagnostic précoce de pré-éclampsie) à chaque visite. Mon soignant écoutera les battements du cœur de mon bébé et palpera mon abdomen pour évaluer sa croissance.

EXAMENS DU BÉBÉ

Pour suivre la croissance de mon fœtus, mon soignant palpera mon abdomen à chaque visite et mesurera la hauteur utérine – la distance entre le sommet de mon utérus et l'os du pubis. La distance s'allongera (s'étirant jusqu'au sternum) avec la croissance de mon fœtus et fournira ainsi une estimation de sa taille pour l'âge de la grossesse. Elle devrait être à peu près égale au nombre de semaines de ma grossesse, quoique la mesure soit donnée en centimètres si elle est prise avec un ruban à mesurer. Si on pense que mon fœtus est trop gros ou trop petit par rapport à mes dates, une échographie sera faite pour une mesure plus précise.

À compter de la 16ᵉ semaine, mon soignant écoutera les battements de cœur de mon bébé à chaque visite.

Après la 35ᵉ semaine, mon abdomen peut être examiné à chaque visite pour déterminer la position de mon bébé à l'accouchement (voir à la page 91).

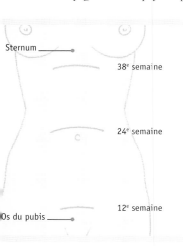

Sternum

38ᵉ semaine

24ᵉ semaine

12ᵉ semaine

Os du pubis

Hauteur utérine

Je ne ferai pas moins que...

ASSISTER À TOUTES LES VISITES PRÉNATALES

De bons soins prénataux peuvent garantir une grossesse et un bébé en santé. Les tests, les examens et l'équipe médicale détermineront ce qui suit.

✓ **Évaluer ma santé en général –** Tout problème médical, comme l'hypertension artérielle, sera découvert et, si présent, sera surveillé lors des visites ultérieures et je serai avisée de la manière dont la condition peut évoluer à cause de ma grossesse et de la manière dont elle peut affecter mon bébé.

✓ **S'assurer de mon bien-être –** Mon équipe médicale prénatale peut superviser ma condition physique et mon état émotionnel et mental.

✓ **S'assurer du bien-être de mon fœtus –** Les différents tests assureront que mon fœtus se développe et croît normalement. Si quoique ce soit d'inhabituel est découvert, on me proposera d'autres tests pour confirmer le problème et en déterminer la cause. On m'expliquera alors les options et on m'aidera à prendre les mesures nécessaires pour protéger la santé de mon fœtus.

✓ **Détecter les complications –** Les analyses de sang et d'urine peuvent mettre à jour des problèmes « cachés », comme une incompatibilité sanguine (rhésus) ou du diabète, afin qu'ils soient traités avec succès. On devrait aussi m'offrir de l'aide pour gérer des problèmes moins sérieux, mais courants, comme les nausées et les pieds enflés.

✓ **Me préparer pour l'accouchement –** Mon équipe médicale ne fera pas que nous aider, mon partenaire et moi, à prendre des décisions éclairées sur notre choix d'accouchement, mais elle devrait nous supporter tous deux durant le travail et l'accouchement.

Rendez-vous à inscrire dans mon agenda

Les visites chez le soignant et la fréquence des tests prénataux peuvent varier, selon le médecin, l'hôpital et les contretemps personnels. Le tableau présente un éventail de dates qui conviennent et indique les procédures possibles.

RENDEZ-VOUS

Lieu :   Date/heure :

Lieu :   Date/heure :

Lieu :   Date/heure :

Lieu :   Date/heure :

Lieu :   Date/heure :

Lieu :   Date/heure :

Lieu :   Date/heure :

Lieu :   Date/heure :

Lieu :   Date/heure :

Lieu :   Date/heure :

Lieu :   Date/heure :

8e à 12e SEMAINE

Rendez-vous d'inscription prévu • On effectuera un examen physique, une vérification de la tension artérielle et des analyses de sang et d'urine de routine. • On peut procéder à des tests sanguins de dépistage de maladies génétiques • Date prévue d'accouchement

16e SEMAINE

Rendez-vous prénatal pour discuter du résultat des tests de départ • Vérification de la tension artérielle ; un test sanguin de dépistage de la trisomie 21 peut être proposé • Écoute des battements du cœur du bébé • On peut procéder à une amniocentèse • On peut procéder à un tri test, incluant l'alpha-fœtoprotéine (AFP).

18e SEMAINE

On peut procéder à un tri test, incluant l'alpha-fœtoprotéine (AFP) • On peut procéder à une échographie pour déceler des anomalies • On peut procéder à une amniocentèse.

26e et 27e SEMAINE*

On peut procéder à une épreuve de l'hyperglycémie provoquée • On peut procéder à un prélèvement de sang fœtal.

* Fin du deuxième trimestre

36e SEMAINE

Rendez-vous prénatal • Vérification de la tension artérielle et des signes de prééclampsie • Analyse d'urine • Écoute des battements du cœur du bébé • On peut offrir un test de dépistage du streptocoque du groupe B • On peut procéder à un prélèvement de sang fœtal.

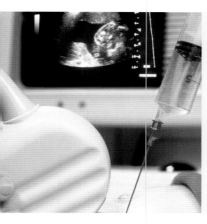

11ᵉ et 12ᵉ SEMAINE*

On peut procéder à une première échographie et à un test de clarté nucale • On peut procéder à un prélèvement des villosités chorioniques • On peut procéder à un tri test.

* Fin du premier trimestre

13ᵉ à 15ᵉ SEMAINE

On peut procéder à une première échographie et à un test de clarté nucale • On peut procéder à un prélèvement des villosités chorioniques • On peut procéder à un tri test.

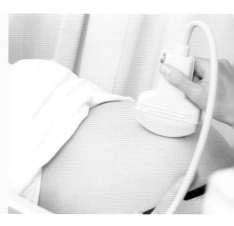

17ᵉ SEMAINE

On peut procéder à un tri test incluant l'alpha-fœtoprotéine (AFP) • On peut procéder à une amniocentèse.

20ᵉ à 23ᵉ SEMAINE

Rendez-vous prénatal • Vérification de la tension artérielle et des signes de prééclampsie • Écoute des battements du cœur du bébé. • On peut procéder à un tri test incluant l'alpha- fœtoprotéine (AFP) • On peut procéder à une échographie pour déceler des anomalies • On peut procéder à un prélèvement de sang fœtal.

24ᵉ SEMAINE

Rendez-vous prénatal • Vérification de la tension artérielle et des signes de prééclampsie • Écoute des battements du cœur du bébé • On peut procéder à un prélèvement de sang fœtal.

28ᵉ, 30ᵉ, 32ᵉ et 34ᵉ SEMAINE

Rendez-vous prénatal • Vérification de la tension artérielle et des signes de prééclampsie • Écoute des battements du cœur du bébé • On peut offrir un test sanguin pour vérifier la présence d'anémie et/ou de glucose (glycémie) • On peut procéder à un prélèvement de sang fœtal.

37ᵉ à 40ᵉ SEMAINE

Rendez-vous prénatal • Vérification de la tension artérielle et des signes de prééclampsie • Analyse d'urine • Écoute des battements du cœur du bébé • Vérification de la taille et de la position du bébé • On peut procéder à un prélèvement de sang fœtal.

Les premières semaines

Durant les quatre premières semaines de grossesse, seules les deux dernières concernent la gestation du fœtus. Par convention, la grossesse est datée depuis le début des dernières menstruations, même si la plupart des femmes ont une ovulation environ deux semaines après cette date. Pour cette raison, il y a normalement un trou de deux semaines quand on compare les dates de la grossesse à celles de la gestation du fœtus.

3ᵉ SEMAINE

La conception se produit lorsqu'un spermatozoïde, en compagnie des millions d'autres libérés lors de l'éjaculation de l'homme, voyage dans le vagin, remonte le col de l'utérus et l'utérus vers la trompe de Fallope et rencontre un ovule en attente. Le spermatozoïde est nourri par les produits chimiques libérés au moment de l'éjaculation et par ceux du vagin. Une fois que le spermatozoïde « chanceux » pénètre l'ovule, il creuse dans la couche extérieure (corona radiata) et dans la zone pellucide pour fusionner avec le noyau, formant une nouvelle cellule. La nouvelle cellule renfermera 46 chromosomes – 23 de chacun des parents –, c'est-à-dire suffisamment d'information génétique pour une nouvelle vie.

LE SEXE

Le sexe du bébé est déterminé durant la conception. Le spermatozoïde contient un seul chromosome X (fille) ou Y (garçon), tandis que les ovules contiennent un seul chromosome X. Lorsqu'un spermatozoïde contenant un chromosome X fertilise un ovule, le bébé sera une fille. Lorsqu'un spermatozoïde contenant un chromosome Y fertilise un ovule, le bébé sera un garçon.

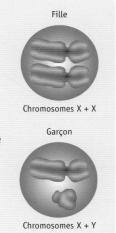

Fille

Chromosomes X + X

Garçon

Chromosomes X + Y

Zygote

L'ovule, une fois fertilisé, est appelé zygote. Entre 12 et 20 heures après la fertilisation, le zygote commence à se diviser en deux, copiant son ADN. Tout en se divisant, il transite le long de la trompe de Fallope, vers l'utérus, poussé par des cils qui l'obligent à migrer.

CONCEPTION

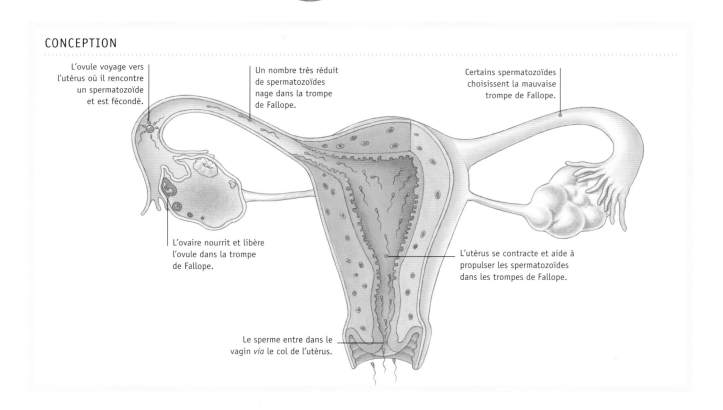

L'ovule voyage vers l'utérus où il rencontre un spermatozoïde et est fécondé.

Un nombre très réduit de spermatozoïdes nage dans la trompe de Fallope.

Certains spermatozoïdes choisissent la mauvaise trompe de Fallope.

L'ovaire nourrit et libère l'ovule dans la trompe de Fallope.

L'utérus se contracte et aide à propulser les spermatozoïdes dans les trompes de Fallope.

Le sperme entre dans le vagin *via* le col de l'utérus.

Morula

Le zygote continue de se diviser et de se subdiviser jusqu'à ce qu'il devienne un minuscule amas solide de la taille d'une tête d'épingle se composant de 16 à 32 cellules, la morula. La morula continue son voyage vers l'utérus en se divisant toutes les 15 heures. Une fois l'utérus atteint (au bout de 90 heures environ), la morula contiendra 64 cellules. Quelques-unes de ces cellules deviendront l'embryon ; les autres formeront le placenta et les membranes de l'utérus.

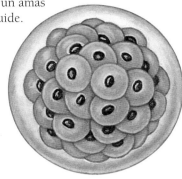

Blastocyste

Amas solide, la morula se transforme lentement en un amas de cellules pleines de liquide. À ce stade, on l'appelle blastocyste. La surface du blastocyste est faite d'une seule couche de grandes cellules aplaties appelées trophoblastes. Ce sont ces cellules qui, plus tard, formeront le placenta. Le groupe de cellules internes contenu dans le blastocyste se développera en embryon.

4e SEMAINE
Implantation

À son arrivée dans l'utérus, le blastocyste compte des centaines de cellules. Il commence à se fixer à la paroi utérine en se servant des projections de trophoblastes qui creusent dans l'endomètre. Ces cellules croissent et deviennent les villosités chorioniques qui se développeront plus tard en placenta. Des enzymes sont alors libérées, qui percent la paroi de l'utérus et décomposent le tissu, procurant les cellules sanguines nourrissantes qui alimenteront les villosités chorioniques. Le blastocyste met 13 jours à s'implanter solidement.

Une fois le blastocyste implanté, ses cellules commencent à se séparer en couches. La couche supérieure devient l'embryon et la cavité amniotique, tandis que la couche inférieure devient la vésicule ombilicale. L'embryon forme ensuite trois couches : la couche interne (jaune) se développe rapidement en poumons, foie, système digestif et pancréas ; la couche moyenne (rose) commence à former le squelette, les muscles, les reins, les vaisseaux sanguins et le cœur ; et la couche externe (bleue) abrite le système nerveux, les dents et la peau.

LES JUMEAUX

Si deux ovules sont libérés et fertilisés simultanément par deux spermatozoïdes différents, deux fœtus – non identiques, ou jumeaux fraternels – seront conçus. Ces fœtus peuvent être de sexes différents et chaque fœtus a son propre placenta. De tels jumeaux ne sont similaires que comme des frères et des sœurs.

Si, toutefois, un spermatozoïde fertilise un seul ovule et que cet ovule se divise en deux, deux embryons identiques se formeront. Comme ils proviennent du même œuf, les jumeaux identiques partagent tous les chromosomes, sont toujours de même sexe et se ressemblent. Ils peuvent aussi partager un placenta et un sac amniotique, même s'ils ont des cordons ombilicaux individuels.

Avec les triplés et les quadruplés, il y a un éventail de possibilités. Les frères et sœurs peuvent être identiques ou non identiques, ou de toutes combinaisons de fœtus identiques ou non identiques.

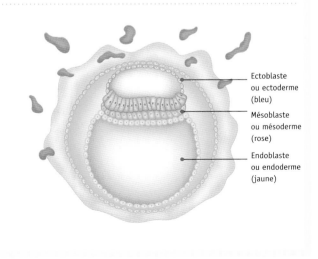

Jumeaux non identiques

Placentas séparés

Jumeaux identiques

Placenta partagé

DÉVELOPPEMENT DE L'EMBRYON

Ectoblaste ou ectoderme (bleu)

Mésoblaste ou mésoderme (rose)

Endoblaste ou endoderme (jaune)

CALENDRIER DE GROSSESSE

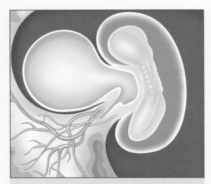

5e SEMAINE Gestation 3 semaines

Encore au stade embryonnaire, mon fœtus se courbe en forme de C. Une bosse apparaît là où le cœur se développera et il a déjà des vaisseaux sanguins rudimentaires. Sa tête grossit vite afin de faire de la place à son cerveau et le tube neural se forme depuis un creux au bas de son dos. Des deux côtés du tube neural, des tissus spécialisés, dits somites, apparaissent; ils sont à l'origine des muscles et autres structures. À ce stade, un sac amniotique (plutôt qu'un placenta) procure les nutriments et produit les cellules sanguines et sexuées.

6e SEMAINE Gestation 4 semaines

Longueur
2 à 4 mm du crâne au siège

Son cœur minuscule commence à battre, même si ce n'est qu'un tube et que son tube neural se ferme en vue de la moelle épinière; d'autres organes internes commencent à se former. Son cerveau croît aussi pour remplir sa tête. Un pigment apparaît dans les vésicules optiques qui sont des globes peu profonds de chaque côté de la tête. Des bourgeons de bras et de jambes se sont aussi développés, quoiqu'il ait encore une queue.

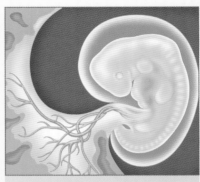

7e SEMAINE Gestation 5 semaines

Longueur
4 à 5 mm du crâne au siège

Des traits faciaux commencent à apparaître; ses yeux sont des disques pigmentés de chaque côté de la tête, ses narines sont de petites ouvertures et sa bouche est une dépression. On discerne ses coudes et les épaules, tout comme ses mains et ses pieds en forme de pagaies. Des passages se forment dans ses poumons et ses intestins se développent. Ses organes sexuels internes sont quasi complets. Le cordon ombilical croît aussi avec le développement du placenta.

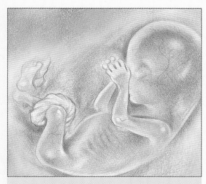

11e SEMAINE Gestation 9 semaines

Longueur
44 à 60 mm du crâne au siège

Poids 8 grammes

Tous ses organes vitaux sont complètement formés et augmentent de volume. Il doublera de longueur d'ici la fin de la semaine, mais sa tête est encore grosse en proportion. Ses oreilles internes auront fini de se former à la fin de la semaine et les iris de ses yeux se développent. À l'échographie, on peut maintenant compter ses doigts et il peut faire les mouvements pour bâiller, avaler et sucer. Il est beaucoup moins à risque de développer des anomalies congénitales.

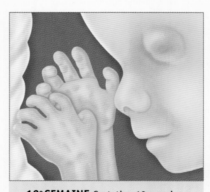

12e SEMAINE Gestation 10 semaines

Longueur
61 mm du crâne au siège

Poids 8 à 14 grammes

Mon fœtus fait du progrès: en plus de bouger la tête et les bras, il fait des sauts et a des gestes réflexes, quoiqu'ils soient tous des mouvements involontaires. Ses cheveux et ses ongles poussent; ses os durcissent. Ses organes génitaux sont visibles et son hypophyse dans le cerveau commence à produire des hormones. Son visage est expressif et ses cordes vocales commencent à se former. Son système digestif peut se contracter et pousser la nourriture dans ses intestins, et il peut absorber le glucose. Ses intestins sont maintenant de retour dans l'abdomen.

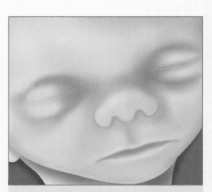

13e SEMAINE Gestation 11 semaines

Longueur
75 mm du crâne au siège

Poids 20 grammes

Même si je ne peux le sentir, mon fœtus bouge sans cesse – il saute même de haut en bas. Ses réflexes s'améliorent avec la multiplication de ses cellules nerveuses et la formation des synapses. Ses pouces s'opposent. Ses yeux se sont rapprochés – quoique ses paupières demeureront soudées pendant encore 4 mois – et ses oreilles sont presque à leur position finale. Ses lèvres peuvent bouger. Son foie produit de la bile et ses reins sécrètent de l'urine dans la vessie.

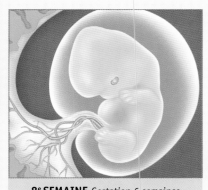

8e SEMAINE Gestation 6 semaines

Longueur
14 à 20 mm du crâne au siège

Son corps se déroule légèrement; ses bras et ses jambes ont allongé. Ses doigts et ses orteils ont commencé à croître. Il a un nez et une langue rudimentaires et sa lèvre supérieure se forme. Ses yeux sont ouverts et très écartés. Ses paupières et son oreille interne se forment. Tous ses organes internes sont désormais présents et ses intestins sont si longs qu'ils se développent à l'extérieur de son abdomen, dans le cordon ombilical.

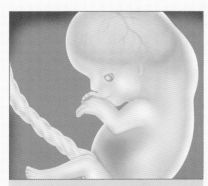

9e SEMAINE Gestation 7 semaines

Longueur
22 à 30 mm du crâne au siège

L'embryon ressemble plus à un enfant. Il a une grosse tête, sa queue a disparu et son dos s'est redressé. Son nez et sa mâchoire sont complets; son cou se forme. Une paupière qui n'est qu'une membrane protectrice couvre ses yeux, sa peau épaissit et des follicules pileux se développent. Ses doigts sont presque complets et séparés et des ongles poussent sur ses doigts et ses orteils. Ses bras et ses jambes allongent et il a des articulations aux genoux et aux coudes. Sa cage thoracique se ferme pour protéger son cœur.

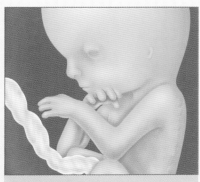

10e SEMAINE Gestation 8 semaines

Longueur
31 à 42 mm du crâne au siège

Poids 5 grammes

Désormais appelé fœtus, son corps est complet pour l'essentiel. On peut voir clairement ses yeux, quoiqu'ils soient derrière des paupières soudées. Des bourgeons de dents se forment dans ses gencives. Il a des poignets et des chevilles; ses doigts et ses orteils sont séparés, lui permettant un large éventail de mouvements. Son système nerveux fonctionne; son cœur a atteint sa forme finale et son rythme est de 140 battements à la minute. Ses poumons, son estomac et ses intestins se développent toujours, tandis que les reins se déplacent dans le haut de l'abdomen. Même si ses organes génitaux externes ne sont pas encore visibles, un garçon produirait de la testostérone.

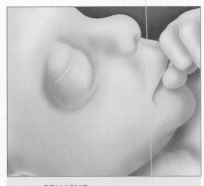

14e SEMAINE Gestation 12 semaines

Longueur
80 à 93 mm du crâne au siège

Poids 25 grammes

En plus de faire des gestes complexes avec ses mains, mon fœtus peut séparer son pouce de ses doigts et l'amener à sa bouche pour sucer. Son système nerveux fonctionne. Ses joues sont maintenant apparentes et ses oreilles se sont déplacées vers leur position finale. Son nez est plus distinct – l'arête est visible – et il pratique des mouvements respiratoires. Désormais, il est plus facile de déterminer son sexe, car ses organes génitaux externes sont plus développés.

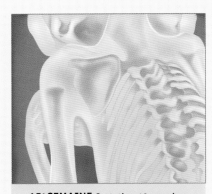

15e SEMAINE Gestation 13 semaines

Longueur
104 à 114 mm du crâne au siège

Poids 50 grammes

Son squelette produisant plus d'os, il peut bouger plus facilement et fermer les poings. Des poils extra-fins, dits lanugo, poussent sur toute sa peau fine et translucide; cela l'aidera à réguler sa température corporelle. Outre ces poils sur son corps, des cils poussent ainsi que des cheveux sur sa tête. Les os minuscules de son oreille moyenne durcissent mais, jusqu'à maintenant, il ne peut entendre correctement. Néanmoins, il peut avoir de nombreuses expressions faciales; il peut froncer les sourcils et grimacer.

16e SEMAINE Gestation 14 semaines

Longueur
108 à 116 mm du crâne au siège

Poids 80 grammes

Ses bras et ses jambes sont complètement formés et ses jambes sont plus longues que ses bras. Toutes ses articulations fonctionnent et ses os continuent de retenir du calcium. Il fait de nombreux mouvements rapides et complexes et ils sont plus sous le contrôle du cerveau. Son système nerveux et ses muscles répondent à la stimulation du cerveau, ce qui lui permet de coordonner ses mouvements quand il donne des coups de pied, fait des pirouettes ou des culbutes. Son système immunitaire commence à produire des anticorps protecteurs.

CALENDRIER DE GROSSESSE

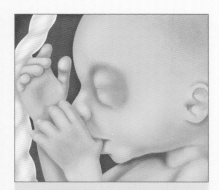

17ᵉ SEMAINE Gestation 15 semaines

Longueur
11 à 12 cm du crâne au siège

Poids 100 grammes

Ses systèmes circulatoire et urinaire fonctionnent ; la vessie est remplie de liquide amniotique et il en avale l'excès. Son cœur pompe jusqu'à 24 litres de sang par jour. Sa tête est désormais plus proportionnée à son corps, mais son visage est étroit par manque de tissu adipeux. Ses yeux sont grands et le poil continue de pousser sur sa tête et sur son visage – incluant ses cils. Un tissu adipeux brun se constitue, qui l'aidera à maintenir sa température corporelle après la naissance.

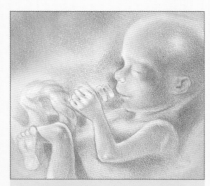

18ᵉ SEMAINE Gestation 16 semaines

Longueur
12,5 à 14 cm du crâne au siège

Poids 150 grammes

De minuscules sacs d'air appelés alvéoles se développent dans ses poumons. Des coussinets se sont formés sur ses doigts et ses orteils et des empreintes digitales rudimentaires sont visibles. Ses mains peuvent exécuter de nombreux mouvements ; il peut fermer les poings et les utiliser pour donner des coups et pour saisir. Ses yeux sont à leur position finale et son visage est plus gras. Son gros intestin emmagasine les débris non digérés, qui formeront le méconium, et le liquide amniotique avalé provoquera son premier mouvement intestinal.

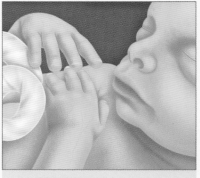

19ᵉ SEMAINE Gestation 17 semaines

Longueur
13 à 15 cm du crâne au siège

Poids 200 grammes

Une barrière protectrice imperméable, dite vernix caseosa, commence à apparaître sous forme de substance épaisse, blanche et grasse. À l'intérieur, une autre enveloppe grasse, dite myéline, commence à isoler ses nerfs. La myéline favorise un échange fluide et rapide d'information, cela l'aide à devenir plus conscient et à coordonner ses mouvements. Son estomac a commencé à produire des sucs gastriques qui l'aideront à absorber le liquide amniotique et à le passer dans la circulation afin qu'il soit filtré. Ses mamelons apparaissent et ses organes génitaux internes sont en place. Les organes génitaux externes du garçon sont maintenant définis et reconnaissables.

23ᵉ SEMAINE Gestation 21 semaines

Longueur
20 cm du crâne au siège

Poids 455 grammes

Il ressemble plus à un nouveau-né, quoique sa peau soit toujours transparente et plissée ; ses poils corporels peuvent être de couleur plus foncée. Ses lèvres sont plus prononcées et les bourgeons de ses dents sont à l'intérieur de ses gencives. Les os dans son oreille interne ont durci, améliorant son audition, quoique les voix graves soient plus faciles à entendre que les aiguës. Son pancréas se développe ; plus tard, il fournira l'insuline, importante pour le maintien de la graisse dans ses tissus.

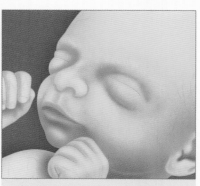

24ᵉ SEMAINE Gestation 22 semaines

Longueur
21 cm du crâne au siège

Poids 540 grammes

Moyennant des soins spécialisés, si mon fœtus naissait, il pourrait survivre hors de l'utérus, mais il se développe encore et la plupart de ses organes, particulièrement ses poumons, sont immatures. Sa tête est encore grosse par rapport à son corps, mais celui-ci s'allonge et est très mince. Ses caractéristiques faciales sont bien définies et il ressemble à ce qu'il sera à la naissance – avec des cils et des sourcils bien formés. Les sacs aériens et les voies respiratoires se forment dans ses poumons et ses vaisseaux sanguins et il a commencé à produire du surfactant, vital pour l'expansion de ses poumons à la naissance.

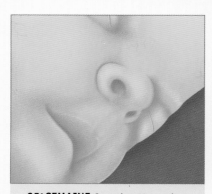

25ᵉ SEMAINE Gestation 23 semaines

Longueur
22 cm du crâne au siège

Poids 700 grammes

Il a une routine quotidienne de sommeil et d'activité et je peux sentir ses coups de pied et ses poussées délicates, indiquant qu'il est éveillé. Il est mieux proportionné quoique encore mince et à la peau fine. Ses narines s'ouvrent et des bourgeons de dents permanentes ont commencé à pousser profondément dans ses gencives. Les nerfs autour de sa bouche et de ses lèvres sont plus sensibles en préparation à l'allaitement et il s'y exerce en suçant des parties de son corps. La plupart de ses organes vitaux sont bien développés.

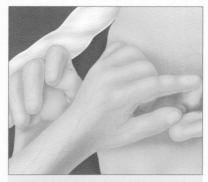

20e SEMAINE Gestation 18 semaines

Longueur
14 à 16 cm du crâne au siège

Poids 255 grammes

À mi-chemin de son développement, son cerveau produit plus de cellules nerveuses nécessaires à son développement sensoriel tout autant que des synapses requis pour la mémoire et la pensée. Sa peau a désormais 4 couches – dont l'une contient les crêtes papillaires qui créeront les motifs de surface sur ses bouts de doigts, ses paumes et ses pieds. Son pouls peut être perçu avec un stéthoscope. Il a 300 os (qui diminueront à 206 quand certains fusionneront à maturité) et, si c'est une fille, environ 6 millions d'ovules dans ses ovaires (dont un million seulement sera toujours là à sa naissance).

26e SEMAINE Gestation 24 semaines

Longueur
23 cm du crâne au siège

Poids 910 grammes

Ses ongles, sourcils et cils sont tous présents. Sa colonne vertébrale, plus forte, peut supporter son corps. Il peut répondre aux touchers et aux sons ; son pouls s'accélère quand il entend du bruit et il peut bouger au rythme de la musique. Son père peut entendre son cœur battre s'il met sa tête sur mon ventre. Il pratique des mouvements respiratoires. Si c'est un garçon, les cellules de ses testicules ont augmenté, ce qui est important pour la production de testostérone.

21e SEMAINE Gestation 19 semaines

Longueur
16 cm du crâne au siège

Poids 300 grammes

Il continue de gagner du poids, ce qui est vital pour l'aider à garder sa chaleur après sa naissance. Son système digestif demeure actif en ingurgitant et absorbant le liquide amniotique, lequel est filtré par ses reins. La plupart des déchets qu'il produit sont envoyés dans mon flux sanguin, puis à mes reins pour être éliminés. Il a des papilles gustatives sur sa langue et son sens du toucher s'améliore – il est stimulé par les nombreux mouvements de caresse qu'il fait. À l'échographie, on peut voir les bébés caresser leur visage ou leur cordon ombilical.

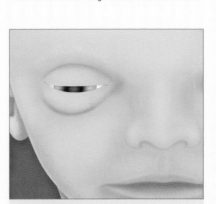

27e SEMAINE Gestation 25 semaines

Longueur
24 cm du crâne au siège
et 38 cm les jambes étendues

Poids 1 kg

Les dernières couches rétiniennes à l'arrière de ses yeux sont apparues et ses paupières s'ouvrent parfois. Ses cils sont capables de protéger ses yeux. Il est plus rond à cause de l'augmentation de graisse sous la peau et il a des papilles gustatives en fonction sur sa langue. Ses poumons sont encore en croissance, toutefois, il est donc incapable de respirer par lui-même. De plus, son foie est peu développé et son système immunitaire faible. Bien que les fonctions du cerveau supérieur deviennent plus sophistiquées, son cerveau a besoin de se développer davantage.

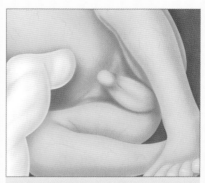

22e SEMAINE Gestation 20 semaines

Longueur
19 cm du crâne au siège

Poids 350 grammes

Des périodes d'alternance de sommeil et de veille peuvent être enregistrées. Si je tape sur mon ventre quand il dort, il peut se réveiller ou réagir en bougeant s'il entend un bruit fort. Son cerveau grossit vraiment vite maintenant, surtout la zone où les cellules du cerveau se développent, et ses autres organes internes deviennent plus spécialisés dans leurs tâches respectives. Sa peau est moins transparente, mais toujours rouge, plissée et couverte de lanugo ; il a aussi développé des glandes sudoripares. Les testicules du garçon descendent de son bassin à son scrotum et des spermatozoïdes se forment déjà.

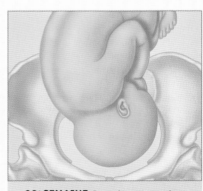

28e SEMAINE Gestation 26 semaines

Longueur
25 cm du crâne au siège

Poids 1,1 kg

Même si ses poumons sont désormais capables de respirer correctement, ils sont encore peu développés et il trouverait très difficile de respirer correctement s'il naissait maintenant. Il a parfois un hoquet que je peux sentir comme de petites secousses intermittentes. Il pèse maintenant le tiers de son poids à la naissance et la graisse du fœtus s'accumule sous sa peau. Ses muscles se développent bien. Les nerfs dans ses oreilles sont maintenant complets et il peut maintenant entendre mieux.

CALENDRIER DE GROSSESSE

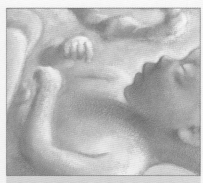

29ᵉ SEMAINE Gestation 27 semaines

Longueur
26 cm du crâne au siège
43 cm les jambes étendues

Poids 1,25 kg

Même si l'espace est réduit, mon fœtus se déplace toujours; je ressens plusieurs coups de pied chaque jour. Les os mous et extensibles de son crâne permettent à son cerveau de se développer rapidement. Les connexions en développement des cellules nerveuses maîtrisent de nombreuses fonctions corporelles comme le contrôle de la température et la respiration. Ses sens répondent mieux: ses yeux sont plus sensibles à la lumière et il peut mieux entendre, goûter et sentir.

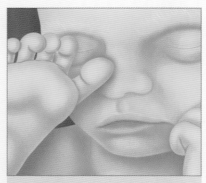

30ᵉ SEMAINE Gestation 28 semaines

Longueur
27 cm du crâne au siège
43 cm de la tête aux orteils

Poids 1,36 kg

Son lanugo a disparu, si bien que, à sa naissance, il n'en restera que quelques taches. Ses cheveux sont plus épais et sa peau est moins plissée. Il est beaucoup plus rond. Sa moelle osseuse produit maintenant des globules rouges et son squelette durcit. Son cerveau, ses poumons et ses muscles sont plus matures et il respire maintenant régulièrement.

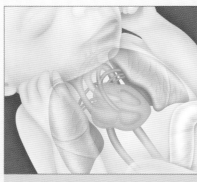

31ᵉ SEMAINE Gestation 29 semaines

Longueur
28 cm du crâne au siège

Poids 1,59 kg

Ses poumons et son appareil digestif mis à part, il est pleinement mature et continue de prendre du poids. Ses yeux se préparent pour la vie après la naissance; ils ont de la couleur, quoique ce ne soit pas leur couleur finale. Ses paupières s'ouvrent désormais durant les périodes actives et se ferment durant le sommeil. Ses alvéoles continuent de produire du surfactant, ce qui les empêchera de coller ensemble et aidera ses poumons à prendre de l'expansion quand il naîtra.

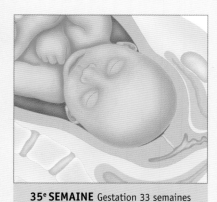

35ᵉ SEMAINE Gestation 33 semaines

Longueur
33 cm du crâne au siège

Poids 2,55 kg

Continuant d'accumuler de la graisse corporelle, mon fœtus devient donc de plus en plus dodu, tandis que ses mouvements sont de plus en plus restreints. Son système nerveux central acquiert de la maturité et il demeure éveillé et conscient pendant de plus longues périodes. Son appareil digestif et ses poumons sont à maturité et, quand il respire, il est capable de produire du surfactant protecteur. Sa tête est désormais dans l'entrée de la filière pelvienne.

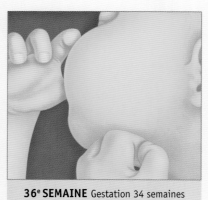

36ᵉ SEMAINE Gestation 34 semaines

Longueur
34 cm du crâne au siège
45 à 50 cm les jambes étendues

Poids 2,75 kg

Il a presque atteint sa taille, mais il continue à gagner du poids – environ 225 g cette semaine. Son visage est lisse et ses joues sont pleines à cause des dépôts de graisse et des muscles de succion forts après des mois à sucer son pouce. Son éventail d'expressions faciales a augmenté. Ses reins sont tout à fait développés et son foie peut traiter un peu de déchets. Il reconnaît ma voix.

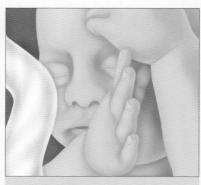

37ᵉ SEMAINE Gestation 35 semaines

Longueur
35 cm du crâne au siège
47 cm de la tête aux orteils

Poids 2,95 kg

À compter de maintenant, mon fœtus peut naître n'importe quand; cependant, on ignore toujours ce qui déclenche le travail. Il continue de gagner du poids et allonge un peu; il n'a donc que très peu de place pour bouger. Son cerveau continue de se développer en même temps que son système immunitaire qui devra, outre mes anticorps, aider à le protéger une fois qu'il sera au monde. Il a davantage de cheveux sur la tête.

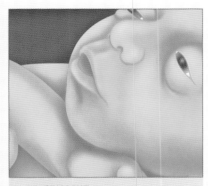

32e SEMAINE Gestation 30 semaines

Longueur
29 cm du crâne au siège

Poids 1,8 kg

Tous ses sens sont fonctionnels ; ses jambes et son corps sont proportionnels à la taille de sa tête. Ses organes internes continuent leur maturation et il respire fréquemment. Il dort la majeure partie de la journée (et rêve probablement) mais, quand il est éveillé, il ouvre et ferme ses yeux et il bouge vigoureusement. Il expulse désormais de l'urine de sa vessie. Ses ongles d'orteils sont complets et plus de cheveux poussent sur sa tête. Il devrait avoir la tête en bas dans l'utérus. Si c'est un garçon, ses testicules sont dans son scrotum.

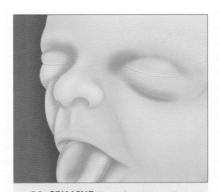

33e SEMAINE Gestation 31 semaines

Longueur
30 cm du crâne au siège
43 cm de la tête aux orteils

Poids 2 kg

Sa tête a grossi, mais elle est désormais proportionnelle au reste de son corps. Ses os sont mous, mais complètement développés ; ils emmagasinent du fer, du calcium et du phosphore, vitaux pour le développement osseux ultérieur. Le mécanisme qui régule la température de son corps commence à fonctionner correctement ; il a plus de graisse et sa peau est rose. Il est désormais conscient de son environnement immédiat et passe ses moments de veille à apprendre, tandis que les connexions de son cerveau se forment.

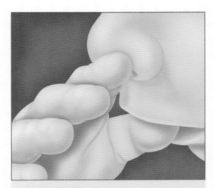

34e EMAINE Gestation 32 semaines

Longueur
32 cm du crâne au siège
44 cm de longueur totale

Poids 2,3 kg

Son système immunitaire, qui combattra les infections mineures, se développe rapidement. La couche de vernix sur son corps est devenue plus épaisse, mais sa peau est moins plissée et plus rosée. Ses minuscules ongles des doigts sont coupants et ont atteint le bout de ses doigts. Quoique ses autres os durcissent encore plus, ceux de son crâne demeurent flexibles afin qu'il puisse traverser facilement la filière pelvienne. Comme il lui est difficile de bouger, ses mouvements sont moins nombreux, mais plus énergiques.

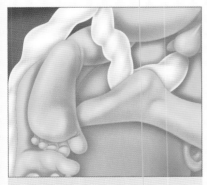

38e SEMAINE Gestation 36 semaines

Longueur
36 cm du crâne au siège
48 cm de longueur totale

Poids 3,1 kg

Il passe la plupart de son temps de veille à sucer, ce qui le prépare à sa vie de nourrisson. Sinon, il peut difficilement bouger à cause de sa taille. Il suit une routine de sommeil et de veille dans laquelle ses temps de veille sont plus fréquents. La majeure partie de son lanugo a disparu et il est pressé par les premières contractions utérines.

39e SEMAINE Gestation 37 semaines

Longueur
37 cm du crâne au siège
48 cm de longueur totale

Poids 3,25 kg

En réaction aux sons, touchers et autres sensations qui se présentent autour de lui, mon bébé a des expressions variées. Mon placenta commence à vieillir et, désormais, il ne lui transfère plus les nutriments efficacement, tandis que mes anticorps traversent la barrière du placenta pour exercer une stimulation temporaire sur son système immunitaire. Il y a moins de liquide amniotique autour de lui.

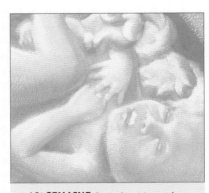

40e SEMAINE Gestation 38 semaines

Longueur
38 cm du crâne au siège
48 cm de longueur totale

Poids 3,25 kg

Tous les systèmes organiques de mon bébé fonctionnent maintenant et ses intestins contiennent du méconium, un déchet noir verdâtre visqueux. À partir de maintenant, 15 % de son poids corporel est de la graisse et il a développé plus de 70 réflexes pour faire face au monde extérieur. Sa tête peut être comprimée par la filière pelvienne.

La naissance

Même si la filière pelvienne n'a que 23 cm de longueur, elle mettra de nombreuses heures à se former et le bébé, de nombreuses heures à en sortir. Initialement fermée par le col de l'utérus, l'utérus doit s'ouvrir dans le vagin pour créer la filière pelvienne, laquelle doit s'étirer pour accommoder mon bébé.

Au même moment, la tête de mon bébé sera façonnée afin qu'il puisse faire son chemin en sécurité dans la filière pelvienne. Personne ne sait ce qui enclenche le processus de la naissance, mais quand je sens des sensations semblables à des crampes dans mon utérus, je sais que le travail a commencé.

FORMATION DE LA FILIÈRE PELVIENNE

Les contractions sont ce qui est ressenti quand les muscles de l'utérus se contractent et se relâchent. Ces sensations semblables à des crampes viennent en vagues : elles débutent, gagnent en intensité, atteignent un sommet, puis diminuent.  Leur but est de pousser la tête de mon bébé contre le col de mon utérus afin que ce col épais et scellé s'amincisse graduellement (s'efface) et s'ouvre (se dilate).

Le bébé s'engage la tête en premier et repose sur ou près du col de mon utérus. Avec la progression du travail, le bébé tourne sur le côté avec la partie la plus large de sa tête dans la partie la plus large de mon bassin.

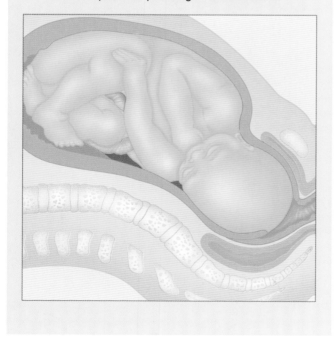

LA PREMIÈRE ÉTAPE DU TRAVAIL

Une fois le col de l'utérus transformé en une ouverture souple et mince enveloppant la tête de mon bébé comme le bord d'une tasse à thé – à 10 cm, il est tout à fait dilaté – et la tête de mon bébé comble le centre (il est correctement engagé), la prochaine étape du travail d'« expulsion » est prête à commencer. Maintenant l'utérus, le col et le vagin forment la filière pelvienne.

Le bébé a maintenant le menton sur sa poitrine et sa tête et le haut de son corps commencent à tourner pour que son visage soit face à mon dos.

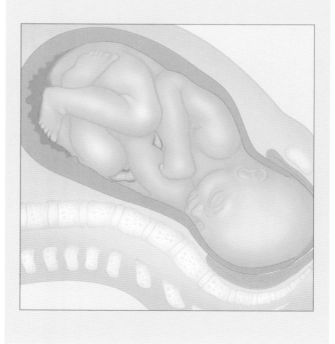

DÉBUT DE L'ÉTAPE D'« EXPULSION »

Les sensations des contractions semblables à des vagues ont été remplacées par l'urgence profonde de pousser. Mon bébé participe au processus de la naissance. Il utilise ses pieds pour pousser contre la paroi de l'utérus et il dégage sa tête à travers le col de mon utérus vers le vagin. Alors qu'il passe sous le pubis, et à travers l'ouverture des muscles du plancher pelvien, les os de son crâne se chevauchent, facilitant son passage. Il incline aussi son menton vers le bas afin que sa tête soit aussi étroite que possible quand il passe à travers le bassin. Il est « couronné » quand sa tête peut être vue à l'entrée du vagin.

Le bébé a complété une rotation de 90°
et il fait face à mon dos.

SORTIE DE LA TÊTE ET DU CORPS

Une fois que le sommet de la tête est apparu à l'entrée du vagin, il ne faut plus que quelques contractions pour expulser la tête du bébé hors de mon corps. À la contraction suivante, ses épaules se présentent, l'une à la suite de l'autre, tandis que le bébé garde les bras tout près de son corps. Une fois que ses épaules sont dégagées, le reste de son corps sort aisément en glissant.

Une fois que sa tête est dégagée, le bébé
se tourne pour redresser son cou ; il fait
ainsi, de nouveau face à mon côté.

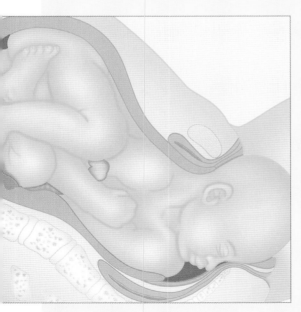

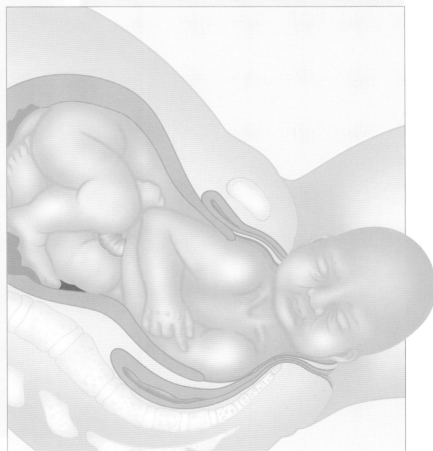

Tests, examens et procédures

ÉCHOGRAPHIES

Indolore et inoffensive, cette technologie utilise des ondes sonores qui sont réfléchies pour créer une image de l'utérus et du bébé en gestation. Avant 8 à 10 semaines de grossesse, les échographies peuvent être exécutées en utilisant une sonde qu'on insère dans le vagin ; plus tard, un transducteur est bougé sur l'abdomen. Des versions en relief, qui produisent une image très ressemblante du bébé, sont possibles ; les échographies 4D montrent le mouvement. L'échographie Doppler retrace le flux sanguin entre le placenta et le bébé par le biais du cordon ombilical ; elle peut être faite durant l'échographie de dépistage (voir à la page 27) pour vérifier de possibles problèmes placentaires.

Des échographies ou d'autres tests supplémentaires peuvent être recommandés si on découvre un problème. Un gel est étalé sur la peau de l'abdomen et le transducteur est déplacé sur le gel. Les ondes sonores voyagent à travers le liquide, comme le liquide amniotique, mais elles sont réfléchies (rebondissent) par des structures plus solides comme le cœur, le cerveau et la paroi utérine. La qualité est variable.

LA PREMIÈRE ÉCHOGRAPHIE

Habituellement effectuée entre les 11e et 14e semaine, l'échographie révèle ce qui suit.

- Localiser la grossesse.
- Établir une date précise d'accouchement (les échographies faites après la 20e semaine sont moins fiables).
- Vérifier le nombre de fœtus. Si des jumeaux ou plus sont présents, elle peut montrer si les bébés partagent ou non le même placenta.
- Vérifier la santé de l'utérus et des ovaires.
- Évaluer le risque de trisomie 21. Une zone spéciale pleine de liquide derrière le cou du bébé – la clarté nucale – peut être mesurée. Si elle est plus épaisse que la moyenne, le risque de trisomie 21 est augmenté.

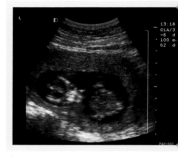

Échographie 2D

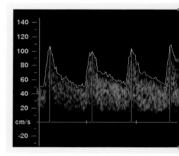

Échographie Doppler

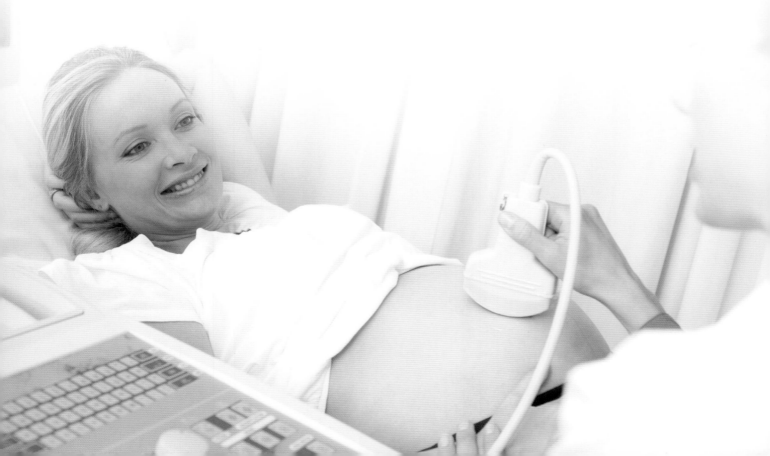

FACTEUR RHÉSUS (RH)

Si je suis rhésus négatif et que mon bébé est rhésus positif, mon corps peut développer des anticorps lorsque nos deux sangs se mêlent, à titre d'exemple au moment de l'accouchement. Il est peu probable que cela ait un effet lors d'une première grossesse, mais le problème pourrait surgir lors d'une grossesse subséquente avec un deuxième bébé Rh positif; mes anticorps peuvent attaquer et détruire les cellules sanguines de ce bébé, ce qui peut entraîner plusieurs maladies graves.

Si je suis Rh négatif et que le père de mon bébé ne l'est pas, on me donnera des injections de gamma-maglobulines (anti-D) aux 28e et 34e semaines ainsi qu'après l'accouchement, pour éviter que je produise des anticorps. On peut aussi me donner des anti-D si je souffre de saignement vaginal après la 12e semaine de grossesse et après un prélèvement des villosités chorioniques, une amniocentèse ou une version par manœuvre externe (ou VME, voir à la page 74).

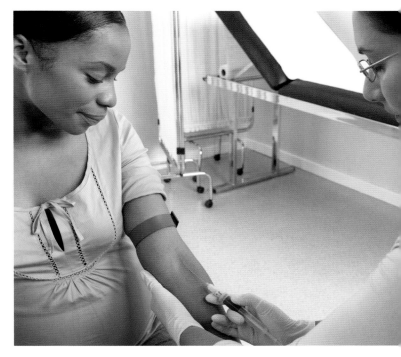

Échographie de dépistage

Cette échographie plus détaillée est exécutée entre la 16e et la 22e semaine pour vérifier ce qui suit.
- Anatomie fœtale
- Âge gestationnel
- Taux de croissance
- Quantité de liquide amniotique
- Situation du placenta
- Sexe du bébé

ANALYSES DE SANG MATERNEL

Tôt pendant ma grossesse, mon sang sera analysé pour dépister la présence d'anémie, pour vérifier mon groupe sanguin et le facteur rhésus, et pour évaluer mon immunité ou une exposition antérieure à des infections dont la rubéole, l'hépatite B, la syphilis et le VIH. Plus tard durant ma grossesse, on pourra analyser mon sang pour évaluer le risque de trisomie 21 chez mon bébé.

Si mon conjoint ou moi avons des antécédents familiaux de maladie héréditaire, comme la maladie de Tay-Sachs, la drépanocytose, la fibrose kystique ou la thalassémie, on peut me proposer une analyse de sang pour aider à déterminer si mon fœtus est à risque.

DÉPISTAGE DE LA TRISOMIE 21

Le risque qu'un bébé souffre de trisomie 21, ou syndrome de Down – une aberration chromosomique associée à de graves difficultés d'apprentissage – peut être estimé par une combinaison de l'échographie (dépistage de la clarté nucale) et du test sérique. Ce dernier s'attarde à des substances spécifiques dans le sang maternel (alpha-fœtoprotéine – AFP –, gonadotrophine chorionique – hCG –, Papp-A et

Inhibine A) qui proviennent du bébé et du placenta et qui augmentent avec la trisomie 21 et certains défauts du tube neural. Ces tests permettront d'identifier plus de 75 % des femmes dont les bébés sont à risque. Un diagnostic réel ne peut être obtenu que par amniocentèse ou prélèvement des villosités chorioniques.

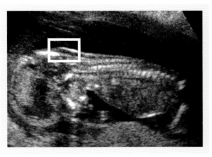

Lors du dépistage par la clarté nucale, on mesure un espace rempli de liquide dans le cou du fœtus.

Au Québec, on recommande aux femmes âgées de 35 ans ou plus – ou qui accoucheront à cet âge – de passer ces tests prénataux chirurgicaux pour vérifier les aberrations. Le risque qu'une femme ait un bébé affligé d'une aberration chromosomique augmente significativement après l'âge de 35 ans et le risque de fausse couche causé par l'intervention est approximativement égal au risque que son bébé ait une telle aberration. Néanmoins, ce sont des femmes de moins de 35 ans qui accouchent de la plupart des bébés souffrant de trisomie 21, parce que ce sont les femmes de ce groupe d'âge qui ont le plus de bébés.

Toute femme de moins de 35 ans désirant le test pour des aberrations chromosomiques devrait pouvoir le faire, tant et aussi longtemps que les risques et les avantages des tests sont vraiment bien compris.

Prélèvement des villosités chorioniques (PVC)

Habituellement, on procède à ce prélèvement entre la 10e et la 13e semaine. De minuscules morceaux de tissus semblables à des doigts qui forment le placenta et appelés villosités chorioniques sont prélevés selon l'une ou l'autre de deux façons : soit en utilisant un cathéter flexible pour retirer par le col de l'utérus (PVC transcervical) du tissu placentaire contenant des villosités chorioniques, soit en utilisant une aiguille creuse insérée à travers l'abdomen (PVC transabdominal). Les ultrasons sont utilisés pour guider le médecin et pour éviter de blesser le bébé durant l'intervention.

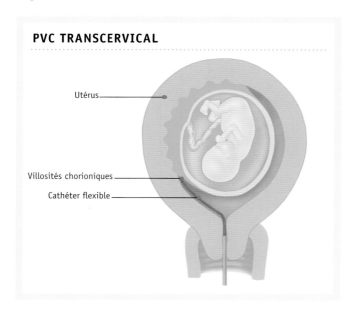

PVC TRANSCERVICAL

Utérus

Villosités chorioniques

Cathéter flexible

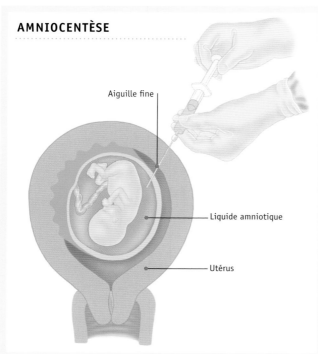

AMNIOCENTÈSE

Aiguille fine

Liquide amniotique

Utérus

Le tissu, qui se développe depuis des cellules issues de l'ovule fertilisé et qui partage les mêmes chromosomes et la même composition que le fœtus en gestation, est alors traité dans un laboratoire et un caryotype (représentation des chromosomes) est établi. L'examen vise à vérifier si le nombre et la structure des chromosomes sont normaux. On peut avoir accès aux résultats en une semaine, quoiqu'on puisse attendre 2 à 3 semaines avant l'émission d'un rapport complet.

Amniocentèse

Cette procédure a lieu habituellement entre la 15e et la 20e semaine. On insère une fine aiguille à travers l'abdomen et la paroi utérine jusqu'au sac amniotique, pour extraire 15 à 20 cc (1 à 2 c. à soupe) de liquide amniotique, lequel contient des cellules chromosomiques du bébé. Une échographie est utilisée pour identifier une « poche » de liquide amniotique loin du bébé. Les cellules extraites du liquide amniotique sont ensuite incubées et cultivées, puis les résultats sont habituellement disponibles après une à deux semaines. Le test indiquera si les 23 paires de chromosomes sont présentes et si leurs structures sont normales. Un test préliminaire plus rapide, dit hybridation in situ fluorescente (FISH), fournit un résultat entre 24 et 48 heures ; il peut être utilisé si on soupçonne fortement un aberration chromosomique comme la trisomie 21 (syndrome de Down), la trisomie 13 (syndrome de Patau) ou 18 (syndrome d'Edward). L'amniocentèse effectuée plus tard pendant la grossesse vérifie ce qui suit.

- Les infections
- La sensibilisation au facteur rhésus
- Les anomalies
- Le travail prématuré
- La maturité des poumons fœtaux

PRÉLÈVEMENT DE SANG FŒTAL

Habituellement exécuté après 18 semaines de grossesse, le sang fœtal est prélevé dans le cordon ombilical pour un diagnostic chromosomique rapide quand il faut un résultat urgent. Aussi appelé prélèvement par ponction du cordon ombilical ou choriocentèse, ce test est exécuté avec l'échographie comme guide et similaire à une amniocentèse, sauf que l'aiguille est dirigée dans le cordon ombilical plutôt que dans le liquide amniotique. Les résultats prennent environ trois jours. Il est parfois effectué en vue de vérifier ce qui suit.

- Certaines infections fœtales
- L'anémie fœtale
- L'anasarque fœto-placentaire, dans laquelle le liquide s'accumule de manière anormale dans le fœtus.

Évaluer l'état de bien-être de mon fœtus

Même si je pouvais voir mon bébé s'agiter de haut en bas à l'échographie, en fait, je ne l'ai pas senti bouger bien avant la 20e semaine de grossesse. Je n'étais même pas certaine alors que les palpitations que je ressentais étaient réellement ses déplacements.

Une fois qu'il sera plus gros, je pourrai sentir ses mouvements plus distinctement, même s'ils seront moins fréquents. Il est évident que, d'ici là, mon fœtus aura moins d'espace pour se déplacer dans mon utérus. À la fin de ma grossesse, je devrais sentir des coups de pied très énergiques dans mes côtes et ma vessie et, parfois, je le verrai, tout autant que je le sentirai, se déplacer ; il poussera contre la paroi de mon abdomen.

Une fois habituée à ses mouvements, je devrais me rendre compte que mon bébé devient plus actif en réaction à des aliments que je mange – les sucreries et autres aliments sucrés lui donnant assurément de l'énergie, il pourrait donc avoir un accès de mouvements après le repas – ainsi qu'à mes émotions. Il peut s'agiter durant un film qui me captive ou devenir actif durant un concert de musique classique – particulièrement lors des coups de cymbales. Je devrais le sentir bouger surtout la nuit et quand je me repose durant le jour, probablement parce que je me couche, détendue et tranquille, et sans distractions.

ROUTINE D'ACTIVITÉ

Tout comme un nouveau-né, mon fœtus aura des périodes régulières de sommeil et de veille. Pendant environ 80 % du temps, il dormira, mais ce temps peut être divisé en sommeil actif et passif. En sommeil actif, il peut rêver, car il bouge ses membres. Durant environ 12 % du temps, il sera éveillé, mais sera actif seulement une partie de ce temps. Le reste du temps, il passera du sommeil à l'état de veille.

À compter de la 28e semaine, on me demandera de noter les mouvements de mon bébé dans un tableau des mouvements pour s'assurer de son bien-être. Mon soignant m'a dit que je devrais être capable de dénombrer au moins 10 mouvements par période de 12 heures et que je devrais rapporter immédiatement toute diminution importante de ses mouvements.

De nombreux types de mouvements différents ont été identifiés au début de la grossesse. Outre les mouvements de tout le corps et des membres comme rouler sur soi, donner des coups de pied et «marcher», le fœtus tient aussi le cordon ombilical, suce, bâille et a le hoquet.

EXEMPLE DE TABLEAU DES MOUVEMENTS														
HEURES	39e SEMAINE							40e SEMAINE						
	L	M	M	J	V	S	D	L	M	M	J	V	S	D
9 h 00														
9 h 30														
10 h 00														
10 h 30														
11 h 00														
11 h 30														
12 h 00														
12 h 30														
13 h 00														
13 h 30				■										
14 h 00														
14 h 30	■													
15 h 00										■				
15 h 30			■											
16 h 00														
16 h 30						■								
17 h 00					■									
17 h 30														
18 h 00														
18 h 30														
19 h 00														
19 h 30														
20 h 00														
20 h 30														
21 h 00														
Si moins de 10 mouvements à 21 heures, indiquez le total ici.														
9														
8														
7					■									
6														
5														
4														
3														
2														
1														

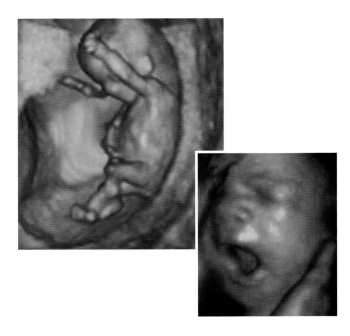

PARTIE I Ma grossesse

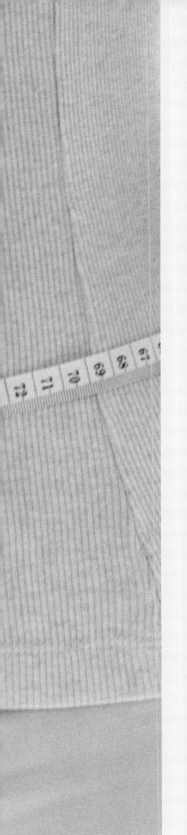

Mon corps de femme enceinte

De nombreuses adaptations internes se produisent tandis que mon organisme commence à nourrir et à protéger mon bébé qui se développe, mais je les perçois surtout par ma fatigue croissante et mon humeur changeante. Cependant, ce dont j'ai le plus conscience et qui m'excite, c'est mon abdomen qui grossit. Maintenant, quiconque peut voir que j'attends un bébé et les autres peuvent partager ma joie et mes attentes. Je devrai ajuster ma routine de soins personnels et mon conjoint devra s'habituer aux changements de ma silhouette.

Changements liés à la grossesse

Dès le début, je me sens différente parce que je suis enceinte, mais beaucoup de changements anticipés ne se manifesteront que plus tard ; toutefois, j'en perçois déjà certains par leurs effets. À titre d'exemple, j'ai souvent faim tard en soirée : c'est parce que le bébé reçoit constamment des nutriments, mais que je mange seulement mes trois repas quotidiens. Si je prends des repas plus petits, mais plus fréquents, je m'en trouverai mieux.

AUGMENTATION DU VOLUME DES SEINS

L'une des premières modifications que j'ai remarquées a été l'apparence et les sensations dans mes seins. Quasi instantanément, mes seins sont devenus plus tendus et plus sensibles. Maintenant que le deuxième trimestre est amorcé, mes mamelons semblent plus proéminents et ils – de même que la zone immédiate qui les entoure (aréole) – sont devenus visiblement plus foncés avec des glandes plus proéminentes. Ces changements résultent des hormones de grossesse qui élargissent les conduits galactophores qui seront utilisés lors de l'allaitement. Avec le temps, d'autres

modifications se produiront. Mes seins présenteront des veines plus proéminentes parce que l'apport sanguin aura augmenté et, vers la fin de ma grossesse, ils peuvent sécréter du colostrum, un liquide clair ou doré qui sera le premier lait du bébé.

AUGMENTATION DU VOLUME DE L'ABDOMEN

Afin d'accommoder la croissance de mon fœtus et le soutenir, mon ventre augmente graduellement. Le bébé compte environ pour 39 % de mon gain de poids, tandis que le placenta, le liquide amniotique et l'utérus gravide en constituent 31 %. Le reste est attribuable à l'augmentation du volume sanguin et des seins.

Le placenta nourrit mon bébé, lui fournissant l'oxygène et évacuant les déchets, et produit les hormones de grossesse vitales. Mon fœtus est relié au placenta par le cordon ombilical, qui est constitué d'une veine et de deux artères. Quoique mon sang et celui de mon fœtus ne se mêlent jamais, en réalité, mon fœtus dépend entièrement de moi pour ses nutriments, ses anticorps et son oxygène, et aussi

PRODUCTION DE LAIT

Les alvéoles sont des amas de cellules dans les lobules qui produisent et emmagasinent le lait. Le lait coule dans les canaux galactophores depuis les alvéoles jusqu'aux sinus, qui libèrent le lait par des ouvertures dans le mamelon. Téter envoie des signaux au cerveau pour qu'il libère de l'oxytocine, laquelle déclenche la lactation (le réflexe d'éjection). Le colostrum, ou premier lait, contient plus de protéines que le lait maternel à maturité et tous les minéraux, le gras et les vitamines nécessaires au bébé durant les premiers jours. Il est riche aussi en anticorps pour protéger le bébé contre les infections et évacuer le méconium (les premières selles vert foncé) des intestins du bébé. Viendront ensuite le lait de transition – mélange de colostrum et de lait à maturité –, puis le lait à maturité qui, tout à la fois, étanche la soif et est très nourrissant.

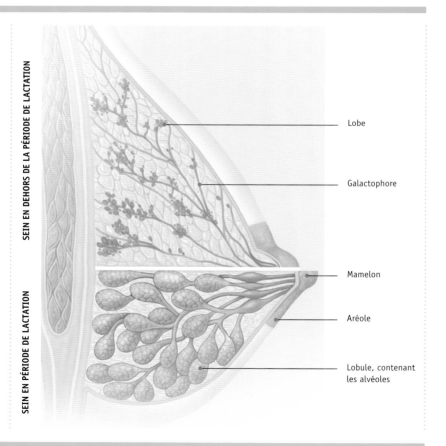

SEIN EN DEHORS DE LA PÉRIODE DE LACTATION

SEIN EN PÉRIODE DE LACTATION

Lobe

Galactophore

Mamelon

Aréole

Lobule, contenant les alvéoles

évacuer ses déchets. Tout ce que j'absorbe, mon bébé l'absorbe aussi et c'est pourquoi je dois avoir une alimentation saine et équilibrée, et éviter toute substance qui pourrait lui faire du tort (voir à la page 60).

PIGMENTATION DE LA PEAU

Des changements de pigmentation sont courants lors d'une grossesse. Les grains de beauté, les taches et les taches de rousseur existantes s'assombrissent souvent et une ligne sombre, dite ligne brune, peut apparaître entre l'os du pubis et le nombril. Une zone de masque foncée (un « loup ») dans le visage peut apparaître chez les femmes à la peau claire, ou une zone claire chez les femmes à peau sombre (chloasma) ; cela peut s'aggraver avec l'exposition au soleil. Des taux élevés d'œstrogènes peuvent occasionner des concentrations de vaisseaux sanguins apparaissant sous la forme de minuscules points rouges (angiomes stellaires) n'importe où sur le corps. La grossesse produit aussi des effets variés sur l'acné ; si elle est déjà présente, elle peut l'améliorer ou l'aggraver, et s'il n'y en a pas, elle

peut provoquer son apparition ! Des rayures rose ou rouge foncé, appelées vergetures, peuvent apparaître là où la peau s'agrandit et se distend.

EFFETS DES HORMONES

Libérée par le placenta en croissance alors qu'il commence à s'implanter dans l'utérus, la gonadotrophine chorionique humaine (hCG) déclenche l'autre activité hormonale nécessaire pour maintenir la grossesse et empêcher les menstruations. On pense qu'elle est responsable pour une part des nausées et vomissements qui surviennent durant le premier trimestre.

La progestérone maintient les fonctions du placenta, renforce les parois du pubis en prévision du travail et détend certains ligaments et muscles. Toutefois, cet effet relaxant peut entraîner certains effets non désirés ; à titre d'exemple, l'intestin peut devenir paresseux, ou il se produit de la constipation ou la désagréable sensation d'être « trop plein » après un repas.

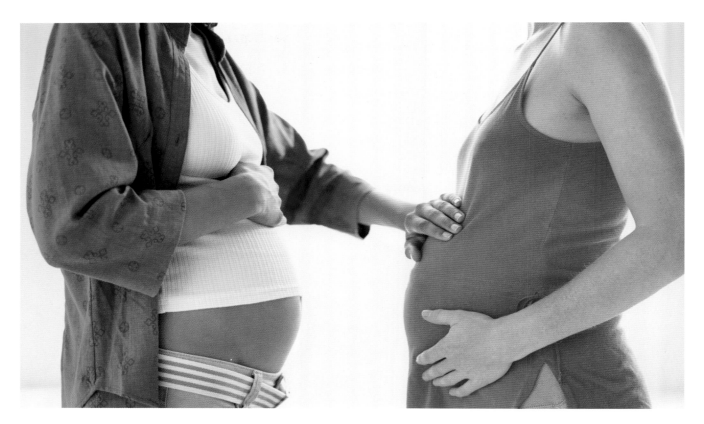

La progestérone détend aussi le sphincter (anneau de muscles) entre l'œsophage et l'estomac ; à l'occasion, cela peut causer des brûlures d'estomac. Elle provoque aussi la dilatation des veines, ce qui peut entraîner des varices. La progestérone aide aussi à stimuler et à développer le réseau de conduits galactophores dans mes seins, ce qui explique pourquoi ils sont plus sensibles.

L'œstrogène aide à préparer la musculature utérine pour la grossesse, accroissant le nombre de vaisseaux sanguins et de glandes. Cette hormone est responsable d'une certaine augmentation du volume sanguin, ce qui peut entraîner parfois des saignements des gencives ou du nez. Son effet le plus visible est une rougeur accrue de la peau. La progestérone et l'œstrogène produisent tous deux un effet profond sur les émotions (voir à la page 35).

Il y a plusieurs autres hormones dont l'action n'est pas visiblement apparente et deux qui le sont : la relaxine encourage le col de l'utérus, les muscles, ligaments et articulations du pubis à se détendre en prévision de l'accouchement – ce qui explique pourquoi je dois faire attention quand je fais des exercices – et l'oxytocine, qui fera couler mon lait quand j'allaiterai.

CHANGEMENTS CARDIOVASCULAIRES
Dès le début de la grossesse, le volume sanguin augmente pour procurer un débit sanguin adéquat à mon fœtus en croissance, à mon utérus qui s'agrandit et au placenta qui se développe, si bien qu'à la 30e semaine, j'aurai 50 % plus de sang circulant dans mon organisme. Néanmoins,

l'hémogramme de certaines femmes décroît durant la grossesse parce que leurs cellules sanguines n'augmentent pas en proportion avec le plasma ; elles souffrent d'une forme d'anémie de dilution.

On m'a dit que les battements de mon cœur peuvent s'accélérer un peu en s'adaptant à la grossesse. Personne ne sait pourquoi le rythme cardiaque augmente à ce moment ; selon une théorie, c'est le moyen pour la nature de s'assurer que le volume supplémentaire de sang circule dans tout l'organisme.

Certaines femmes enceintes souffrent aussi de tension artérielle basse (hypotension) ; si bien que, en se levant trop vite, elles peuvent avoir des étourdissements ou perdre conscience. D'autres peuvent se rendre compte que leur tension artérielle augmente. Habituellement, c'est le genre de choses décelées lors d'un examen de routine ; par la suite, cela fera l'objet d'une surveillance étroite parce que c'est l'un des signes de prééclampsie, une condition dangereuse.

CHANGEMENTS RESPIRATOIRES
Vers la fin de la grossesse, je serai sujette à de l'essoufflement parce que mon fœtus en croissance empêchera mes poumons de se gonfler entièrement. Si j'ai le souffle court, je devrai m'asseoir et respirer régulièrement, gonflant et dégonflant consciemment mes poumons. Toutefois, si j'ai le souffle court subitement et gravement, ou si j'éprouve une douleur subite dans la poitrine, je consulterai un médecin aussitôt.

CHANGEMENTS ÉMOTIONNELS

Les hormones de grossesse peuvent induire une sérénité nouvelle, dans laquelle l'attention se tourne vers l'intérieur pour former un cocon protecteur autour du bébé. À moins qu'elles ne provoquent des montagnes russes d'émotions : tristesse virant en déluge de larmes, nouvelle sensibilité aux souffrances des autres et joie si intense qui se transforme aussi en larmes.

Même si je voulais un bébé à tout prix, une fois la grossesse confirmée, certains doutes et inquiétudes sont montés à la surface : comment mon corps traverserait-il la grossesse et l'accouchement ? Vais-je faire une fausse couche ? Suis-je vraiment capable de prendre soin d'un autre être humain ? Après la première bouffée d'émotions, les choses se sont tassées et je suis plus détendue, plus en confiance avec mon corps. Voir mon bébé minuscule, mais complet, se déplacer ou sucer son pouce durant une échographie me rassure et, comme les autres, mes tests prénataux (voir aux pages 26 à 29) m'inquiètent un peu, même s'ils sont conçus pour procurer des informations rassurantes. J'essaie de garder à l'esprit que les tests peuvent détecter très tôt les problèmes, ce qui améliorera les chances que mon bébé naisse en santé.

Quand vous découvrez que vous êtes enceinte, vous pouvez d'abord vous sentir comblée de porter cet enfant désiré depuis si longtemps, triomphante parce que vous êtes fertile ou attendrie et proche de votre partenaire, puisque c'est votre union physique qui a créé votre bébé. Toutefois, selon les circonstances, vous pouvez percevoir la grossesse comme un énorme problème. Si vous ne vous sentez pas prête pour un bébé, votre réponse naturelle peut être l'anxiété, voire la panique. Avec un peu d'espoir, ce livre contribuera à vous rassurer et à vous faire sentir plus à l'aise et prête.

Modifications de l'apparence physique

Les réactions émotionnelles à la grossesse sont très individuelles et imprévisibles, mais il est quasi impossible ne pas éprouver une forte réaction aux changements de son corps. Certaines femmes sont conscientes de leur silhouette et sont perturbées par l'augmentation du volume abdominal. Je ne sais pas pourquoi elles se sentent embarrassées par leurs courbes ; elles n'engraissent pas, elles portent un bébé !

Quand je me suis sentie enceinte, j'étais frustrée qu'il n'y eût rien de visible. Ce n'est qu'au cours de mon troisième mois que j'ai commencé à être à l'étroit dans mes vêtements et, au quatrième mois environ, j'étais excitée parce que ma grossesse était nettement visible. Il y a même des gens qui demandaient s'ils pouvaient toucher mon ventre. Ça ne me dérangeait pas, quoique je sache que certaines femmes estiment qu'un tel geste envahit leur intimité. Au cours des derniers mois, je peux difficilement croire que mon corps puisse continuer à se développer et que mon ventre soit si ferme.

Je ne ferai pas moins que...

ESSAYER D'ÉTOUFFER MES CRAINTES

Être positive est bon pour mon bébé et moi. Pour m'assurer que je ne m'en fais pas pour rien, je prendrai les mesures suivantes :

✓ **Discuter avec mon soignant** de tout ce qui me préoccupe – à titre d'exemple, l'une ou l'autre des tests prénataux qu'on me conseille de subir peut-il nuire à mon bébé ?

✓ **Parler à maman** et à tout autre proche parente ou amie de leurs expériences de grossesse et d'accouchement.

✓ **M'inscrire à des cours prénataux,** afin de pouvoir rencontrer d'autres femmes enceintes et apprendre ce qu'elles pensent de certaines choses et ce qu'elles éprouvent.

✓ **Avoir recours à la pensée positive** dès qu'un problème surgit.

✓ **Abandonner toute mauvaise habitude** (boire, fumer, etc.) qui pourrait avoir un impact sur mon bébé en croissance.

✓ **Essayer la méditation** pour détendre mon esprit et mon corps ; dans les périodes de stress, d'anxiété, de douleur ou d'inconfort, prendre simplement trois profondes respirations et dire « relaxe » à chaque longue expiration devrait apporter un soulagement immédiat.

Soulager les maux courants

Les « effets secondaires » de la grossesse sont nombreux, mais non sérieux en général. Toutefois, si mes stratégies préventives ne sont pas assez efficaces et que quelque chose devient un réel problème, consultez votre soignant qui peut prescrire un médicament pour ce problème.

NAUSÉES MATINALES

Comme 80 % des femmes, j'ai souffert de nausées dès le début de la grossesse, mais les nausées et les vomissements ne se limitaient pas au matin. J'ai été chanceuse que mes nausées matinales aient cessé avant la fin du premier trimestre. Chez d'autres femmes, elles se poursuivent, mais deviennent moins graves après les trois premiers mois. Parfois, je me sentais sur le point de vomir ou la nausée était extrêmement désagréable, voire débilitante à l'occasion. J'ai eu la chance que les nausées ne soient pas devenues hors de contrôle et je savais que c'était inoffensif pour moi et le bébé. Quoique j'aie perdu un peu de poids au début, cela ne posait pas vraiment un problème.

Mes solutions pour combattre les nausées :

✓ Manger de fréquents petits repas, afin de n'avoir jamais l'estomac vide. Il n'est pas nécessaire de se soucier outre mesure d'avoir une alimentation équilibrée, mais de prendre souvent des collations sèches, riches en glucides, tout au long de la journée

✓ Rester bien hydratée avec de l'eau ou des jus ; réduisez votre consommation de caféine (voir à la page 50).

✓ Apprendre où sont les points d'acupression pour soulager les nausées.

✓ Consommer du gingembre sous forme de tisanes, de comprimés ou de biscuits.

✓ Changer de marque de dentifrice si les nausées s'aggravent lors du brossage des dents.

FATIGUE

Je ne peux pas croire combien j'étais épuisée au début de ma grossesse, mais c'était probablement dû à tous les changements qui se produisaient, y inclus la hausse spectaculaire de mes taux d'hormones. Maintenant que j'entreprends mon deuxième trimestre, la fatigue s'amenuise lentement, mais elle reviendra à la fin de la grossesse. Il faut s'y attendre parce que je transporterai un bon surplus de poids.

✚ AVIS D'EXPERTS

Vomissements excessifs
Si vous perdez passablement de poids, ne pouvez garder ni solides ni liquides, ou que vous avez des étourdissements ou perdez conscience, parlez-en aussitôt à votre soignant. Il voudra s'assurer qu'il ne s'agit pas de vomissements incoercibles – une condition sérieuse menant au besoin de réhydratation par intraveineuse (voir à la page 66).

J'ai trouvé qu'on peut alléger la fatigue en faisant ce qui suit :

✓ Prendre autant de repos que possible. Je m'assois les pieds surélevés dès que j'en ai l'occasion et je me couche tôt.

✓ Rester réaliste concernant ce que je peux faire. Je m'attends à ce que mon conjoint et d'autres donnent leur coup de main pour les tâches domestiques et fassent les courses et le magasinage.

✓ Avoir un régime alimentaire sain (voir à la page 48) et éviter la caféine et les sucreries. Les sucreries fournissent une poussée d'énergie rapide, mais me laissent plus fatiguée quand mon taux de glycémie redescend.

✓ Faire des exercices en douceur chaque jour.

CONSTIPATION

Environ la moitié des femmes enceintes souffrent de selles dures ou difficiles à évacuer. La cause est attribuable aux hormones de grossesse qui rendent plus paresseux le passage des déchets dans les intestins, le tout étant compliqué par le volume de l'utérus qui écrase les intestins. Prendre des suppléments de fer peut aggraver le problème.

Afin d'éviter la constipation, je :

✓ Mange beaucoup d'aliments à forte teneur de fibres, comme les céréales de son, des fruits et des légumes.

✓ Bois beaucoup de liquides, comme des jus de fruits dilués dans l'eau, du lait et de l'eau.

✓ Mets des pruneaux au menu. J'en mange quelques-uns ou je bois un verre de jus de pruneaux chaque jour.

✓ Fais régulièrement de l'exercice. L'exercice incite les intestins à devenir plus actifs et favorise la défécation quotidienne.

VARICES ET HÉMORROÏDES

L'expansion de l'utérus exerce une pression sur des vaisseaux sanguins importants, causant l'enflure et la dilatation des veines dans les jambes et autour de l'anus (hémorroïdes). Une femme est plus sujette à développer des varices s'il y en a dans la famille. En général, les veines enflées sont sans douleur mais, à l'occasion, elles peuvent faire mal et les hémorroïdes, saigner. D'ordinaire, les varices régressent après l'accouchement, mais pas tout à fait parfois, et les hémorroïdes peuvent apparaître seulement à titre de conséquence de l'accouchement.

Afin d'éviter d'avoir des veines enflées, je :

✓ Tente de prendre plusieurs périodes de repos au cours de la journée et d'élever mes jambes dès que l'occasion se présente.

✓ Porte des bas de contention. Informez-vous auprès de votre soignant sur les bas élastiques sur ordonnance.

✓ Prends des mesures contre la constipation (voir ci-contre) et je ne force pas quand je vais à la toilette.

✓ Fais de l'exercice chaque jour. J'exerce régulièrement aussi les muscles de mon plancher pelvien (voir les exercices Kegel, à la page 56), pour améliorer la circulation dans cette région.

✓ M'assois dans un bain chaud deux ou trois fois par jour si j'éprouve des spasmes musculaires.

✓ Soulage la zone périnéale avec des lingettes adoucissantes.

✗ Ne reste pas immobile, debout ou assise, pendant de longues périodes. Si je dois m'asseoir, je bouge les jambes de temps à autre pour stimuler la circulation et je fais des flexions des pieds pour empêcher le sang de stagner.

✗ Évite les collants ou les bas dont la partie supérieure élastique serre l'une ou l'autre partie de mes jambes.

BRÛLURES D'ESTOMAC

Cette sensation brûlante dans la partie supérieure de l'estomac, près du sternum, résulte des acides gastriques poussés dans le bas de l'œsophage (le tube reliant la bouche à l'estomac). Les brûlures d'estomac sont courantes durant la grossesse, parce que les hormones de grossesse ralentissent la digestion et détendent le sphincter, muscle entre l'œsophage et l'estomac, qui empêche normalement le mouvement ascendant des acides gastriques.

Pour lutter contre les effets des brûlures d'estomac, j'essaie de :

✓ Prendre des petits repas fréquemment.

✓ Prendre un antiacide sans danger pour la grossesse après les repas et à l'heure du coucher.

✓ Mâcher des craquelins secs quand j'ai des brûlures d'estomac pour neutraliser les flatulences.

✓ Dormir avec la tête surélevée par plusieurs oreillers.

✗ Ne pas manger d'aliments épicés, gras ou huileux ou de manger quoi que ce soit tout juste avant d'aller au lit (les brûlures d'estomac surviennent plus facilement quand on est couché).

RÉTENTION D'EAU (ŒDÈME) ET ENFLURE

Durant la grossesse, les liquides corporels augmentent et les tissus gonflent ; par conséquent, trois femmes enceintes sur quatre développeront des œdèmes à un moment ou à un autre. D'habitude, l'enflure apparaît dans les pieds et les chevilles, les mains et les doigts. C'est plus visible à la fin de la journée ou après être restée debout ou assise longtemps par temps chaud. Comme l'enflure peut aussi être un signe de prééclampsie, j'en parlerai lors de mon examen de routine.

Pour soulager toute enflure, je :

✓ Prendrai des pauses régulières quand je serai debout et m'assoirai avec les jambes élevées.

✓ Garderai mes mains enflées plus haut que mon cœur plutôt que de les laisser pendre de chaque côté du corps.

✓ Porterai des bas de contention ou m'informerai sur les bas élastiques sur ordonnance.

✓ Boirai beaucoup de liquides pour aider à évacuer l'excès de liquide.

✗ Ne resterai pas debout durant de longues périodes.

✗ Ne porterai pas des vêtements ou des chaussures ajustées.

✗ Ne restreindrai pas ma consommation de sel à moins que ma tension artérielle ne soit élevée.

INCONTINENCE À L'EFFORT

Durant les derniers mois de ma grossesse, je pourrai avoir des petites fuites d'urine quand je tousserai, éternuerai, rirai ou me déplacerai. Connu sous le nom d'incontinence à l'effort, ce phénomène est tout à fait normal ; il est causé par l'expansion utérine qui exerce une pression sur la vessie. Toutefois, comme une fuite d'urine peut signaler une infection de l'appareil urinaire et une perte continue d'urine peut être le signe de membranes rupturées (voir à la page 96), j'en informerai mon soignant si je continue de perdre des quantités importantes ou fréquentes de liquides.

Je peux aider à prévenir l'incontinence à l'effort en faisant ce qui suit :

✓ Pratiquer régulièrement des exercices pour le plancher pelvien (voir les exercices Kegel à la page 56) pour aider à fortifier mes muscles et soutenir le sphincter urinaire.

DIFFICULTÉS À DORMIR

Durant les derniers mois de la grossesse, l'insomnie peut se manifester à cause de l'incapacité à trouver une position confortable de sommeil, ajoutée à l'anxiété normale relative à l'imminence de l'accouchement.

Afin de favoriser une bonne nuit de sommeil, je :

✓ Me procurerai un certain nombre d'oreillers que je glisserai sous mon ventre et entre mes jambes, afin qu'il soit plus facile de trouver une position confortable.

✓ Prendrai un bain chaud, relaxant, avant d'aller au lit.

✓ Boirai du lait chaud. Réchauffer le lait libère le trypto-phane, un acide aminé naturellement présent qui induit au sommeil.

✓ Prendrai beaucoup d'air frais. Je m'assurerai qu'une fenêtre soit ouverte, afin de ne pas dormir dans une atmosphère étouffante.

✓ Tenterai de faire de l'exercice régulièrement.

✗ Ne mangerai pas un repas lourd avant d'aller au lit. Je mangerai plus tôt dans la soirée, puis je prendrai une collation légère avant d'aller dormir, si j'ai un petit creux.

Relations sexuelles

Dans une certaine mesure, depuis que je suis enceinte, mon conjoint et moi sommes plus près l'un de l'autre – partageant nos expériences et nos attentes à propos du bébé. Néanmoins, les changements hormonaux se produisant dans mon organisme, avec tous leurs effets secondaires – faibles niveaux d'énergie, nausées matinales, mal au dos, modification du désir sexuel et seins douloureux pour n'en nommer que quelques-uns –, semblent vraiment avoir le dessus sur moi parfois. En outre, il est difficile de ne pas se sentir irritable ou agacée quand mon partenaire s'attend à ce que je me comporte comme avant ma grossesse – en particulier dans la chambre à coucher –, plutôt que de considérer que la grossesse peut vous faire perdre le goût de préparer des repas et d'avoir des relations sexuelles !

Je m'inquiète aussi de ce que sera notre vie ensemble une fois que le bébé sera là, quoique nous ayons déjà discuté des implications économiques et de notre façon de nous en sortir avec un seul salaire, au moins pour un bout de temps.

TÉMOIGNAGES D'AFFECTION

Comme dans la plupart des autres situations, les femmes enceintes ont des réactions différentes face aux rapports sexuels. La proximité émotionnelle peut conduire à des rapports sexuels particulièrement tendres et affectueux, lesquels seront intensifiés par les changements physiques (voir à la page ci-contre), mais, durant les premières semaines, beaucoup de femmes n'auront pas de désir sexuel, si elles éprouvent des nausées et une fatigue extrême.

Je ne ferai pas moins que... ✓

TRAVAILLER SUR NOTRE RELATION
Afin que nous restions un couple heureux, je :

- ✓ **Parlerai à mon conjoint** de tout ce qui peut l'inquiéter ou m'inquiéter. Il est important que nous puissions compter l'un sur l'autre.

- ✓ **Continuerai de passer du temps avec lui.** Que nous soyons à l'extérieur, faisant des choses qui nous plaisent à tous deux ou relaxant simplement ensemble, ce seront nos derniers mois comme couple sans enfant et nous devrions en profiter pleinement !

- ✓ **M'assurerai qu'il partage ma grossesse.** En assistant à certains cours de procédures prénatales et de préparation à l'accouchement, en lisant les mêmes livres et en discutant ensemble de questions comme le prénom du bébé, mon conjoint se sent partie prenante de ma grossesse et, moi, c'est comme si je ne faisais pas tout par moi-même.

- ✓ **Irai au lit de bonne heure.** Commencer tôt ma nuit ne garantira pas que j'aie envie de sexe, mais je serai probablement disposée à plus d'intimité si je ne suis pas tout à fait épuisée en entrant sous les draps.

- ✓ **Encouragerai mon conjoint** quand il partagera ma charge de travail. Si je le félicite quand il s'occupe de certaines corvées, il sera encore plus disposé à le faire quand le bébé sera là.

- ✓ **N'irai pas au lit fâchée.** Si j'ai des problèmes avec mon conjoint, je m'assurerai de les régler avant que nous allions dormir.

Pas de sexe, s'il vous plaît...

En général, faire l'amour ne pose aucun risque pour le bébé en gestation. Toutefois, si vous avez déjà fait des fausses couches, il sera préférable d'éviter des rapports sexuels avec pénétration jusqu'à ce que vous ayez franchi la 12e semaine. De même, si vous avez déjà eu un accouchement prématuré ou que vous éprouvez des symptômes de travail précoce, il vaut mieux éviter tout rapport durant le dernier trimestre, parce que cela peut déclencher le début du travail. Vous devriez aussi éviter les relations sexuelles à la fin de la grossesse si vos membranes sont rompues ou si vous avez des saignements.

Toutefois, une fois cette phase passée, la plupart se sentent libérées dans leurs rapports amoureux, parce que la pression d'être enceinte n'existe plus ou que la contraception n'est plus nécessaire. Certaines femmes enceintes se disent en état d'excitation sexuelle quasi permanent, surtout durant le deuxième trimestre, et beaucoup de femmes éprouvent des orgasmes plus intenses qu'avant leur grossesse, les tissus du vagin demeurant gonflés longtemps après l'orgasme. Par contre, cela peut aussi signifier qu'elles se sentent insatisfaites à un degré ou un autre après une relation – un sentiment qu'elles peuvent combler par la masturbation.

Après le quatrième mois de grossesse, ce n'est pas une bonne idée de passer trop de temps couchée sur le dos ; par conséquent, la position du missionnaire est à proscrire. La position où la femme chevauche ou la position côte à côte seront plus confortables. Un lubrifiant peut s'avérer nécessaire pour éviter de possibles abrasions et irritations, car le vagin est extrêmement sensible.

De toute manière, un rapport sexuel n'implique pas nécessairement la pénétration. Si vous préférez ou devez éviter la pénétration, vous pouvez avoir recours aux préliminaires élaborés quoique, si votre conjoint vous masturbe, il devrait utiliser un lubrifiant – la salive, à défaut – pour éviter de provoquer des abrasions. Les sécrétions vaginales peuvent avoir un goût plus prononcé lors de relations orales, ce qui peut surprendre certains conjoints.

Bien sûr, il y a d'autres manières de partager son intimité – de simples baisers, des câlins et des caresses, ou prendre son bain ensemble. Le massage est un luxe bienvenu durant la grossesse, surtout si vous vous sentez inconfortable et éprouvez de la difficulté à vous détendre (voir à la page 94).

PROBLÈMES SEXUELS

La grossesse ne signifie pas toujours des relations sexuelles satisfaisantes et insouciantes. Certaines femmes se sentent mal à l'aise, fatiguées ou détestent leur nouvelle silhouette et ne se sentent pas pas séduisantes du tout. La sensibilité des seins, particulièrement au début et à la fin de la grossesse,

CHANGEMENTS DANS LA RÉPONSE SEXUELLE

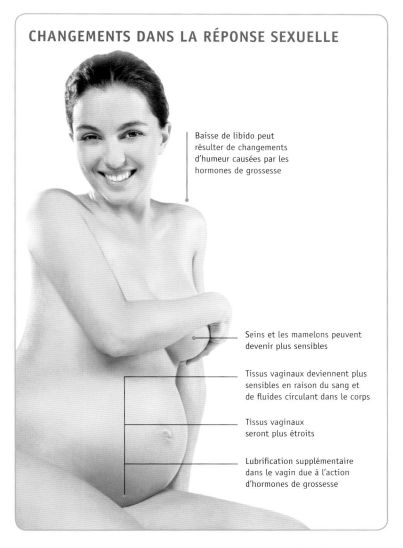

Baisse de libido peut résulter de changements d'humeur causées par les hormones de grossesse

Seins et les mamelons peuvent devenir plus sensibles

Tissus vaginaux deviennent plus sensibles en raison du sang et de fluides circulant dans le corps

Tissus vaginaux seront plus étroits

Lubrification supplémentaire dans le vagin due à l'action d'hormones de grossesse

peut les rendre trop douloureux pour que votre conjoint les caresse et, à la fin de la grossesse, ils peuvent laisser fuir du colostrum, ce que la femme ou son conjoint peuvent trouver désagréable.

Certains hommes sont intimidés par le corps changeant de leur conjointe ou s'inquiètent de leur causer du tort, à elle ou à leur bébé. Votre conjoint peut vous percevoir d'abord sous les traits d'une future maman plutôt que d'une amante, et cela peut perturber sa réaction habituelle. Certains hommes sont intimidés par les relations sexuelles à cause de la proximité même de leur bébé, qui semble être « témoin » de tout l'épisode amoureux (quoique, en fait, ce ne soit pas le cas).

Durant la grossesse, il est très possible qu'un conjoint se sente rejeté par l'autre – non pas parce qu'il y a moins d'amour entre eux, mais parce que les façons habituelles de l'exprimer sont perturbées. Si, pour quelque raison que ce soit, le sexe ne m'attire pas, je sais qu'il est important d'en parler, de préciser ce qui a changé pour moi, mais aussi d'exprimer tous les sentiments positifs qui demeurent inchangés.

Bien paraître pendant 9 mois

PRENDRE SOIN DE MA PEAU

À cause du plus gros volume de sang qui circule dans mon organisme, combiné à la légère hausse de ma température corporelle, ma peau présente l'« éclat » caractéristique de la grossesse et sa texture est devenue plus douce et duveteuse en s'arrondissant et en conservant plus d'humidité. Toutefois, elle est aussi devenue un peu imprévisible ; je la sens inhabituellement grasse, quoique certaines de mes amies enceintes trouvent la leur plus sèche qu'à l'ordinaire, et les taches ou l'acné ne sont pas rares. Ma routine quotidienne des soins de la peau – nettoyer avec un produit adéquat sans savon, un astringent doux suivi d'une crème hydratante – peut exiger des ajustements pour accommoder ces changements et il se peut que je doive faire des correctifs mineurs durant la suite de ma grossesse. À titre d'exemple, je devrai peut-être commencer à utiliser un nettoyant pour peau plus grasse. Je trouve que le massage facial est un excellent moyen de détente et qu'il n'aggravera pas les changements de ma peau attribuables à la grossesse ; cependant, comme ma peau est plus sensible que d'habitude, je devrai vérifier auprès de l'esthéticienne que l'usage de ses produits est indiqué durant une grossesse.

Si je développe des angiomes stellaires (minuscules vaisseaux sanguins brisés) sur les joues ou du chloasma (voir « Pigmentation de la peau », à la page 33), j'utiliserai un anticerne de bonne qualité pour uniformiser la couleur de ma peau ; la plupart de ces marques s'estomperont après l'accouchement.

Toutefois, comme mes lèvres sont plus sèches que d'habitude, j'utilise régulièrement un baume hydratant pour les lèvres – tel quel ou sous le rouge à lèvres – pour les empêcher de fendiller.

L'augmentation de mon débit sanguin me fait avoir plus chaud que ce à quoi je suis habituée et, par conséquent, je transpire plus facilement. Par contre, quand je prends ma douche ou mon bain quotidien, je dois utiliser de l'eau tiède plutôt que chaude, parce que l'eau chaude ouvre les pores de ma peau, ce qui me rend plus sujette à transpirer. Quand ma peau semble sèche, plutôt qu'un savon, j'utilise un gel sans parfum. Les vêtements en fibres naturelles m'aident à rester plus fraîche que ceux en tissus synthétiques. Aussi, je porte des sous-vêtements en coton et des collants, ou bas-culottes, avec culotte de coton.

La peau de mon abdomen et de mes seins est très tendue, sèche et sujette aux démangeaisons. Masser mon ventre avec une crème hydratante ou une huile peut contribuer à diminuer les vergetures ; en outre, c'est une excellente façon de communiquer avec mon bébé. J'en frictionne aussi un peu sur mes seins, mais pas trop sinon ils deviennent tendres et humides, ce qui peut les rendre douloureux. Parfois, quand je suis seule à la maison, je les expose à l'air libre. Je m'offre aussi un massage corporel à l'occasion mais, dans ce cas, je m'adresse à une personne spécialisée dans le massage de grossesse et qui utilise les huiles appropriées.

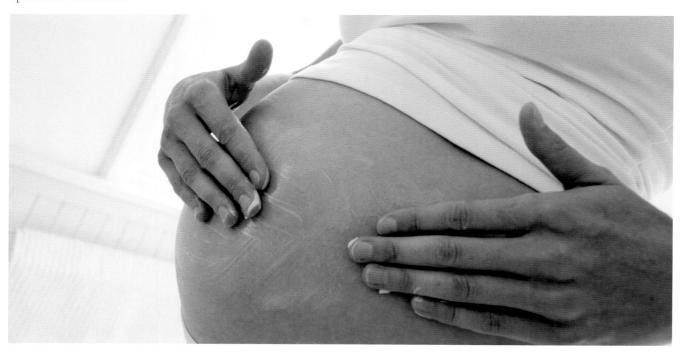

Vergetures

Mes cuisses, mon ventre et mes seins sont les endroits les plus sujets à présenter des vergetures. Il n'existe pas de moyen sûr de les éviter, ni de traitement miracle une fois qu'elles sont apparues, mais faire ce qui suit peut aider.

- Ne pas gagner trop de poids. Un gain de poids trop rapide ne donnera pas à ma peau la chance de s'adapter ; alors, elle s'étirera pour s'accommoder de ma nouvelle forme.
- Porter un soutien-gorge bien adapté qui supporte mes seins durant la grossesse. Si mes seins deviennent très gros, porter un soutien-gorge durant la nuit peut aussi aider.
- Masser ma peau matin et soir avec du beurre de cacao ou un extrait d'huile d'amande pour la garder souple et sans démangeaison.

Protection contre le soleil

Les hormones rendront ma peau plus sensible aux effets de la lumière solaire et, par conséquent, elle peut brûler beaucoup plus vite qu'auparavant. Je dois utiliser quotidiennement un fond de teint ou une crème hydratante renfermant un écran solaire et, avant de quitter la maison, enduire toute ma peau exposée avec une crème solaire ayant un indice de protection (IP), ou facteur de protection solaire (FPS) de 45. Il importe aussi de porter un chapeau par temps très ensoleillé.

L'ENTRETIEN DE MES CHEVEUX

Les mêmes facteurs qui améliorent mon teint peuvent aussi affecter mes cheveux – ils peuvent pousser plus vite et leur chute, diminuer, si bien que ma chevelure paraît plus épaisse et plus lustrée que d'ordinaire. Toutefois, certaines femmes sont moins chanceuses et leurs cheveux deviennent gras ou inhabituellement secs ou ternes. Que ma chevelure s'améliore ou se détériore, la situation n'est que temporaire ; tout surplus de cheveux disparaîtra dans les six mois suivant la naissance du bébé et ma chevelure retrouvera son état initial.

- Si mes cheveux deviennent gras, je devrai les laver souvent avec un shampoing spécialement formulé et ne pas les brosser trop vigoureusement, parce que cela stimulera les glandes sébacées du cuir chevelu à produire encore plus d'huile.
- Si, au contraire, mes cheveux deviennent secs et indisciplinés, j'utiliserai un traitement à l'huile chaude ou un revitalisant riche une fois par semaine. Une mousse peut ajouter du volume, si mes cheveux sont ternes et secs et maintenir ma coiffure en place. Ici aussi, je ne brosserai pas trop mes cheveux, car cela favorisera les pointes endommagées.
- J'opterai aussi pour un type de coiffure facile d'entretien parce que, à mesure que progressera ma grossesse et de façon certaine quand mon bébé sera au monde, ce ne sera pas le moment de voir à quoi ce soit de compliqué.

- Si j'ai un traitement quelconque – coloration ou permanente –, je dois savoir si les hormones peuvent faire réagir différemment ma chevelure maintenant. Je pourrais me retrouver avec une couleur inattendue ou avec des cheveux frisottés plutôt qu'ondulés.

PRENDRE SOIN DE MES DENTS ET DE MES GENCIVES

Une bonne hygiène dentaire est très importante tout au long de la grossesse. Mes hormones de grossesse qui circulent causeront probablement une enflure légère de mes gencives, les rendant plus sujettes à saigner sous la brosse ou la soie dentaire et aux assauts de la plaque et des bactéries. Je dois brosser mes dents et passer la soie dentaire au moins deux fois par jour, idéalement après chaque repas, et masser délicatement mes gencives du bout des doigts après le brossage pour stimuler la circulation du sang. Une brosse à soies douces aura moins de chances de faire saigner mes gencives.

Supprimer

- ✗ Les crèmes antirides contenant de la vitamine A pourraient être dangereuses pour mon bébé.

- ✗ Les liquides pour éclaircir la peau contiennent un décolorant et pourraient endommager la peau.

- ✗ Les systèmes de blanchiment des dents ; on ne connaît pas leur sécurité durant la grossesse.

- ✗ Les défrisants pour cheveux contiennent des produits chimiques puissants et il n'existe aucune preuve qu'ils soient tout à fait sûrs pendant la grossesse.

- ✗ Les dépilatoires ou les décolorants peuvent être mauvais pour la peau et faire du tort au bébé, s'ils pénètrent dans le sang ; ma peau pourrait mal y réagir et il existe une possibilité que leurs composants chimiques s'introduisent dans mon sang. L'électrolyse n'est pas conseillée non plus.

- ✗ Les tatouages et les perçages présentent un risque élevé d'infection.

- ✗ Les peelings chimiques, le botox et les injections de collagène utilisent des produits chimiques concentrés dont les effets sur le bébé en gestation sont inconnus à ce jour.

- Quand je ne peux brosser mes dents après un repas, une palette de gomme à mâcher sans sucre aidera à empêcher l'accumulation de plaque.
- Je devrai voir mon dentiste une fois tous les 6 mois et lui dire que je suis enceinte. Les rayons X et les traitements élaborés devraient être évités pendant cette période.

PRENDRE SOIN DE MON DOS

À mesure que ma grossesse évolue, mon centre de gravité se déplace vers l'avant, ce qui peut occasionner une mauvaise posture, des douleurs au haut du dos et aux épaules et un inconfort dans le bas du dos. Pour prévenir les stress et les tensions qui peuvent entraîner des problèmes, je devrai

conserver une bonne posture en vaquant à mes tâches quotidiennes. Le Pilates et autres exercices d'équilibre de base peuvent améliorer significativement la posture.

- Pour prévenir tout mal au dos, je m'assois toujours sur des chaises offrant un bon support pour le dos et, si possible, je garde les genoux plus haut que mes hanches. Je dors aussi sur le côté, sur un matelas ferme. Je découvre qu'un oreiller glissé entre mes jambes et sous mon ventre soutient mon dos.
- Quand je soulève un objet, j'essaie de ne pas forcer avec les muscles du dos. Je garde les pieds écartés à la largeur de mes épaules et je plie les genoux. Pour me relever, je pousse vers le haut avec mes cuisses en gardant le dos droit. Quand je transporte des sacs, je garde le poids également distribué – soit en divisant la charge entre deux sacs, un pour chaque main, ou en utilisant un petit sac à dos porté sur les deux épaules.
- Je porte des souliers à talons bas.

MA GARDE-ROBE DE GROSSESSE

Ça ne deviendra probablement pas trop évident avant la 20e semaine environ (la 14e semaine lors des grossesses suivantes ou multiples) que je suis enceinte, mais, à mesure que mon ventre grossira, mes vêtements commenceront à devenir inconfortables parce que mon ventre et mes seins auront pris du volume. Je peux encore porter plusieurs de mes vêtements – en ouvrant la fermeture éclair de certains pantalons – et j'ai emprunté quelques-unes des plus grandes chemises de mon conjoint. Cela dit, les vêtements de maternité sont spécialement conçus pour avantager les femmes enceintes. En général, les jupes et les robes sont plus longues devant que derrière, si bien que le ventre qui grossit ne fait pas onduler l'ourlet. Les nervures et les pinces sont placées de manière à ce que les vêtements continuent de bien « tomber », malgré mon ventre qui grossit. Des panneaux faits de matériaux élastiques peuvent accommoder le ventre en expansion sans déformer des styles plus ajustés. D'habitude, les attaches sont ajustables, souvent avec plusieurs boutonnières et boutons cousus à l'aide d'un fil élastique. Par conséquent, une petite sélection de tels vêtements « grandira » avec moi et elle continuera de bien paraître jusqu'à la fin de ma grossesse et, si nécessaire, même durant les premières semaines, voire les premiers mois, après l'accouchement tandis que ma silhouette retrouvera graduellement sa ligne d'avant-grossesse.

Comme je prévois allaiter, je dois choisir des corsages, des robes et des robes de nuit qui me donneront un accès facile et discret à mes seins – ceux qui, à l'avant, présentent un tissu ample, ou des boucles, ou des boutons, sont l'idéal.

Soutien-gorge de maternité

Des seins non supportés ou mal supportés sont plus sujets à développer des vergetures ou à s'affaisser, parce qu'ils ne renferment pas de muscles et qu'ils sont supportés seulement par les muscles de la paroi thoracique. Au terme

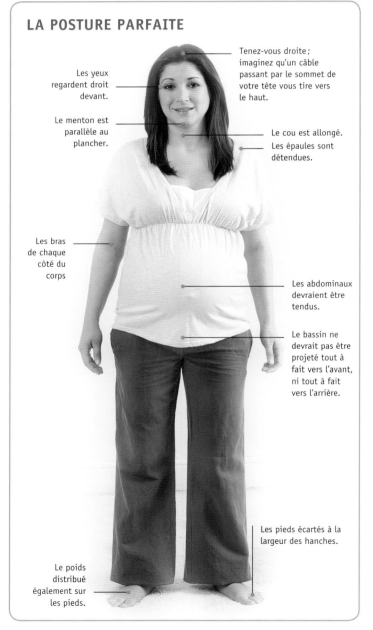

LA POSTURE PARFAITE

Les yeux regardent droit devant.

Le menton est parallèle au plancher.

Tenez-vous droite ; imaginez qu'un câble passant par le sommet de votre tête vous tire vers le haut.

Le cou est allongé.
Les épaules sont détendues.

Les bras de chaque côté du corps

Les abdominaux devraient être tendus.

Le bassin ne devrait pas être projeté tout à fait vers l'avant, ni tout à fait vers l'arrière.

Les pieds écartés à la largeur des hanches.

Le poids distribué également sur les pieds.

des 9 mois, mes seins pourront avoir gagné jusqu'à deux tailles supérieures pour les bonnets et la mesure de mon tour de poitrine, sous mes seins, augmentera probablement à mesure que mes côtes prendront de l'expansion pour accommoder mon fœtus qui grandit.

Après sa venue au monde – et une fois que j'aurai cessé d'allaiter –, la taille de mes seins diminuera, mais ils n'auront probablement pas la même taille et la même forme qu'avant la grossesse. Il est essentiel que j'en prenne bien soin. Je dois remplacer tout soutien-gorge qui n'offre pas un

MA LISTE DE CHOSES À FAIRE

Me procurer les vêtements spéciaux de maternité peut m'aider à paraître et à me sentir mieux durant ma grossesse et les premières semaines après l'accouchement.

☐ **Bas-culottes –** Les bas-culottes de maternité sont pourvus de tissu supplémentaire à l'avant pour accommoder mon ventre et la ceinture est assez haute pour empêcher les collants de glisser. Les bas-culottes de contention pour femme enceinte – disponibles en version légère, moyenne ou ferme – peuvent s'avérer utiles si j'ai mal aux pieds ou si j'ai des varices (voir à la page 37). Il est conseillé de les enfiler avant de sortir du lit, le matin.

☐ **Sous-vêtements –** Les mini-culottes de maternité font bien sous mon ventre, tandis que les plus grandes sont pourvues d'amplement de tissu pour le recouvrir. Les culottes de soutien pour femme enceinte, qui intègrent un panneau arrière mi-rigide, peuvent aider à soulager le mal de dos.

☐ **Maillot de bain –** Un maillot de maternité « grandira » avec moi et mon fœtus.

☐ **Soutiens-gorge –** Je dois acheter un nouveau soutien-gorge de maternité dès que la taille de mes seins augmente ou quand je me sens mal à l'aise et à l'étroit dans celui que je porte. Comme je prévois allaiter, vers la 36e semaine, je devrai investir dans un soutien-gorge d'allaitement me permettant d'exposer un sein à la fois pour nourrir mon bébé. Les modèles « drop-cup », dont chaque bonnet se détache de la bretelle d'épaule, les modèles « zip-cup », dont les bonnets sont munis d'une fermeture à glissière sous le sein et les modèles à ouverture avant, dont chaque bonnet est fixé au milieu du soutien-gorge par une agrafe, sont tous disponibles. On offre aussi des camisoles de maternité.

bon support, écrase mes seins de quelque façon que ce soit, ou me fait me sentir inconfortable et à l'étroit. Si mes seins deviennent particulièrement gros et lourds, un soutien-gorge de nuit (un soutien-gorge léger de maternité porté durant le sommeil nocturne) m'aidera à me sentir plus à l'aise. Je devrai aussi acheter un soutien-gorge d'allaitement puisque je nourrirai mon bébé au sein : un modèle que je puis ouvrir et refermer facilement d'une seule main, l'autre étant occupée à tenir le bébé. Il me faut choisir des soutiens-gorge qui présentent les caractéristiques suivantes :

- De larges bretelles d'épaule réglables : elles distribuent le poids plus également.
- Un tissu surtout fait de coton : les fibres naturelles permettent à ma peau de respirer.
- Une large bande élastique sous les bonnets : cela supportera mes seins alors qu'ils s'alourdiront.
- Un dos réglable : l'idéal, c'est d'avoir quatre agrafes, afin de pouvoir relâcher mon soutien-gorge à mesure que ma cage thoracique prend de l'expansion.
- Sans armature : la bande rigide peut pincer et endommager les tissus du sein.

Chaussures

Comme il n'est pas rare d'avoir les pieds enflés, je peux avoir besoin de souliers d'une pointure plus grande qu'habituellement. Comme beaucoup de femmes enceintes, je trouve que les chaussures sport sont le type de chaussures le plus confortable, en particulier ceux qui offrent un bon support du pied et de la cheville. En principe, je ne devrai pas porter la même paire de chaussures deux jours de suite, mais alterner au moins deux paires pour permettre à chacune de s'aérer et de s'assécher.

- Idéalement, je devrais aller pieds nus dans la maison autant que possible, pour tonifier les muscles de mes pieds et améliorer ma circulation sanguine.
- En plus des bas-culottes de maternité, je choisirai des chaussettes en coton ou faits surtout de coton, qui permettent à ma peau de respirer. Elles ne doivent pas être trop serrées autour de mes pieds ou mes jambes. Les chaussettes plus courtes, comme celles qui montent jusqu'à la cheville, ne doivent pas exercer de pression sur les veines de mes jambes.

Quand je choisis des chaussures appropriées, je dois rechercher :

- Des chaussures confortables à talons bas : les talons hauts déséquilibreront ma posture, projetant mon ventre vers l'avant et entraînant possiblement des maux de dos. Les styles à talons plats ne favoriseront pas non plus mon équilibre.
- Des matériaux perméables : le cuir et la toile sont plus appropriés que le cuir verni, le nylon, le caoutchouc et le PVC.
- Des mocassins, des souliers à enfiler ou des ballerines : les styles avec lacets ou boucles seront difficiles à enfiler durant les derniers stades de la grossesse, quand je ne pourrai pas me pencher facilement pour les attacher.

PARTIE I Ma grossesse

Faire de mon corps un lieu sûr

Pour m'assurer que le fœtus puisse croître et se développer dans un environnement sécuritaire, il est important que je fasse attention à ce que je mange et à ce que je bois, de même qu'à ma façon de rester en forme. Il y a aussi des substances et des activités que je devrai éviter – tant à la maison qu'ailleurs –, tout comme je devrai être consciente des circonstances et des situations qui pourraient présenter des risques pour mon bébé ou pour moi.

Mon alimentation de femme enceinte

Mon apport alimentaire quotidien diffère peu de celui que j'avais l'habitude de suivre pour ma santé en général. Il se compose fondamentalement des cinq groupes d'aliments importants mais en proportions différentes. Cependant, il y a certains aliments que je devrai éviter pour nous protéger, mon fœtus et moi.

LÉGUMES ET FRUITS

Le tiers de mon alimentation devrait inclure des légumes et des fruits – de types aussi nombreux et variés que possible. Ils me procureront les vitamines essentielles (A, B et C) ainsi que du fer et des fibres. Les vitamines et le fer aideront le corps de mon bébé à se développer correctement dans l'utérus, tandis que les fibres (voir à la page ci-contre) aideront ma digestion et préviendront la constipation.

Je devrai manger au moins cinq portions de fruits et de légumes par jour – plus de légumes que de fruits –, qui pourraient être frais, séchés, surgelés ou en conserve. Une portion peut correspondre à 45 ml (3 c. à soupe) de légumes en morceaux ou cuits, 60 ml (4 c. à soupe) de légumes verts frais, une poire moyenne ou deux petites satsumas ; deux moitiés de poire ou de pêche en conserve ; 30 g (1 oz) d'abricots séchés ; un verre de 150 ml (⅔ t) de jus de légumes ou de fruits purs (un par jour). Pour préserver les nutriments dans les légumes, je dois les cuire légèrement à la vapeur ou les manger crus, mais bien lavés.

PAIN, RIZ, POMMES DE TERRE, PÂTES ET CÉRÉALES

Un autre tiers de mon alimentation devrait être composé de féculents lesquels, outre ceux énumérés ci-dessus, comprennent les nouilles, le maïs, le millet, l'avoine, les patates douces, l'igname et la semoule de maïs. Connus aussi sous le nom de glucides complexes, ces aliments sont d'importantes sources de vitamines B et E, d'acide folique, de minéraux et de fibres. Les féculents sont nécessaires au maintien de mon taux de glycémie et m'aident à me sentir énergique pendant de longues périodes.

Une portion de féculents peut être constituée de deux tranches de pain de blé entier, 60 ml (4 c. à soupe) de riz ou 90 ml (6 c. à soupe) de pâtes cuites. Les aliments de grain entier plutôt que les variétés transformées (blanches) sont meilleurs parce que plus nourrissants et renfermant plus de fibres.

Je dois essayer d'éviter les sauces, les garnitures et les nappages malsains parce qu'ils contiennent des taux élevés de gras et de calories et ne fournissent aucun nutriment essentiel.

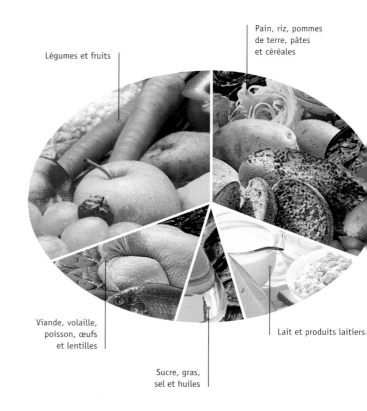

Légumes et fruits

Pain, riz, pommes de terre, pâtes et céréales

Viande, volaille, poisson, œufs et lentilles

Sucre, gras, sel et huiles

Lait et produits laitiers

VIANDE, VOLAILLE, POISSON, ŒUFS ET LENTILLES

Les aliments protéinés sont essentiels pour mon fœtus et moi, parce qu'ils contiennent des vitamines et des minéraux essentiels, comme le fer et le zinc, qui contribuent au développement des cellules, des tissus et des organes de mon fœtus. Il est important d'en manger 2 à 3 portions par jour. Mon organisme ne pouvant fabriquer certains acides aminés qui composent les protéines, je dois manger des aliments qui renferment les quantités nécessaires. Tout comme dans la viande, la volaille, le poisson et les œufs, on trouve aussi des protéines dans les légumineuses, les noix et le fromage, lesquels sont importants si je veux parfois substituer la viande au menu (voir aussi « Maman végétarienne ou végétalienne », à la page 52). Une portion de protéine peut correspondre à 115 g (4 oz) de poisson, 85 g (3 oz) de viande ou 140 g (5oz) de lentilles cuites.

Les meilleurs choix sont les viandes maigres et les volailles sans la peau (le gras et la peau sont riches en gras saturé malsain) ainsi que les poissons huileux. Tous contiennent du calcium et des acides gras essentiels oméga-3 qui aident au développement des yeux et du cerveau de mon fœtus. Cependant, je dois limiter le poisson huileux, dont le thon, à deux portions par semaine (quoique je puisse manger jusqu'à 4 portions de 170 g (6 oz) de thon en conserve) parce qu'il peut contenir des produits chimiques qui pourraient nuire à mon bébé (voir Supprimer à la page 50). J'essaie aussi de manger des crustacés et du poisson blanc deux fois par semaine.

Les noix, les légumes secs et les haricots contiennent du fer, du potassium et du zinc, mais moins d'acides aminés ; j'ai donc besoin d'en manger une variété avec des céréales et des légumineuses, pour obtenir la quantité appropriée.

LAIT ET PRODUITS LAITIERS

Le lait, le fromage et le yogourt contiennent des protéines, des vitamines A et B et du calcium, nécessaires pour assurer le développement des dents et des os de mon fœtus et pour que les miens demeurent protégés. Des versions à base de soja sont disponibles pour les végétaliennes et pour celles qui ont une intolérance au lactose. J'essaie de manger trois portions des variétés faibles en gras pour recevoir les nutriments et le calcium nécessaires tout en évitant les gras saturés et les calories supplémentaires. Les portions consistent en 500 ml (2 t) de lait, 140 g (5 oz) de yogourt ou 40 g (1½ oz) de fromage.

Le calcium requiert de la vitamine D pour être absorbé correctement ; je mange donc des œufs ou du poisson huileux en conserve en plus de mon supplément prescrit.

SUCRE, GRAS, SEL ET HUILES

Les vinaigrettes et les nappages, les crèmes, le chocolat, les croustilles, les frites, les pâtisseries, la crème glacée et les boissons gazeuses devront compter pour moins de 30 % de mes calories quotidiennes. J'essaie de limiter ces gâteries à de rares occasions, car elles contiennent peu de nutriments et des quantités excessives de sucre et de gras qui peuvent toutes être nuisibles pour la santé de mon bébé et la mienne. Les aliments transformés sont aussi riches en sucre et en gras, qui peuvent causer des caries, un gain excessif de poids et l'obésité. Le gras et le sel peuvent entraîner des problèmes de santé comme l'obésité, le blocage des artères, l'hypertension et les maladies cardiaques. Par conséquent, j'évite les frites, les viandes très grasses et autres aliments frits ou gras.

Toutefois, il existe des sources saines de petites quantités de sucre et de gras – nécessaires au maintien de l'énergie et d'une peau et de cheveux sains – et d'acides gras essentiels. Le sucre trouvé naturellement dans les fruits et le lait est acceptable, parce que ces aliments procurent aussi des nutriments et des vitamines requis. L'huile d'olive ou de colza contient des acides gras mono-insaturés bénéfiques ; les huiles de tournesol, de sésame et de maïs procurent les acides gras polyinsaturés oméga-6.

FIBRES

Elles sont nécessaires pour maintenir un système digestif sain, pour garder mon taux de glycémie constant et pour prévenir la constipation. Il y a deux types de fibres

Je ne ferai pas moins que...

MANGER POUR GARANTIR LA SANTÉ DE MON BÉBÉ

Quelques changements dans mon alimentation ordinaire suffisent. Je dois essayer de faire ce qui suit.

✓ **Manger 5 portions** de légumes et de fruits par jour.

✓ **Donner aux féculents riches en glucides la plus grande place dans mes repas.** Le pain, les céréales, les pâtes, les grains de céréales et le riz me procureront de grandes quantités d'énergie nécessaire.

✓ **Demeurer consciente de la quantité d'alcool** que je bois – ne pas prendre plus de 2 petits verres par semaine – et ne pas m'enivrer.

✓ **Limiter ou éviter la caféine.**

✗ **Ne pas ajouter de sel** à mes repas ; une alimentation riche en sel (plus de 6 g) peut entraîner de l'hypertension artérielle – un facteur de risque pour la prééclampsie.

✗ **Ne pas sauter de repas,** car mon fœtus a besoin d'un apport constant de nutriments.

– solubles et insolubles – et j'ai besoin des deux dans mon alimentation. Les fibres solubles contribuent à me sentir rassasiée plus longtemps et permettent au sucre d'être libéré de façon constante dans le flux sanguin. Ces fibres peuvent être trouvées dans les pommes, les poires, le pain de seigle, l'avoine et les légumineuses. Les fibres insolubles jouent un rôle préventif contre la constipation en permettant aux aliments de voyager plus vite dans mon organisme et d'évacuer les déchets sous forme de selles. On les trouve dans les haricots, les céréales de grain entier, les lentilles, les légumes verts à feuilles et les fruits.

EAU ET AUTRES LIQUIDES

L'eau est essentielle pour de nombreux processus. Mon fœtus a besoin d'eau pour recevoir les nutriments de mon sang et le surplus de sang que je fabrique exige des niveaux suffisants de liquide. Les liquides peuvent aussi prévenir la constipation (voir à la page 37).

J'essaie de boire 2 litres, ou 6 à 7 verres, quotidiennement. Je peux boire une variété de liquides, comme de l'eau, des jus de fruits ou de légumes, du lait faible en matières grasses ou des tisanes du commerce mais il est préférable que je boive surtout de l'eau.

Supprimer

Certains aliments et modes de préparation d'aliments (voir à la page 53) peuvent contenir ou propager des organismes nuisibles pour mon fœtus et pour moi. Les maladies potentielles sont la salmonellose, la listériose et la toxoplasmose (voir à la page 60), les empoisonnements alimentaires et au mercure, et les parasites.

✗ Foie et produits à base de foie – Ils contiennent des taux élevés de vitamine A (rétinol) qui peut causer des malformations chez mon bébé.

✗ Poisson cru (sushi) – Les variétés des super-marchés sont pasteurisées et sécuritaires, mais des parasites sont souvent trouvés dans les mets des restaurants ou dans ceux préparés aux étals des marchés ou à la maison.

✗ Les gros poissons comme le maquereau, l'espadon, le requin et le makaire. Ils contiennent très souvent du mercure et de dangereuses bactéries.

✗ Les poissons huileux comme le maquereau, le saumon, le hareng, les sardines à l'huile, la sardine, le thon frais et la truite, s'ils sont mangés plus de deux fois par semaine. Les poissons huileux emmagasinent de dangereux produits chimiques, dont le mercure.

✗ Les crustacés crus ou insuffisamment cuits peuvent causer des empoisonnements alimentaires.

✗ La viande (les tartares) et les œufs insuffisamment cuits. La viande et la volaille crues ou insuffisamment cuites peuvent causer la toxoplasmose. La mayonnaise, les mousses et les crèmes glacées peuvent causer la salmonellose.

✗ Les laits non pasteurisés, incluant ceux de brebis et de chèvre : il y a risque de salmonellose.

✗ Les fromages de lait non pasteurisé, dont les fromages au lait de brebis et de chèvre, la féta, les pâtes bleues et les croûtes non lavées. Ils peuvent causer la listériose, laquelle peut provoquer une fausse couche ou la mort fœtale tardive, à moins qu'ils ne soient cuits à température élevée.

✗ Les arachides – De nouvelles recherches sur l'augmentation de l'allergie aux arachides chez les enfants semblent indiquer que toutes les femmes enceintes devraient les éviter ; auparavant, on conseillait de les éviter seulement si le père ou la mère souffraient d'allergie aux noix.

La citronnelle, le gingembre et la menthe poivrée sont trois tisanes de grossesse «sans danger», mais n'en buvez pas plus de 2 ou 3 tasses par jour.

Alcool

Je dois limiter ma consommation d'alcool à un verre ou deux de vin – ou aucun – par semaine et ne boire que lorsque je mange des aliments. De nombreux professionnels de la santé affirment qu'il serait plus sécuritaire d'éviter l'alcool, mais on ne connaît aucun problème de santé causé par aussi peu que deux verres par semaine. Boire plus de deux doses d'alcool par jour ou boire avec excès peut avoir de sérieuses conséquences pour mon bébé ; il ne recevra pas les nutriments dont il a besoin parce que mon appétit sera diminué, ce qui affectera la fonction placentaire résultant en un poids insuffisant à la naissance, en malformations physiques et en retard mental. Je serai aussi plus sujette à faire une fausse couche.

Une seule dose d'alcool correspondrait à 85 ml (⅓ t) de vin (un petit verre 125 ml [½ t] ou 1½ dose), une demi-bière ordinaire (certaines variétés sont plus fortes que cela), un verre d'alcool de 25 ml (1 oz) ou un apéritif de 50 ml (1½ oz). Les boissons alcoolisées effervescentes contiennent habituellement 1½ dose. De nombreuses boissons, dont le vin, sont servis dans des verres plus grands que la normale.

Caféine

Consommer trop de caféine réduit l'absorption des nutriments et peut résulter en un poids insuffisant du bébé à la naissance ou en fausse couche. Outre le thé et le café, la caféine est présente dans le chocolat chaud, les colas, les boissons énergétiques et les barres de chocolat. Je devrais limiter ma consommation à moins de 200 mg par jour – 1 à 2 petits cafés quotidiens – et boire du thé et du café caféiné une demi-heure après avoir mangé. Je dois être consciente que les breuvages vendus dans les cafés sont habituellement plus gros que ceux préparés à la maison et que, par conséquent, ils contiennent plus de caféine.

DÉJEUNERS

Plats principaux

Fromage blanc et abricots séchés,
  hachés
Céréale entière et lait
Muesli, dattes hachées et lait
Céréale de déjeuner enrichie et lait
Flocons de son et lait
Gruau d'avoine et sirop d'érable
Petit pain croûté et confiture
Œufs à la coque
Œuf brouillé et bagel
Bacon grillé avec tomates et
  champignons
Crêpes ou gaufres
Pain de blé entier grillé et extrait
  de levure
Petit pain aux fruits grillé
Muffin ou bagel grillé avec confiture
  ou fromage

Accompagnements

Jus de fruit ou smoothie
Salade de fruits

Demi-melon
Yogourt

DÎNERS

Plats principaux

Grosse pomme de terre au four
  garnie de thon ou de fromage
  à faible teneur en gras
Sandwich : poulet, jambon, rôti de
  bœuf, saumon en conserve ou
  fromage
Omelette aux champignons,
  au jambon ou au fromage
Fromage et craquelins avec salade
Salades : du chef, niçoise, grecque,
  aux pâtes, aux lentilles ou au riz
Houmous et pain pita

Pâtes avec légumes
Soupe aux légumes et petit pain
  croûté
Sardines grillées sur pain grillé
  avec tomates
Pizza aux légumes
Fèves au four sur rôties
Frittata ou quiche aux légumes
Crêpe aux pommes de terre et sauce
  aux pommes

Accompagnements

Fruits frais ou salade de fruits
Jus de légumes
Barre de céréales
Fromage ferme et craquelins

SOUPERS

Plats principaux

Poulet, dinde ou filet de poisson
  grillé
Pâtes mêlées à du saumon ou
  garnies de sauce à base de viande
  ou de fromage
Casserole de poulet, de bœuf
  ou d'agneau
Steak de bœuf ou d'agneau grillé
  dans la poêle
Côtelette d'agneau ou de porc grillée
Poulet, agneau, porc ou bœuf rôtis
Steak de saumon vapeur ou grillé
Morue ou aiglefin grillé
Cari de poulet aux légumes verts thaï
Burger au bœuf
Porc maigre, poulet ou tofu
  et légumes sautés
Fricadelles de poisson
Brochettes de porc ou de poulet
Macaroni et fromage
Risotto aux champignons
Gratin de légumes
Crêpes farcies aux légumes sautés,
  au poulet ou à la dinde

Accompagnements

Légumes verts ou salade
Riz ou nouilles
Pommes de terre bouillies
  ou en purée
Patate douce au four
Yogourt ou sorbet
Fruits en compote ou grillés

NUTRIMENTS ESSENTIELS

La plupart des vitamines et des minéraux dont j'ai besoin me seront fournis en mangeant sainement, mais mon soignant prescrira de l'acide folique et de la vitamine D et possiblement une multivitamine. Si le taux de fer dans mon sang baisse, on me conseillera de prendre des suppléments de fer.

Acide folique

Habituellement prise sous forme de suppléments de 400 mcg, cette vitamine B réduit les risques que le fœtus développe le spina bifida et autres malformations du tube neural. De nombreux aliments de mon régime – légumes verts en feuilles, bananes, riz brun ainsi que les pains et céréales enrichis – sont aussi riches en acide folique, sous sa forme naturelle.

Fer

Essentiel à la production des cellules sanguines, je dois donc inclure la viande rouge maigre, les légumes verts et les légumineuses à mon alimentation, car les suppléments de fer peuvent causer de la constipation. Comme la vitamine C peut aider mon organisme à absorber le fer, je devrai donc manger des agrumes ou boire du jus d'agrume dans le même repas. Le café et le thé peuvent réduire l'absorption du fer – une raison supplémentaire de les éliminer (voir aussi la page 50).

MÈRE VÉGÉTARIENNE OU VÉGÉTALIENNE

Être enceinte peut présenter certains défis, mais faire ce qui suit garantira que mon fœtus et moi nous développons bien.

- Pour les protéines, je mangerai des produits laitiers ou des aliments à base de soja enrichis comme le tofu, le tempeh ou le miso. Je cosomerai aussi des fèves et des haricots, des noix et des graines, des céréales et des lentilles dans mes repas. Ces aliments contiennent tous de bonnes quantités de protéines, tout autant que du fer, de la vitamine B et des fibres.
- Pour obtenir assez de vitamine B_{12}, je peux manger des aliments comme du tempeh, des fromages et des tartinades végétariennes et du lait de soja, ou je prends des suppléments de B_{12} en même temps que de l'acide folique.
- Pour les 15 mg de fer nécessaires quotidiennement, je dois augmenter ma consommation de légumes, de légumes verts feuillus et de fruits secs, et les prendre avec du jus d'orange.

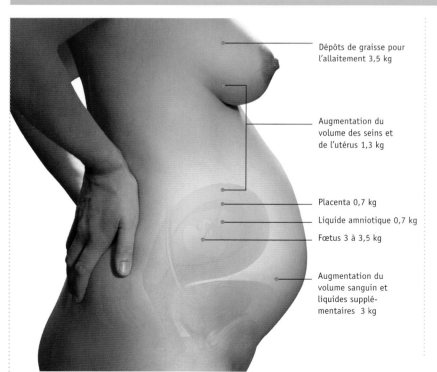

Dépôts de graisse pour l'allaitement 3,5 kg

Augmentation du volume des seins et de l'utérus 1,3 kg

Placenta 0,7 kg

Liquide amniotique 0,7 kg

Fœtus 3 à 3,5 kg

Augmentation du volume sanguin et liquides supplémentaires 3 kg

GAIN DE POIDS

Comme j'ai un poids normal, avec un IMC (indice de masse corporelle) entre 18,6 à 24,9, je m'attends à gagner de 11,5 à 16 kg environ – la majeure partie durant le dernier trimestre. Je m'attends à ce que ce poids se répartisse comme illustré ci-contre. Toutefois, si j'étais plus mince, avec un IMC de 18,5 ou moins, je devrais prendre plus de poids (on recommande 13 à 18 kg environ) et si j'étais plus lourde, avec un IMC entre 25 et 29,9, je ne devrais pas prendre plus de 11 kg. Les femmes qui ont un excès de poids durant la grossesse produisent des bébés plus gros que la moyenne; ces bébés ont tendance à devenir des enfants obèses ayant des risques de souffrir éventuellement de maladies très graves une fois à l'âge adulte.

Calcium

Ce minéral est nécessaire pour le développement normal de plusieurs parties du corps de mon fœtus, dont ses os, ses dents, ses muscles, ses nerfs et son cœur. Les sources les plus riches sont les produits laitiers, comme le lait et le yogourt (surtout les variétés faibles en matière grasse), mais les légumes verts feuillus, le poisson aux os comestibles (comme les sardines), les produits du soja, le tahini et les amandes en contiennent aussi de bonnes quantités. Pour absorber le calcium, il me faut de la vitamine D que je peux obtenir d'un supplément de 10 mcg ainsi qu'en m'exposant au soleil.

Vitamine D

Une quantité adéquate de vitamine D est importante pour maintenir les os et, de nos jours, beaucoup de femmes en manquent. On m'a prescrit un supplément de 10 mcg.

CALORIES

On ne suit pas un régime quand on est enceinte, mais on ne mange pas pour deux non plus. Aussi longtemps que je n'ai pas d'excès de poids, j'aurai probablement besoin d'augmenter mon apport de calories dans les derniers mois. La quantité de calories dont j'ai besoin dépend de mon niveau d'activité. Comme la plupart des femmes, j'ai besoin d'environ 2000 calories par jour, avec une augmentation de 200 calories par jour dans les derniers trois mois et 200 de plus une fois que je commencerai à allaiter.

ATTENDRE DES JUMEAUX

Sans tenir compte du poids avant la grossesse, les femmes enceintes de jumeaux doivent gagner entre 16 et 20 kg. Une partie de ce poids – disons 2,5 kg – devrait être prise durant le premier trimestre, avec un gain de poids de 0,7 kg hebdomadaire par la suite.

Les femmes qui attendent des triplés peuvent avoir besoin de gagner un total d'environ 23 kg ou environ 0,7 kg par semaine.

Les femmes qui ont une grossesse multiple ne requièrent pas seulement des calories additionnelles. Pour soutenir l'augmentation importante du volume de sang, de la taille de l'utérus, etc., de même que le développement de deux fœtus ou plus, elles ont besoin en particulier d'un supplément de calcium, d'acides gras essentiels et de fer. Par conséquent, il est important que leur alimentation contienne un bon mélange d'aliments riches en nutriments et un supplément de 15 mg de zinc, 2 mg de cuivre, 250 mg de calcium, 2 mg de vitamine B_6, 300 mcg d'acide folique, 50 mg de vitamine C, 5 mcg de vitamine D et 30 mg de fer tout au long de la grossesse.

Je ne ferai pas moins que...

GARANTIR LA SÉCURITÉ DES ALIMENTS

En suivant l'hygiène pour les aliments, je serai capable d'éviter les maladies d'origine alimentaire qui peuvent nuire à mon fœtus et à moi. Je dois faire ce qui suit :

✓ **Avant de manipuler la nourriture, particulièrement la viande crue, toujours me laver les mains au savon et à l'eau** après être allée à la toilette, que j'aie manipulé des déchets ou touché des animaux. Je dois porter des gants quand je jardine et quand je ramasse les déchets d'animaux.

✓ **Garder ma cuisine et la zone de service de la nourriture vraiment propre.** Je devrais javelliser les chiffons de table et les surfaces de travail régulièrement, laver les linges à vaisselle chaque jour et ne pas les utiliser comme serviettes à main.

✓ **Mettre la nourriture au réfrigérateur** dès le retour de l'épicerie ; je ne dois pas la laisser dans un endroit chaud comme au bureau ou dans l'auto.

✓ **Entreposer la nourriture à la bonne température.** La température du réfrigérateur doit être sous 5 °C (41 °F). Les aliments les plus périssables comme la viande cuite, les fromages mous, les feuilles de laitue, les mets préparés et les desserts doivent être conservés dans les espaces les plus frais.

✓ **Envelopper la viande ou le poisson crus,** car ils peuvent s'égoutter sur d'autres aliments, ou les mettre dans des contenants dans la partie la plus froide du réfrigérateur.

✓ **Conserver les œufs au réfrigérateur.**

✓ **Vérifier les dates d'expiration** sur les aliments. Je dois jeter les aliments dont les dates sont expirées et ne pas être tentée d'acheter des aliments à coût réduit et quasi périmés au supermarché.

✓ **Avoir des planches à découper distinctes.** Je réserverai une planche pour la viande et le poisson crus et une autre pour les aliments cuits afin de prévenir la contamination croisée.

✓ **M'assurer que la viande et la volaille sont cuites jusqu'au centre.** La température interne doit atteindre 70 °C (158 °F), ce que je peux vérifier avec une sonde thermique. Les jus de viande qui s'écoulent clairs quand j'insère un couteau pointu jusqu'au centre de la viande indiquent aussi que la viande est prête.

Mon programme d'exercices

J'ai toujours fait un peu d'exercice et j'ai toutes les raisons de continuer maintenant que je suis enceinte. L'exercice aide à améliorer ma posture et mes mouvements, à hausser mes niveaux d'énergie et à libérer des endorphines, me faisant me sentir plus heureuse et moins anxieuse. Mon cours de yoga adapté à la grossesse est une occasion fantastique de rencontrer d'autres femmes enceintes et de partager des expériences.

Bien sûr, j'ai mentionné à mon soignant que je prévoyais faire de l'exercice, au cas où il y aurait une contre-indication médicale. On m'a conseillé des activités adéquates et rappelé l'importance de me réchauffer et de me rafraîchir avant et après chaque séance.

On m'a dit de ne pas commencer un nouveau programme pendant le premier trimestre et d'atteindre graduellement entre 30 et 60 minutes par jour. Cependant, étant habituée à faire de l'exercice, je peux maintenir mon niveau actuel, mais surveiller mes séances pour ne pas trop en faire. Le deuxième trimestre est le meilleur moment pour faire de l'exercice ; il y a moins de risque d'affecter le fœtus et de nombreux maux se sont calmés. Durant le troisième trimestre, mon ventre qui grossit affectera mon centre de gravité et je me sentirai probablement assez fatiguée et peu attirée par l'exercice. Marcher pourrait être la meilleure chose à faire.

ACTIVITÉS RECOMMANDÉES

Quoique certaines choses soient supprimées du programme d'activités, (voir à la page ci-contre), il y a encore beaucoup d'exercices qu'une femme enceinte peut faire – seule, avec un partenaire ou en groupe.

- Marcher et nager sont si sécuritaires qu'on peut s'y adonner tout au long de la grossesse. L'eau soutient le corps lorsque l'on nage, la natation est donc douce pour les articulations, mais l'eau de la piscine ne devrait jamais être trop chaude.
- Le yoga et le tai-chi sont des exercices de faible impact qui ne font pas que vous garder en forme, mais qui peuvent vous aider à relaxer. Il est préférable de suivre des cours conçus pour les femmes enceintes (ou assurez-vous que l'instructeur connaît votre état), parce que certaines postures ne conviennent pas.
- L'équipement de gymnase, tels les tapis roulants, les vélos d'exercice, les simulateurs d'escalier et les bancs de musculation (pas les poids libres), peuvent être utilisés tant que l'on prend soin de respirer correctement, de ne pas forcer les articulations et de ne pas utiliser l'équipement à un réglage élevé.
- Les exercices d'aérobie à faible impact. Un programme d'exercices tonifiants et de renforcement faisant travailler tous les muscles importants aide à demeurer en forme.

Supprimer

Les sports/activités qui suivent ne sont pas adéquats pour une femme enceinte – ou ils doivent être pratiqués sous supervision. En outre, il faut éviter tout exercice pour lequel je dois me coucher à plat sur le dos, car cette position peut réduire l'apport de sang au cœur.

✗ **Les exercices d'aérobie très intenses** – Cette forme d'aérobie met un stress inutile sur les articulations et, à la fin de la grossesse, il est difficile de garder son équilibre durant les exercices.

✗ **Le ski alpin, le ski aquatique et l'équitation** – Ils impliquent des risques de chutes qui pourraient s'avérer dangereux pour le fœtus.

✗ **La course, à moins que vous ne soyez une coureuse aguerrie** – Vous pourriez risquer des blessures aux genoux et aux hanches et la course peut vous déshydrater.

✗ **L'entraînement musculaire avec des poids libres** – À moins d'être pratiqué avec un guide, il y a un nombre potentiel de risques. Premièrement, il est toujours possible qu'un poids tombe sur votre ventre ; deuxièmement, les poids lourds peuvent endommager les articulations ; et, troisièmement, une mauvaise respiration peut vous amener à vous appuyer et à augmenter la pression abdominale, ce qui peut réduire le flux sanguin, augmenter la tension artérielle et mettre du stress sur le cœur.

✗ **Les patins à roues alignées et la planche à neige** – Les risques de chutes sont inhérents à ces sports.

✗ **Les sports d'équipe et de raquette comme le ballon-volant ou le squash** – Outre les risques de chutes, le stress sur les articulations et le danger d'être frappée dans l'estomac sont constamment présents.

✗ **Plongée sous-marine autonome** – Des bulles de gaz pourraient se former dans le flux sanguin du fœtus.

• Les exercices pour le plancher pelvien (voir à la page 56) peuvent aider à faciliter l'accouchement et prévenir les complications plus tard.

SE RÉCHAUFFER ET SE RAFRAÎCHIR

Je sais qu'il est important d'étirer mes muscles avant et après les exercices pour réduire les crampes. Mes exercices de réchauffement prennent environ 10 minutes et je commence avec une activité rythmique de faible intensité comme la marche sur place ou le vélo stationnaire, suivie par des étirements lents et contrôlés. Je commence lentement, puis j'enchaîne avec des mouvements modérément plus amples ou plus rapides.

Je ne ferai pas moins que...

FAIRE DE L'EXERCICE EN SÉCURITÉ

Quand on est enceinte, il est important de faire ce qui suit :

✓ **Enfiler des couches de vêtements confortables** et amples pour que je puisse les enlever à mesure que le corps s'échauffe. Je dois arrêter de faire des exercices si j'ai trop chaud.

✓ **Boire beaucoup d'eau.**

✓ **Avoir des séances régulières** – entre 30 et 60 minutes – au moins trois fois par semaine avec des exercices de réchauffement au début et de rafraîchissement à la fin.

✓ **Faire attention quand je m'étire** – Je dois faire les choses simplement et ne pas trop m'étirer ; et je ne devrais pas me coucher à plat sur le dos après le quatrième mois.

✓ **Arrêter immédiatement** si je ressens une douleur ou si je saigne, si j'ai des palpitations, des étourdissements ou mal à la tête.

✗ **Ne pas faire d'exercice lorsqu'il fait chaud et humide.**

EXERCICES POUR LE PLANCHER PELVIEN

Ces exercices renforcent les muscles qui contrôlent la miction (ceux que j'utilise pour arrêter le flot d'urine) et que la grossesse peut faire relâcher. Par conséquent, il est important que je les tonifie pour prévenir certains inconforts de la fin de la grossesse, dont l'incontinence urinaire et les hémorroïdes.

Les exercices de Kegel

Appelés ainsi parce qu'ils ont été développés par le Dᴿ Arnold Kegel, ces exercices peuvent être faits discrètement à peu près n'importe quand, que je sois au volant, assise à mon bureau, dans l'ascenseur ou que je relaxe sur le divan. Mis à part les muscles pelviens, rien d'autre n'a besoin de bouger et il est important de ne pas retenir votre souffle.

La manière la plus simple de tonifier ces muscles consiste à imaginer mon plancher pelvien comme un ascenseur : je contracte mes muscles en les resserrant comme je fais quand j'arrête d'uriner, en « montant » – un petit peu plus à chaque « étage » – et je les retiens au moins 5 secondes. Ensuite, je les relâche graduellement en « redescendant ». Je répète cet exercice environ 4 à 5 fois à la suite.

Une fois cette méthode perfectionnée, il est possible d'acquérir un plus grand contrôle sur chacun des muscles de la sangle entourant les différentes ouvertures.

La manière de faire, c'est d'abord d'identifier les muscles entourant l'anus ou ouverture de l'intestin et de presser ces muscles fermement avant de les relâcher lentement, puis de faire la même chose avec les muscles vaginaux et, finalement, les muscles de la vessie.

Toutefois, il importe de ne pas interrompre le flot d'urine sur une base régulière. Faire les exercices de Kegel la vessie pleine ou en la vidant peut en fait affaiblir les muscles, tout comme entraîner une vidange incomplète de la vessie, ce qui augmente le risque d'infection de l'appareil urinaire.

J'essaie d'atteindre au moins trois séries de 10 répétitions par jour – augmentant l'intensité en vue de tenir chaque bande de muscles pendant une minute –, en insérant une série chaque fois que j'accomplis une tâche routinière, comme vérifier les courriels, me rendre au travail, préparer les repas ou regarder la télévision.

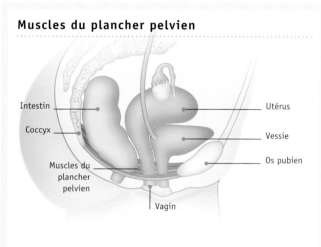

Muscles du plancher pelvien

Intestin

Coccyx

Muscles du plancher pelvien

Utérus

Vessie

Os pubien

Vagin

Les muscles supportant les organes pelviens forment une sangle divisée. Attachés au coccyx et à l'os pubien, ils entourent les ouvertures de l'intestin, du vagin et de la vessie.

Certaines femmes trouvent plus facile de prendre contact avec leurs muscles du plancher pelvien en adoptant la position à quatre pattes ou à genoux.

Relaxation

Être capable de détente réduira le stress, soulagera l'anxiété et pourra libérer des tensions physiques possiblement dérangeantes quand elles causent de l'inconfort ou de la douleur. Cela est important pour ma santé et celle de mon bébé. Je veux aussi utiliser des techniques de relaxation durant le travail, quand elles pourront permettre à mon corps de fonctionner naturellement et, à moi, de conserver mon énergie.

La manière la plus facile de relaxer, c'est d'être dans un endroit tranquille où je ne serai pas dérangée. Je décroche le téléphone, je m'assure que j'ai assez chaud et je m'étends ou m'assois confortablement, les yeux fermés, et je pratique des exercices de respiration (voir ci-dessous). Parfois, cependant, j'aime être massée par mon partenaire (voir à la page 58).

EXERCICES DE RESPIRATION

Pour libérer les tensions de mon corps, j'inspire lentement et je retiens ma respiration en comptant jusqu'à cinq. J'expire ensuite lentement et je répète la procédure trois fois.

Je peux aussi soulager des zones de tension spécifiques en me concentrant sur chaque partie du corps, en contractant et en relâchant. À titre d'exemple, mes épaules : j'inspire et je les pousse vers le bas ; j'expire et je les relâche. Je travaille sur chaque partie en débutant soit par la tête, soit par les orteils.

Si je ne peux relaxer dans une pièce tranquille, je peux adapter la technique décrite ci-haut en pensant « de manière détendue », j'inspire en poussant mes épaules vers le bas et j'expire dans un long soupir, laissant toutes les tensions, de ma tête jusqu'à mes orteils, s'envoler avec ce soupir.

Une autre technique consiste à prendre trois inspirations profondes et, avec chaque lente expiration, sentir la tension s'échapper avec mon souffle tandis que mes épaules s'affaissent et que mon ventre s'amollit.

MÉDITATION

Me concentrer sur un seul mot, image ou activité, permet de me mettre à l'abri des données sensorielles, d'oublier le passé ou le futur et d'ignorer toute activité extérieure. Le résultat : mon esprit et mon corps deviennent apaisés et ré-énergisés. Méditer deux fois par jour, 15 à 20 minutes, est la manière la plus efficace d'en récolter les bénéfices.

Je trouve que la meilleure façon d'atteindre le calme mental consiste à répéter un simple mot, une phrase ou un son (mantra), qui bloque l'intrusion d'autres mots ou pensées. Je répète mon mantra (parfois, le mot « relaxe ») non seulement quand j'essaie de méditer, mais aussi lorsque je vaque à des tâches ménagères, fais une promenade ou attends au cabinet du médecin.

Certaines personnes préfèrent des affirmations, des phrases ayant du sens (« J'aime et je chéris mon bébé »), qui ont plus d'importance que le son. D'autres encore utilisent un outil visuel, telle une chandelle allumée ou une scène imaginaire, qui les font se sentir détendues, comme à la plage.

Il est important d'établir une routine en méditant au même moment tous les jours : si je rate mon créneau habituel, il peut être difficile d'en trouver un autre dans la journée. Les moments propices sont au saut du lit (avant d'être accaparée par les activités de la journée) et tôt en soirée (mais non pas tout juste avant d'aller au lit parce que je peux avoir trop d'énergie pour m'endormir). En outre, je ne mange, ni ne bois de boissons caféinées une heure avant, car ils peuvent interférer avec mon humeur. La méditation est plus satisfaisante quand je me sens alerte et reposée.

POSITION ASSISE RELAXÉE

Les yeux doivent être fermés (sauf si vous utilisez une aide visuelle).

La respiration doit être dégagée.

Une position droite devrait être maintenue.

La colonne vertébrale devrait être droite.

Les mains doivent être ouvertes ; les poings ne doivent pas être fermés.

Massage de grossesse

Le massage est une technique ancestrale qui est particulièrement appréciée durant la grossesse. Comme la plupart des femmes enceintes, je passe fréquemment ma main sur mon ventre comme une façon de demeurer en contact avec mon fœtus, mais le massage peut avoir d'autres bénéfices. Tout au long de ma grossesse, mon partenaire peut l'utiliser pour aider à soulager mes divers maux et douleurs et pour être près de moi et de notre bébé. Quand le travail aura débuté, j'utiliserai le massage abdominal et dorsal pour soulager la douleur et pour le confort : il devrait m'aider à relaxer et me permettre de travailler avec mes contractions. Je trouve qu'il est facile de me masser moi-même, si j'ai besoin de soulager des muscles endoloris.

UTILISER DES HUILES

Pendant la grossesse, je n'utilise que des huiles naturelles, car le corps absorbe un pourcentage de tout ce qui est mis sur la peau. Utilisez une huile végétale, d'olive ou de tournesol. Ou bien, utilisez un produit à base de cire d'abeilles comme les cires Tui de Nouvelle-Zélande ; avec une cire, il n'y a aucun risque de gâchis.

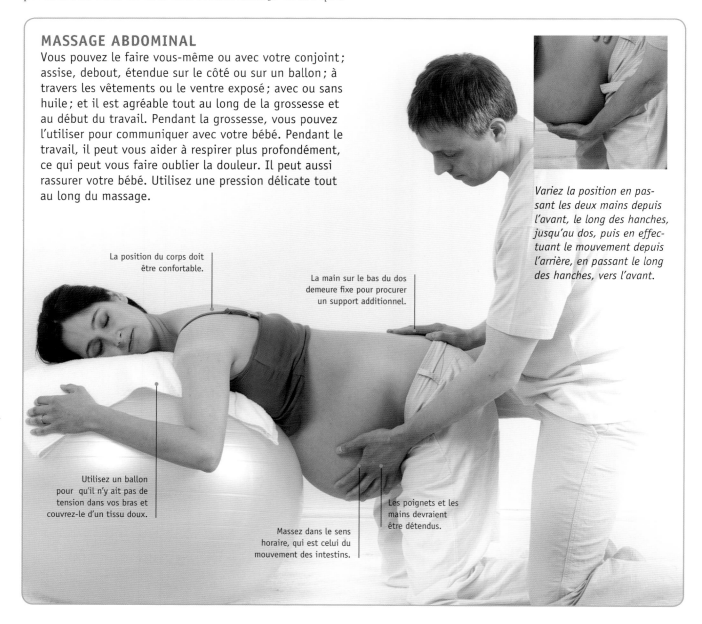

MASSAGE ABDOMINAL

Vous pouvez le faire vous-même ou avec votre conjoint ; assise, debout, étendue sur le côté ou sur un ballon ; à travers les vêtements ou le ventre exposé ; avec ou sans huile ; et il est agréable tout au long de la grossesse et au début du travail. Pendant la grossesse, vous pouvez l'utiliser pour communiquer avec votre bébé. Pendant le travail, il peut vous aider à respirer plus profondément, ce qui peut vous faire oublier la douleur. Il peut aussi rassurer votre bébé. Utilisez une pression délicate tout au long du massage.

Variez la position en passant les deux mains depuis l'avant, le long des hanches, jusqu'au dos, puis en effectuant le mouvement depuis l'arrière, en passant le long des hanches, vers l'avant.

La position du corps doit être confortable.

La main sur le bas du dos demeure fixe pour procurer un support additionnel.

Utilisez un ballon pour qu'il n'y ait pas de tension dans vos bras et couvrez-le d'un tissu doux.

Massez dans le sens horaire, qui est celui du mouvement des intestins.

Les poignets et les mains devraient être détendus.

Soyez prudente en utilisant des huiles essentielles, car ce sont de puissantes huiles médicinales qui peuvent trop stimuler le corps. Si vous désirez des huiles d'aromathérapie pour vos massages, demandez d'abord à un aromathérapeute qualifié, spécialisé en travail d'accouchement pour qu'il vous recommande des huiles que vous pourrez utiliser en toute sécurité. Versez votre huile dans un flacon et assurez-vous qu'il est à portée de la main afin de pouvoir en rajouter facilement pendant le massage. Dès que vous êtes prête à commencer, versez une petite quantité dans votre paume, puis frottez vos mains ensemble pour étendre et chauffer l'huile. Assurez-vous d'en rajouter quand vous sentirez vos mains sèches ou qu'elles ne glissent plus en douceur sur votre peau. Rappelez-vous de ne jamais reverser l'huile qui reste dans le flacon, car elle peut maintenant être contaminée.

MASSAGE PÉRINÉAL

Vous pouvez utiliser cette technique chaque jour, à compter de la 34e semaine environ, pour étirer les tissus autour du vagin et du périnée en préparation de l'accouchement.

- Lavez toujours vos mains avant et après.
- Utilisez un miroir manuel pour localiser votre ouverture vaginale, le périnée et l'urètre.
- Assoyez-vous ou penchez-vous vers l'arrière confortablement, avec une serviette sous les hanches.
- En utilisant un lubrifiant sans gelée de pétrole, comme la gel K-Y, enduisez vos pouces et la zone périnéale. Placez vos pouces 3 à 4 cm à l'intérieur de votre vagin.
- Pressez délicatement vers le bas et sur les côtés. Étirez jusqu'à ce que vous sentiez un picotement léger. Tenez cette pression pendant 2 minutes.
- En maintenant cette pression, massez délicatement en va-et-vient la moitié inférieure de votre vagin 3 à 4 minutes. Prenez soin d'éviter l'urètre à cause du risque d'infection de l'appareil urinaire.

DEMEURER EN CONTACT AVEC MON BÉBÉ

M'asseoir et passer les mains sur mon ventre est une excellente façon de passer du temps à relaxer avec mon bébé et d'apprécier être simplement avec lui. Pour m'aider à me concentrer, je place mes mains sur le bas de mon ventre et je me concentre sur ma respiration. Avec chaque expiration, alors que mes mains sont tirées par le mouvement des muscles abdominaux, j'ai l'impression de bercer délicatement mon bébé. J'essaie d'être consciente de sa position et de sentir sa colonne vertébrale, ses bras et ses jambes. Parfois, je sens bouger mon fœtus. Quand j'inspire, j'imagine que je lui fais plus de place.

Le massage abdominal est une excellente façon de préparer un bébé à l'accouchement et de me sentir à l'aise de le laisser venir au monde. Peu de temps avant la date prévue d'accouchement, j'essaierai de visualiser la tête de mon bébé s'enfonçant graduellement dans mon bassin alors qu'il s'engage en vue de l'accouchement. S'il n'est pas dans cette position, j'essaierai de visualiser comment il peut être capable de mieux se placer et l'encouragerai à se déplacer.

Éviter les dangers potentiels

Les dangers sont dans et autour de la maison, à l'extérieur et au travail. En vue de protéger mon bébé et moi-même des risques probables, tout autant que de ceux qui ne le sont pas encore, je dois être consciente des dangers qui suivent.

INFECTIONS D'ORIGINE ALIMENTAIRE

Certains aliments, ainsi que certaines techniques de préparation, peuvent introduire des organismes nocifs qui nuiront à mon fœtus dans l'utérus, tout en me rendant moi-même dangereusement malade.

Listériose

Causée par une bactérie (listeria monocytogenes) couramment trouvée dans le sol, une infection grave pourrait entraîner la fausse couche, le travail prématuré, la mort fœtale tardive ou la méningite du nouveau-né. On peut trouver la listeria dans les fromages non pasteurisés mous et veinés bleus, tel le brie et le camembert ; le lait non pasteurisé de brebis et de chèvre ; les salades de chou, les pâtés et les saucisses à hot dog prêts à servir ; les aliments cuits réfrigérés en vue de les réchauffer et la volaille insuffisamment cuite.

Salmonellose

Trouvée dans les œufs et la volaille, la bactérie de la salmonellose peut causer des empoisonnements alimentaires qui, s'ils sont sérieux, exigent des soins médicaux immédiats durant la grossesse. Je dois prendre soin de bien cuire tous les œufs et toute volaille, et faire attention quand je mange à l'extérieur ou lorsque j'achète des aliments cuits aux étals et dans les marchés.

Toxoplasmose

Cette dangereuse infection, causée par un organisme appelé toxoplasma gondii, pourrait causer des dommages au cerveau ou rendre mon bébé aveugle. Le risque est particulièrement grand durant le dernier trimestre. Trouvé dans le sol, dans la viande et la volaille crues et insuffisamment cuites et dans les fèces animales (en particulier des chats qui vont dehors), je dois m'assurer que toutes mes viandes et volailles sont bien cuites, surtout quand je mange à l'extérieur. Je dois aussi bien me laver les mains – avant de préparer ou de manger des aliments, avant de servir des fruits et des légumes et après avoir touché à des animaux de compagnie. Je dois porter des gants lorsque je jardine et éviter les litières de chat.

AUTOUR DE LA MAISON

Les produits de nettoyage et autres produits utilisés dans la maison, les peintures et même les produits de soins personnels peuvent contenir des produits chimiques dangereux pour un fœtus en développement. Les animaux

de compagnie, particulièrement les chats, peuvent répandre la toxoplasmose. Je dois aussi prendre des mesures pour m'assurer que l'air de ma maison est de bonne qualité en vérifiant l'humidité et les moisissures et en installant des dispositifs de contrôle du monoxyde de carbone.

Produits ménagers

Je dois éviter les produits très toxiques comme les nettoyeurs pour le four et ceux qui émettent des vapeurs fortes. Toute pièce que je nettoie devrait être bien aérée et je devrais prendre souvent des pauses pour m'assurer que je respire de l'air frais. Il vaut mieux éviter de peindre, surtout durant les derniers mois de la grossesse, car certaines peintures peuvent contenir du plomb ou du mercure mais, si je dois le faire, je dois garder la pièce ventilée et utiliser des peintures à base d'eau.

L'usage occasionnel d'insecticides n'est pas un risque, mais je dois éviter les contacts prolongés parce qu'on a établi un lien entre l'exposition à long terme aux pesticides et les anomalies congénitales. Je dois plutôt utiliser des produits non nuisibles pour l'environnement, non chimiques, qui sont tout à fait sécuritaires.

Animaux de compagnie

Avoir des animaux de compagnie à la maison est généralement sécuritaire, tant qu'ils sont en bonne santé et qu'on leur administre régulièrement un vermifuge, mais les chats peuvent constituer un risque de toxoplasmose. J'essaie de ne pas changer la litière du chat mais, si c'est inévitable, je porte des gants et je me lave les mains immédiatement après.

Soins personnels

Des toxines environnementales, qui pourraient être dangereuses pour mon corps ou pour mon fœtus, sont présentes dans de nombreux cosmétiques et produits de soin pour les cheveux et pour la peau – même dans ceux étiquetés « vert » ou « naturel ». Les principaux responsables sont les phtalates, qui perturbent les hormones, mais qui sont faciles à absorber par la peau. Le phtalate le plus fréquemment utilisé dans les cosmétiques, le DBP, est aussi le plus potentiellement nocif, capable d'affecter le système reproducteur d'un bébé garçon. On le trouve dans les lotions pour la peau, les parfums, les crèmes de nuit, les écrans solaires, le mascara et les désodorisants. Les parabènes, les conservateurs synthétiques les plus utilisés, sont présents dans les crèmes pour la peau, les masques faciaux, les fonds de teint et les désodorisants. Des traces de ces produits chimiques ont même été trouvées dans le tissu des seins, ce qui rend possible leur transmission par le lait maternel.

Par conséquent, je dois lire très attentivement toutes les étiquettes et m'en tenir aux fabricants reconnus pour leurs produits sécuritaires pour la grossesse.

À L'EXTÉRIEUR

La pollution est partout et difficile à éviter, mais je dois éviter tout ce qui élève la température du corps.

Pollution

Quoique la vie urbaine ne soit pas dite nocive pour les bébés à naître, il est préférable que je minimise le temps passé dans les zones très polluées pour empêcher toute conséquence néfaste qui peut survenir.

Spas, saunas et bains de vapeur

Ils sont interdits parce qu'ils vont élever ma température corporelle au-dessus de 38,9 °C (102,2 °F) pendant plus de 10 minutes, ce qui peut nuire à mon bébé en causant une anomalie du tube neural comme le spina bifida ou une fausse couche.

DANGERS OU RISQUES LIÉS AU TRAVAIL

La plupart des emplois sont sécuritaires pendant que je suis enceinte, sauf les postes à risques élevés ou physiquement exigeants. L'équipement comme les ordinateurs ou les téléphones portables sont aussi sans danger et ils n'émettent pas des taux dangereux de radiation. Néanmoins, j'aurai peut-être à m'adapter ou à demander de l'aide pour certaines tâches de routine. Je dois m'assurer d'être assise correctement devant mon ordinateur pour éviter le mal de dos et je dois aussi utiliser des supports à poignets et l'équipement adéquat pour prévenir le syndrome du canal carpien. Quiconque travaille dans un laboratoire, où le contact avec des produits

chimiques, des agents biologiques, des médicaments (ou drogues) ou des pesticides est inévitable, devrait obtenir un avis médical relatif aux mesures de sécurité à prendre ; la même chose s'applique au personnel des salons de coiffure. Les femmes travaillant dans des cuisines devraient demander un changement de poste le plus sécuritaire. De toute manière, j'en discuterai avec mon superviseur, ou avec mon responsable de santé et de sécurité au travail, pour garantir que mon environnement de travail est sécuritaire et que des mesures de précaution adéquates sont prises pour réduire le stress.

DROGUES

Qu'il s'agisse de médicaments d'ordonnance ou en vente libre, les uns comme les autres peuvent avoir de graves effets secondaires.

Médicaments d'ordonnance

Peu de médicaments ont été certifiés d'usage sûr pendant la grossesse ; par conséquent, je discute toujours du pour et du contre avec mon médecin si jamais on me prescrit un médicament, incluant les analgésiques en vente libre. Puis, ayant conclu la prise du médicament sûre et nécessaire, si plus tard je me sens mal à l'aise de le prendre – il a peut-être un effet secondaire imprévu –, je consulte mon médecin avant de continuer à le prendre.

Si je suis déjà sous médication, disons pour une maladie ou une condition chronique, comme le diabète ou l'hypertension artérielle, je m'assurerai de discuter de la médication avec mon médecin ou obstétricien si un changement de traitement s'impose ou si la posologie doit être changée. Dans le cas de maladies brèves, comme les rhumes, je demande à mon pharmacien quel est le meilleur traitement, puisque la plupart des médicaments sans ordonnance ne sont pas recommandés aux femmes enceintes.

Drogues occasionnelles

Qu'elles soient légales ou illégales, les drogues occasionnelles peuvent causer du tort à mon fœtus. Je dois cesser de boire ou limiter beaucoup ma consommation d'alcool et de caféine.

J'évite toutes les drogues illégales parce qu'elles peuvent me faire du mal de même qu'au fœtus. Elles peuvent accroître les chances d'un accouchement prématuré ou d'un bébé de faible poids, de même que causer des problèmes de comportement ou de développement. En plus de tout cela, l'usage de marijuana peut provoquer une fausse couche ou une grossesse ectopique. La cocaïne peut augmenter les risques d'anomalies congénitales, de crises, de problèmes de développement, de problèmes neurologiques et du syndrome de mort subite du nourrisson (SMSN). Elle peut causer un accident vasculaire cérébral, une crise cardiaque ou une hypertension artérielle très élevée chez la femme enceinte. Les narcotiques et les opiacés, quand ils ne sont pas pris sous contrôle médical, peuvent causer des problèmes de développement chez le fœtus, la mort du fœtus, un accouchement précoce et un bébé avec une petite tête (microcéphalie). Avoir une dépendance aux narcotiques pourrait faire du mal à mon bébé après sa naissance, causant des complications ou sa mort par sevrage.

Les amphétamines peuvent provoquer une réduction de l'appétit, ce qui peut affecter la croissance fœtale et favoriser des problèmes et des anomalies, tel un accident vasculaire cérébral et la mort du fœtus. Concurremment à tout cela, les drogues peuvent entraîner des taux plus élevés de malnutrition maternelle et d'infections transmises sexuellement.

FUMER

Même la fumée secondaire est très dangereuse, parce qu'elle peut entraîner un faible poids à la naissance et des troubles de développement. Fumer peut avoir un impact négatif sur

la grossesse, provoquant l'accouchement précoce, la fausse couche, le placenta prævia, le décollement prématuré du placenta ou la rupture précoce des membranes. Cela peut aussi mener au SMSN. La santé de mon fœtus sera aussi affectée si mon conjoint fume, car la fumée secondaire est responsable de troubles respiratoires et du SMSN.

Il n'est pas conseillé de prendre des substituts de nicotine et ni des médicaments anti-tabac durant la grossesse.

EN VOYAGE

Être loin de la maison signifie surtout que je serai éloignée de mon soignant. Par conséquent, je dois m'assurer de manger et de boire sans souci, d'être immunisée adéquatement, d'avoir les médicaments appropriés, des insectifuges et des écrans solaires à portée de la main et de voyager confortablement. On m'a conseillé de ne pas me rendre là ou la malaria est courante. Le meilleur moment pour voyager sera entre la 18e et la 24e semaine, parce que le risque de fausse couche ou de travail prématuré est faible.

Manger et boire sans danger

Surtout dans les pays en voie de développement, je dois être prudente concernant ce que je mange et bois. Je dois choisir des restaurants qui paraissent hygiéniques et m'assurer que je connais ce que je mange. Je dois me méfier de la nourriture provenant d'étals ou de marchés dont les mets, et les viandes en particulier, peuvent être insuffisamment cuits. Je devrai manger seulement des fruits ayant toujours leur pelure. Je boirai seulement de l'eau embouteillée et j'éviterai les breuvages contenant des glaçons. J'utiliserai aussi de l'eau en bouteille quand je me brosserai les dents. Si, malgré tout, je contracte une diarrhée, qui peut mener à la déshydratation, à la faiblesse, à l'évanouissement, au travail précoce et à un débit sanguin réduit pour mon fœtus, je devrai boire beaucoup de liquides et consulter un médecin.

VOYAGES EN AUTOMOBILE ET EN AVION

Lors de longs trajets en automobile, je m'arrêterai toutes les deux heures pour sortir de la voiture et faire quelques pas à proximité. Bien sûr, tout au long du voyage, je bouclerai ma ceinture de sécurité avec bretelle en tout temps, ce qui assurera ma sécurité sans nuire au fœtus, même si je suis impliquée dans un accident.

Je ne monterai pas à bord d'un avion après la 35e semaine et je m'assurerai d'étirer régulièrement mes jambes. Faire quelques pas est bon pour la circulation du sang et aide à prévenir la thrombose veineuse profonde (TVP), ou phlébite. Je boirai de l'eau à petites gorgées fréquemment parce que voyager par avion peut déshydrater. Si possible, j'essaierai de réserver un siège côté allée afin de ne pas avoir à déranger mon voisin lorsque j'aurai besoin d'aller à la toilette pour la xe fois.

Je ne ferai pas moins que...

PROTÉGER MON BÉBÉ ET MA PERSONNE

Je dois être proactive concernant la sécurité et prendre les mesures suivantes :

✓ **Exercer ma vigilance à l'égard** des dangers de mon environnement domestique et quand je me déplace à l'extérieur.

✓ **Me laver fréquemment les mains,** particulièrement après avoir manipulé des animaux, des viandes ou des volailles crues.

✓ **Conserver le tiroir supérieur de mon bureau plein de collations santé,** comme des fruits séchés, des noix et des barres de céréales.

✓ **Prendre des pauses fréquentes** quand je travaille à l'ordinateur, en me levant et en me déplaçant.

✓ **M'assurer que mon poste de travail est bien conçu.** La hauteur de mon siège devrait être réglable ; il devrait aussi être muni d'un dossier. Je devrais avoir un support de poignet et un tabouret de pied.

✗ **Ne pas utiliser des produits à odeurs fortes,** peu importe leur type, et vérifier les emballages pour tout composant problématique.

✗ **Ne pas fumer,** ni laisser mon conjoint le faire. J'éviterai les aires et les lieux où les gens fument.

Éviter les complications de grossesse

Comme la plupart des femmes, je m'attends à ce que ma grossesse soit exempte de problèmes de santé. Cependant, il existe certaines conditions qui peuvent soit se développer en réaction à la grossesse, soit être affectées négativement par celle-ci. Mes soins prénataux devraient déceler les moindres signes de ces conditions, mais je dois aussi être attentive aux symptômes et prendre toutes les mesures préventives.

ANÉMIE

De nombreuses femmes enceintes développent une certaine forme d'anémie – une carence de cellules sanguines en circulation – et, dans les cas mineurs, cela ne cause pas de problèmes. Même si j'en fais, mon fœtus ne devrait pas manquer de fer, parce que mon organisme détourne ses ressources minérales chez lui.

Il y a un certain nombre de raisons pour lesquelles un femme enceinte peut faire de l'anémie. Le plus couramment, elle souffre d'hydrémie (aussi dite « anémie dilutionnelle ») ; le volume de sang plus important circulant dans son corps, nécessaire pour nourrir le fœtus (jusqu'à 50 % de plus qu'à l'ordinaire), contient en proportion moins de globules rouges que requis pour la quantité de sérum.

La carence de fer est une autre raison courante ; elle peut survenir quand une femme ne dispose pas d'assez de fer pour produire des globules rouges pour elle et son fœtus. La plupart des femmes n'emmagasinent pas assez de fer et il est difficile d'en absorber des quantités suffisantes.

De façon moins courante, l'anémie peut être causée par une carence d'acide folique (la vitamine B nécessaire à la production des globules rouges), une perte de sang, une maladie chronique ou conséquemment à des anomalies héréditaires de l'hémoglobine (qui peuvent être dangereuses pour la santé de la mère et du fœtus).

Pour éviter l'anémie, il est très important de consommer beaucoup d'aliments riches en fer : la mélasse, la viande rouge, les haricots rouges, les épinards, le poisson, le poulet et le porc. Pour augmenter l'absorption de fer, j'ai besoin de vitamine C et, donc, les agrumes et les légumes verts feuillus devraient aussi faire partie de mon alimentation.

Symptômes
- Fatigue, perte d'énergie.
- Pâleur.
- Capacité réduite de combattre la maladie.
- Étourdissement, perte de conscience, essoufflement.

Traitement

Si l'on pose un diagnostic d'anémie, on me prescrira probablement un supplément de fer, que je devrai prendre avec un verre de jus d'orange, de tomate ou de légumes. Dans le cas, inhabituel, où je serais incapable d'absorber le fer adéquat, on peut m'injecter des préparations de fer. Des suppléments d'acide folique ou de vitamine B_{12} seront peut-être requis. Dans les cas graves, des transfusions sanguines peuvent s'avérer nécessaires, surtout si le travail et l'accouchement sont imminents.

THROMBOSE VEINEUSE PROFONDE (TVP)

La grossesse rend plus facile la coagulation de manière à prévenir toute perte de sang excessive lors de l'accouchement et, par conséquent, environ 1 femme enceinte sur 1000 développe une thrombose veineuse profonde durant sa grossesse. Cela se produit quand un caillot de sang bloque une veine dans une jambe – habituellement, la veine du mollet, ou une veine de la cuisse ou de l'aine.

Avoir un surplus de poids, être inactive et déshydratée figurent parmi les facteurs propices ; je veillerai donc à contrôler mon poids, faire modérément de l'exercice et rester hydratée.

Il existe une condition similaire, mais inoffensive, dite thrombose veineuse superficielle (ou thrombophlébite superficielle), dans laquelle les petites veines de surface du bas des jambes deviennent rouges et irritées, particulièrement quand la femme a un excès de poids. Dans ce cas, on s'aidera en utilisant une crème apaisante et des bas de compression.

Symptômes
- Douleur, sensibilité et enflure du mollet, de la cuisse ou de l'aine.
- La zone enflée est chaude.

Traitement

Si je pense que j'ai une TVP, je dois me rendre directement à l'hôpital parce que, s'il n'est pas traité, le caillot peut atteindre mes poumons, causant une embolie pulmonaire qui peut mettre ma vie en danger. On dispose d'un test sanguin pour confirmer le diagnostic. Une échographie Doppler (voir à la page 26) peut révéler rapidement la présence d'une TVP. D'ordinaire, le traitement comprend des injections ou des médicaments pour éclaircir le sang.

DIABÈTE GESTATIONNEL

Durant la grossesse, le placenta produit l'hormone lactogène placentaire (hPL), qui agit contre l'insuline ; par conséquent, l'organisme de certaines femmes échoue à produire assez d'insuline pour faire face à la hausse de leur taux de sucre (glucose) et leur fœtus peut devenir très gros. Souvent, l'accouchement ne doit pas dépasser 40 semaines de gestation.

Durant mes rendez-vous prénataux, on vérifiera l'indice glycémique de mon sang et, s'il y a du sucre dans mon urine, je devrai tout simplement surveiller mon alimentation.

Symptômes
• Soif excessive.
• Miction excessive.
• Fatigue.

Traitement
Si on diagnostique un diabète gestationnel chez moi, le traitement peut être de suivre un régime relativement sans sucre. Toutefois, si cela s'avère insuffisant pour contrôler le glucose, je peux avoir besoin d'au moins deux doses quotidiennes d'insuline.

PRÉÉCLAMPSIE, ÉCLAMPSIE ET SYNDROME HELLP

L'hypertension artérielle peut causer de nombreuses conditions graves. La prééclampsie se caractérise par l'hypertension artérielle, la présence de protéines dans l'urine et l'enflure des jambes et des pieds. Cette condition affecte 8 à 10 % des grossesses (dont 85 % sont des premières grossesses). La prééclampsie peut évoluer vers l'éclampsie, une condition grave dans laquelle une femme enceinte peut être sujette à des convulsions. Le syndrome HELLP – dans l'acronyme anglais d'origine, H réfère à hémolyse (destruction des globules rouges), EL à l'augmentation des enzymes hépatiques et LP au faible taux des plaquettes – est une complication exceptionnelle de la prééclampsie.

On vérifiera ma tension artérielle lors de mes rendez-vous prénataux – il est donc important de n'en

rater aucun – et je peux contribuer à la maintenir basse en évitant le stress, en réduisant les aliments salés et gras, en consommant plus d'aliments riches en calcium, des fruits et des légumes, et en buvant beaucoup d'eau. Il est vital de communiquer aussitôt tout symptôme parmi les suivants à mon médecin.

Symptômes
• Enflure soudaine et excessive du bas de la jambe ou gain de poids excessif.
• Maux de tête tenaces.
• Vision brouillée, éclats lumineux ou taches devant les yeux.
• Douleur abdominale du côté droit du corps, tout juste sous la cage thoracique.

Traitement
L'accouchement est la seule cure, quoique les deux conditions plus graves – l'éclampsie et le syndrome HELLP – peuvent exiger aussi un traitement médicamenteux. Si je souffre de prééclampsie sévère ou que ma date d'accouchement est proche, on provoquera l'accouchement. Si cela se produit en début de grossesse ou si la condition est modérée, on pourra me prescrire un médicament pour la tension artérielle, de l'aspirine à faible dosage et, possiblement, du calcium.

SYNDROME DU CANAL CARPIEN

Les tendons et les nerfs qui parcourent les doigts sont contenus dans un « canal » à l'avant du poignet. Si la main et les doigts enflent durant la grossesse, ce canal carpien enfle aussi, exerçant une pression sur un nerf. Cette pression crée une sensation de fourmillement s'étendant à tous les doigts, sauf l'auriculaire.

HYPERTENSION ARTÉRIELLE GRAVIDIQUE
Dite aussi HTA gravidique, cette condition complique 10 à 15 % de toutes les grossesses ; on la définit comme une pression artérielle supérieure à 140 mm Hg/90 mm Hg. Normalement, elle se développe après la 20e semaine et devient plus courante à l'approche de la date d'accouchement. Elle est plus commune lors d'une première grossesse. Tandis qu'une tension artérielle modérée est peu sujette à devenir problématique, l'hypertension artérielle grave peut causer une insuffisance rénale ou un accident vasculaire cérébral. Le plus grand risque, c'est que 1 femme sur 4 ayant une HTA gravidique développe la prééclampsie.

Les symptômes du syndrome du canal carpien tendent à être pires la nuit, mais diminuent habituellement durant le jour parce que les articulations sont utilisées et deviennent plus souples. En général, cette condition disparaît après l'accouchement. Je peux l'empêcher de se produire en utilisant un support pour le poignet quand je travaille à l'ordinateur et en gardant mes mains élevées quand je suis assise.

Symptômes
• Douleur au poignet.
• Fourmillement se diffusant depuis le poignet jusque dans la main.
• Raideur des doigts et des articulations de la main.

Traitement
Si je ressens cette douleur dans mes poignets, dormir les mains surélevées sur un oreiller peut empêcher l'accumulation de liquide. Quand je me réveille, je devrai m'assurer de laisser pendre mes mains au bord du lit et de les agiter vigoureusement afin de disperser les liquides et soulager toute raideur. Porter des attelles aux poignets peut aussi aider.

RELÂCHEMENT DE LA SYMPHYSE PUBIENNE
Trois os – un à l'arrière et deux à l'avant – maintenus ensemble par des ligaments composent la ceinture pelvienne. Les os se rencontrent pour former trois articulations « fixes », une à l'avant, dite symphyse pubienne, et une de chaque côté de la base de la colonne vertébrale. L'hormone de grossesse, la relaxine, détend tous les ligaments pelviens afin de faciliter le passage du bébé à l'accouchement. Toutefois, ces ligaments peuvent trop se relâcher, faisant bouger le bassin, surtout quand on y met du poids. Le poids du bébé aggrave cela et, parfois, l'articulation de la symphyse pubienne peut vraiment s'écarter un peu, causant une douleur variant de légère à sévère dans la région du pubis.

Cette condition peut se développer à tout moment à compter du premier trimestre.

Il est important de protéger cette région afin d'empêcher les os de se séparer en restant mobile la plupart du temps, en étant prudente quand je soulève des objets et en exécutant les mouvements correctement.

Symptômes
• Douleur, habituellement au pubis ou au bas du dos, mais qui peut aussi survenir à l'aine, à l'intérieur des cuisses, aux hanches et aux fesses.
• Douleur aggravée quand le poids est déporté sur une seule jambe.

• Sensation de séparation du bassin.
• Difficulté à marcher.

Traitement
La condition ne se traite pas durant la grossesse, car elle résulte de l'action des hormones. Elle devrait s'améliorer après l'accouchement. Il faut faire très attention de ne pas aggraver le relâchement de la symphyse pubienne. Si je suis affligée par cette condition, je dois éviter de mettre le poids sur une seule jambe autant que possible ; par conséquent, je dois m'asseoir pour m'habiller, monter dans l'auto en posant d'abord mes fesses sur le siège, puis soulever mes jambes pour les entrer dans l'auto, et garder les genoux ensemble quand je me retourne dans le lit. Je ne devrai pas faire de mouvements de brasse quand je nage. Si la douleur est grave, je m'informerai à propos d'analgésiques et d'un physiothérapeute, qui peut me conseiller un support de ceinture pelvienne.

TROIS CONDITIONS RARES
La cholestase gravidique, une pathologie du foie, est plus susceptible d'affecter les femmes asiatiques. Son symptôme principal est une démangeaison intense (et, conséquemment, une privation de sommeil), qui résulte d'une accumulation de sels biliaires dans le sang. Chez une femme enceinte, comme elle peut causer le travail précoce, il y a un faible risque de mort du fœtus avant l'accouchement. Les suppléments de vitamine K sont le seul traitement.

La grossesse ectopique se développe à l'extérieur de l'utérus, normalement dans une trompe de Fallope. Elle peut imiter une fausse couche (voir à la page 67), parce que les symptômes et les signes peuvent être très semblables – douleur abdominale et saignement vaginal, quoique ce dernier soit léger normalement. Toute douleur abdominale grave, qui peut aussi être accompagnée de douleurs à l'épaule ou au rectum, doit être investiguée aussitôt ; on aura recours à une chirurgie ou à un médicament, le méthotrexate, pour enlever la grossesse ectopique.

Les vomissements incoercibles (forme sévère de nausées matinales) affectent environ 1 femme sur 200 au début de la grossesse. Si une femme vomit excessivement, elle doit être réhydratée par intraveineuse. S'ils ne sont pas traités, les vomissements incoercibles peuvent causer une diminution du taux de potassium dans le sang et empêcher le bon fonctionnement du foie.

Fausse couche

Perdre un bébé au début de la grossesse est très courant – environ 1 grossesse sur 5 prend fin avant la fin du premier trimestre. En général, la fausse couche (ou avortement spontané) est le moyen par lequel la nature dispose des grossesses dont le fœtus a des anomalies chromosomiques incompatibles avec la vie, mais des infections, un diabète incontrôlé, des troubles thyroïdiens, des anomalies utérines et certains anticorps maternels peuvent aussi en être la cause.

Entre la 12e et la 14e semaine, la fausse couche est beaucoup moins courante et peut résulter d'une infection ou d'une anomalie de l'utérus, comme l'incompétence du col de l'utérus – qui s'ouvre sous la pression exercée par l'utérus et le bébé en croissance – ou du placenta. Si on diagnostique l'incompétence du col de l'utérus, on aura recours à une procédure dite de cerclage du col (voir ci-dessous).

Après la 24e semaine de gestation, la perte de grossesse s'appelle la mort fœtale tardive.

Peu importe la cause, vous serez dévastée par la perte d'une grossesse tant souhaitée. Il est naturel d'être affligée, triste et déprimée, même si votre soignant vous explique que le bébé n'était pas « tout à fait normal ». Cela n'aide pas les choses que les hôpitaux traitent la situation comme une affaire de routine, ce qui peut être très pénible. Néanmoins, il est important que vous ne vous sentiez pas coupable ; vous ne portez pas le blâme : c'est un processus naturel et non une situation que vous avez causée. Le bon côté, c'est que vous avez d'excellentes chances d'être de nouveau enceinte. Cela dit, un petit nombre de femmes subissent des fausses couches à répétition, ce qui doit être examiné et traité pour assurer la réussite d'une future conception.

Il n'y a pas de raison d'attendre pour tenter de concevoir à nouveau. Prendre de l'acide folique et suivre un régime alimentaire équilibré et bien équilibré vous aideront.

DIAGNOSTIQUER UNE FAUSSE COUCHE

Les signes d'une menace de fausse couche comprennent le saignement vaginal, accompagné de maux au bas du dos ou de crampes abdominales douloureuses, qui peut être constant ou se produire par intermittence. Une fois le contenu utérin expulsé, le saignement et la douleur s'amenuisent et une échographie montrera que l'utérus est complètement vide.

Quand tous les composants utérins de la grossesse ne sont pas expulsés, on pratique généralement une intervention mineure sous anesthésie pour nettoyer l'utérus. Cette intervention implique de dilater le col de l'utérus et de gratter le tissu adhérant aux parois de l'utérus.

À l'occasion, une fausse couche se produit sans symptômes préalables ou avec des signes très bénins,

comme une petite quantité de perte vaginale brunâtre. Dans ce type de fausse couche, une échographie détectera qu'il y a un sac vide dans l'utérus (le fœtus ne s'est jamais formé) ou que le cœur fœtal a cessé de battre (le fœtus est mort à un stade précoce).

INCOMPÉTENCE DU COL DE L'UTÉRUS

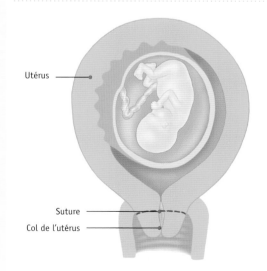

Utérus

Suture

Col de l'utérus

Un col de l'utérus qui s'ouvre peut être « réparé » en suturant l'ouverture pour la fermer. L'intervention est pratiquée via le vagin sous anesthésie locale ou épidurale. D'habitude, la suture est enlevée quelques semaines avant la date prévue de l'accouchement ; dans certains cas, elle est laissée en place jusqu'à ce que le travail débute.

Identifier les urgences médicales

La plupart des grossesses se déroulent bien mais, à l'occasion, quelque chose de fâcheux peut se produire. Je devrai contacter mon soignant si j'observe l'un ou l'autre des symptômes ci-dessous, ou si je fais une chute, ou si j'ai un accident. Néanmoins, quand je ne me sens tout simplement pas bien ou que quelque chose semble aller de travers, je ne devrai pas hésiter à le consulter.

FRISSONS ET FIÈVRE
Je devrai consulter mon médecin le jour même si j'ai une fièvre dépassant 37,8 °C (100 °F), même si je n'ai aucun autre symptôme. Si ma fièvre excède 38,9 °C (102 °F), ou si j'éprouve d'autres symptômes comme un mal de gorge, un essoufflement ou une toux, j'ai besoin de soins immédiats, car je peux souffrir d'une infection exigeant des antibiotiques et du repos. Si la fièvre demeure forte pendant une longue période, le développement de mon fœtus peut être affecté.

DIARRHÉE OU VOMISSEMENT EXCESSIFS
Si je ne peux rien garder, il y a un risque de déshydratation, tandis qu'une diarrhée excessive réduit mes liquides corporels, ce qui est dangereux. Si mes vomissements sont accompagnés de fièvre, ou si la diarrhée contient du sang ou du mucus, je dois appeler aussitôt mon médecin.

SYMPTÔMES QUE JE DOIS RAPPORTER À MON SOIGNANT

Des lumières clignotantes devant les yeux, ou une vision double (ou des maux de tête), peuvent être des signes de prééclampsie.

Une douleur aux épaules qui accompagne une douleur abdominale ou rectale peut signaler une grossesse ectopique.

Une douleur à la poitrine peut indiquer un caillot de sang dans les poumons ou une pleurésie.

Une douleur inattendue dans le dos peut signaler une infection urinaire.

Une douleur dans la partie supérieure de l'abdomen peut être un signe de prééclampsie, de calculs biliaires ou troubles de la digestion.

Le ralentissement ou l'absence de mouvements fœtaux peut indiquer que le bébé subit un stress.

Une douleur dans la partie inférieure de l'abdomen (d'un côté, ou des deux, de l'utérus) pourrait signaler une douleur au ligament rond de l'utérus, une grossesse ectopique, une fausse couche, un décollement prématuré du placenta ou le travail prématuré.

Une douleur à l'aine peut signaler une infection rénale.

Un écoulement vaginal peut indiquer la rupture de membranes.

Une jambe enflée ou douloureuse qui est chaude au toucher peut signaler une thrombose veineuse profonde ; des jambes gonflées peuvent être un signe d'œdème, qui est associé à la prééclampsie.

DÉMANGEAISON GÉNÉRALISÉE

Ce phénomène peut être le signe d'une cholestase gravidique (voir à la page 66), surtout si ma peau paraît jaune et la couleur de mon urine est foncée (signes d'ictère, ou jaunisse). Une surveillance étroite du bébé sera nécessaire. Dans certains cas, l'accouchement prématuré sera nécessaire.

MICTION DOULOUREUSE OU BRÛLANTE, AVEC FIÈVRE, FRISSONS ET MAL DE DOS

Ces symptômes sont tous associés à des infections de l'appareil urinaire, un état qui devrait être traité par des antibiotiques.

CONVULSIONS

Des convulsions sont des symptômes de prééclampsie (voir à la page 65) et c'est une urgence médicale. L'administration d'oxygène et de médicaments sera nécessaire pour empêcher toute autre crise de convulsions de survenir. Si je subis une crise de convulsions, je dois faire appel aux services d'urgence sans délai afin de recevoir le traitement approprié, sans quoi il sera nécessaire d'accoucher immédiatement.

URGENCES MÉDICALES

Placenta prævia – Quand le placenta couvre le col de l'utérus, il est moins bien fixé à la paroi utérine et il est plus sujet à saigner depuis un ou plusieurs des innombrables vaisseaux sanguins qui sillonnent la surface du placenta. Quoiqu'il puisse être abondant, le saignement cesse souvent de lui-même. Cependant, une transfusion sanguine est parfois nécessaire. Rester à l'hôpital à compter de la 34e semaine est requis, afin que le traitement puisse être administré rapidement en cas de saignement.

Le décollement prématuré du placenta se produit quand le placenta se sépare ou se détache de la paroi de l'utérus. Le saignement qui en résulte est variable, mais il peut être abondant et contenir des caillots.

Rupture utérine – Très rarement, il se produit une déchirure dans l'utérus durant la grossesse ou le travail, habituellement attribuable à la fragilité de la paroi utérine résultant de la cicatrice d'une césarienne antérieure ou d'une rupture utérine suturée antérieurement. Une césarienne immédiate s'impose, suivie d'une réparation chirurgicale de l'utérus.

SAIGNEMENTS DURANT LA GROSSESSE

On peut saigner pour plusieurs raisons (voir « Fausse couche », à la page 67). Si j'ai des saignements accompagnés de crampes douloureuses au bas de l'abdomen ou d'un mal de dos durant plusieurs heures, ou si je saigne le moindrement après ma 24e semaine de grossesse, je dois le rapporter à mon médecin. Un saignement vaginal sans douleur peut résulter de l'une ou l'autre des situations ci-dessous, qui ne devraient pas être une source d'inquiétude, en général.

Les saignements d'implantation peuvent se produire environ 10 jours après la conception. Un léger saignement vaginal se produit pendant 24 à 48 heures, tandis que l'ovule fertilisé s'implante dans la paroi de l'utérus.

Déséquilibre hormonal – Entre la 4e et la 8e semaine de grossesse, il peut y avoir des saignements légers, apparentés à des menstruations, correspondant à peu près à la période du cycle menstruel.

Ectropion utérin – Au début de la grossesse, particulièrement après une relation sexuelle, des cellules de la paroi interne du col de l'utérus, qui s'étendent jusqu'à sa surface, produisent quelques gouttes de sang.

Placenta marginal – Si l'un des petits vaisseaux sanguins en bordure du placenta se brise, il peut en résulter un léger saignement.

NUMÉROS DE TÉLÉPHONE IMPORTANTS

Services d'urgence : 911

Médecin :

Sage-femme :

Hôpital :

Ambulance/Taxi :

Conjoint ou ami(e) :

PARTIE I Ma grossesse

Choix en prévision de l'accouchement

Où et comment accoucher exigent une attention minutieuse.
La manière dont se déroule ma grossesse et de nombreux autres
facteurs détermineront si une maison de naissance ou un hôpital seront
nécessaires ou si je tenterai d'accoucher à la maison. Je dois aussi
décider du niveau d'intervention et de ma ou mes méthodes préférées de
soulagement de la douleur. Une fois mes choix faits, il sera essentiel de
les inclure dans ma planification de naissance quand viendra le temps
d'accoucher – quoique je doive aussi être prête pour l'inattendu.

Où accoucher ?

Décider de l'endroit où j'aurai mon bébé est une décision importante et elle dépendra des circonstances et de mes soignants. L'hôpital est l'option la plus sécuritaire si les choses n'allaient pas comme prévu mais, si ma grossesse se déroule normalement, une maison des naissances peut être considérée. L'accouchement à domicile est plus difficile à organiser et, en général, on ne le recommande pas pour une première naissance ; je devrais trouver une sage-femme ou un médecin qui serait prêt à m'accoucher à la maison.

À L'HÔPITAL

L'immense majorité des femmes au Québec (98 %) ont leur bébé à l'hôpital. Une naissance à l'hôpital offre un accès instantané aux technologies d'importance potentiellement vitale, ce qui peut être très rassurant. En outre, l'hôpital emploie des spécialistes qui peuvent affronter toute complication – pratiquer une césarienne ou s'occuper de tout problème que peut avoir le bébé. Toutes les formes de soulagement partiel ou total de la douleur sont offertes. D'un autre côté, accoucher à l'hôpital implique souvent des interventions médicales comme l'induction, la surveillance fœtale par monitorage et l'épisiotomie (voir à la page 75), qui peuvent être non désirées. Un meilleur choix, si je décide d'avoir le moins d'intervention médicale possible, c'est d'opter pour les soins d'une sage-femme dans une unité hospitalière ou une chambre des naissances. Ces lieux visent à procurer des soins dans un environnement apparenté à la maison – décor en douceur avec éclairage tamisé – et l'intérêt est mis sur l'accouchement naturel avec un accès à des piscines pour accoucher.

Avant de faire mon choix, je visiterai toutes les unités de maternité locales et demanderai l'avis de mon médecin, de ma sage-femme et de mes amis qui ont récemment eu des bébés. J'utiliserai aussi la liste de vérification, ci-contre, pour m'enquérir des services offerts. Je voudrai choisir un hôpital près de chez moi, afin de ne pas avoir à voyager trop loin pour mes rendez-vous prénataux et mon accouchement.

À DOMICILE

Donner naissance dans un environnement familier, en présence de mon partenaire et peut-être d'autres membres de la famille, est une autre option si je veux le moins possible d'interventions durant l'accouchement. Je devrai parler à mon médecin à titre de responsable de l'organisation de mes soins de maternité. Un accouchement à la maison est supervisé par des sages-femmes affiliées à un médecin. En cas de problèmes à l'accouchement, je serai transférée à l'hôpital.

QUESTIONS IMPORTANTES À POSER

Répondre aux questions suivantes vous donnera une idée de ce à quoi vous attendre – et si c'est, pour vous, le bon endroit où accoucher. Vous devriez aussi obtenir le taux d'induction/césarienne du centre et la durée de votre séjour à l'hôpital.

	OUI	NON
Puis-je me déplacer durant le travail ?	☐	☐
Puis-je choisir la position dans laquelle accoucher ?	☐	☐
La surveillance fœtale est-elle continue ?	☐	☐
Mes eaux seront-elles crevées manuellement à une certaine étape du travail ?	☐	☐
Puis-je manger ou boire durant le travail ?	☐	☐
Y a-t-il une piscine d'accouchement et des sages-femmes d'expérience pour les accouchements dans l'eau ?	☐	☐
Y a-t-il un service d'épidurale sur une période de 24 heures ?	☐	☐
Des étudiants de médecine/des étudiantes sages-femmes seront-ils impliqués dans l'accouchement ?	☐	☐
Y a-t-il une limite au nombre de personnes qui peuvent m'accompagner dans la chambre des naissances ou la salle d'accouchement ?	☐	☐
Mon partenaire peut-il me rendre visite en tout temps ?	☐	☐
Serai-je aidée avec l'allaitement si j'en ai besoin ?	☐	☐
Y a-t-il des mesures de sécurité en place ?	☐	☐
Les nouveau-nés sont-ils identifiés de manière à ce qu'ils ne soient pas confondus les uns avec les autres ?	☐	☐

Interventions et procédures

Quand je considère le type d'accouchement que je désire, je peux décider d'éviter certaines procédures tant que mon bébé et moi ne sommes pas à risque. Découvrir autant que possible ce qu'impliquent les différentes procédures m'aidera à prendre une décision. Néanmoins, je dois être prête, si la situation l'exige, à laisser mon soignant juger si une intervention est nécessaire. Mon médecin ou ma sage-femme devrait, à l'avance, discuter en détail de toutes les procédures avec moi. On devrait m'exposer les raisons, la méthode, les risques potentiels et les conséquences selon que j'accepte ou que je refuse l'offre, afin que je puisse donner un « consentement averti ».

L'INDUCTION

De façon naturelle, comme la plupart des femmes, j'entrerai en travail et accoucherai de mon bébé deux semaines avant ou après la date prévue d'accouchement. Si, toutefois, à un moment ou à un autre, on considère qu'il est préférable que mon bébé naisse plutôt que de rester dans l'utérus, ou si ma santé ou celle de mon bébé sont considérées à risque si la grossesse continue, le travail peut être provoqué artificiellement par un hormone sous perfusion ou une stimulation manuelle du col.

Même si le travail n'est pas provoqué, mon soignant peut décider d'aider la progression du travail en me donnant du syntocinon (une forme synthétique d'ocytocine), qui provoquera des contractions souvent plus fortes et plus fréquentes que les contractions naturelles. Je serai alors reliée à un moniteur fœtal pour évaluer si le bébé tolère bien les contractions.

LA SURVEILLANCE FŒTALE

Cet appareil peut être utilisé pour vérifier la progression de mon bébé pendant le travail. Des électrodes, connectées à un appareil qui affiche ou imprime des lectures des battements du cœur de mon bébé et de mes contractions, seront placées sur mon abdomen. Si j'ai une grossesse et un accouchement à faible risque, je peux être surveillée de façon intermittente par un moniteur fœtal, ou la progression de mon bébé peut être mesurée par un appareil à effet Doppler (ultrasons).

Certains hôpitaux placent les femmes sous surveillance continue – ce qui a entraîné une hausse des césariennes, lesquelles ne sont souvent pas nécessaires, mais dues à des lectures mal interprétées.

Si mes soignants ont besoin d'une image plus détaillée de la condition du bébé, ils peuvent vouloir utiliser un capteur interne – introduire une électrode dans mon vagin et la fixer au cuir chevelu de mon bébé pour mesurer ses battements cardiaques.

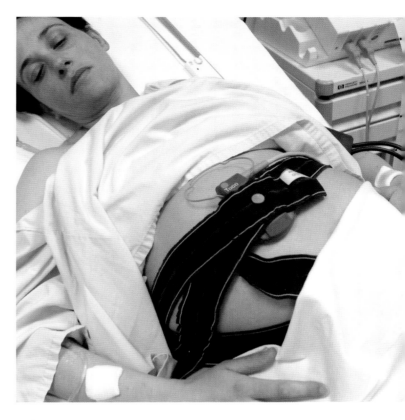

L'ÉPISIOTOMIE

Une petite incision peut être faite dans mon périnée (la peau entre le vagin et l'anus) pour élargir l'ouverture vaginale quand la tête de mon bébé est sur le point de naître. De nos jours, on la pratique habituellement dans le seul but d'écourter l'étape de la poussée à l'accouchement, pour cause de souffrance fœtale ou si la mère a un problème médical, comme un trouble cardiaque, et qu'elle ne peut pas

TYPES D'INCISIONS

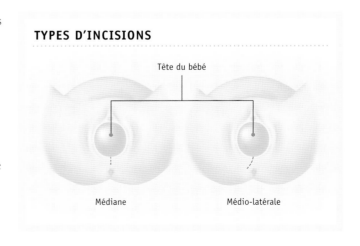

Tête du bébé

Médiane

Médio-latérale

supporter un long travail. Elle peut aussi être recommandée pour protéger le crâne délicat d'un bébé prématuré ou pour accorder plus de place pour la délivrance lors d'un accouchement par le siège ou d'un très gros bébé.

Si je suis chanceuse, l'habileté et la patience d'une sage-femme expérimentée étirera la zone et permettra à mon bébé de naître avec un minimum ou une absence de déchirure et sans recours à l'épisiotomie.

FORCEPS ET VENTOUSE

Dans certains cas, on peut utiliser des instruments médicaux pour aider un bébé à sortir de la filière pelvienne. Les forceps (instruments de métal semblables à des pinces ou des cuillères à salade) peuvent être utilisés si la mère ne peut pas pousser efficacement ou si le bébé doit naître rapidement. On peut aussi les utiliser pour tourner un bébé dans une position différente et réduire les chances de trauma.

La ventouse obstétricale fonctionne de la même manière que les forceps mais, plutôt que des pinces de métal, une cupule molle aspirante est placée sur la tête du bébé. Tandis que la mère pousse, la ventouse aide à tirer le bébé vers l'extérieur. Les ventouses obstétricales peuvent être utilisées plus haut que les forceps dans la filière pelvienne et causent moins de dommages au périnée.

CÉSARIENNE ÉLECTIVE (PLANIFIÉE)

Si j'ai une condition médicale particulière ou si on détecte assez tôt un problème avec mon bébé (voir l'encadré à la page 108), le bébé peut devoir naître par césarienne ; cette décision sera prise bien avant la naissance. Toutefois, durant le travail, il peut devenir évident qu'une césarienne sera nécessaire et, dans ce cas, on procédera à une intervention imprévue ou urgente. Quoique certaines femmes peuvent préférer avoir une naissance par césarienne pour éviter l'inconfort du travail, ce n'est pas une pratique recommandée, ni acceptable. Quoique les techniques chirurgicales se soient beaucoup améliorées au cours des dernières années, il y a toujours de plus grands risques associés aux césariennes qu'aux naissances par voie vaginale. En outre, la période de rétablissement peut être considérablement plus longue et une césarienne peut rendre les naissances subséquentes par voie vaginale plus difficiles.

Une césarienne doit être pratiquée à l'hôpital, car seuls un obstétricien ou un chirurgien peuvent l'exécuter. Sous anesthésie générale ou locale, une incision est pratiquée au bas de l'abdomen de la mère, puis une autre est faite dans l'utérus et le bébé est extrait par l'incision. Ensuite, le chirurgien retirera le placenta avant que l'utérus et la paroi abdominale ne soient refermés par des sutures. D'habitude, le conjoint peut assister et on mettra le bébé dans les bras de sa mère dès sa naissance.

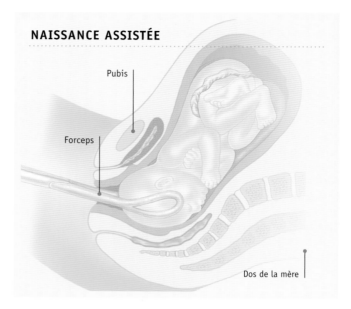

NAISSANCE ASSISTÉE

Pubis

Forceps

Dos de la mère

MANŒUVRE DE VERSION EXTERNE

Les bébés qui se présentent par le siège sont habituellement accouchés par césarienne. Toutefois, certains obstétriciens exécutent une manœuvre, dite version, en vue d'essayer et d'obtenir que le bébé se tourne tête en bas afin que l'accouchement vaginal soit possible. On fait cela vers la 37e ou 38e semaine de grossesse, quand il y a encore assez de liquide amniotique pour permettre un peu de mouvements ; cela implique de manipuler l'abdomen de la mère. Cependant, ce n'est pas sans risque, ce que l'obstétricien devrait mettre au clair. Le taux de succès varie de 50 à 70 %. Certaines femmes ont découvert que prendre la position du siège incliné – étendue sur le dos, les genoux pliés et le siège soulevé par des coussins de façon à ce que le bassin soit plus haut que l'estomac, ou à quatre pattes sur le plancher, le siège aussi haut que possible tandis que la tête repose sur les bras repliés – pendant un minimum de 10 minutes, deux fois par jour, peut aider un bébé qui se présente par le siège à se tourner naturellement.

Soulagement de la douleur pendant le travail

Comme toutes les femmes, j'utiliserai une ou plusieurs stratégies pour soulager la douleur pendant le travail. Ne sachant pas comment je me sentirai quand le temps sera venu, il est important de demeurer flexible concernant ce que je voudrai.

MÉTHODES SANS MÉDICAMENT

Elles comprennent les techniques de relaxation et de respiration, les compresses chaudes et froides, les massages, les changements de position, la visualisation et l'immersion dans la piscine d'accouchement. Certaines thérapies alternatives comme l'acupuncture, la réflexologie et l'hypnose fonctionnent pour certaines femmes, mais requièrent le soutien d'un praticien médical, tandis que les appareils NSTC (neurostimulateurs transcutanés) peuvent bloquer la transmissions des signaux de douleur au début du travail.

MÉDICAMENTS CONTRE LA DOULEUR

Parmi les thérapies médicales standard, on trouve les analgésiques, qui soulagent la douleur, les anesthésiques, qui bloquent les sensations douloureuses, et les tranquillisants, qui calment. Les anesthésiques locaux sont couramment utilisés pour l'épidurale et l'infiltration du nerf honteux et des nerfs du périnée, ils peuvent être administrés à l'accouchement et pour les épisiotomies.

De nombreuses femmes en travail trouvent que la stimulation de certains points de pression peut aider à soulager la douleur. Presser dans le creux de l'épaule ou entre les deux premiers orteils peut détendre les tensions.

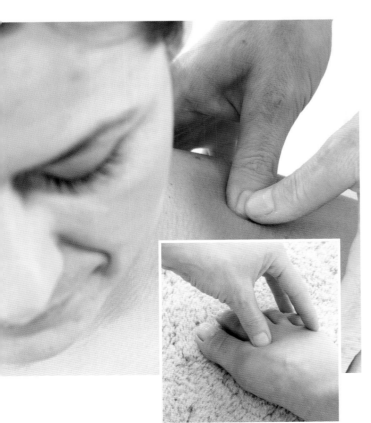

Analgésiques

Ils sont injectés dans un muscle ou administrés par voie intraveineuse ; le Demerol® est l'un des analgésiques les plus couramment utilisés. Quoiqu'il puisse être particulièrement utile quand le début du travail se prolonge et est inconfortable, me permettant de me reposer et de calmer la douleur, peut me donner des nausées et de la somnolence. Si on m'en administre près de la délivrance, il peut rendre le bébé somnolent, lent à se nourrir et à communiquer.

Anesthésiques locaux

Une épidurale bloque la plupart des sensations douloureuses dans l'abdomen, quoiqu'une pression puisse encore être ressentie. Un anesthésiste insère une petite aiguille dans l'espace épidural, au bas du dos, à travers laquelle un tube stérile extrêmement petit est glissé et laissé en place quand l'aiguille est retirée. Des narcotiques et des anesthésiques peuvent être injectés par le tube pour enlever ou bloquer la douleur. Une pompe fournit une faible dose continue de médicaments. Les effets secondaires des épidurales peuvent inclure une difficulté à uriner, une tension artérielle plus basse et des maux de dos. Le bébé sera continuellement surveillé par un moniteur électronique.

Une infiltration du nerf honteux insensibilise la région périnéale, il y a donc moins de douleur, mais les contractions sont encore ressenties. Il est fait au moment de la délivrance, en insérant une aiguille dans le vagin, habituellement pour une délivrance avec forceps ou ventouse obstétricale ; son effet peut durer le temps d'une épisiotomie et de la suture subséquente.

Tranquillisants

Ce sont des relaxants musculaires qui peuvent soulager la tension. D'habitude, ils sont administrés avec un narcotique pour maximiser l'effet d'une petite dose de narcotique.

Cours prénataux et partenaire d'accouchement

En tant que mère pour la première fois, il y a de nombreuses choses à apprendre concernant la grossesse, le travail et les soins à donner au bébé ; je prévois donc m'inscrire à des cours prénataux pour en découvrir plus sur le sujet. J'espère que les instructeurs et les autres participantes seront capables de répondre à toutes les questions que j'ai oubliées de poser à mes soignants ou que je n'ai pas eu le temps de poser. En outre, ils devraient être capables de me préparer physiquement et émotionnellement à l'expérience de l'accouchement et d'offrir des démonstrations et des séances pratiques sur les mécanismes spécifiques pour y faire face.

J'espère que des rencontres de groupe seront d'un grand secours et que je me ferai de nouvelles amies qui partagent un intérêt commun pour les bébés et les enfants. Un cours devrait aussi être bon pour mon partenaire, afin qu'il comprenne son rôle à l'accouchement et s'implique dans la grossesse et la préparation à l'accouchement.

CHOISIR LE BON COURS

Je vais demander à mon médecin, ma sage-femme, au CLSC, à mes amis et à ma famille de me recommander les cours disponibles dans ma région. Des professeurs de cours prénataux privés abordent le sujet sous un angle ou avec une philosophie spécifiques ; il est donc important que je trouve un professeur qui partage mes vues sur l'accouchement, même s'il est important d'apprendre différentes approches de travail et d'accouchement afin que je puisse faire des choix avisés.

D'ordinaire, les cours prénataux débutent entre les 28e et 32e semaines et sont offerts sur une base hebdomadaire – le plus souvent en soirée ou la fin de semaine. Tous couvriront ce qui se produit durant le travail et l'accouchement, quand téléphoner à votre soignant, les techniques de relaxation et de respiration, les analgésiques médicaux, les césariennes et les soins au nouveau-né.

Les cours sont habituellement offerts par les hôpitaux ou les CLSC. Ils sont dirigés par des sages-femmes ou des infirmières, parfois avec l'apport d'un médecin s'il y a un aspect médical au programme. Ils sont gratuits, mais sont souvent donnés à de grands groupes, ce qui rend probablement plus difficile de se faire des amis parmi les autres futurs parents.

PARTENAIRE D'ACCOUCHEMENT

Comme la plupart des femmes, je me tournerai vers mon partenaire pour qu'il soit présent à l'accouchement et qu'il m'aide durant le travail. Un partenaire d'un grand secours peut aider à abréger le temps de travail, diminuer le besoin d'interventions, réduire le risque de césarienne non planifiée et donner à mon bébé les meilleures chances jusqu'à la

---

Je ne ferai pas moins que...

LAISSER MON PARTENAIRE D'ACCOUCHEMENT M'AIDER

Un partenaire d'accouchement peut être précieux dans la chambre de naissance. Certaines choses que je m'attends qu'il/elle fasse sont énumérées ci-dessous :

✓ **Offrir un support émotionnel.**

✓ **Assurer mon intimité.**

✓ **M'aider** avec les techniques de respiration et de relaxation.

✓ **M'assister** lors des changements de position.

✓ **Me donner un massage ou des compresses** si je le souhaite.

✓ **M'encourager** à manger, boire et me reposer.

✓ **Me rafraîchir** (ou me réchauffer) et me sentir bien.

---

fin. Toutefois, si mon conjoint n'était pas disponible ou ne se sentait pas à l'aise avec un aspect ou un autre – il doit pouvoir se concentrer sur mes besoins, je pourrai alors demander à une personne de la famille ou une amie très proche.

Quelle que soit la personne qui m'accompagnera, elle devra être au courant des préférences exprimées dans ma planification de l'accouchement (voir à la page 77) et elle devrait m'offrir le support nécessaire. Je prévois aussi impliquer mon partenaire dans les techniques de respiration et de relaxation, afin qu'il soit bien entraîné lors de l'accouchement.

MA PLANIFICATION DE L'ACCOUCHEMENT

PARTENAIRES D'ACCOUCHEMENT

J'aimerais que les personnes suivantes assistent
à l'accouchement.

- ☐ Partenaire (conjoint)
- ☐ Amie
- ☐ Parent
- ☐ Autres enfants*

PHOTO

- ☐ Je désire que mon accouchement soit
photographié/filmé.

INDUCTION

- ☐ Je préférerais ne pas être provoquée.
- ☐ Je considérerais l'induction pour des raisons
médicales seulement.
- ☐ Je préférerais être provoquée pour contrôler
l'heure/la date de mon accouchement.

TRAVAIL

- ☐ Je veux être capable, si possible, de me déplacer
et d'être hors du lit.
- ☐ J'aimerais boire des liquides et/ou manger
légèrement pendant la première étape.
- ☐ Si disponible, j'aimerais utiliser une piscine
d'accouchement.
- ☐ J'aimerais garder le nombre d'examens vaginaux
au minimum.
- ☐ J'aimerais voir la naissance à l'aide d'un miroir.

MONITEUR

- ☐ Je ne veux pas avoir de moniteur fœtal de
façon continue à moins que mon bébé ne soit
en détresse.

GESTION DE LA DOULEUR

- ☐ Je désire avoir un accouchement naturel et je
ne veux pas qu'on m'offre d'analgésique durant
mon travail.

- ☐ Je désire qu'un analgésique soit disponible, mais
qu'on ne me le donne seulement si je le demande.
- ☐ J'aimerais une épidurale dès que possible.
- ☐ J'aimerais avoir une épidurale à la fin du travail.

ÉPISIOTOMIE

- ☐ Je préférerais ne pas avoir d'épisiotomie à
moins qu'elle ne soit requise pour la sécurité
de mon bébé.
- ☐ Je préférerais avoir une épisiotomie plutôt que
de risquer une déchirure.

CÉSARIENNE

- ☐ Si je dois avoir une césarienne d'urgence, j'aimerais que mon partenaire soit présent durant
l'intervention.
- ☐ Je désire avoir une épidurale ou anesthésie
rachidienne pour l'intervention.
- ☐ Si je dois avoir une anesthésie générale, je veux
que mon bébé soit remis à (nom de la personne)
après l'accouchement.

POSTNATAL

- ☐ J'aimerais tenir mon bébé immédiatement après
la naissance.
- ☐ Je veux attendre jusqu'à ce qu'il n'y ait plus de
pulsations dans le cordon ombilical avant de le
couper.
- ☐ Je préférerais ne pas avoir de syntocinon de routine
après l'accouchement.
- ☐ Je veux allaiter mon bébé.
- ☐ Je désire mettre mon bébé au sein dès que possible
après l'accouchement.

* Vérifier auprès de l'hôpital la politique concernant
la présence des autre enfants dans la salle
d'accouchement.

PARTIE I Ma grossesse

Préparatifs pour le bébé

Comme pour le magasinage des vêtements, des accessoires de bébé, de la décoration et du mobilier de sa chambre, je dois décider si je le nourris au sein ou au biberon et de l'aide dont j'aurai besoin une fois qu'il sera né. De concert avec mon conjoint, je dois aussi prendre l'importante décision du prénom qu'il portera.

Magasiner pour mon bébé

Même si un petit bébé a besoin de peu en termes d'équipement, avoir des choses prêtes à la maison allégera les premières journées pour m'occuper de lui et libérera du temps et de l'énergie pour profiter de sa présence. Je suis heureuse de ne pas attendre des jumeaux mais, si c'était le cas, je devrais tout doubler, sauf le berceau, car deux bébés peuvent le partager au début.

Une partie de l'équipement et des fournitures, pour le nourrir, le changer de couche et le coucher, dépendront de mes choix. Ce n'est pas non plus une bonne idée que de trop acheter, car je suis certaine que je recevrai des cadeaux et peut-être certains objets usagés ; je me servirai donc de la liste ci-contre pour acheter l'essentiel.

VÊTEMENTS

Je prévois choisir des vêtements en fibres naturelles (coton et laines douces) grand teint, lavables et séchables à la machine. Les prêts-à-porter comprennent des camisoles à col enveloppe (les bébés n'apprécient pas des choses enfilées par-dessus la tête) et des petits vêtements qui s'attachent avec des boutons à pression. Je laverai tous les vêtements de bébé, neufs ou d'occcasion, avec un savon doux avant de les utiliser.

En général, les vêtements de bébé sont vendus selon l'âge : nouveau-né, 3 mois, 6 mois, etc. Il se peut qu'un gros bébé ne porte jamais de vêtements de taille nouveau-né et, par conséquent, si le poids anticipé de mon bébé est de 4,5 kg ou plus, je commencerai avec la taille 3 mois. Si mon bébé est très petit ou prématuré, il existe des grandeurs spéciales.

ACCESSOIRES DE NUTRITION

Tout dépend de ma décision d'allaiter au sein ou au biberon (voir à la page 83). Pour les deux, j'aurai besoin de petits biberons, de tétines et de couvercles (deux pour l'allaitement au sein afin de conserver le surplus de lait maternel et six pour l'allaitement au biberon), une brosse à bouteille et un stérilisateur (avec pastilles selon le type). Pour l'allaitement au sein, je pourrai aussi besoin d'un tire-lait pour extraire le lait et de quelques compresses d'allaitement – lavables ou jetables.

COUCHES

Avec les couches de tissu, j'aurai aussi besoin de culottes de plastique, et d'épingles de sûreté (à moins qu'elles ne soient auto-attachables). De plus, j'achèterai deux seaux – un pour les couches souillées et un pour celles imbibées d'urine. Si j'utilise des couches jetables, j'aurai besoin d'un sac à couches et d'une poubelle à couvercle (préférablement à pédale).

LA LAYETTE ET L'ÉQUIPEMENT ESSENTIE

Vêtements d'intérieur

- [ ] 4 camisoles
- [ ] 2 paires de chaussettes ou de chaussons
- [ ] 2 pyjamas
- [ ] 4 grenouillères
- [ ] 2 couvertures
- [ ] 2 bavoirs

Vêtements d'extérieur

- [ ] 1 chapeau (type et tissu selon la saison)
- [ ] 3 vestes de laine
- [ ] 1 combinaison (pour température froide)
- [ ] 1 paire de mitaines

Pour le changement de couche

- [ ] 24 couches de tissu* ou 70 couches jetables pour nouveau-né
- [ ] Tapis à langer
- [ ] Chiffons humides pour bébé (lingettes)
- [ ] Poubelle ou 2 seaux*

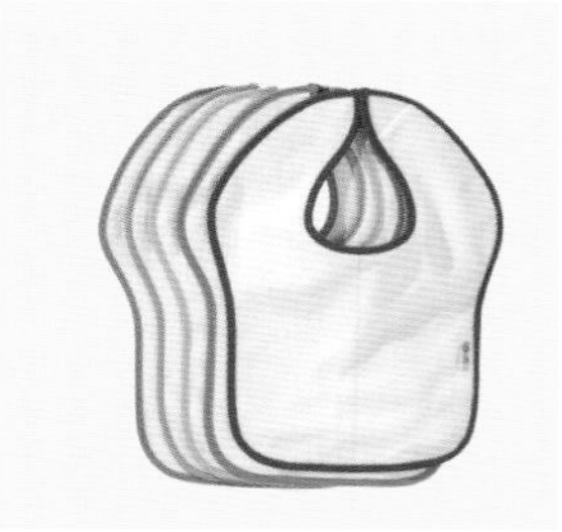

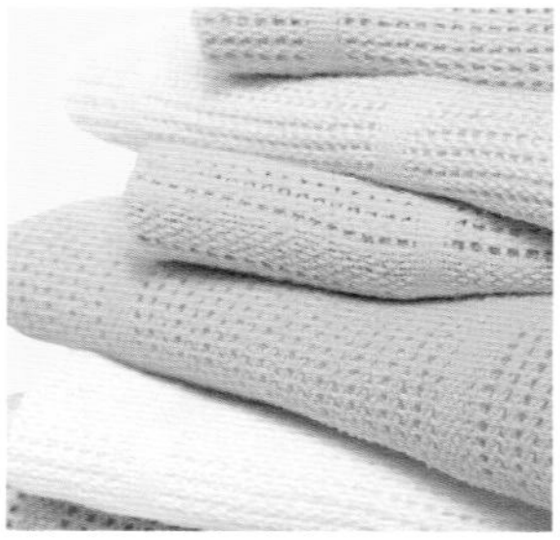

Pour le lit et le bain

- ☐ Couffin, berceau ou lit (et matelas)*

- ☐ 3 draps pour le couffin ou le lit

- ☐ Baignoire pour bébé

- ☐ 2 à 3 couvertures légères

- ☐ 2 débarbouillettes

- ☐ 2 serviettes à capuchon

- ☐ Brosse à cheveux

Équipement de voyage

- ☐ Porte-bébé ou sac porte-bébé

- ☐ Siège d'auto*

- ☐ Landau ou poussette*

Équipement pour l'alimentation

- ☐ 2 à 6 biberons*

- ☐ Stérilisateur

* Voir le texte pour plus d'information

LIT ET LITERIE

Un petit bébé peut dormir dans un couffin, un berceau ou un lit de bébé, et il y a différentes tailles de draps, selon mon choix. Je dois m'assurer que tout lit ou matelas que je choisis est sécuritaire (voir aux pages 172 à 175).

SIÈGE D'AUTO

J'aurai besoin d'un siège d'auto qui convienne au nouveau-né pour amener mon bébé de l'hôpital ou de la maison des naissances jusque chez moi. Ce siège d'auto doit être conforme aux normes de sécurité. Il doit être installé face vers l'arrière et sur un siège qui n'est pas muni d'un coussin de sécurité gonflable. Je dois l'installer avant l'accouchement parce que le processus peut être compliqué, prendre du temps et être difficile à réussir une fois que le bébé est là.

LANDAU, POUSSETTE OU PORTE-BÉBÉ

Il y a un vaste choix d'équipements pour le transport de mon bébé, mais je comprends que seuls les landaus, les poussettes qui s'aplatissent et les porte-bébés sont adéquats pour les nouveau-nés. Une poussette-parapluie ne convient habituellement qu'aux bébés de 3 à 6 mois et plus.

Quoique les landaus soient habituellement les plus chers, ils sont les plus adéquats pour les nouveau-nés. Un bébé peut être couché à plat (ce qui est conseillé) et peut être facilement vu ; de nombreux landaus peuvent se transformer en poussette ou en berceau portable.

Les poussettes qui s'aplatissent sont habituellement solides et, si le siège est plat, coussiné et confortable, elles seront adéquates pour un nouveau-né. Certaines ont une poignée à hauteur réglable, ce qui est pratique parce que mon conjoint est nettement plus grand que moi. Si possible, le siège fera face à l'intérieur ; des recherches récentes semblent indiquer que les bébés utilisant des poussettes orientées vers l'extérieur peuvent rater des occasions de développer des habiletés sociales.

L'écharpe de portage ou le porte-bébé ventral en tissu mou me permettront de tenir le bébé près de ma poitrine et ils peuvent être utilisés à l'intérieur et à l'extérieur (voir à la page 170). Il existe de nombreux styles, mais le point important est qu'ils n'interfèrent pas avec la respiration du bébé. L'item devrait porter un logo standard de sécurité.

Préparer la chambre du bébé

J'ai la chance d'avoir une pièce libre pour la chambre de mon bébé, quoiqu'il serait possible de lui faire de la place dans le coin d'une autre pièce. Au départ, mon souci, c'est de m'assurer que toutes les surfaces sont faciles à garder propres et que les meubles et les zones de rangement sont disposés convenablement. Il doit m'être facile de mettre le bébé dans son lit et de l'en sortir, de changer ses couches et de l'habiller.

Comme mon bébé utilisera probablement la même chambre durant toute son enfance, je dois être certaine que la décoration sera appropriée. Des murs sobres et peints qui peuvent être mis à jour avec des bandes, des frises et des pochoirs, sont les plus flexibles. La peinture doit être à base d'eau, avec une surface lavable.

Quand on dispose les meubles, le lit de bébé doit être contre le mur, loin de la fenêtre. Il est important que, depuis son lit, mon bébé ne puisse pas atteindre la fenêtre, un rideau ou un cordon de store, ou tout autre meuble, et que

LES INDISPENSABLES DE LA CHAMBRE

Outre les meubles de base, il y a quelques autres objets qui faciliteront les soins du bébé.

☐ **Une berceuse confortable –** Comme je passerai de nombreuses heures à nourrir mon bébé, je dois donc choisir une chaise offrant un bon support. Je sais qu'il y a des modèles qui s'inclinent tout en berçant ou glissant et qui ont un support assorti pour les pieds. Le tissu doit être lavable ou revêtu de plastique.

☐ **Des accessoires de rangement –** Il en faut des différents dans lesquels mettre vêtements, couches et articles de toilette. Coffres, caisses, chariots, boîtes empilables ou tablettes sont des possibilités.

☐ **Une lampe –** Une lampe avec réglage de faible intensité qui peut être utilisée si je veux lire pendant que j'allaite ou que j'extrais mon lait. La lampe doit pouvoir servir de veilleuse.

☐ **Lecteur de disque ou radio –** Ils seront de bonne compagnie à l'heure des boires.

☐ **Une horloge –** Elle peut être utile pour ne pas perdre de vue la durée de l'allaitement.

la lumière du soleil ne tombe pas sur lui à quelque moment que ce soit. J'ai besoin d'avoir une table à langer sur mesure avec des espaces pour ranger les couches, les lingettes, les crèmes ou les onguents pour le siège, etc., ou créer un coin pour changer les couches avec une surface plate sur laquelle étendre le tapis à langer et un espace dans un meuble où ranger les accessoires nécessaires. Cela devrait aussi être placé directement contre un mur et loin d'une fenêtre. Le seau à couches doit être juste à côté de la table à langer.

Comme j'allaiterai, je dois installer un lieu où extraire le lait et la chambre du bébé sera le plus pratique. Il doit y avoir un endroit commode où ranger le tire-lait, les accessoires et le matériel de lecture.

Choix d'allaitement

L'une des plus importantes décisions à prendre est celle d'allaiter mon bébé au sein ou au biberon. Même si les fabricants de lait maternisé prétendent qu'ils sont capables de formuler un produit similaire, le lait maternel est le lait le plus naturel et le plus nourrissant. Il ne coûte rien, est toujours disponible et offre de nombreux bénéfices pour la santé. Les changements hormonaux naturels à l'intérieur de l'organisme garantissent que l'allaitement au sein devient émotionnellement satisfaisant pour les deux participants.

Cependant, certaines femmes ont des problèmes avec l'allaitement au sein. Elles peuvent y être antipathiques, ou prendre des médicaments, ou avoir une condition qui soit incompatible avec l'allaitement au sein.

Toutefois, le point le plus important reste de décider d'une méthode d'allaitement avec laquelle je serai à l'aise et assurera que le bébé puisse aussi être en santé et heureux.

Cette question est très personnelle et je veux prendre le temps de comprendre les avantages et les inconvénients de chaque méthode pour faire un choix avisé. Néanmoins, la chose que je dois garder en tête, c'est qu'il est plus difficile de passer au sein si un bébé a commencé à boire au biberon. Je n'aurai donc pas une autre chance si je n'essaie pas dès le début. Même si je ne suis pas certaine de continuer, je devrais au moins viser l'allaitement au sein (à moins que mon médecin, ou mon obstétricien, ne m'ait conseillé de faire autrement). Je sais que, parfois, de nombreuses femmes qui ne l'ont pas fait souhaiterait plus tard l'avoir fait.

ALLAITEMENT AU SEIN

Les femmes et les bébés sont conçus pour l'allaitement au sein, nonobstant la taille ou la forme des seins de la femme, quoique si les mamelons sont plats ou rétractés, un petit peu d'aide peut être nécessaire pour apprendre comment placer le bébé. La plupart des femmes le maîtrisent avec succès quelques semaines après la naissance, et d'autres avec l'aide d'une conseillère en allaitement au sein. Le lait maternel est le plus bénéfique pour le bébé durant les premières semaines parce qu'il aide à constituer l'immunité. Mais il est aussi possible d'allaiter au sein à long terme et cela, même si je retourne travailler. Je peux allaiter quand je suis à la maison et extraire mon lait pour que la gardienne le donne au bébé quand je suis absente.

AVIS D'EXPERTS

L'allaitement au sein est préférable
Le lait maternel est naturellement conçu pour procurer la bonne quantité de nutriments dont votre bébé a besoin ainsi que les anticorps et autres facteurs qui aident à combattre l'infection. Chez les bébés nourris au sein, on note moins de risques d'infections respiratoires et aux oreilles, de gastroentérites, de diabète, de maladie de Crohn, de syndrôme de mort subite du nourrisson (SMSN), de maladies auto-immunes et d'obésité, parmi de nombreux autres problèmes. Le lait maternel est facilement digéré et a moins de chance de causer des maux d'estomac, de la diarrhée ou de la constipation. L'allaitement au sein bénéficie aussi aux mères : le poids de la grossesse se perd plus facilement et l'utérus reprend sa taille normale plus rapidement. Il peut aussi réduire le risque pour une femme de développer le cancer du sein.

ALLAITEMENT AU BIBERON

Le lait maternisé prêt à servir et l'équipement de stérilisation moderne ont rendu l'allaitement au biberon moins long et plus facile à gérer. Toutes les formules de lait maternisé pour bébés sont soigneusement produites selon des normes d'État pour garantir qu'elles soient des répliques aussi proches que possible du lait humain et qu'elles contiennent les quantités correctes de gras, de protéines et de vitamines dont un bébé a besoin. Néanmoins, ces lait artificiels ne contiennent pas les anticorps protecteurs du lait maternel et, en préparant et donnant les biberons, à moins de suivre strictement les instructions recommandées, j'ai plus de risques d'introduire des bactéries causant des infections.

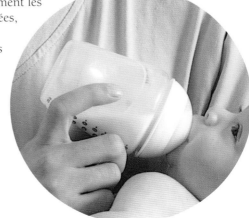

Choix d'un prénom

Choisir un prénom pour le bébé est une autre décision importante que je dois prendre. Jusqu'à ce que je connaisse le sexe, je dois avoir des prénoms de garçon et de fille à l'esprit. Tout autant que les prénoms récents les plus populaires présentés ici, je pourrai puiser dans les nombreux livres de prénoms qui contiennent habituellement les dérivés et le sens de chaque prénom. Au contraire d'autres familles, dans la nôtre, il n'y a pas de coutume ou de tradition pour attribuer un prénom aux enfants, comme donner à un bébé le prénom d'un parent décédé ou à un garçon celui de son père.

Je ne suis pas certaine si mon partenaire et moi nous entendrons rapidement sur un ou des prénoms, ou si ce sera un processus long et délicat. Un compromis peut s'avérer nécessaire. Une bonne méthode pour choisir des prénoms consiste à ce que chacun de nous dresse une liste des prénoms qu'il désire pour notre bébé, avec ses prénoms préférés en tête de liste. Tous les prénoms auxquels l'un de nous s'objecterait seraient retirés des deux listes. Ensuite, si des prénoms sont présents dans les deux listes, nous pourrions choisir celui qui a la plus haute « cote ». Une autre façon serait d'établir une liste de prénoms favoris et de la fixer au réfrigérateur ou à un babillard, afin que nous puissions regarder les prénoms fréquemment et voir ce que nous ressentons devant chacun.

Nous pensons aussi que nous devrions être souples à propos du prénom, afin de pouvoir changer d'idée à

Je ne ferai pas moins que...

RÉFLÉCHIR EN CHOISISSANT UN PRÉNOM
Peu importe le prénom choisi, mon bébé devra vivre avec toute sa vie durant. Je dois donc réfléchir à ce qui suit :

✓ **Porter attention à la sonorité du prénom.** Ce prénom s'associe-t-il bien à notre nom de famille ?

✓ **Choisir tout second prénom attentivement.** De quoi les initiales auront-elles l'air ?

✓ **Réfléchir à la pertinence** des modes et des engouements courants. Plus tard, des prénoms comme Étoile, Suri, Logan, Paris, Pixie, etc. seront-ils appropriés ?

✓ **Trouver l'origine et le sens.** Je peux acheter un livre des prénoms ou chercher dans Internet.

✓ **Penser aux surnoms possibles.** Jonathan pourrait devenir Jo, Jon, mais aussi Jone, et Danielle pourrait s'écourter en Dan, Dani, mais aussi Dâââ !

✓ **Penser à d'autres qui portent le même prénom.** Peut-être que quelqu'un que j'aime beaucoup porte ce prénom, ou bien quelqu'un que je n'aime pas.

✗ **Évitez les prénoms à problème.** Ceux qu'il est facile de mal orthographier ou difficile de prononcer.

LES 5 PRÉNOMS PRÉFÉRÉS DE PAPA

	FILLES	GARÇONS
1 Nom :		
Sens :		
2 Nom :		
Sens :		
3 Nom :		
Sens :		
4 Nom :		
Sens :		
5 Nom :		
Sens :		

l'égard de celui qui a été choisi si, en regardant notre nouveau-né, nous décidons qu'un prénom différent lui convient mieux.

À moins que nous ne soyons tous deux consentants, les autres membres de la famille – les futurs grands-parents, à titre d'exemple – ne devraient pas avoir leur mot à dire, quoique nous pourrions considérer leurs préférences en faisant notre choix. Comme certains autres futurs parents, nous prévoyons ne divulguer le prénom qu'après la naissance ; avec un peu de chance, si l'un ou l'autre de nos proches pense que le ou les prénoms choisi(s) ne sont pas appropriés, notre magnifique nouveau bébé contribuera à faire accepter son prénom.

LES 5 PRÉNOMS PRÉFÉRÉS DE MAMAN

	FILLES	GARÇONS
1 Nom:		
Sens:		
2 Nom:		
Sens:		
3 Nom:		
Sens:		
4 Nom:		
Sens:		
5 Nom:		
Sens:		

PRÉNOMS POPULAIRES

FILLES	GARÇONS
Léa	William
Jade	Samuel
Rosalie	Alexis
Florence	Nathan
Laurie	Thomas
Gabrielle	Antoine
Sarah	Gabriel
Camille	Justin
Océane	Olivier
Laurence	Félix
Noémie	Xavier
Mégane	Jérémie
Coralie	Zacharie
Audrey	Jacob
Ariane	Liam
Charlotte	Alexandre
Emma	Raphael
Émilie	Sébastien
Amélie	Maxime
Rachel	Mathis
Ève	Anthony
Chloé	Vincent
Zoé	Loïc
Julie	Tristan
Estelle	Adam
Aude	Lucas
Laure	Benjamin

Options de gardiennes

Avoir de l'aide à la maison, au moins pendant les premières semaines après l'accouchement, constituera probablement une énorme différence pour moi. Il est aussi important de trouver un médecin qui s'occupera de mon bébé. Si je décide de retourner au travail, je devrai prendre des arrangements pour une gardienne à plus long terme. Je dois m'assurer que les personnes que je choisis sont les bonnes.

AIDE À LA MAISON ET AVEC LE BÉBÉ

Une fois à la maison, je veux connaître mon bébé et m'ajuster à mon nouveau rôle dans une atmosphère détendue. Par conséquent, il sera bon d'avoir une aide pour les tâches ménagères et la cuisine. Si l'accouchement est difficile ou assez long, je peux aussi être fatiguée et avoir besoin de beaucoup de repos. Idéalement, mon conjoint pourra prendre un congé parental pendant quelque temps ou un proche parent pourrait m'aider. Ou bien, je pourrais commencer par l'embauche d'une aide-domestique.

GARDIENNE À PLUS LONG TERME

Quand mon bébé sera plus vieux et que je songerai à retourner au travail à temps plein ou partiel, je devrai prendre des arrangements pour une gardienne à temps plein ou partiel. Ce sera beaucoup plus facile de réintégrer le travail si je me sens heureuse et confiante avec la gardienne. Je demanderai à ma famille et à mes amis s'ils ont des personnes à me recommander et j'irai chercher une liste auprès des autorités locales. Le facteur le plus important consiste à assurer la sécurité et le bien-être de mon bébé. Je dois toujours vérifier deux fois les permis, la formation et les références et faire des recherches minutieuses sur tout service que je pense utiliser. Mes options comprennent ce qui suit.

Partage des soins parentaux à la maison

C'est l'option idéale ; l'un d'entre nous reste à la maison pour prendre soin de notre bébé, ou nous travaillons tous les deux avec des horaires différents afin de partager les soins.

La famille

Que ma mère ou quelqu'un d'autre de la famille prenne soin du bébé peut être une excellente solution, car le bébé recevra des soins continus. Par contre, si nous ne sommes pas d'accord sur les soins du bébé, cela pourrait entraîner des problèmes à long terme. Ce ne sont pas toutes les grands-mères qui veulent passer leurs années de retraite à prendre soin d'un jeune bébé et je dois être certaine, même si elle est d'accord, qu'elle en est physiquement capable.

MÉDECIN POUR MON BÉBÉ

En vue de trouver un médecin qui a un intérêt particulier pour la pédiatrie, je dois demander à mon CLSC, à ma sage-femme, à mes amis et membres de la famille de me faire des recommandations. Ensuite, je peux alors soit téléphoner, soit visiter le cabinet médical pour trouver des réponses aux questions suivantes.

- Quel est le type de pratique ? Est-elle en solo ou en groupe ? (Il est préférable de choisir une pratique en groupe parce qu'il y aura toujours quelqu'un au besoin.)
- Y a-t-il des cliniques spécialisées en pédiatrie ?
- Quelles sont les heures de bureau, les temps d'attente habituels et la politique sur appel ?
- Comment sont gérés les appels après les heures de bureau ?
- Qu'arrive-t-il en cas d'urgence ?
- La salle d'attente est-elle agréable et propre et y a-t-il beaucoup de jouets et de livres pour occuper les jeunes enfants ?
- Le personnel à la réception est-il accueillant et amical, et comment communique-t-il avec les enfants ?

Une fois satisfaite des réponses aux questions précédentes, je devrai prendre rendez-vous avec le médecin pour savoir ce qu'il pense des problèmes auxquels je m'intéresse comme :
- l'allaitement,
- la jaunisse du nouveau-né,
- la circoncision,
- l'usage d'antibiotique,
- l'immunisation.

Je ne ferai pas moins que...

LAISSER PAPA S'OCCUPER DU BÉBÉ

Il y a un tas de choses que papa (ou un autre aide) peut faire. Voyez la liste qui suit :

✓ **Changer les couches.**

✓ **Nourrir le bébé** au biberon ou me l'apporter pour que j'allaite.

✓ **Se lever** la nuit pour s'occuper du bébé.

✓ **Aider dans les tâches domestiques.**

✓ **Faire l'épicerie,** remplacer les objets essentiels au besoin.

✓ **Cuisiner les repas** et nettoyer ensuite.

✓ **Réconforter notre bébé qui pleure.**

✓ **Recevoir les visiteurs,** m'accordant ainsi autant d'intimité et de temps de détente que possible.

Bonne d'enfant

Une bonne d'enfant spécialisée en service à domicile sera très coûteuse, mais si je prévois avoir un autre enfant bientôt et si je dispose d'une pièce, cela s'avérera plus économique. Il ne fait aucun doute que des soins individuels durant la première année de vie du bébé seront très bénéfiques, mais pour cela je dois trouver une bonne d'enfant digne de confiance et expérimentée qui sera à l'écoute des besoins physiques et émotionnels de mon bébé.

Aide familiale

Embaucher quelqu'un qui vit avec nous et peut aider non seulement avec mon bébé, mais qui pourrait assurer d'autres fonctions utiles comme faire les courses, cuisiner et m'assister dans les corvées ménagères peut être une option. Toutefois, les aides familiales ne sont pas disponibles à plein temps et beaucoup maîtrisent plus ou moins bien le français ; cela peut causer des problèmes de communication.

Garderie en milieu familial

Je pourrais rechercher une personne qualifiée pour s'occuper d'un enfant chez elle, possiblement une personne qui s'occupe déjà de ses propres enfants ou d'autres enfants. Cette solution procurera des compagnons de jeu et un environnement familial à mon enfant, outre l'avantage de lui assurer la même gardienne à long terme et d'être dans un petit groupe. L'envers de la médaille, c'est qu'il sera plus sujet aux rhumes et autres maladies au contact des autres enfants.

Garderie

Cela pourrait être une option quand mon enfant sera plus vieux (ce ne sont pas toutes les garderies qui acceptent les enfants âgés de moins de 12 mois). La chose importante, c'est de trouver une garderie qui ait un haut standard et qui soit recommandée par des personnes en qui j'ai confiance. Il est évident qu'elle doit aussi être abordable et ouverte à des heures qui conviennent. Une fois de plus, mon bébé pourra bénéficier des interactions avec d'autres et des commodités que la garderie devrait offrir – équipement de jeux, sable et eau, etc. –, mais il y aura aussi un risque plus élevé de maladies infectieuses.

PARTIE I Ma grossesse

Se préparer à l'accouchement

Maintenant que j'ai atteint les dernières semaines du trimestre final,

je sais que mon bébé naîtra bientôt. Je veux être capable de reconnaître

le travail quand il commencera et je dois me préparer à l'expérience.

Cependant, durant les dernières semaines, il devient de plus en plus

difficile pour moi de vaquer à ma routine quotidienne. En outre,

tous les effets associés à une augmentation de l'abdomen et à un

surplus de poids d'environ 9 à 13 kg me mettent rudement à l'épreuve.

Soulager les maux de fin de grossesse

Durant les dernières semaines de grossesse, je trouve de plus en plus difficile d'être à l'aise avec le bébé qui grossit, qui prend de plus en plus de place dans mon ventre et qui se positionne pour l'accouchement (voir à la page 91).

PIEDS ET JAMBES ENFLÉS

J'ai remarqué que mes pieds et mes jambes (et, parfois, mes mains et mes doigts) enflent à la fin de la journée, ou si j'ai été debout ou assise longtemps, ou s'il fait chaud, et je me sens enflée. C'est dû à un surplus de liquide, dit œdème, qui circule dans mon corps.

Je peux aider à soulager cette condition en évitant de rester debout longtemps, en m'assoyant ou en étendant les jambes tout en les surélevant, en chaussant des souliers ou des escarpins confortables et en buvant au moins 8 à 10 verres d'eau par jour.

ÉTIREMENT ABDOMINAL

Je sens souvent une désagréable sensation de brûlure sur mon ventre tendu. Appelés parfois points chauds, ce sont des douleurs superficielles exacerbées par un vêtement serré ou lourd.

Pour éviter que ces douleurs ne se manifestent, je dois cesser de porter des vêtements serrés et m'en tenir à des vêtements amples. Appliquer un sachet réfrigérant peut soulager la brûlure et porter un support abdominal aide aussi. Faire mes exercices pelviens régulièrement et

Je ne ferai pas moins que...

PRENDRE SOIN DE MOI
Je peux devoir procéder à quelques ajustements de mes habitudes normales à cause de modifications comme des dépôts de graisse plus abondants et un métabolisme plus rapide. Je ferai ce qui suit:

✓ **Porter des vêtements légers** et amples parce que je peux avoir plus chaud que d'habitude.

✓ **Prendre autant de sommeil que possible,** parce qu'il est difficile d'avoir une bonne nuit de sommeil quand on doit aller souvent à la toilette. Je suppléerai à mon sommeil nocturne par des siestes.

✓ **Boire beaucoup de liquides** afin de soulager l'enflure de mes pieds et de mes jambes. Je dois garder mon corps hydraté.

✓ **Faire une pause** dès je le peux en m'assurant que je surélève mes pieds 10 à 15 minutes, 3 fois par jour.

✓ **Augmenter ma consommation de protéines.** Boire beaucoup de lait et manger des œufs, de la viande et du poisson peuvent augmenter ma résistance.

RENFORCEMENT ABDOMINAL
Je fais cela étendue sur le côté, mais on peut aussi le faire assise ou debout. Je place les mains derrière ma tête et je courbe lentement mon corps vers mes genoux, en contractant mes muscles abdominaux, puis en expirant. Ensuite, je me détends 30 secondes et je recommence. Je fais cela autant de fois que je le peux sans être fatiguée.

renforcer mes muscles abdominaux (voir à la page ci-contre) peuvent aider à améliorer ma posture et soulager la douleur.

REFLUX GASTRIQUE

C'est l'un des inconforts les plus courants à la fin de la grossesse ; le reflux gastrique est causé par mon bébé en croissance qui exerce une pression sur mon abdomen, causant un reflux de gaz et de sucs gastriques dans mon œsophage. C'est exacerbé par les hormones qui ont détendu le sphincter entre mon estomac et mon œsophage.

Je peux aider à soulager le problème en évitant de consommer des repas copieux, de manger avant d'aller au lit, et me coucher avec des oreillers supplémentaires pour éviter les reflux d'acide. En général, les antiacides contenant du carbonate de calcium ne sont pas efficaces, car ils causent une hausse de l'acidité stomacale.

SUPPORT DE GROSSESSE
Porter occasionnellement, un support abdominal conçu pour la grossesse peut aider à soulager la douleur dans l'abdomen, le dos et les jambes. Il est particulièrement utile si vos muscles abdominaux sont étirés par une grossesse gémellaire ou un gros bébé.

LES PRÉSENTATIONS DU FŒTUS

Jusqu'à 32 semaines environ, quand mon fœtus est encore relativement petit, il a de la place pour changer fréquemment de position. Ensuite, comme la plupart des fœtus, il restera dans sa position préférée. Il est important que je le sache, parce que cela affecte profondément l'accouchement. Mon soignant peut déterminer la présentation du fœtus en palpant ou en pressant légèrement mon ventre. Il y a trois présentations :

Présentation céphalique
La meilleure présentation pour l'accouchement est d'avoir la tête en bas et la colonne vertébrale du côté opposé à la mienne. Dans cette présentation, la partie la plus étroite de sa tête s'introduit d'abord dans la filière pelvienne. Cette présentation en position antérieure est celle adoptée par plus de 95 % des fœtus. Toutefois, s'il est couché tête en bas, mais son dos contre le mien (position postérieure), une partie plus large de sa tête se présente et il peut être plus difficile pour lui de se déplacer dans la filière pelvienne et l'accouchement peut être plus douloureux.

Présentation du siège
Si, comme 4 % des bébés, mon fœtus se présente la tête en haut et le siège vers le bas (voir ci-contre), mon médecin peut choisir de ne pas faire l'accouchement par voie vaginale parce qu'il y a des risques mineurs, mais significatifs, associés à l'accouchement vaginal d'un fœtus qui se présente par le siège, surtout pour un premier bébé.

Présentation transverse
Si le fœtus est resté couché en travers de mon utérus, ni la tête, ni le siège n'étant orienté vers mon pubis (voir en bas, ci-contre), comme environ 1 % des bébés, il ne sera pas possible d'accoucher, par voie vaginale, mais plutôt par césarienne.

Changer sa position
Une manœuvre de version externe (voir à la page 74) et la visualisation (voir à la page 94) peuvent aider mon bébé à tourner naturellement en position antérieure.

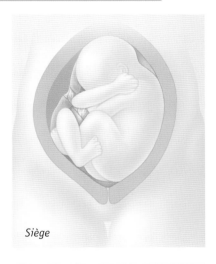

Siège

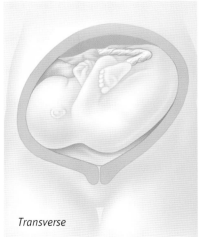

Transverse

Ma préparation au travail

Ma date d'accouchement approchant, il y a des choses que je dois faire pour me préparer à la naissance. Je dois être en forme, à la fois physiquement et émotionnellement, et rester sereine autant que je le peux. Je dois aussi me familiariser avec certaines techniques et positions que je pourrai utiliser de manière à faciliter l'accouchement et le rendre moins souffrant.

PRÉPARATION PHYSIQUE

Certains exercices et positions (voir l'encadré ci-dessous) peuvent aider à préparer mon corps au travail et je dois les ajouter à ma routine régulière vers la 28e semaine de grossesse. Cela aidera aussi si, à peu près à la même période, je commencer à relever l'intensité des exercices pour le plancher pelvien (voir à la page 56). Je dois désormais maintenir chaque contraction jusqu'au compte de 10 et répéter l'exercice 4 à 6 fois, au moins 3 fois par jour. Changer la vitesse des contractions entraînera une plus grande souplesse et un plus grand contrôle ; ainsi, je peux compter rapidement jusqu'à 10 ou 20, en contractant et relaxant alternativement mon plancher pelvien, ou procéder lentement, en contractant et en comptant lentement jusqu'à 4, attendre en comptant jusqu'à 10, puis relâcher lentement les muscles en comptant de nouveau jusqu'à 4.

PRÉPARER LE CORPS

Des muscles bien étirés faciliteront le passage de mon fœtus à travers mon bassin et m'asseoir en tailleur peut aider à améliorer la souplesse pelvienne. Le balancement pelvien peut soulager les maux de dos et le squat modifié peut étirer les muscles des cuisses et encourager mon fœtus à descendre correctement dans le bassin.

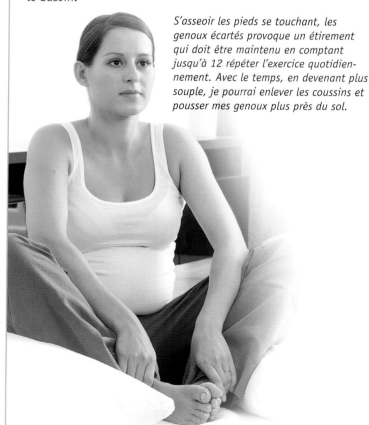

S'asseoir les pieds se touchant, les genoux écartés provoque un étirement qui doit être maintenu en comptant jusqu'à 12 répéter l'exercice quotidiennement. Avec le temps, en devenant plus souple, je pourrai enlever les coussins et pousser mes genoux plus près du sol.

Le balancement pelvien consiste à se mettre à quatre pattes. Je dois arrondir le dos et les épaules, laisser pendre ma tête et contracter brièvement mon abdomen et mes fesses. Je garde cette position un moment avant de la relâcher graduellement. Je répète l'exercice 10 fois, deux fois par jour.

PRÉPARATION ÉMOTIONNELLE

Je me sens excitée parfois de savoir que mon bébé arrivera bientôt et, à d'autres moments, pas prête du tout pour le travail, l'accouchement et la maternité. On m'a dit que ces sautes d'humeur sont tout à fait normales, tout comme de se sentir un peu déprimée durant les dernières semaines de la grossesse. Il n'est pas inhabituel de sentir que le bébé exerce un pouvoir absolu.

Je sais que des caprices et des peurs montent très souvent à la surface à la fin de la grossesse ; par conséquent, il est important que je discute de tout ce qui ne va pas avec ma sage-femme ou que j'en parle au cours prénatal. Me concentrer positivement, par la méditation et la visualisation, peut aussi aider, tout comme me gâter en allant magasiner pour le bébé ou manger à l'extérieur.

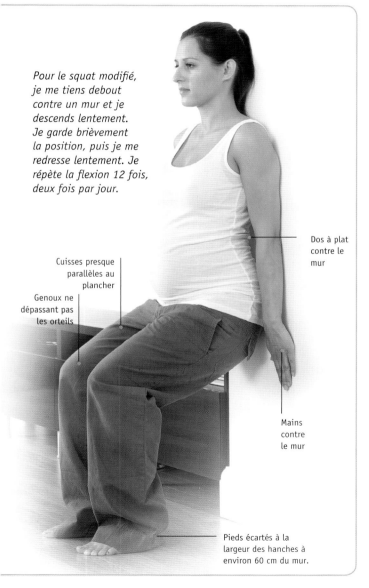

Pour le squat modifié, je me tiens debout contre un mur et je descends lentement. Je garde brièvement la position, puis je me redresse lentement. Je répète la flexion 12 fois, deux fois par jour.

Cuisses presque parallèles au plancher

Genoux ne dépassant pas les orteils

Dos à plat contre le mur

Mains contre le mur

Pieds écartés à la largeur des hanches à environ 60 cm du mur.

Si je prévois accoucher à l'hôpital, une visite de la chambre d'accouchement peut aider, et décider du trajet pour me rendre à l'hôpital me rendra plus confiante à l'égard des dispositions de transport. Mon conjoint et moi devrions établir le trajet le plus simple et l'essayer, en n'oubliant pas que nous pourrions devoir emprunter un chemin différent aux heures de pointe. Nous devrions savoir par où entrer et où stationner. Je prévois aussi, comme dépannage, demander à une amie d'être prête à m'amener et avoir, sous la main, le numéro d'un service de taxi fiable.

La crainte et l'anxiété peuvent affecter un accouchement physiquement, de manière très directe. Ne pas être préparée à la douleur de contractions normales peut être terrifiant et perturber la respiration, ce qui peut augmenter la tension et, par le fait même, la douleur – dans les muscles et même abaisser le flot d'oxytocine, l'hormone qui provoque les contractions de l'utérus. Par conséquent, il est important que j'en apprenne le plus possible sur le travail et ce que mon corps peut faire ; une fois que je comprendrai que ces sensations sont tout à fait normales, je serai capable de percevoir mes contractions comme un « travail » et non comme des « douleurs ».

Une autre manière d'aider mon corps à « travailler » est de me concentrer sur un but – dans ce cas, l'arrivée de mon bébé. Lâcher prise peut m'aider à gérer toute sensation de détresse corporelle. Il y a toutes sortes de techniques de lâcher prise que je peux pratiquer et utiliser plus tard, dont la respiration, le massage, la méditation et la visualisation.

Finalement, des muscles détendus permettront à mon utérus de faire son travail plus facilement et de s'étirer quand le bébé passera par le bassin. Par conséquent, je dois répéter les positions (voir l'encadré) et utiliser des activités, comme le massage et la méditation, qui peuvent aider à me relaxer.

Respiration

Respirer correctement est une part importante d'un travail réussi ; privés d'oxygène, les muscles peuvent être douloureux et une insuffisance d'oxygène vers l'utérus et le placenta peut provoquer une détresse chez le bébé. Tout comme le modèle de respiration appris au cours prénatal, la respiration lente au début du travail favorise la relaxation. Suffisamment d'oxygène se rendra jusqu'à mon bébé si je prends de profondes respirations relaxantes au début et à la fin des contractions. Il est important de ne pas respirer trop vite et de ne pas retenir ma respiration pendant des périodes prolongées.

Le halètement et soufflement peuvent aider à la fin du travail, si je dois arrêter de pousser au moment de la délivrance de la tête de mon bébé. Expirer stoppera l'expansion de mes poumons et les empêchera de pousser sur mon utérus quand pousser n'est pas approprié.

Massage

Pétrir, effleurer ou caresser mes muscles peut aider à relâcher la tension et favoriser la relaxation. Entre les contractions, un massage peut procurer une plaisante sensation tactile et aider à me remonter le moral; durant les contractions, il peut aider à me distraire de la douleur.

Méditation et visualisation

La méditation et la visualisation utilisent toutes deux un moyen – la méditation utilise un mot, un son ou une phrase, et la visualisation utilise, une image – qui aident soit à ralentir la respiration, soit à relaxer les muscles tendus. En me concentrant bien sur le son de la méditation ou sur l'image de la visualisation, mon esprit sera distrait de la douleur.

Eau

Que je sois à la maison ou à l'hôpital, passer une partie de mon travail dans l'eau chaude aidera mes muscles à relaxer, ce qui peut accélérer le processus d'accouchement. Des femmes accouchent même dans l'eau, mais je ne suis pas sûre de l'aspect sécuritaire de ce procédé. La plupart des accouchements dans l'eau sont surtout réalisés par des sages-femmes dans les centres de naissance ou à domicile.

POSITIONS DURANT LE TRAVAIL

Outre des stratégies mentales pour chasser la douleur, il est important que je trouve et expérimente des positions confortables – avec ou sans mon partenaire.

Pendant le travail, différentes positions peuvent être néce**s**saires à différents moments. Les unes peuvent être meilleures pour soulager le mal de dos ou favoriser le sommeil, les autres peuvent aider la progression du bébé dans la courbure au bas de l'abdomen et du bassin. Les positions recommandées comprennent: s'asseoir sur une chaise face au dossier, s'agenouiller et s'appuyer vers l'avant sur une pile de coussins, s'appuyer sur son partenaire d'accouchement ou lui demander du soutien pour la position du squat ou se mettre à quatre pattes. D'autres positions sont plus simples, comme s'étendre avec plusieurs coussins pour supporter la tête, le ventre et les cuisses ou utiliser un banc de naissance.

Pour l'accouchement, une position verticale est préférable. La gravité aide à expulser le bébé. Je peux vouloir m'en tenir une position ou, encore, en essayer quelques-unes.

S'asseoir face au dos d'une chaise, les fesses à l'extérieur du siège, peut aider à enlever de la pression sur le sacrum.

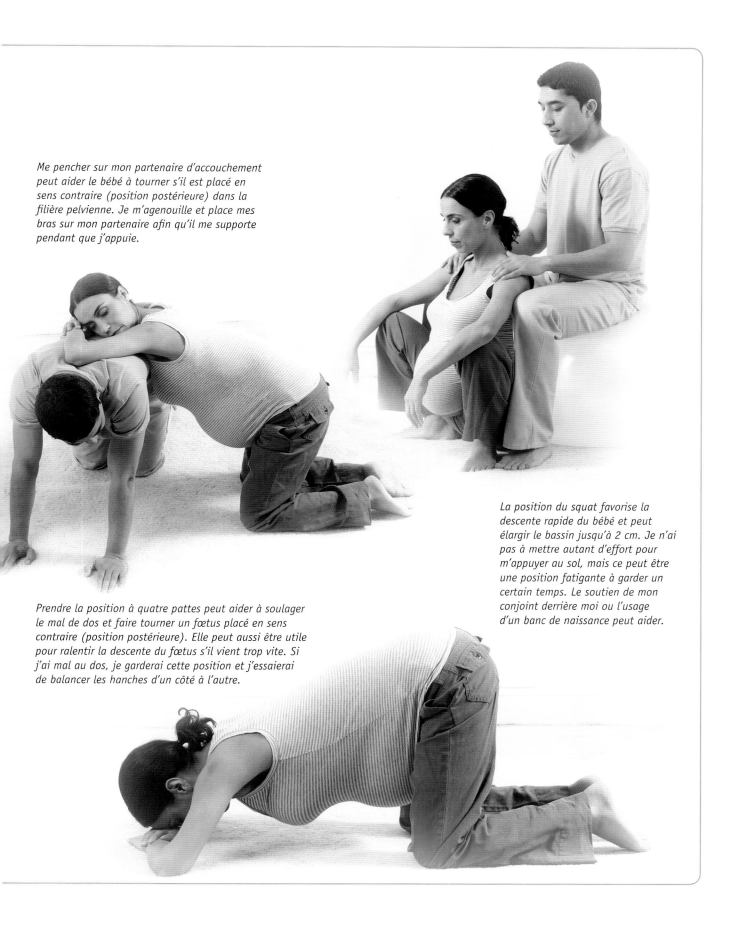

Me pencher sur mon partenaire d'accouchement peut aider le bébé à tourner s'il est placé en sens contraire (position postérieure) dans la filière pelvienne. Je m'agenouille et place mes bras sur mon partenaire afin qu'il me supporte pendant que j'appuie.

La position du squat favorise la descente rapide du bébé et peut élargir le bassin jusqu'à 2 cm. Je n'ai pas à mettre autant d'effort pour m'appuyer au sol, mais ce peut être une position fatigante à garder un certain temps. Le soutien de mon conjoint derrière moi ou l'usage d'un banc de naissance peut aider.

Prendre la position à quatre pattes peut aider à soulager le mal de dos et faire tourner un fœtus placé en sens contraire (position postérieure). Elle peut aussi être utile pour ralentir la descente du fœtus s'il vient trop vite. Si j'ai mal au dos, je garderai cette position et j'essaierai de balancer les hanches d'un côté à l'autre.

Identifier les symptômes du travail

Quelques semaines avant la date prévue d'accouchement, mon corps subira certains changements qui précèdent le début du vrai travail. Certains d'entre eux résultent de la position du bébé pour l'accouchement. La cause exacte du déclenchement du travail reste inconnue. La théorie la plus répandue, c'est que le bébé produit des substances qui provoquent un changement dans les hormones de grossesse. Je saurai que je suis en travail lorsque je ressentirai des contractions régulières qui provoqueront la dilation du col de mon utérus. Avant cela, il y aura quelques autres signes annonçant que le travail est imminent.

ENGAGEMENT

Deux à quatre semaines avant que le travail débute, la tête du bébé descendra plus bas dans mon bassin. Appelé engagement, il y a certains avantages et des inconforts mineurs reliés à ce que la tête soit aussi basse. Alors que j'aurai plus d'espace pour respirer, tous les symptômes de brûlure d'estomac devraient disparaître et je ne me sentirai plus mal à l'aise après un repas ; il y aura une augmentation de la fréquence des mictions et de la défécation, j'aurai mal dans les os du pubis et du dos, des élancements dans le bassin et j'aurai les jambes et les pieds enflés. Balancer le bassin (voir à la page 92) et m'étendre sur le côté peuvent aider à soulager une partie de cette pression pelvienne.

COMMENT LA TÊTE S'ENGAGE

Paroi utérine

Bassin de la mère

Flottant
- 3 cm
- 2 cm
- 1 cm

0 cm
La tête
est engagée

AVIS D'EXPERTS

Perte vaginale suspecte

Quoique les sécrétions vaginales aient des chances d'augmenter à l'approche du travail, une perte normale sera incolore ou rosée. Une perte jaune, verte, brune ou mousseuse peut indiquer une infection ou une perte de liquide amniotique contenant du méconium (la première défécation du bébé et, souvent, un signal de détresse fœtale) ; vous devriez donc la rapporter aussitôt à votre soignant.

BESOIN DE FAIRE SON NID

Durant ce dernier mois, je trouve que j'ai un soudain désir de vider les tiroirs, faire le ménage des armoires et nettoyer la maison de fond en comble. Il s'agit d'une forte envie maternelle innée de préparer la maison pour l'arrivée imminente du bébé. Tout en désirant profiter au maximum de ce surplus d'énergie, je dois faire attention de ne pas exagérer.

BOUCHON MUQUEUX

Alors que mon col s'amollit, s'efface et commence à se dilater, le bouchon muqueux qui a scellé le col pendant la plus grande partie de la grossesse sera expulsé. D'habitude, il apparaît comme une petite quantité de mucus teinté de sang rouge ou brunâtre. Ce peut aussi être une perte minime qui passe simplement inaperçue. Quoique le bouchon muqueux puisse être un signe imminent du travail, il peut se présenter aussi tôt que six semaines avant l'accouchement. Toutefois, si je perds le bouchon muqueux, je dois contacter ma sage-femme pour un conseil.

RUPTURE DES MEMBRANES

D'habitude, à un certain moment pendant le travail, le sac amniotique contenant le liquide qui entoure le bébé se rupture – ce qu'on appelle « perdre ses eaux ». Toutefois, à l'occasion, il peut se rupturer avant que les contractions débutent vraiment. La plupart des femmes entrent en travail dans les 24 heures suivant la rupture des membranes, car celle-ci entraîne la libération de prostoglandines, des substances stimulant les contractions.

Parfois, une femme aura des contractions avant la rupture des membranes, mais sans en être consciente. Une fois les membranes rupturées, les contractions peuvent s'intensifier, car la partie que le bébé présente (la partie qui sortira en premier) presse maintenant directement sur le col qui se dilate.

Si mes membranes se rupturent à la maison, je dois noter à quel moment elles le font et les caractéristiques du liquide (du liquide contenant du méconium serait inquiétant), et j'avertis ma sage-femme. Le liquide amniotique est habituellement clair et sans odeur et, une fois que la poche des eaux est rupturée, il continuera de s'écouler jusqu'à la délivrance (de l'urine ou des sécrétions vaginales peuvent fuir de temps à autre). Si les membranes se rupturent avant la date prévue d'accouchement, ou avant que le bébé soit engagé, ou si le bébé était haut dans mon bassin à mon dernier examen, ma sage-femme peut conseiller que j'aille à l'hôpital pour y être évaluée avant que les contractions débutent.

Une fois la poche des eaux rupturée, il est important de ne rien insérer dans mon vagin, car il y a un risque possible d'infection. Les douches sont préférables aux bains jusqu'à ce que le travail actif ait débuté et que le bébé ait été évalué par la sage-femme ou l'infirmière. Si je me rends compte que quelque chose est pulsatile dans mon vagin après la rupture des eaux, ce peut être un prolapsus du cordon ombilical, et je dois donc téléphoner aussitôt à l'hôpital.

CONTRACTIONS

Bien avant que débute le vrai travail, des contractions de Braxton-Hicks peuvent se produire ; elles étirent la partie inférieure de l'utérus afin que la tête du bébé s'engage et que le col s'amincisse et devienne plus mou. Dans l'avancée vers le travail, ces contractions d'entraînement peuvent s'intensifier, produisant une sensation de tension ou de « boule dure » dans l'abdomen. En général, s'étendre aide à soulager l'inconfort. Ces contractions hâtives sont appelées « faux » travail parce qu'elles sont irrégulières et servent à préparer l'utérus pour le vrai travail.

À un certain moment, toutes les contractions brèves et irrégulières seront remplacées par des contractions régulières et de plus longue durée. Ces dernières contractent progressivement le haut de l'utérus tout en étirant la partie plus basse et dilatent le col. Par ce mécanisme, les puissants muscles supérieurs de l'utérus poussent le bébé dans la partie inférieure extensible de l'utérus.

Parfois, les contractions sont fortement ressenties dans le dos. Si je ressens de la douleur dans le dos toutes les 5 minutes, je dois téléphoner à ma sage-femme et me rendre à l'hôpital.

VRAI OU FAUX TRAVAIL ?

Les contractions confirment si je suis en travail ou non. Ce tableau peut m'aider à établir si mes contractions sont vraies ou si ce sont des contractions d'« entraînement », appelées contractions de Braxton-Hicks.

VRAI TRAVAIL

✓ Contractions sont régulières à toutes les 5 minutes.

✓ Contractions deviennent progressivement plus fortes.

✓ Contractions ne diminuent pas quand je marche ou me repose.

✓ Contractions peuvent être accompagnées de l'expulsion du bouchon muqueux.

✓ Dilatation progressive du col de l'utérus.

FAUX TRAVAIL

✗ Contractions irrégulières – se produisant toutes les 3 minutes, puis aux 5 et 10 minutes.

✗ Contractions ne s'intensifient pas avec le temps.

✗ Contractions peuvent diminuer avec des changements d'activité ou de position.

✗ Contractions habituellement non accompagnées d'un surplus de mucus ou du bouchon muqueux.

✗ Aucune modification au niveau du col utérin.

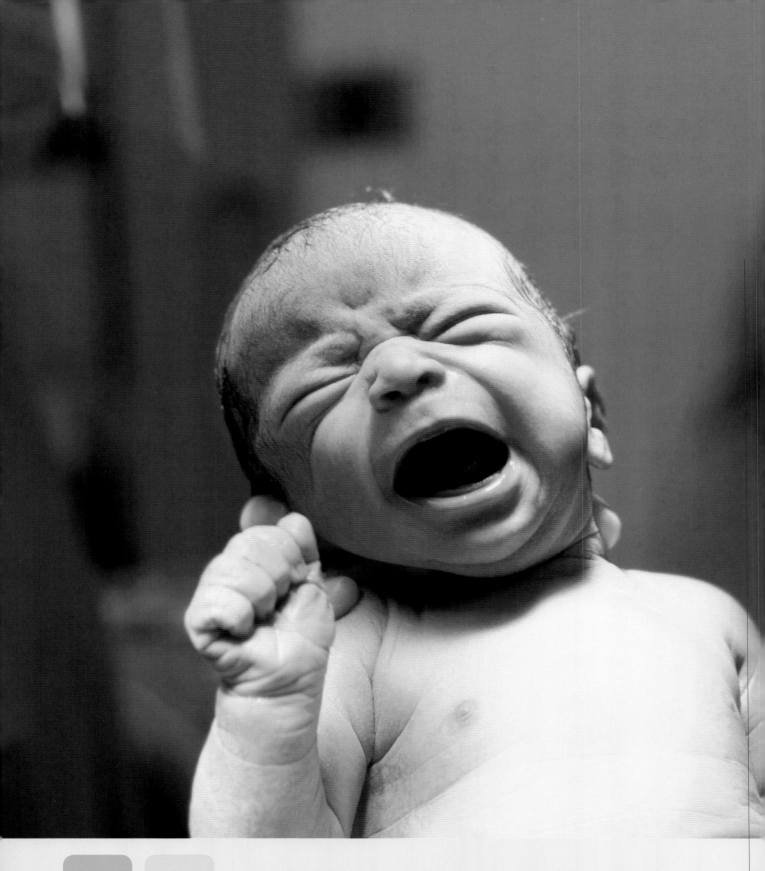

PARTIE I Ma grossesse

Mon expérience du travail et de l'accouchement

Le temps est venu d'aller à l'hôpital et de mettre mon bébé au monde.

Ma valise est prête et j'ai des contractions, ou c'est le jour prévu

pour la césarienne. Quoique la plupart des naissances ne soient pas

compliquées, des situations pourraient se présenter qui nécessiteront

des interventions imprévues. Savoir que je connaîtrai bientôt mon bébé

me donnera du courage quand il y aura des moments difficiles.

Se rendre à l'hôpital

En fait, seulement 5 % des femmes accouchent à la date prévue ; la majorité accouche un peu plus tard. De toute façon, lors d'une première grossesse, il est courant que le bébé dépasse le terme – 8 jours en moyenne après la date prévue. Une grossesse est considérée officiellement tardive seulement après 42 semaines. Si je dépasse ma date prévue, j'utiliserai les jours (ou les semaines !) supplémentaires comme temps additionnel de repos avant l'accouchement. Si je vais à l'hôpital et qu'on me dit que je suis en faux travail, j'essaierai de ne pas être gênée de demander à ma sage-femme ou à l'infirmière de m'examiner. Je comprends qu'il peut être facile de mal interpréter les signes de travail, surtout lors d'une première grossesse, mais il vaut mieux prévenir que guérir.

L'HEURE EST-ELLE VENUE ?

La première partie du travail – avec des symptômes incluant des crampes, des maux de dos, l'augmentation de la fréquences des mictions et de la défécation, des pertes vaginales, de la tension pelvienne et des crampes dans les jambes et les hanches – peut durer des heures. Si je peux maîtriser les malaises, je prévois rester à la maison dans un environnement familier où il y a beaucoup à faire pour me distraire. Si les contractions commencent la nuit, j'essaierai de continuer à me reposer autant que possible. Si je ne peux pas me reposer, j'essaierai de lire, de regarder un film, de faire du rangement ou de mettre les touches finales à la chambre du bébé – rien de trop exigeant. Il est aussi important que je demeure hydratée et que je mange des collations légères – le travail exige beaucoup et mon corps a besoin d'énergie pour y répondre.

QUAND PARTIR

Je me mettrai en route pour l'hôpital une fois que je ne pourrai plus ignorer les malaises. On m'a avisée de partir quand les contractions sont si intenses que je ne suis plus capable d'avoir une conversation durant une contraction et si les contractions sont régulières depuis plus d'une heure – à 5 minutes d'intervalle, chacune durant 45 à 60 secondes. Des contractions intenses à moins de 3 minutes d'intervalle signalent souvent que la naissance est très proche.

Je devrai aussi partir s'il y a rupture des membranes pendant des contractions régulières. Cependant, si cela se produit avant que les contractions régulières soient aux 5 minutes, je devrai téléphoner à ma sage-femme ou à l'hôpital pour un avis.

AVIS D'EXPERTS

Dépasser la date prévue

Un petit nombre de grossesses dépasse la capacité du placenta de nourrir le fœtus. Comme cela peut causer des problèmes, plusieurs examens après 40 semaines peuvent aider à garantir que le bébé va bien. Vous devriez vous attendre à compter au moins 10 mouvements par période de 12 heures durant le jour dans votre tableau des mouvements (voir à la page 29). Sinon, ou si votre bébé semble moins actif qu'à l'habitude, téléphonez à votre sage-femme ou rendez-vous à l'hôpital immédiatement. Les procédures pour vérifier la santé du bébé incluent le monitorage de la fréquence cardiaque fœtale et une échographie spéciale (le profil biophysique) qui mesure les mouvements des membres et des poumons, de même que la quantité de liquide amniotique.

VALISE DES NÉCESSITÉS POUR L'HOSPITALISATION

- [ ] Téléphone cellulaire
- [ ] Argent, surtout de la monnaie pour le stationnement ou des collations
- [ ] Numéros de téléphone des amis, parents, bonne d'enfant, service de couches
- [ ] Caméra ou équipement vidéo avec piles supplémentaires
- [ ] Magazines, livres et autres distractions
- [ ] Collations pour moi et mon partenaire d'accouchement
- [ ] Breuvages isotoniques
- [ ] Lotion ou poudre de massage
- [ ] Sachets réfrigérants ou chauffants pour soulager le dos
- [ ] Pantoufles et chaussettes épaisses pour réchauffer les pieds
- [ ] Brosse à dents, dentifrice et rince-bouche
- [ ] Produits de toilette et de maquillage
- [ ] Brosse, pinces et bandeaux pour les cheveux
- [ ] Oreillers, au besoin
- [ ] Robe de chambre, robes de nuit et sous-vêtements
- [ ] Serviettes hygiéniques de maternité
- [ ] Accessoires d'allaitement : soutien-gorge d'allaitement, compresses d'allaitement, lanoline purifiée pour les mamelons
- [ ] Sac de rechange et couches pour bébé
- [ ] Vêtements de bébé
- [ ] Cartes pour annoncer bébé, liste d'adresses et stylo
- [ ] Livre de bébé pour empreintes des pieds et signatures

RETOUR À LA MAISON*

- [ ] Vêtements amples
- [ ] Souliers confortables
- [ ] Sac pour rapporter les cadeaux à la maison et les produits de l'hôpital

Vêtements de bébé pour le retour à la maison

- [ ] Camisole
- [ ] Pyjama

- [ ] Chaussettes ou chaussons (facultatifs)
- [ ] Chapeau
- [ ] Couverture

S'il fait froid

- [ ] Chandail
- [ ] Chapeau plus chaud
- [ ] Couvertures plus chaudes
- [ ] Couches et lingettes
- [ ] Siège d'auto pour nouveau-né

* Selon la durée de votre séjour à l'hôpital – en général, 3 jours ou moins pour un premier bébé et jusqu'à 3 ou 4 jours après une césarienne –, vous pourriez n'apporter qu'une seule valise avec vous et demander à votre conjoint d'apporter la valise de retour à la maison plus tard.

Donner naissance

L'accouchement se divise en trois étapes. Durant la première étape, dite de travail, les contractions utérines provoquent la dilation complète du col de l'utérus. À la deuxième étape, mon bébé sortira de l'utérus, descendra la filière pelvienne et viendra au monde. La troisième étape est la délivrance du placenta. En moyenne, le processus entier dure jusqu'à 18 heures pour un premier bébé et jusqu'à 12 heures pour les bébés suivants. Dans certains cas, le travail progresse cependant plus lentement durant la première étape, puis s'accélère au début de la deuxième étape. Le travail peut ralentir si le bébé est en mauvaise position, les contractions sont faibles, la tête du bébé a besoin de s'adapter pour s'insérer dans la filière pelvienne ou si les tissus pelviens ont besoin de plus d'extension.

LE TRAVAIL

Première étape, le travail se divise en trois phases : la phase de latence, la phase active, et la phase de transition. Beaucoup de femmes les éprouvent comme trois phases distinctes ; d'autres femmes peuvent ne pas se rendre compte de différences précises.

Phase de latence

Habituellement la phase la plus longue, quoique la plus facile, est la phase où le col de l'utérus s'amincit et se dilate progressivement jusqu'à 3 ou 4 cm. Durant cette phase, les contractions sont habituellement tolérables et on me dit qu'elles ne m'empêcheront pas de dormir.

Les contractions durent 20 à 60 secondes et, au début, elles peuvent se produire à des intervalles aussi longs que 20 minutes, devenant de plus en plus fortes et rapprochées après une période de 6 à 8 heures. C'est alors que mon bouchon muqueux peut se déloger ou que se produit la rupture des membranes. J'espère que le premier travail se fera à la maison.

Si je ressens d'abord des contractions la nuit, je me reposerai autant que possible. Si je ne peux pas me reposer, j'essaierai de trouver une activité distrayante, mais non

Durant la deuxième phase du travail, il est courant qu'une femme se concentre sur elle-même et ne se sente pas sociable. Il est important de ne pas imaginer que le travail ne prendra jamais fin. Si vous vous inquiétez du progrès du travail, demandez à votre sage-femme, à votre infirmière ou envoyez votre partenaire d'accouchement s'informer à propos de quoi que ce soit qui vous inquiète.

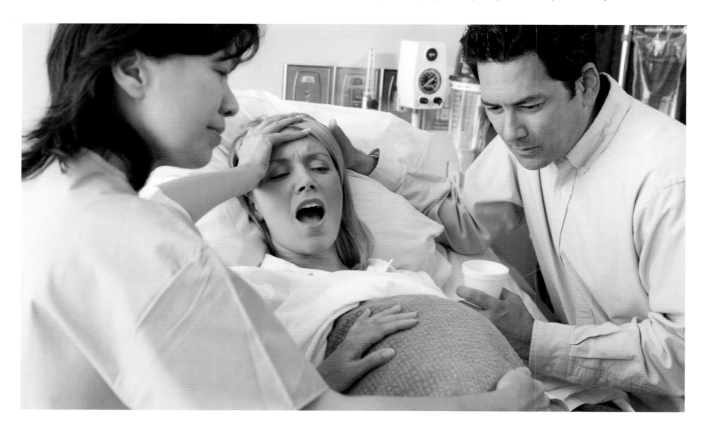

fatigante. Il est bon de manger des collations légères durant cette première phase. Quoiqu'on recommandait autrefois aux femmes de ne pas manger du tout durant le travail dans l'éventualité où elles auraient besoin d'une anesthésie générale, et risqueraient alors d'aspirer de la nourriture, des études ont démontré que ce risque est très minime. Manger des solides légers durant le travail peut, en fait, améliorer le résultat du travail – le travail est exigeant et le corps a besoin d'énergie pour y faire face.

Les symptômes de la phase de latence peuvent être similaires à ceux du pré-travail – crampes, mal de dos, mictions, défécations et pertes vaginales plus fréquentes, pression pelvienne et crampes dans les jambes et les hanches. Beaucoup de femmes éprouvent aussi un regain d'énergie mais, si cela m'arrive, j'essaierai de conserver cette énergie pour plus tard.

Phase active

C'est la phase où le col de l'utérus commence à se dilater rapidement – d'habitude à un minimum de 1 cm à l'heure. Les contractions deviennent plus fortes, sensiblement plus intenses et durent 45 à 60 secondes. De toutes les 5 à 7 minutes, elles se présentent désormais à toutes les 2 à 3 minutes.

Comme mes contractions deviennent plus fortes et plus longues, je peux avoir besoin de faire plus d'effort pour me détendre pendant et entre les contractions. Me déplacer et changer de position peut soulager la tension musculaire. Le seul effort physique du travail peut entraîner une augmentation de la respiration, de la fréquence cardiaque, de la transpiration et, même, des nausées ; il est donc important de boire des liquides isotoniques pour éviter la déshydratation. Je vais aussi tenter de me concentrer sur le fait que cette phase est habituellement courte et que chaque contraction me rapproche de la naissance de mon bébé.

Comme les contractions gagnent en force, il y aura augmentation des maux et de la fatigue. Si cela ne s'est pas encore produit, il peut y avoir rupture de mes membranes.

Phase de transition

D'une durée d'environ 1 à 2 heures, c'est la phase du travail la plus difficile et la plus exigeante. Maintenant, le col est pleinement dilaté, de 8 à 10 cm (voir ci-contre). Les contractions deviennent très fortes ; elles durent 60 à 90 secondes et elles reviennent toutes les 2 à 3 minutes.

À cause de son intensité, cette phase peut s'accompagner de changements physiques et émotionnels spectaculaires. Tandis que mon bébé est poussé dans mon bassin, je peux ressentir une forte pression au bas du dos ou au périnée. Je peux sentir l'urgence de pousser ou d'aller à la selle et mes jambes peuvent devenir flageolantes et faibles. Il n'est pas inhabituel de souffrir de réactions de stress significatives comme la transpiration, l'hyperventilation, les frissons, les nausées, les vomissements et l'épuisement. Je peux trouver

GESTION ACTIVE DU TRAVAIL

De nombreux hôpitaux s'attendent à ce que le travail s'exécute à l'intérieur d'une certaine période de temps et l'aide sera fournie selon que le travail semble prendre plus de temps que prévu. Une fois le travail diagnostiqué – avec contractions régulières douloureuses, dilation (ouverture) du col de l'utérus et, parfois, rupture des membranes –, on s'attend à ce que les femmes accouchent en moins de 12 heures. On a recours à de fréquents examens vaginaux pour vérifier si le col se dilate d'environ 1 cm par heure. Si le travail semble ralentir, les membranes seront rupturées artificiellement (voir à la page 73) et on pourra stimuler les contractions. Les femmes qui accouchent dans un hôpital où l'on gère activement le travail ont généralement un premier travail plus court et moins de chances de subir une césarienne imprévue.

tout contact ou aide désagréable et je peux rejeter l'aide de mon partenaire d'accouchement. Comme beaucoup de femmes, je peux perdre toute inhibition et verbaliser ma détresse de façon inhabituelle en criant et en jurant. Il est important, par conséquent, de ne pas perdre de vue l'objectif final. Le temps de pousser viendra bientôt et l'inconfort sera

DILATATION DU COL EN CM

10 8 6 4 2

alors beaucoup plus contrôlable. Des contractions fortes mèneront cette phase plus rapidement à terme.

Je ne dois pas avoir peur de m'exprimer – dire clairement ce qui aide et ce qui n'aide pas. Je dois aussi essayer de relaxer ; c'est le secret pour préserver l'énergie et la meilleure façon d'aider mes contractions à atteindre leur but.

L'ACCOUCHEMENT

La deuxième étape est celle de l'accouchement, elle dure habituellement une heure et elle commence lorsque le col est complètement dilaté. Elle peut prendre aussi peu que 10 minutes ou autant que 3 heures. Ce peut être sensiblement plus long sous anesthésie. Les contractions durent encore 60 à 90 secondes, mais elles peuvent survenir toutes les 2 à 4 minutes. Ma position peut les modifier : me tenir à la verticale peut les intensifier, tandis que les positions inclinées et genu-pectorales peuvent les ralentir.

Je sais que je ressentirai un irrésistible besoin de pousser, mais il est important d'attendre jusqu'à ce que ma sage-femme ou mon infirmière me dise que c'est le moment. Une énorme pression s'exercera sur mon rectum et il y aura une sensation de picotement et de brûlure quand la tête de mon bébé apparaîtra à l'entrée de mon vagin. J'espère que l'excitation de penser que je rencontrerai enfin mon bébé m'aidera à gérer tout épuisement ou douleur.

Pousser

Une fois qu'on me permet de pousser, le faire quand le besoin se fait sentir me libérera avec satisfaction de me retenir. Tant que la deuxième phase ne se déroule pas trop vite et que mon périnée s'étire graduellement, elle peut être un temps de pression, mais non de douleur. Souvent, l'extrême pression causée par la grosseur du bébé dans le col étroit, et la compression subséquente des nerfs, produisant une forme d'anesthésie. Pour beaucoup de femmes, cette compression des nerfs peut bloquer la sensation de déchirure du périnée, des incisions et des réparations chirurgicales. Mon corps me dira quand ce sera le moment de pousser (sinon, la sage-femme ou l'infirmière s'en chargera). Comme mon bébé presse sur les muscles de mon plancher pelvien, des récepteurs déclenchent un besoin de pousser vers le bas. Ce besoin de pousser peut donner l'impression d'un mouvement pour déféquer, parce que la pression de mon bébé sur mon rectum stimule les mêmes récepteurs que le besoin d'aller à la selle.

D'ordinaire, le besoin de pousser se manifeste 2 à 4 fois pendant une contraction, ou comme un long besoin continu. Si ma poussée ne produit pas de résultats – peut-être parce que le col n'est pas complètement dilaté –, j'essaierai de m'étendre sur le côté gauche ou de me mettre à quatre pattes pendant quelques contractions. Parfois, un souffle prolongé, c'est-à-dire souffler comme si on soufflait une chandelle, peut aider et cela m'évite de retenir ma respiration, ce qui aurait comme résultat

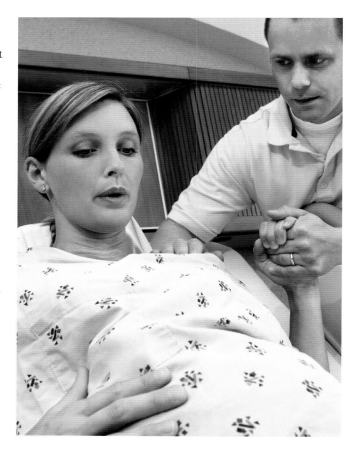

Quand je pousse, je dois prendre une respiration profonde, relaxer mes muscles pelviens et appuyer fort avec mes muscles abdominaux. La longueur de la poussée n'est pas aussi importante que la synchronisation avec la contraction. D'habitude, des poussées plus courtes – d'environ 5 à 6 secondes – sont parfaites et permettent une meilleure oxygénation.

d'exercer une pression cervicale vers le bas. Me mettre en position genu-pectorale peut réduire la pression sur le col et les muscles pelviens, réduisant ainsi le besoin de pousser.

Mon bébé arrive...

Avec chaque contraction, la tête de mon bébé devient de plus en plus visible à l'entrée du vagin. Une fois que sa tête arrête de glisser à l'intérieur entre les poussées et reste dans l'ouverture, c'est ce qu'on appelle le couronnement.

Dans peu de temps, mon périnée d'une épaisseur de 5 cm, s'amincira à aussi peu qu'environ 1 cm. Complètement naturelle, cette distension s'inverse en quelques minutes après la naissance. Je peux la sentir comme une forte pression, avec peut-être quelques picotements légers quand la tête de mon bébé – ou ses fesses, s'il s'agit d'un siège – étire l'ouverture vaginale. S'il semble que je risque une grave déchirure, c'est à ce moment qu'on pourra m'offrir une épisiotomie.

Quand mon bébé commencera à sortir, j'essaierai de réussir des poussées lentes et contrôlées ; cela permettra à mon périnée de s'étirer graduellement, permettant d'éviter des déchirures. Ma sage-femme ou mon infirmière me dira si je dois pousser ou non.

Couper le cordon
Une fois que mon bébé est né, son cordon ombilical sera habituellement clampé à deux endroits et coupé entre les deux. Mon partenaire a indiqué qu'il aimerait couper le cordon et je me suis assurée que l'hôpital le permet. Il n'est pas essentiel de clamper et de couper le cordon dès maintenant, mais cela permet au personnel de l'hôpital d'examiner mon bébé, si nécessaire, et accorde plus de liberté de mouvement avec le bébé.

LA DÉLIVRANCE DU PLACENTA
La dernière étape est celle de la délivrance du placenta. En général, cela se fait quasi automatiquement et ne requiert que peu d'efforts. Dès que le bébé quitte mon utérus, ce dernier continue de se contracter entraînant une diminution massive de son volume ce qui détache habituellement le placenta des parois. De nouvelles contractions l'expulsent.

La plupart des hôpitaux gèrent activement cette troisième étape afin de prévenir les saignements abondants

après la délivrance. Immédiatement après la naissance du bébé, on injectera du syntocinon® en injection intramusculaire, ce qui aidera mon utérus à demeurer contracté. Ma sage-femme ou le médecin aidera l'expulsion du placenta en tirant délicatement sur le cordon. On peut me demander d'appuyer ou de pousser, la sage-femme ou l'infirmière peut masser mon utérus.

Une fois le placenta expulsé, on l'examinera pour vérifier si des morceaux s'en sont détachés dans l'utérus. Très rarement, des restes de placenta restent à l'intérieur, ce qui peut causer des saignements. Pour retirer tout fragment du placenta, l'obstétricien doit vérifier l'intérieur de l'utérus et les retirer manuellement. D'habitude, cela se fait en salle d'opération sous épidurale pour soulager la douleur.

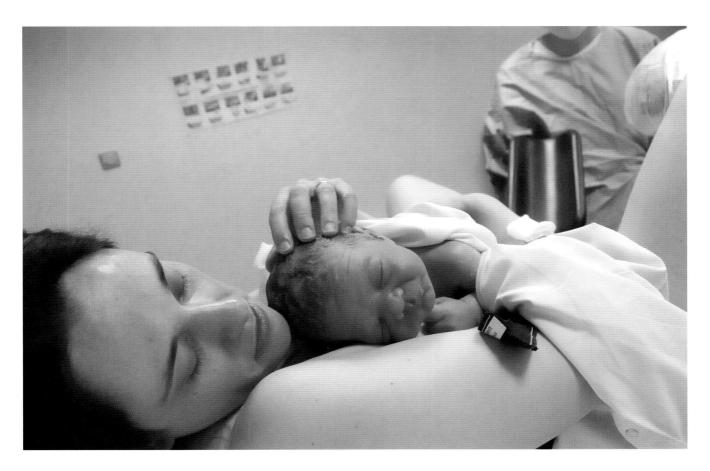

Accouchements spéciaux

Certains accouchements peuvent se compliquer à cause du nombre de bébés, ou d'une position particulière et, à l'occasion, le problème n'apparaît que durant le travail ou au moment de la naissance du bébé.

JUMEAUX OU PLUS

Même si une césarienne est généralement recommandée pour les grossesses gémellaires, beaucoup de femmes accouchent naturellement de jumeaux, sans problème. L'accouchement gémellaire tend à être plus rapide qu'un accouchement simple. Toutefois, des mesures supplémentaires s'imposent pour un accouchement multiple et, donc, un anesthésiste reste prêt à intervenir si une césarienne est nécessaire. Le premier bébé peut être délivré vaginalement sans aucun problème, mais le deuxième peut être mal placé et avoir besoin d'assistance. Le deuxième bébé devrait naître 10 à 20 minutes après le premier. Si la progression est lente, on peut administer du syntocinon® pour hâter la délivrance, ou on aidera le bébé à sortir avec les forceps. Le placenta ou les placentas peuvent suivre peu après, ou une injection peut être administrée pour accélérer leur expulsion. Les femmes qui attendent des triplés ou plus donneront naissance par césarienne.

SIÈGE

Les bébés qui se présentent par le siège sont placés de telle manière que les jambes ou les fesses sont plus près du col. Dans un siège décomplété, les cuisses sont remontées contre la poitrine, les pieds près des oreilles. Dans un siège complet, les cuisses sont pressées contre la poitrine, mais les mollets s'appuient contre l'arrière des cuisses juste au-dessus du siège. Le siège décomplété mode des pieds est semblable au précédent, mais les hanches sont moins fléchies et les pieds s'appuient sous les fesses.

Les présentations par le siège peuvent rendre l'accouchement difficile parce que la tête du bébé est la partie la plus grosse de son corps et qu'elle peut se trouver coincée si le corps glisse à travers le col de l'utérus partiellement dilaté. La délivrance vaginale est possible avec un siège décomplété mais, normalement, les bébés qui se présentent par le siège doivent être délivrés par césarienne pour éviter des problèmes au bébé et à la mère.

POSITION POSTÉRIEURE

Un bébé qui descend dans la filière pelvienne avec la tête vers le bas et le dos vers la colonne vertébrale de la mère se présente alors en position occipito-sacrée (OS). Ces bébés en position postérieure peuvent être plus difficiles à accoucher, car ils présentent un diamètre de tête légèrement plus large quand ils passent dans l'étroite filière pelvigénitale ; un tel travail peut être plus long ou infliger de plus grandes douleurs dorsales. Assez souvent toutefois, le bébé tourne à mi-travail ou durant la phase des poussées. S'il ne se tourne pas spontanément, le médecin peut l'encourager à tourner en renforçant les contractions avec du syntocinon® par intraveineuse.

EXPULSION AVEC FORCEPS OU VENTOUSE OBSTÉTRICALE

Si un bébé est entré dans la filière pelvienne sous un mauvais angle, s'il est en souffrance, si la mère a une

SIÈGE DÉCOMPLÉTÉ

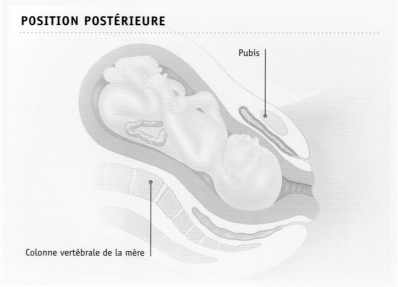

POSITION POSTÉRIEURE

Pubis

Colonne vertébrale de la mère

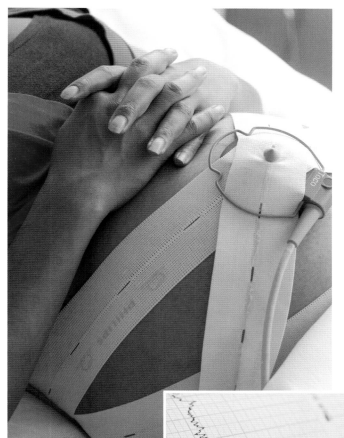

PROBLÈMES DE CORDON

Parfois, le cordon ombilical se noue ou s'emmêle dans l'utérus et s'enroule même autour du cou du bébé. Cela peut réduire l'approvisionnement sanguin du bébé. Rarement, le cordon ombilical peut glisser dans la filière pelvienne avant sa tête ou d'autres parties du corps. Il est vital que tout problème du cordon soit résolu rapidement.

On peut suspecter un prolapsus ou un nœud quand il y a diminution de l'activité fœtale. Si on pense que le cordon est noué, ce qui peut couper l'approvisionnement en sang et en oxygène du bébé, la délivrance immédiate, habituellement par césarienne, est nécessaire.

La procidence du cordon a plus de chance de se produire si une femme a trop de liquide amniotique (hydramnios), si le bébé présente le siège ou est en présentation transversale, durant l'accouchement du deuxième bébé des jumeaux, ou s'il y a rupture des membranes, soit naturellement ou lors d'un examen vaginal, avant que le bébé ne descende dans le bassin.

Si le cordon est toujours pulsatile et peut être vu ou senti dans le vagin, la sage-femme, l'infirmière ou le médecin soutiendra la partie du bébé se présentant en premier pour enlever de la pression sur le cordon. Dans un tel cas, on peut demander votre aide : vous mettre à genoux en vous penchant vers l'avant. La sage-femme gardera une main dans le vagin jusqu'à ce que le bébé soit délivré de la manière la plus rapide possible, habituellement par une césarienne d'urgence ou possiblement avec les forceps ou la ventouse obstétricale.

SOUFFRANCE FŒTALE

Ce terme est utilisé pour décrire toute situation qui permet de penser qu'un bébé, qui n'est pas encore né, peut souffrir d'une diminution d'oxygène. La souffrance peut être causée par divers problèmes dont : une maladie maternelle comme l'anémie, l'hypertension artérielle, un trouble cardiaque, l'hypotension artérielle, un placenta qui ne fonctionne plus adéquatement ou qui a été séparé prématurément de l'utérus, un cordon ombilical comprimé ou noué, une infection ou une malformation fœtale, et des contractions prolongées ou excessives durant le travail.

La souffrance fœtale se manifeste par un changement ou une absence de mouvements du bébé ou des changements dans ses battements cardiaques.

L'accouchement immédiat est habituellement recommandé, en général par césarienne d'urgence, surtout si l'accouchement vaginal n'est pas imminent. On peut d'abord donner des médicaments à la mère pour ralentir les contractions, ce qui augmentera l'apport d'oxygène au bébé, et pour dilater ses vaisseaux sanguins, ce qui augmentera le flot sanguin vers lui.

condition médicale comme une maladie cardiaque, si elle est trop fatiguée ou surmédicamentée pour pousser efficacement, les forceps, ou une ventouse obstétricale seront utilisés pour aider la sortie du bébé et pour raccourcir l'expulsion. Si la rapidité est en jeu, les forceps sont l'option préférable ; 10 à 15 % des accouchements naturels exigent les forceps ou la ventouse.

S'il faut utiliser les forceps, on fera une anesthésie locale ou on administrera un analgésique pour insensibiliser la zone. S'il y a déjà une épidurale, on « refera le plein » pour que tout aille bien. Ou bien, on peut offrir un blocage rachidien. Le médecin glissera délicatement un côté des forceps à la fois dans le vagin jusqu'à ce qu'ils s'ajustent autour des côtés de la tête du bébé. Le médecin aidera délicatement à tirer le bébé pendant les contractions, tandis que vous pousserez.

Si le médecin utilise une ventouse, la cupule en caoutchouc ou en plastique sera fixée au sommet de la tête du bébé, à l'arrière. La préhension est assurée par une pompe et le médecin tire délicatement sur l'instrument pour aider le bébé pendant que vous pousserez.

Naissance par césarienne

En général, l'accouchement par césarienne est planifié mais, à l'occasion, durant un accouchement naturel, un bébé peut être en souffrance ou à risque de trauma à cause du processus de l'accouchement, ou la mère développe une condition médicale sévère, comme la prééclampsie (voir à la page 65), ce qui nécessite un accouchement rapide.

DÉROULEMENT D'UNE CÉSARIENNE PLANIFIÉE

Si la césarienne a été décidée à l'avance, je serai admise à l'hôpital avant la chirurgie et on installera un goutte-à-goutte intraveineux dans mon bras, pour me garder hydratée et en mesure de recevoir les médicaments nécessaires.

Selon ma condition médicale et la raison de la césarienne, on pratiquera une anesthésie générale ou locale. Une anesthésie générale est un gaz anesthésiant mêlé à de l'oxygène qui est fourni par un tube inséré dans la gorge par la bouche. Je peux avoir besoin d'une anesthésie générale si je souffre de certaines conditions comme des problèmes de dos. Cela m'endormira et je ne me souviendrai de rien.

Une anesthésie locale bloquera la douleur de la taille en descendant afin que je sois éveillée, alerte et, avec un peu de chance, capable de voir, de tenir et de toucher mon bébé. J'aimerais rencontrer l'anesthésiste avant la chirurgie afin que je puisse discuter de toutes les options. La nuit avant ma césarienne, je ne mangerai, ni ne boirai quoi que ce soit, pas même de l'eau, pendant 8 heures. Cela aide à éviter des complications de l'anesthésie.

Mon partenaire prévoit être dans la salle d'opération. Il sera assis à ma tête et sous la direction du personnel hospitalier.

Avant la chirurgie, un cathéter (un petit tube) sera inséré dans ma vessie, pour recueillir l'urine durant et pendant plusieurs heures après l'intervention, et on rasera une petite zone du bas de mon abdomen, où l'incision sera pratiquée. On lavera mon abdomen avec un antiseptique et on le couvrira de draps stériles.

Le chirurgien fera une incision au bas de mon abdomen et écartera les muscles qui s'y trouvent. Ensuite, il fera une autre incision dans l'utérus. On m'a dit que je pourrai entendre un bruit de succion lorsqu'on aspirera le liquide amniotique.

Mon bébé sera alors sorti par l'incision; on m'a dit que je pourrai sentir une pression et un tiraillement. Je pourrai voir mon bébé tout de suite ou après qu'il aura d'abord été examiné par un autre membre de l'équipe. Il subira un bref examen physique, ainsi que certains tests de base, dont le test d'APGAR (voir à la page 111). Une fois que le chirurgien aura retiré le placenta, mon utérus et ma paroi abdominale seront étroitement cousus avec des sutures ou des agrafes résorbables. Une fois cette phase achevée, je devrai retrouver mon bébé avant que nous soyons amenés dans une salle de réanimation où je pourrai prendre, créer des liens et allaiter mon bébé.

DÉROULEMENT D'UNE CÉSARIENNE D'URGENCE

Le processus chirurgical impliqué est très semblable à celui de la césarienne planifiée, mais les circonstances d'une intervention d'urgence peuvent le rendre plus stressant. Le personnel peut être pressé, mon partenaire d'accouchement

TYPES DE CÉSARIENNES

Une césarienne planifiée sera pratiquée si :

- Le bébé est très gros (poids fœtal estimé supérieur à 4,5 kg, si la mère souffre de diabète, et supérieur à 5 kg, dans les autres cas).
- Il y a présence de placenta prævia (le placenta recouvre le col de l'utérus).
- La présentation fœtale est transverse (à l'horizontale) ou par le siège.
- Il y a déjà eu chirurgie utérine (ablation de fibromyomes, césarienne, etc.).
- Des jumeaux, des triplés ou plus de bébés sont attendus.
- Certaines conditions médicales maternelles – troubles cardiaques et affection abdominale inflammatoire – sont présentes.
- La femme le désire.

Une césarienne non planifiée, mais non urgente, sera pratiquée si :

- Le travail arrête de progresser ou progresse lentement parce que le bébé est trop gros pour passer par la filière pelvienne ou que la position de la tête du bébé rend l'accouchement naturel quasi impossible.
- La surveillance fœtale suggère que le bébé ne supporte pas le travail.
- Les conditions maternelles – prééclampsie, trouble cardiaque maternel, etc. – s'aggravent.

Une césarienne d'urgence sera pratiquée si :

- Il y a une décélération prolongée de la fréquence cardiaque du bébé.
- Un saignement excessif se produit.
- Il y a prolapsus du cordon ombilical du bébé ou d'une partie fœtale.

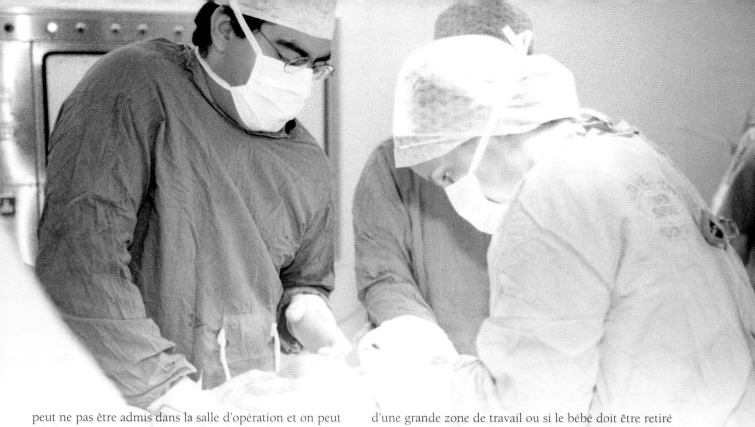

peut ne pas être admis dans la salle d'opération et on peut m'administrer une anesthésie générale. Si le bébé est mal placé, ou s'il faut faire vite, une incision plus grande peut être nécessaire.

OPTIONS POUR SOULAGER LA DOULEUR

Les accouchements par césarienne sont plus sécuritaires pour la mère et le bébé s'ils peuvent être pratiqués sous anesthésie locale – épidurale ou blocage rachidien (voir à la page 75). Le bébé absorbe moins de médicaments, la mère peut être éveillée pour accueillir son nouveau-né et des membres de la famille peuvent aussi être présents.

Parfois, cependant, l'anesthésie générale est nécessaire pour la sécurité de la mère ou du bébé. Parce qu'elle fait effet plus rapidement, elle peut être nécessaire si le bébé est en souffrance.

D'ordinaire, l'anesthésie générale combine un médicament intraveineux et l'administration d'un gaz anesthésique. Durant l'intervention chirurgicale, l'anesthésie générale requiert d'habitude l'utilisation d'un masque à gaz pour empêcher que la mère ne développe une pneumonie grave ou une pneumonie par aspiration (par inhalation de particules alimentaires ou de sucs gastriques dans ses poumons).

TYPES D'INCISION DE L'UTÉRUS

Pendant une césarienne, le chirurgien fera deux incisions séparées : l'une dans la peau et la paroi abdominale et l'autre, au-dessous, dans la paroi utérine. La plupart du temps, le chirurgien fera une incision « bikini », ainsi appelée parce qu'elle est faite au bas de l'abdomen, juste au-dessus du pubis. Dans de rares circonstances – si le chirurgien a besoin

d'une grande zone de travail ou si le bébé doit être retiré rapidement –, une incision verticale de la zone pubienne jusqu'au nombril sera pratiquée.

L'incision utérine la plus courante est l'incision basse transverse pratiquée dans la partie inférieure de l'utérus. Comme ce segment de l'utérus s'étire plutôt qu'il ne se contracte, l'incision faite à cet endroit a moins de chance de s'ouvrir lors d'un futur travail. De nombreuses femmes ayant cette incision accouchent naturellement par la suite. Le désavantage de cette incision est qu'elle est plus longue à réaliser ; elle ne peut donc pas être utilisée en cas de césarienne d'urgence, alors que le temps est un enjeu vital.

Une incision utérine verticale donne plus d'espace pour éviter un trauma d'accouchement à la mère et au bébé, si le bébé est mal placé, ou s'il s'agit d'une naissance multiple, ou si le segment inférieur de l'utérus n'est pas assez étiré pour permettre la délivrance par l'incision basse transverse. Si j'ai besoin d'une incision verticale et qu'elle s'étende jusqu'à la partie supérieure de mon utérus, je devrai avoir une césarienne lors d'accouchements futurs, car il y a un risque plus élevé – supérieur à 2 % – de rupture de la cicatrice lors du travail futur.

Examens de mon bébé

Mon bébé recevra une quantité considérable de soins médicaux dès sa naissance et au cours de ses premiers jours pour s'assurer qu'il va bien. Comme j'aurai mon bébé à l'hôpital, il sera probablement d'abord examiné par un pédiatre. S'il naît à la maison, mon médecin fera son premier examen.

EXAMEN PHYSIQUE COMPLET

À des intervalles de 1 et 5 minutes après sa naissance, le personnel de l'hôpital procédera au test APGAR (voir à la page 111). Ce test a été développé par le Dr Virginia Apgar comme examen rapide de l'état physique du nouveau-né. Le mot « APGAR » est aussi un acronyme des signes que les médecins et les infirmières évaluent*. Pour chacun, le bébé aura un score de 0, 1 ou 2. Les bébés obtiennent rarement un score total de 10, mais un score au-dessus de 6 est habituellement excellent. Si mon bébé obtient un score bas, je ne devrai pas m'inquiéter parce que ce n'est pas un indicateur de sa santé future ; ce total signifie simplement qu'il a besoin d'une certaine aide médicale et d'une surveillance étroite au départ.

Au cours de ses premiers jours, mon bébé aura un examen complet (colonne vertébrale, anus, doigts, orteils) ; il sera pesé et son périmètre crânien et sa taille seront mesurés. Ses hanches seront vérifiées pour s'assurer qu'elles bougent et sont emboîtées correctement.

Coloration de la peau, fréquence cardiaque, réactivité aux stimuli, tonus musculaire et respiration.

INJECTION DE VITAMINE K

Dans de nombreux hôpitaux, les nouveau-nés reçoivent une injection ou des gouttes de vitamine K peu de temps après la naissance. Les nouveau-nés ont souvent un taux faible de cette vitamine, nécessaire pour la coagulation normale du sang. Une injection à la naissance procure la protection maximale. Toutefois, les bébés nourris au sein peuvent recevoir deux doses orales dans la première semaine de vie et une autre dose orale à l'âge d'un mois, tandis que les bébés nourris au biberon peuvent en recevoir deux doses dans la première semaine de vie. Le lait maternisé a une teneur plus élevée en vitamine K que le lait maternel.

TEST SANGUIN

Entre 5 à 8 jours de vie, on peut prélever un échantillon de sang au talon de mon bébé. Ce sang peut être utilisé pour vérifier la fonction thyroïdienne ainsi que pour le test d'un rare trouble métabolique appelé la phénylcétonurie.

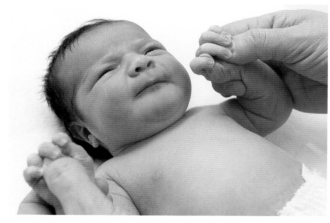

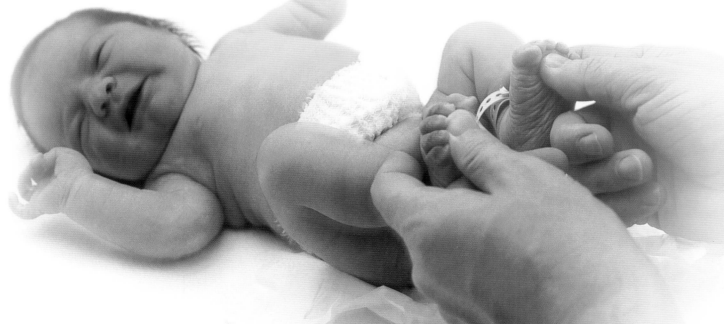

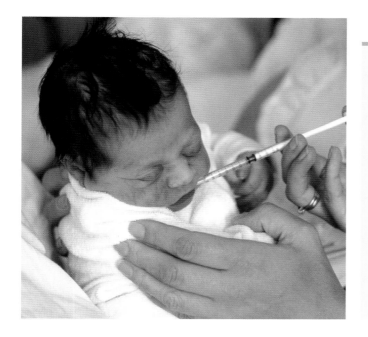

SURVEILLER LES FONCTIONS CORPORELLES DU BÉBÉ

Comme je suis toujours avec mon bébé – et que mon médecin ne l'est pas –, je suis mieux placée pour m'assurer qu'il se développe normalement. Je dois surveiller ce qui suit :

✓ **Combien il absorbe** quand il tète (quantité de lait maternisé ou de l'un ou des deux seins).

✓ **À quelle fréquence il boit.**

✓ **Fréquence de ses mictions et apparence de son urine.**

✓ **Fréquence et apparence de ses selles.**

S'il y a une ou des maladies héréditaires quelconques, on peut procéder à des tests de dépistage. Comme les tests offerts varient selon les médecins et les hôpitaux, il est donc important que je sache lesquels on pratiquera sur mon bébé.

VACCIN DE L'HÉPATITE B

Avant de quitter l'hôpital, mon bébé recevra le vaccin contre l'hépatite B si un membre de la famille proche a souffert ou souffre de cette maladie. Advenant le cas, le vaccin sera administré en doses avant que le bébé n'ait un an. Certains bébés reçoivent aussi une injection d'immunoglobuline après la naissance pour éviter les infections. Cela leur donne une protection accélérée contre la maladie.

POIDS

Mon bébé sera probablement pesé régulièrement lors de ses premiers jours. Il est normal que son poids chute au début ; les bébés perdent couramment jusqu'à 10 % de leur poids de naissance durant les premiers jours. Il commencera à regagner du poids une fois qu'il aura une semaine.

AUDITION

Quelques jours après sa naissance, mon bébé sera examiné pour des problèmes de surdité. Cela implique de placer des écouteurs sur ses oreilles et d'analyser par ordinateur si les sons émis sont détectés par le cerveau. Bien entendu, je dois être attentive à vérifier s'il réagit aux sons.

TEST D'APGAR

Signe	Points		
	0	1	2
Coloration de la peau	Pâle ou complètement bleue	Corps rose, extrémités bleues	Complètement rose
Fréquence cardiaque	Absente	Inférieur à 100	Supérieur à 100
Réactivité aux stimuli	Aucune	Grimace	Cri vigoureux
Tonus musculaire	Flaccidité	Légère flexion des membres	Mouvements actifs
Respiration	Absente	Lente, irrégulière	Pleurs vigoureux

PARTIE I Ma grossesse

Retrouver la forme

Retrouver ma silhouette antérieure à la grossesse ne devrait pas se faire en vitesse. Il a fallu neuf mois pour développer ma nouvelle silhouette et, par conséquent, je ne m'attendrai pas à ce que cela prenne beaucoup moins de temps pour retrouver ma forme. Le processus inclut bien manger, suivre un programme d'entraînement normal et garder la maîtrise de mes émotions. Je devrais aussi être à l'affût de problèmes qui peuvent se manifester à la suite de l'accouchement ou de l'allaitement.

Mon corps après l'accouchement

L'incroyable effort fourni lors de l'accouchement a fait mal à chaque muscle de mon corps et mes réactions émotionnelles étaient imprévisibles. Toutefois, ce qui me déçoit le plus, c'est que même si j'ai perdu une bonne part de mon ventre, il est toujours distendu et affaissé. Lors de mon rendez-vous postnatal, environ 6 semaines après l'accouchement, je pourrai discuter de mon rétablissement avec mon soignant, mais aussi de contraception.

CHANGEMENTS PHYSIQUES

Aussitôt après la naissance du bébé, j'ai ressenti de fortes douleurs à l'abdomen, semblables à des douleurs menstruelles. Dites tranchées utérines ou contractions utérines postnatales, elles sont déclenchées par la libération d'oxytocine, l'hormone qui déclenche les contractions de l'accouchement, puis qui contracte et rapetisse l'utérus pour réduire le saignement ultérieur. La taille de mon utérus diminuera au cours des 6 semaines à venir ; le processus sera plus rapide si je nourris au sein, parce que cela libère de plus grandes quantités d'oxytocine.

Par bonheur, le malaise des contractions postnatales s'amenuise chaque jour. Au besoin, je peux prendre des analgésiques sûrs, tel l'ibuprofène ou autre conseillé par mon soignant, même si j'allaite. Des bains chauds peuvent aussi procurer un soulagement.

Lochies

Après l'accouchement, l'utérus évacue du sang, du mucus et des tissus. Appelé lochies, cet écoulement est d'abord abondant, rouge foncé et épais, et peut contenir de gros caillots de sang. Les lochies peuvent s'avérer particulièrement abondantes au sortir du lit ou à la suite de l'allaitement au sein.

Les lochies peuvent durer jusqu'à 6 semaines, mais l'écoulement devient peu à peu moins abondant et de couleur plus claire. Plutôt que des tampons, on devrait utiliser des serviettes hygiéniques de maternité (des serviettes hygiéniques de très grand format) pour absorber l'écoulement et s'attendre à les changer souvent. Si le saignement devient subitement plus abondant, vire au rouge clair, renferme des caillots étonnamment gros ou sent mauvais, je dois en avertir aussitôt mon médecin parce qu'il pourrait s'agir d'une infection.

Irritation et enflure

Ma région génitale est enflée, douloureuse et distendue. À la suite d'un travail long et difficile, d'une déchirure, de points de suture ou d'une épisiotomie, il y aura beaucoup de douleur, et le périnée (la zone entre le vagin et l'anus) peut être sujet à de l'engourdissement. Il est important que j'utilise le plus de mesures autonomes (voir à la page ci-contre) de soulagement.

Difficultés à éliminer

Quoiqu'il soit essentiel de vider la vessie au cours des 6 à 8 heures suivant l'accouchement pour éviter des infections de l'appareil urinaire et empêcher que la vessie ne devienne distendue, ce qui peut causer une perte de tonus musculaire, comme beaucoup de femmes je peux ne pas en éprouver du tout le besoin ou en avoir besoin sans être capable de le faire. Boire beaucoup de liquides, me lever et me déplacer dès que permis après l'accouchement favoriseront le fonctionnement de ma vessie. Au bout de 24 heures, il est normal que j'urine fréquemment et abondamment : l'œdème de la grossesse est évacué de mon organisme.

Je ne ferai pas moins que...

SOULAGER LA DOULEUR PÉRINÉALE

Appliquer les mesures autonomes ci-dessous facilitera rapidement mon rétablissement. Je devrai :

✓ **Commencer des exercices** du plancher pelvien (voir à la page 56), le plus tôt possible. Non seulement réduiront-ils la douleur, mais encore peuvent-ils m'aider à retrouver le tonus musculaire et favoriser la guérison en augmentant la circulation dans la région.

✓ **Boire beaucoup de liquides,** pour diluer mon urine afin d'éviter les brûlements et aller vider ma vessie régulièrement.

✓ **Placer un sac réfrigérant,** ou un paquet de pois surgelés, enveloppé dans un tissu doux sur mon périnée 5 minutes, toutes les 2 heures durant les premières 24 heures, pour réduire l'enflure et soulager l'inconfort.

✓ **M'accroupir au-dessus de la toilette** plutôt que de m'y asseoir. Je dois incliner mon siège vers l'arrière afin que l'urine évite la zone sensible.

✓ **Garder une carafe d'eau fraîche** dans la salle de toilette, afin de pouvoir verser de l'eau sur mon périnée pendant que j'urine et quand j'ai terminé pour qu'il ne subsiste pas d'urine sur ma peau.

✓ **Prendre un bain de siège** (un bol rempli d'eau chaude) ou appliquer des compresses chaudes pendant 20 minutes, trois fois par jour.

✓ **Nettoyer la zone périnéale d'avant vers l'arrière avec des lingettes ;** cela rafraîchira la zone et évitera que du sang n'adhère aux poils pubiens.

Comme j'ai eu des points de suture, je m'inquiète un peu de la douleur possible lors de la défécation. On m'a dit que, quoique mes premières selles seraient probablement une source d'inconfort, mes points de suture ne seront pas affectés, ne céderont pas, et tout devrait rentrer dans l'ordre au bout de quelques jours. Manger des fibres – des céréales à grains entiers, des fruits et des légumes frais – et boire des liquides contribueront au bon fonctionnement de mes intestins. Des exercices légers et des exercices du plancher pelvien permettront de soulager tout malaise. Toutefois, mon médecin peut suggérer un émollient fécal ou un laxatif si je suis constipée.

AVIS D'EXPERTS

Éviter les infections postnatales

Il est vital de garder votre région génitale scrupuleusement propre. Quand vous lavez la zone périnéale après la miction ou la défécation, essuyez toujours depuis l'avant vers l'arrière pour éviter tout transfert de bactéries du rectum à l'urètre. Changez vos serviettes hygiéniques de maternité toutes les 4 à 6 heures au moins, pour garder la région fraîche et vérifier le débit du saignement. Lavez-vous toujours les mains avant et après avoir lavé votre zone périnéale et après avoir changé une serviette hygiénique.

Douleurs aux seins

Les changement hormonaux qui préparent mes seins pour allaiter se produisent environ 2 à 4 jours après l'accouchement (cela s'applique aussi à une femme qui a décidé de ne pas nourrir au sein). Cela s'appelle l'engorgement mammaire : mes seins deviennent plus gros et plus fermes, voire douloureux, en se préparant à la lactation. Pour être plus à l'aise, il est essentiel que je porte un soutien-gorge bien ajusté, offrant un bon support, possiblement 24 heures par jour durant la phase d'engorgement. Avant d'allaiter, je peux découvrir qu'il est bénéfique de prendre un douche très chaude ou d'appliquer des compresses chaudes sur mes seins. La chaleur humide dilatera les conduits galactophores et, quand le bébé tétera, le lait coulera plus aisément et mes seins seront soulagés de la pression. D'habitude, l'engorgement dure 2 à 5 jours.

Si vous n'avez pas l'intention d'allaiter, appliquez des compresses fraîches sur vos seins et prenez un analgésique comme l'ibuprofène. Ne stimulez pas vos seins et n'essayez pas non plus d'en extraire du lait pour réduire la pression, parce que cela ne fera qu'inciter votre corps à produire plus de lait. Le manque de stimulation par un bébé qui tète ralentira progressivement, puis mettra fin à la production de lait.

Prendre soin des seins implique normalement de se limiter à les laver au savon doux et bien rincer. Si, néanmoins, mes seins deviennent enflammés, chauds et très douloureux et si mes mamelons fendillent (voir à la page 122), je dois voir mon médecin.

Changements de la peau et des cheveux

La pigmentation cutanée liée à la grossesse, comme la ligne brune et le chloasma (voir à la page 33), devrait s'estomper peu à peu, mais certains changements peuvent ne jamais disparaître tout à fait. Pour empêcher des zones sombres de s'assombrir encore plus, je dois éviter l'exposition excessive au soleil et utiliser un bon écran solaire en tout temps. Les vergetures s'effaceront avec le temps, mais ne disparaîtront jamais tout à fait.

Jusqu'à 6 semaines après l'accouchement, la transpiration peut sembler excessive parce que mon organisme évacue les surplus de liquides accumulés durant la grossesse. L'allaitement accélère mon rythme métabolique, d'où une transpiration plus abondante. Ce peut être utile de boire beaucoup de liquides et de porter des vêtements en fibres naturelles, comme le coton et la laine, qui laissent respirer ma peau. Si ma température dépasse 37 °C (98,6 °F), je dois en parler à mon médecin, parce que je peux souffrir d'une infection.

Les hormones de grossesse, qui interrompent le cycle normal de la croissance capillaire, baissent brusquement après l'accouchement et il en résulte une importante perte de cheveux. Toutefois, en moins de 6 mois, votre chevelure devrait retrouver son cycle normal. Pour ne pas exacerber

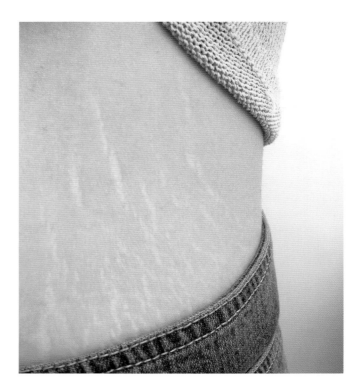

la perte des cheveux, je dois les laver seulement au besoin, avec un shampoing doux et un revitalisant, et éviter les rouleaux chauffants, le sèche-cheveux et le fer à défriser, qui peuvent causer des dommages. Jusqu'à ce que ma chevelure soit de retour à la normale, je devrais éviter aussi les traitements pour les cheveux à base de produits chimiques, comme les permanentes et le lissage des cheveux.

Silhouette et perte de poids

En moyenne, donner naissance entraîne une perte de poids de 5 kg. Mes seins paraissent énormes parce qu'ils s'apprêtent à nourrir le bébé et mon ventre grossit à cause de la rétention de liquides et de mon utérus distendu. Ma peau s'affaisse parce qu'étirée excessivement et que je n'ai plus le même tonus musculaire. Avec le temps, mon corps se rapprochera de sa silhouette de pré-grossesse, si j'adopte un régime sain et nourrissant et que je fais de l'exercice régulièrement.

Mal de dos

Durant la grossesse, mon dos doit supporter le poids d'un bébé en croissance, tout en compensant pour des muscles abdominaux étirés. L'hormone relaxine a détendu mes ligaments et articulations et déplacé mon centre de gravité, faisant en sorte que j'ai tendance à m'incliner vers l'arrière et à pousser mon ventre vers l'avant. Accoucher peut exacerber les problèmes au dos, surtout si le travail est long et épuisant. Comme j'ai eu une épidurale, il n'est pas rare d'avoir mal au bas du dos, là où l'anesthésique a été injecté. Me pencher pour prendre ou déposer le bébé, ou rester assise longtemps pour l'allaiter, peut aggraver les choses.

Si la douleur devient sévère, je dois subir un examen afin de rayer de la liste tout problème sous-jacent plus grave, comme un coccyx blessé ou même cassé.

Le mal de dos peut durer plusieurs mois, selon les circonstances. L'exercice physique d'intensité légère qui fortifie les muscles abdominaux et dorsaux peut alléger une large part du mal, tout comme le fera l'adoption d'une bonne posture : quand je suis debout, j'imagine qu'un câble tire ma tête vers le plafond. Détendez vos épaules, afin que votre poitrine ne soit pas trop tendue. Rentrez doucement le ventre et étirez votre colonne vertébrale. Si vous êtes assise longtemps, assurez-vous que le bas de votre dos est toujours appuyé. Tournez le cou vers l'avant et les côtés pour soulager la tension dans vos épaules.

Retour des menstruations

Les menstruations reprendront au bout de 4 à 6 semaines quoique, si j'allaite, elles peuvent être irrégulières ou ne pas réapparaître avant la fin de l'allaitement. Le débit du flux menstruel durant les premiers cycles peut varier de léger à très abondant, mais devrait bientôt se régulariser par la suite. L'ovulation recommence après la première menstruation suivant l'accouchement ; par conséquent, toute relation sexuelle non protégée peut entraîner une nouvelle grossesse. Pour empêcher cela, un moyen quelconque de contraception est nécessaire dès que je recommence les relations sexuelles. Les mères qui nourrissent au sein comme moi peuvent prendre uniquement une pilule de progestérone. Celles qui n'allaitent pas peuvent commencer à prendre des contraceptifs oraux environ 2 à 3 semaines après l'accouchement. On ne devrait pas avoir recours à la contraception de barrière, si des points de suture sont présents ou jusqu'à ce que le col de l'utérus soit tout à fait guéri.

CHANGEMENTS ÉMOTIONNELS

Plus de la moitié de toutes les nouvelles mamans souffrent de changements émotionnels : sautes d'humeur, vague à l'âme, tristesse et envie de pleurer, irritabilité, anxiété et confusion – qui peuvent se manifester un jour ou deux après l'accouchement et durer environ 10 à 14 jours. Quoiqu'on ignore la cause exacte, les changements hormonaux rapides et le manque de sommeil sont les premiers suspects, et c'est pourquoi je prévois faire la sieste chaque fois que ce sera possible et essayer quelques techniques de relaxation. La privation de sommeil peut être un facteur de premier plan ; la fatigue physique peut réduire la quantité de stress que je peux gérer. Il faut que je m'assure de profiter des périodes pendant lesquelles le bébé dort pour dormir moi aussi, et accepter toute aide qui m'est offerte.

S'alimenter et faire de l'exercice après l'accouchement

Quoique j'aimerais retrouver ma silhouette antérieure à la grossesse le plus tôt possible, je me rends compte qu'il vaut mieux prendre les choses comme elles viennent au début et ne pas me précipiter dans un régime ou des exercices avec trop d'acharnement. La clé pour retrouver sa silhouette antérieure est de combiner alimentation saine et programme d'exercices fortifiant et tonifiant.

ALIMENTATION ÉQUILIBRÉE

Bien manger signifie avoir une alimentation semblable à celle que j'avais durant ma grossesse (voir à la page 48), riche en aliments frais, faible en gras, en huile et en sucre. Les glucides non raffinés, comme le riz brun et le pain, les céréales et les pâtes de grains entiers, ont une teneur élevée de nutriments essentiels et devraient fournir l'énergie dont j'ai besoin pour prendre soin du bébé. Néanmoins, je vois que les soins du bébé peuvent m'empêcher de prendre mes trois repas nécessaires (voir ci-contre) et, par conséquent, garder à portée de la main de saines collations s'avérera inestimable. Les meilleures sont :
- Noix de cajou et amandes
- Graines de citrouille et de tournesol
- Fruits frais et séchés
- Rôtie de pain de blé entier ou céréales enrichies

Je dois aussi boire beaucoup de liquides : 6 à 10 verres d'eau de 250 ml par jour. Je dois m'assurer d'avoir un verre d'eau près de moi quand j'allaite et d'en prendre souvent des gorgées. L'alcool passera dans mon lait maternel, altérant son odeur et affectant possiblement le bébé ; je me limite donc à un unique petit verre de vin, bu seulement après avoir allaité. Les breuvages caféinés (voir à la page 50) affecteront aussi le bébé, parce qu'il ne peut pas éliminer facilement la caféine ; elle s'accumule dans son système et peut le rendre irritable et incapable de bien dormir. Si je dois prendre un café ou un thé, je me limiterai à une tasse par jour, la buvant au moins 2 heures avant d'allaiter.

RÉDUIRE LES CALORIES

Toutes les nouvelles mamans devraient tenter de perdre du poids lentement et raisonnablement. Celles qui ne nourrissent pas au sein doivent toujours se maintenir à la hauteur de leurs besoins d'énergie, mais peuvent commencer à réduire leur consommation en fonction des exigences d'avant la grossesse : au moins 1800 calories par jour sur une période de quelques semaines.

SE REMETTRE EN FORME

Ce devrait être un processus graduel. Je peux commencer par des exercices simples presque aussitôt (voir ci-dessous),

MON ALIMENTATION QUOTIDIENNE

Les repas suggérés ci-dessous incluent tous les minéraux et vitamines requis pour allaiter.

DÉJEUNER

Je commence ma journée avec des céréales enrichies d'acide folique et de fer, auxquelles j'ajoute des fruits frais ou séchés et du lait ou du yogourt à faible teneur en gras. Ou je peux manger une rôtie de pain de blé entier avec de la confiture ou du beurre. Des œufs – durs, pochés ou brouillés – sur une rôtie de grains entiers constituent un repas consistant. Je couronne mon déjeuner d'un verre de jus de fruits ou d'un smoothie.

DÎNER

Je mange souvent un sandwich fermé ou ouvert, utilisant différentes sortes de pains (ciabatta, focaccia, etc.), garni d'une tranche de fromage, de jambon ou de poulet. Ou je fais une salade de pâtes ou de couscous, avec des légumes comme du poivron rouge et des fleurons de brocoli, parsemés de quelques noix écrasées. Un fruit frais constitue une belle fin de repas.

SOUPER

Je prépare divers mets contenant de la viande, du poisson ou d'autres sources de protéines (fèves, haricots et lentilles), combinés avec une source de glucides et des légumes. Parmi mes préférés, il y a le poulet ou le filet de bœuf grillé avec des pommes de terre bouillies et des épinards cuits, le thon grillé avec une pomme de terre cuite au four et une salade verte ou le tofu cuit à la vapeur mêlé à des spaghettis avec des pois mange-tout et des poivrons. Ma sélection de desserts comprend des fruits avec du yogourt, des nids en meringue fourrés d'abricots garnis de crème ou du pouding au riz.

tout autant qu'aller marcher avec le bébé, mais je peux entreprendre un programme d'exercices d'aérobie seulement lorsque les lochies et tout saignement ont cessé et que j'ai l'aval de mon médecin, après ma première consultation postnatale. Il devrait s'assurer que je ne suis pas affligée d'une condition appelée le diastasis des grands droits, qui se produit lorsque les muscles abdominaux se séparent durant la grossesse. Je commencerai par des exercices qui ciblent des régions qui se sont particulièrement affaiblies au cours des 9 mois antérieurs et qui nécessitent le plus de travail pour retrouver leur tonicité. La « technique d'étreinte » et les redressements assis modifiés sont très bons pour renforcer les abdominaux.

Je dois aussi pratiquer la contraction et la dilatation des muscles de mon plancher pelvien (voir à la page 56) durant mes activités quotidiennes, à titre d'exemple quand je fais la lessive.

• **Technique d'étreinte** – Je dois être étendue à plat sur le dos avec les genoux pliés et les bras croisés sur ma taille tandis que je soulève la tête et les épaules du sol.

• **Redressements assis modifiés** – Étendue sur le dos sur une surface ferme (non pas mon lit), tout en gardant les épaules au sol, je dois soulever lentement et uniquement la tête tout en fixant le plafond, puis l'abaisser.

• **Avec le bébé** – Avec les genoux pliés et le bébé placé soigneusement sur mon ventre, je devrais être étendue sur le plancher et agripper mes cuisses de chaque côté tout en soulevant lentement la tête et les épaules. Je dois garder le cou droit et le menton éloigné de ma poitrine.

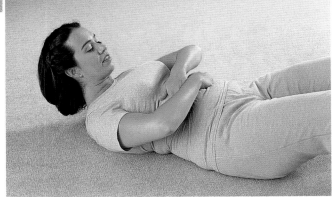

RETROUVER GRADUELLEMENT LA FORME
Pour assurer ma sécurité, je dois faire ce qui suit :

✓ **Porter un soutien-gorge assurant un bon maintien.** Les mamans comme moi qui allaitent ne devraient pas porter de soutien-gorge de sport, parce que celui-ci comprime les seins et pourrait entraver la lactation.

✓ **Faire de l'exercice après avoir allaité le bébé** ou extrait du lait, afin que mes seins ne soient pas pleins. Je ne devrais pas tenter de faire quoi que ce soit de trop énergique, parce que l'acide lactique – un sous-produit de l'exercice – peut s'accumuler dans mon lait.

✓ **Consacrer 5 à 10 minutes au réchauffement et au rafraîchissement** quand je pratique des activités d'aérobie ou de conditionnement musculaire. Des exercices d'étirement et de relaxation devraient faire partie du rafraîchissement.

✓ **Commencer à faire de l'exercice 3 fois par semaine,** puis augmenter lentement jusqu'à un maximum de 5 fois par semaine.

✓ **Commencer par 15 minutes d'activité** comme cible pour mon rythme cardiaque, puis augmenter de 5 minutes par semaine. Ma durée maximale ciblée sera de 40 à 60 minutes d'entraînement.

✓ **Faire de l'exercice un jour** sur deux afin de permettre à mon corps de récupérer après l'entraînement, surtout si j'allaite.

✓ **Boire un peu d'eau, avant, pendant et après l'activité.** Si je ne refais pas le plein de liquide, je peux souffrir de déshydratation et être incapable de produire assez de lait maternel.

✓ **Avoir un entraîneur qualifié** pour concevoir un programme d'entraînement musculaire. Je dois utiliser des poids légers (pour 2 séries de 12 à 15 mouvements répétés).

✗ **Ne pas faire de l'exercice si je ressens la moindre douleur, le moindre étourdissement ou vertige.** Si cela perdure, je téléphonerai aussitôt à mon médecin.

Se rétablir d'une césarienne

Au début, gérer la douleur, devenir mobile et prendre soin de l'incision seront mes principales préoccupations. On m'a dit qu'il peut s'écouler un an, voire plus, avant que je ne retrouve mon ancienne forme et mon niveau d'énergie habituel. Outre la douleur de l'incision abdominale et tout effet secondaire de l'anesthésie, j'éprouverai les mêmes malaises post-partum qu'une mère qui a eu un accouchement normal (ou vaginal), comme les contractions utérines et les lochies (voir à la page 114). Le cathéter collectant l'urine sera retiré une fois que je pourrai marcher jusqu'à la toilette, mais le tube d'intraveineuse restera en place jusqu'à ce que mes intestins recommencent à fonctionner – j'aurai alors des gargouillements d'estomac et des douleurs dues aux gaz.

Comme je prévois allaiter, je devrai commencer l'allaitement dès que je m'en sentirai capable – dans la salle de réveil, ou peut-être une heure ou deux après l'intervention chirurgicale. Tout analgésique que j'ai reçu devra être vérifié afin de s'assurer qu'il est approprié avec l'allaitement. Je devrai peut-être faire l'essai de différentes positions et supports pour être confortable.

AVIS D'EXPERTS

Surveiller l'incision
Quoique, après les premières 2 à 6 semaines, il ne devrait subsister qu'un inconfort minimal, il vaut mieux ne rien soulever de lourd durant cette période et ne pas conduire durant les 4 premières semaines à cause du risque d'hémorragie en cas d'accident. Vous n'aurez peut-être pas envie de faire l'amour durant 6 semaines environ et les positions qui vous épargnent de supporter le poids de votre conjoint, comme une position côte à côte, seront les meilleures. Si le saignement de l'incision cesse, puis recommence, ou s'il imbibe plus d'un pansement à l'heure, ou redevient rouge clair, vous devriez en parler avec votre médecin. Par contre, si la région devient douloureuse, rouge ou enflée, ou qu'il y un écoulement inhabituel, vous devez obtenir aussitôt un avis médical.

Je ne ferai pas moins que... ✓

AGIR POUR SOULAGER LA DOULEUR
Être soulagée de la douleur veut dire pouvoir se déplacer plus librement, tenir et mieux placer mon bébé. Je dois faire ce qui suit:

- ✓ **Demander un analgésique avant que la douleur** ne devienne insoutenable.

- ✓ **Porter une ceinture de grossesse** (par-dessus mes pansements, au besoin), pour le support qu'elle procure, peut soulager la douleur.

- ✓ **Me lever et faire de courtes promenades** aussi souvent que possible, dès que possible.

- ✓ **Changer fréquemment de position** quand je me repose.

- ✓ **Me bercer doucement d'avant en arrière** quand je suis assise sur une chaise.

- ✓ **Attendre avant d'introduire des solides** dans mon alimentation et éviter les boissons gazeuses.

EXERCICES
Durant ma convalescence et les 6 mois suivants, il est important de faire de l'exercice graduellement – d'abord en position couchée, puis assise et debout. Avec le temps, je pourrai faire de l'exercice avec mon bébé.

Prenez la position, puis poussez le talon de la jambe étendue dans le lit 4 fois, avant de changer de pied.

Genou plié

Respirez normalement.

SE MOUVOIR ET ÊTRE À L'AISE

L'intervention chirurgicale et l'anesthésie peuvent occasionner la rétention de liquides, ce qui peut causer une pneumonie ; par conséquent, être en mouvement est très important. La mobilité améliore la fonction pulmonaire ; quand je respire profondément, la circulation du sang est stimulée, ce qui réduit le risque de formation de caillots, améliore la digestion et aide la remise en marche des intestins. Je dois m'asseoir et sortir du lit autant que possible, dès que possible. Il se peut que je doive essayer diverses positions et utiliser coussins et oreillers afin de bouger un peu plus chaque jour.

Je devrais commencer à m'asseoir et à parcourir de courtes distances en moins de 6 à 8 heures. Une fois debout, je devrais placer mes mains, un oreiller ou une serviette roulée sur mon ventre, en guise de support. Plus je serai mobile, plus il me sera facile de bouger et plus vite je me rétablirai.

PRENDRE SOIN DE MON INCISION

Le personnel infirmier me montrera comment nettoyer mon incision et vérifier toute rougeur ou œdème. Au début, il y aura un peu d'écoulement aqueux, légèrement rosé. Si cet écoulement se poursuit durant plus de 6 semaines, ce peut être un signe d'infection qui exige des soins médicaux.

On m'a dit qu'il peut y avoir une crête ferme le long de l'incision, qui devrait s'amollir peu à peu avec le temps. La région peut être engourdie avec une certaine tension autour de la cicatrice, quand je me déplace ou ramasse des choses par terre, et il peut y avoir une sensation légère de tiraillement à chaque bout de la cicatrice. Si j'éprouve le moindre malaise, une compresse chaude ou une serviette chaude et humide placée sur la région devrait aider. En guérissant, la cicatrice peut causer des démangeaisons et devenir sensible au moment des menstruations.

Prendre une douche ou un bain est excellent, à condition d'utiliser un savon doux non parfumé pour laver la région de l'incision et de l'assécher minutieusement. Je devrais porter des vêtements amples pour la recouvrir durant le jour et laisser la région à l'air libre, la nuit.

Si j'éprouve des difficultés à trouver une position confortable pour dormir, je peux utiliser des oreillers ou des coussins comme support ; j'en aurai peut-être besoin aussi pour protéger la région de la cicatrice quand j'allaiterai.

La cicatrice s'estompera peu à peu avec le temps, mais on me dit que je dois la protéger du soleil pendant au moins 6 mois après l'accouchement et qu'elle peut mettre jusqu'à un an pour guérir tout à fait.

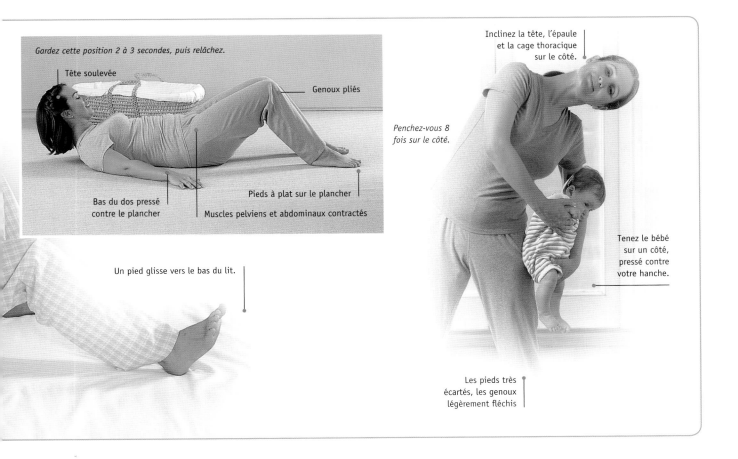

Gardez cette position 2 à 3 secondes, puis relâchez.

Tête soulevée

Genoux pliés

Bas du dos pressé contre le plancher

Pieds à plat sur le plancher

Muscles pelviens et abdominaux contractés

Un pied glisse vers le bas du lit.

Inclinez la tête, l'épaule et la cage thoracique sur le côté.

Penchez-vous 8 fois sur le côté.

Tenez le bébé sur un côté, pressé contre votre hanche.

Les pieds très écartés, les genoux légèrement fléchis

Problèmes postnataux possibles

Normalement, les problèmes graves après un accouchement sont rares. Toutefois, on estime qu'environ 8 % de tous les accouchements seront suivis d'une infection et que certaines mères qui allaitent éprouveront des problèmes avec leurs seins.

INFECTIONS POSTNATALES

Assez communément, la paroi de l'utérus s'infecte, mais des infections peuvent aussi survenir dans le col de l'utérus, le vagin, la vulve et le périnée. Parfois, des bactéries envahissent le site d'une épisiotomie. La rupture prématurée des membranes, le travail prolongé, les examens internes fréquents, la surveillance fœtale interne, une infection déjà présente durant la grossesse, le diabète et l'excès de poids augmentent les risques d'infection.

Symptômes
- Fièvre
- Douleur à l'abdomen ou au périnée
- Écoulement vaginal et odeur repoussante
- Inflammation, rougeur ou enflure

Traitement

Mon médecin me prescrira un traitement d'antibiotiques oraux ou par intraveineuse pour une durée de 2 à 7 jours. Je puis être admise à l'hôpital si un traitement additionnel est requis. Une fois traitée, toute infection devrait avoir été éliminée au bout de 7 à 10 jours. Je peux continuer d'allaiter durant la plupart des traitements.

Si mes points de suture s'infectent, on peut généralement régler la chose avec des soins hygiéniques minutieux et des bains fréquents. À l'occasion, mes points peuvent s'ouvrir prématurément. Je pourrais avoir de nouveaux points, mais souvent de simples procédures d'hygiène suffisent à guérir.

CANAUX GALACTOPHORES BLOQUÉS ET MASTITE

Produire un excès de lait, un bébé qui adopte une mauvaise position au sein, qui ne vide pas le sein, qui s'endort, ou qui passe son heure de boire, peuvent mener au blocage des canaux galactophores.

Si des bactéries parviennent à s'introduire dans un canal galactophore bloqué – souvent par une fissure du mamelon (voir en haut, ci-contre) –, le lait à l'intérieur peut s'infecter, causant une inflammation du canal ou une mastite.

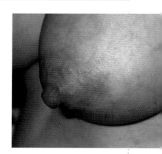

Symptômes
- Sensibilité
- Rougeur, avec ou sans chaleur
- Sensation de masse au toucher, qui s'atténue avec un massage ou après avoir allaité, ou qui reste douloureux et enflammé
- Fièvre, douleurs musculaires semblables à celles d'une grippe
- Nausées

Traitement

Si le canal est seulement bloqué, appliquer de la chaleur, comme une débarbouillette trempée dans l'eau chaude et essorée à sec, puis appliquée sur la région affectée, en combinaison avec un massage avant et après avoir allaité peut soulager le problème. Allaiter plus souvent et utiliser un tire-lait à la fin d'une séance si mes seins n'ont pas été vidés peuvent aider. Faire l'essai de positions diverses à chaque séance et m'assurer que le bébé prend bien le sein (voir à la page 149) est aussi important.

Si les canaux bloqués s'infectent, mon médecin peut prescrire des antibiotiques et des analgésiques en plus des mesures décrites ci-contre. Les médicaments prescrits seront sans danger pour moi tandis que j'allaite, parce qu'une part importante du traitement réside dans la poursuite de l'allaitement. S'il n'y a pas d'amélioration au bout de 24 heures après avoir pris les antibiotiques, je demanderai l'avis de mon médecin, parce qu'il y a un risque d'abcès.

MAMELONS CREVASSÉS

Tandis que les mamelons sensibles ou irrités sont très communs durant les premiers jours de l'allaitement, une tétée vigoureuse, une position incorrecte ou du lait séché sur le mamelon peuvent lui causer des lésions. Les mamelons crevassés sont très douloureux et peuvent s'infecter.

Les mamelons crevassés sont souvent infectés par la levure candida albicans, qui cause le muguet. Les femmes sujettes au muguet vaginal, mais qui n'ont pas de problème à allaiter, peuvent aussi développer le muguet sur les seins.

Symptômes
- Petites lésions sur le mamelon, qui peuvent même saigner
- Douleurs aiguës durant l'allaitement
- Mamelons avec démangeaisons, irrités, roses ou rougis
- Minuscules taches blanches sur les mamelons

Traitement
Je devrai continuer l'allaitement, m'assurant que mon bébé a une bonne position (voir à la page 149). Je peux utiliser un tire-lait pour vider mes seins, s'ils me semblent encore pleins après la fin du boire du bébé. Je dois exposer mes mamelons à l'air libre pendant quelque temps après chaque séance d'allaitement et toujours laver mes mamelons à l'eau tiède seulement – jamais de savon, ni de désinfectant – et les éponger délicatement pour les assécher. Des capuchons pour sein peuvent aussi aider.

Si le muguet est présent, il peut être transmis au bébé et, donc, nous aurons besoin tous deux d'être traités, habituellement à l'aide de médicaments antifongiques. Quoiqu'il y ait de fortes chances que ce soit douloureux, je devrai continuer à allaiter peu importe le traitement.

INCONTINENCE URINAIRE
Les changements physiques qui se produisent dans l'organisme pendant la grossesse – plutôt que l'affaiblissement des muscles du plancher pelvien, comme on le pensait auparavant – seraient à l'origine, pense-t-on désormais, de l'incontinence urinaire. Problème courant à la suite d'un accouchement normal, l'incontinence urinaire peut durer quelques semaines ou quelques mois.

L'incontinence à l'effort (type d'incontinence urinaire causé par le rire, la toux ou un effort) est très répandue et peut durer jusqu'à un an après l'accouchement. En général, la condition s'améliore avec le temps.

Symptômes
- Petites fuites d'urine
- Sentiment que la vessie est pleine et urgence mictionnelle
- Incapacité de contrôler le flux d'urine

Traitement
Quelle que soit la cause, je devrai pratiquer régulière-ment des exercices du plancher pelvien (voir à la page 56), exécutés par séries de 8 répétitions 3 fois par jour. C'est la meilleure méthode pour lutter contre l'incontinence urinaire. Quelques semaines peuvent s'écouler avant que je note une quelconque amélioration du contrôle de ma vessie, mais je persévérerai au moins 3 mois. Je devrai porter des serviettes hygiéniques ou des sous-vêtements protecteurs pour empêcher toute fuite. Dans les cas graves, j'aurai peut-être besoin d'une intervention chirurgicale ; il y a plusieurs possibilités.

INCONTINENCE FÉCALE
Un accouchement avec forceps, une déchirure grave ou une épisiotomie peut endommager les nerfs et les muscles du sphincter anal, les muscles responsables de l'ouverture et de la fermeture de l'anus. Cela peut entraîner la perte du contrôle de la défécation. La durée de l'incontinence fécale (ou anale) dépend des dommages causés. Les femmes qui en sont affectées peuvent prendre de 6 semaines à 4 mois et plus pour retrouver le contrôle de leur intestin après l'accouchement.

Symptômes
- Défécation involontaire
- Émission excessive de gaz

Traitement
Les bouchons anaux et les tampons d'incontinence sont disponibles. Je peux aussi suivre un régime à teneur élevée en fibres, ce qui pourra aider, et je devrai éviter les mets épicés, gras et les produits laitiers. Les exercices du plancher pelvien (voir à la page 56) peuvent renforcer les muscles qui contrôlent l'ouverture de l'anus et augmenter la circulation sanguine dans le périnée, ce qui peut m'aider à me rétablir. Si l'incontinence ne s'améliore pas avec ces exercices, il est important que j'en parle lors de mon rendez-vous postnatal. Il n'y a pas de quoi se sentir gênée à ce propos ; il vaut mieux traiter le problème le plus tôt possible. Mon médecin peut recommander des techniques de ré-entraînement intestinal et de biofeedback, de même qu'une intervention chirurgicale.

PARTIE I Ma grossesse

Devenir un parent

Tout au long de ma grossesse, j'ai pris soin de protéger mon bébé autant que possible et j'ai pris de nombreuses décisions concernant ses soins et son bien-être. Pendant ces 9 mois, alors qu'il était transporté en sécurité à l'intérieur de mon utérus, mon conjoint et moi avons beaucoup parlé de comment il serait et de la manière dont notre vie de famille changerait une fois qu'il aura vu le jour. Maintenant, toutes nos hypothèses seront mises à l'épreuve et la présence réelle du bébé aura un effet que nous pouvons ne pas avoir anticipé. Que nous réussissions comme parents et que notre vie de famille soit aussi harmonieuse que nous le désirons dépendent beaucoup de ce que nous trouvions une approche harmonieuse dès maintenant.

Choix parentaux

Avoir un bébé signifie faire face à toutes sortes de nouvelles expériences – les unes exaltantes, les autres décourageantes – et devoir prendre de nombreuses décisions sur une base quotidienne. Bien sûr, il y aura des moments où je ne serai pas certaine de la meilleure chose à faire, mais j'aime à penser que je ferai la bonne chose la plupart du temps.

La parentalité implique l'engagement. En particulier durant les premiers mois, mon bébé a besoin que je sois là pour lui. Peu importe que je sois occupée à autre chose ou que je me sente exténuée, si mon bébé a faim, est fatigué, ennuyé ou malade, je dois trouver la force nécessaire de répondre à ses besoins. Par contre, cela devrait avoir pour résultat un lien émotionnel fort entre nous, ce qui rendra les périodes difficiles plus faciles à supporter.

Dans mon nouveau rôle, je découvre que je peux en faire beaucoup plus en une journée que je ne l'avais anticipé et que je possède une force et une détermination cachée. Je suis aussi renversée par la profondeur de l'amour et de mon instinct de protection pour mon bébé.

APPROCHES DIVERSES

Comme tout parent, je veux être le meilleur parent du monde, tout faire correctement, ne commettre aucune erreur et élever de magnifiques enfants affectueux. Toutefois, ces idéaux sont compliqués par des facteurs de personnalités (la mienne, celle de mon conjoint et celle du bébé) ainsi que par mes autres responsabilités à la maison ou au travail. Je dois envisager la parentalité avec cohérence. Néanmoins, il est important que je ne sois pas dogmatique dans mon approche, parce que le comportement et le développement du bébé exigent de la souplesse pour répondre adéquatement à ses besoins.

Il existe une approche populaire de classification des parents qui est établi selon que nous sommes plus ou moins menés par les besoins et demandes émotionnels internes de nos enfants ou selon que nous exigeons plus ou moins que nos enfants adaptent leurs besoins à une structure et à une routine externes. Sous cet angle, la parentalité peut être divisée en trois types courants : orienté vers l'enfant, basé sur un horaire ou flexible. La plupart des professionnels pensent qu'un style de parentalité flexible est plus efficace parce que les enfants se développent mieux dans un environnement affectueux, dans lequel il y a des indications claires pour le comportement, mais un assouplissement occasionnel des « règles ».

Tenir mon bébé propre, chaud et satisfait près de moi me récompense de tout le dur travail et des efforts.

Orienté vers l'enfant

Est-ce que je considère que la meilleure façon d'élever mon enfant consiste à répondre à ses besoins émotionnels et physiques dès qu'ils se présentent ? À titre d'exemple, réconforterai-je aussitôt le bébé qui pleure, l'allaiterai-je aussitôt qu'il a faim ou jouerai-je avec lui dès qu'il s'ennuie ? L'avantage de cette approche, c'est que les besoins de mon bébé sont satisfaits instantanément, ce qui signifie qu'il pourrait ne jamais se sentir seul, isolé ou ignoré. Du côté négatif, il peut grandir en s'attendant à ce que le monde entier tourne autour de lui et il peut rater des occasions de développer de la résilience et l'habileté de s'en sortir par lui-même.

Basé sur un horaire

Est-ce que je pense que la routine est bonne pour un bébé et que je suis la personne la plus avisée pour décider de la routine ? Nourrirai-je mon bébé à des intervalles stricts et le mettrai-je au lit selon un horaire prédéterminé (qu'il veuille ou non manger ou dormir à ces heures) ?

Du côté positif, cette approche montre que j'ai des idées très claires sur ce qu'il faut faire avec le bébé dès le départ ; il apprendra très vite que ses besoins ne sont pas la seule priorité. Du côté négatif, il peut résister à l'imposition d'un horaire fixe qui peut ne pas s'adapter à ses besoins émotionnels en évolution.

Flexible

Suis-je quelqu'un qui reconnaît que la routine est importante pour un enfant en développement et que chaque enfant est un individu avec ses propres traits de caractère. Accepterais-je alors de modifier un horaire de repas, au moins à l'occasion, pour accommoder les désirs de bébé et ne pas insister pour le mettre toujours au lit à la même heure ?

Cette approche signifie que je pourrai mieux m'accorder aux étapes de développement de mon enfant et à ses besoins émotionnels changeants. Le revers de la médaille, c'est que le bébé peut devenir confus si les horaires et les routines changent constamment et que je n'en conserve jamais un assez longtemps pour savoir si j'obtiens les meilleurs résultats.

UN VRAI PARTENARIAT

Peu importe le type de parent que je veux être, dans une famille à deux parents, il est essentiel que les deux parents s'entendent sur le style de parentalité. Comme mon partenaire et moi n'avons pas à être des copies conformes l'un de l'autre – je suis certaine que notre enfant bénéficiera de nos natures et personnalités individuelles –, il est dans son meilleur intérêt qu'il y ait un consensus général sur les préoccupations parentales importantes comme la discipline, le comportement, les relations et la routine.

Je ne ferai pas moins que...

DÉFINIR MON APPROCHE

Faire le choix d'une stratégie de parentalité peut m'aider à mieux réagir aux besoins de mon bébé – même si je change d'idée plus tard. Je devrai...

✓ **Soupeser attentivement toutes les options.**

✓ **Être à la hauteur de l'engagement.**

✓ **Être prête à admettre que j'ai commis une erreur.**

✗ **Ne pas supposer que j'ai tort.**

✗ **Ne pas toujours choisir l'option facile.**

✗ **Ne pas trancher et changer trop rapidement.**

Quand des différences dans les attitudes et les styles parentaux entre moi et mon partenaire se présentent – ce qui est sujet à se produire dans toutes les familles à un moment donné –, nous tenterons de résoudre le désaccord en privé, sans que notre enfant ait l'occasion d'écouter. Pour augmenter le bien-être psychologique de notre enfant, sa confiance en nous comme parents et sa sécurité émotionnelle, nous devons présenter un front uni à notre enfant afin qu'il voit que nous nous supportons l'un l'autre.

MONOPARENTALITÉ

Même si les parents seuls font face à de nombreux défis – en termes d'argent, de temps et de soutien, entre autres –, le conflit habituel avec un conjoint sur la manière d'élever l'enfant n'en fait pas partie. Bien sûr, les parents seuls ont des amis et des familles qui ne partagent pas leurs opinions mais, la plupart du temps, ils prennent toutes les décisions par eux-mêmes, sans que quiconque intervienne.

Du côté positif, un parent seul n'a pas à résoudre avec quiconque des mésententes sur les soins donnés au bébé. Il est le seul décideur. Néanmoins, le côté négatif réside dans ce que les parents seuls doivent avoir confiance en leur jugement comme parent – et ce n'est pas toujours facile ; chacun doute de lui-même, à un moment ou à un autre.

Gérer les débuts de la parentalité

La vie de famille avec un nouveau bébé exige beaucoup d'adaptations. J'ai eu peur lorsque j'ai compris soudainement que j'étais totalement en charge d'un être sans défense, dépendant tout à fait de moi pour sa nourriture, ses vêtements, son bain, sa protection et son besoin d'amour. Je dois diagnostiquer et trouver une solution à tous ses problèmes. Par-dessus le marché, ma routine quotidienne est devenue absolument imprévisible et je me sens mentalement et physiquement exténuée à cause du manque de sommeil, de l'effort requis pour apprendre de nouvelles habiletés et avoir répondu aux inquiétudes qu'ont tous les nouveaux parents. J'ai mis le temps à avoir le dessus, mais j'essaie d'être patiente et je ne laisse pas les petits accrocs occasionnels miner ma confiance dans mes capacités.

TÂCHES MÉNAGÈRES

Presque sur-le-champ, il y a eu un changement dans la gestion des tâches ménagères. J'ai trouvé utile de faire une liste des diverses tâches et de m'entendre avec mon partenaire sur celles qui seraient à sa charge et celles qui m'incomberaient. Bien sûr, il y en a que nous partageons.

ME RÉSERVER DU TEMPS

Même si cela m'a semblé difficile au début, il y avait de nombreux moments de liberté une fois que je savais comment les planifier. La chose la plus importante consistait à établir une routine de base ; j'ai décidé d'un horaire précis pour la promenade, le bain, les siestes et l'heure du coucher du bébé, etc. Pendant qu'il dormait ou que mon conjoint s'en occupait, je prenais le temps de me reposer, les pieds surélevés. J'étais heureuse aussi d'accepter des offres d'aide de parents — pour s'occuper du bébé, faire quelques achats ou se charger des tâches ménagères.

RÉUSSIR L'ALLAITEMENT

J'ai décidé d'allaiter et j'ai réussi, cependant certaines femmes découvrent que ça ne « fonctionne » pas pour elles ou que cela devient une source d'anxiété. Dans ce cas, il est important de suivre son instinct naturel. À titre d'exemple, si une femme décide d'allaiter au biberon plutôt qu'au sein, il est important qu'elle ne s'inquiète pas de ce que l'allaitement au biberon nuira au lien émotionnel qu'elle a avec son bébé. Elle doit garder à l'esprit que c'est la sensation de détente et le confort qu'elle crée qui ont de l'importance. Allaiter ne se limite pas à nourrir physiquement un enfant, c'est aussi lui offrir une nourriture émotionnelle.

Pendant les premiers mois, de simples problèmes d'allaitement — comme de la difficulté à téter ou régurgiter durant l'allaitement — sont des difficultés très mineures qui

Je ne ferai pas moins que...

DONNER LEUR PLACE AUX GRANDS-PARENTS

Quoiqu'il puisse y avoir désaccord à l'occasion, leur aide sera précieuse. Je dois m'assurer que :

✓ **Je les accueille et les encourage quand ils offrent de l'aide.** Certains grands-parents restent à l'écart de leur petit-enfant, craignant d'être considérés trop envahissants.

✓ **Je les implique dans les soins du bébé.** Si je pense qu'ils ont « perdu l'habitude », je leur donnerai une tâche simple pour commencer, comme lire une histoire au bébé, ou je leur montrerai comment je change la couche du bébé.

✓ **Je demande leur avis.** Il y aura certainement quelque chose dont je ne serai pas sûre – ou peut-être qu'il est question d'hérédité – et ils devraient donc apprécier que je demande leur opinion. Évidemment, je ne demanderai pas leur avis sur quelque chose dont je suis très certaine.

✓ **Je les réconforte pour qu'ils se sentent désirés.** Je les informerai de ce que fait le bébé et, quand il grandira, je leur dirai combien il les aime et combien nous attendons tous leur visite.

✓ **Je les avertis à l'avance quand j'ai besoin de leur aide.** Les grands-parents peuvent avoir une vie très remplie ; je ne peux donc m'attendre à ce qu'ils puissent garder le bébé à la dernière minute. Je m'assurerai aussi de les remercier pour leur aide.

✓ **Je les informe de ce que je pense de certaines choses, comme la discipline.** Si je pense qu'ils sont trop indulgents, je dois en discuter avec eux et expliquer clairement mes attentes.

peuvent, si elles sont nourries par l'anxiété et la tension parentale, bientôt devenir des problèmes majeurs. Si une mère devient anxieuse, cela peut affecter son bébé et créer un cercle vicieux. Dans les cas ci-dessus, une fois que vous êtes certaine que votre bébé n'a pas de problème de santé, il est bon de faire l'expérience de le changer de position pour l'allaitement ou, si vous le nourrissez au biberon, de changer les tétines.

Si votre bébé boit trop lentement ou tète à la hâte, puis s'endort avant d'avoir fini, prenez du recul et regardez tout le processus objectivement. Posez-vous les questions suivantes.
- Ai-je hâte aux boires ?
- Ai-je du plaisir à tenir mon bébé pendant que je le nourris ?
- Semble-t-il très calme et confortable dans mes bras quand il prend le sein ou le biberon ?
- Semble-t-il satisfait quand il a terminé ?
- Si la réponse à l'une de ces questions est « non », il vous faut alors créer une atmosphère détendue, qui soit utile tant pour l'allaitement au sein qu'au biberon.

GÉRER LES PLEURS

Je dois me rappeler combien j'étais heureuse d'entendre le bébé pleurer quelques moments après l'accouchement – le signal qu'il était arrivé sain et sauf –, tandis que, maintenant qu'il est à la maison, ses pleurs répétés peuvent m'épuiser. Il est important de garder à l'esprit que, pour un bébé, pleurer est son moyen de communication principal et le signe qu'il se développe bien, plutôt que le reflet que je fais mal quelque chose. Avec le temps, je deviens meilleure pour décoder le sens de ses pleurs et c'est pourquoi je suis moins stressée et frustrée à propos de ce que je dois faire pour le calmer. Comme tous les bébés, le mien pleure rarement pour le plaisir de pleurer : je cherche donc toujours une explication.

Tout comme j'essaie de comprendre pourquoi mon bébé pleure, je dois m'assurer que je ne suis pas tendue et anxieuse quand je le prends, car il sentira la tension et un autre cercle vicieux peut se mettre en place. Si je deviens effectivement tendue, j'essaie de prendre une courte pause, car quelques minutes de répit suffisent habituellement pour me mettre dans un état d'esprit plus positif.

BESOINS DE SOMMEIL

Selon les recherches, un nouveau bébé fera perdre à ses parents entre 400 et 750 heures de sommeil durant sa

POURQUOI BÉBÉ PLEURE-T-IL ?

- ☐ Faim : a-t-il besoin d'être nourri ?
- ☐ Trop chaud ou trop froid : faut-il ajuster ses vêtements, ses couvertures ou la température de la pièce ?
- ☐ Mouillé ou souillé : peut-être est-il mal à l'aise et a-t-il besoin d'être changé de couche ?
- ☐ Il s'ennuie et désire que je l'amuse ?
- ☐ Il se sent seul et a besoin de tendresse et d'affection ?
- ☐ Il est fatigué, mais il a besoin d'être bercé doucement pour s'endormir ?
- ☐ Il est bouleversé parce qu'il y a des bruits forts ou des lumières vives et qu'il a besoin d'être dans mes bras, dans un endroit tranquille et sombre ?
- ☐ Il est malade et il doit être vu par un médecin ?

première année. Jusqu'à son cinquième mois, 2 heures de sommeil par nuit seront perdues et cela diminuera graduellement à 1 heure par nuit jusqu'à ce que l'enfant ait 2 ans. C'est sûrement ce que j'ai ressenti ! Je devais être philosophe et accepter que le manque de sommeil soit normal durant cette première étape de la vie de mon bébé. J'ai trouvé que faire une sieste était une manière efficace de retrouver mon énergie, tout comme partager les soins de bébé, la nuit, avec mon conjoint.

Bien sûr, je vois que mon manque de sommeil est dû au développement du bébé. Alors qu'un nouveau-né peut passer la majeure partie de la journée à dormir, il s'éveille fréquemment pour pleurer et être nourri. Il ne dormira qu'un maximum de 4 heures à la fois. Vers l'âge de 3 mois, un bébé passera environ entre 14 et 16 heures par jour à dormir, quoique cela soit encore réparti également entre le jour et la nuit. Ce n'est que plus tard qu'il commencera à dormir davantage la nuit et moins le jour. Que je veuille qu'il dorme plus longtemps la nuit lui est tout à fait égal !

Dépression postnatale

Alors que se sentir déprimée est très courant après l'accouchement, la véritable dépression post-partum (DPP) ou postnatale n'affecte qu'environ 10 à 20 % des mères. Bien qu'il n'y ait aucune cause connue, les niveaux fluctuants d'hormones et le stress sont des facteurs associés. Les femmes ayant eu une césarienne, surtout une césarienne d'urgence, sont particulièrement à risque. Comme l'accouchement par césarienne est l'une des expériences les plus difficiles de la vie, il peut laisser son empreinte sous la forme d'une faible estime de soi, de déception et d'échec.

De façon plus courante, la DPP commence dans les 6 premières semaines après la naissance et atteint un sommet à 10 semaines. Les symptômes courants comprennent la perte d'intérêt concernant les activités habituelles, la difficulté à se concentrer ou à prendre des décisions, la fatigue, un sentiment de nullité ou de culpabilité, des pensées récurrentes de mort ou de suicide, un gain ou une perte significative de poids, des modifications de l'appétit ou du sommeil et une anxiété excessive concernant la santé du bébé.

Contactez votre médecin si vous découvrez que :
- Vous vous mettez en colère facilement.
- Vous êtes anxieuse concernant les sentiments de votre conjoint envers vous et avez une faible estime de vous-même.
- Vous craignez pour la santé de votre bébé.
- Vous pleurez excessivement.
- Vous êtes léthargique, mais ne pouvez pas dormir.
- Vous souffrez d'attaque de panique et avez le sentiment d'être accablée.
- Vous détestez votre bébé ou votre conjoint.

Certains pères font aussi l'expérience de la DPP – mais ils sont encore moins sujets à demander de l'aide !

Même s'il peut s'avérer difficile de parler de vos sentiments avec votre médecin ou l'infirmière visiteuse, la dépression postnatale est une maladie et elle requiert des traitements, habituellement avec consultation et médicaments. Si vous allaitez, il est important que toute médication prescrite soit adéquate. Si vous vous sentez mal à l'aise de vous confier à votre médecin, ou si vous n'êtes pas certaine que vous faites vraiment une dépression, il existe des organismes spécialisés dans ce problème. Faites une recherche dans Internet, puis téléphonez à un service d'assistance téléphonique et parlez à un conseiller.

Je ne ferai pas moins que...

PROTÉGER MA SANTÉ ÉMOTIONNELLE
En prenant les mesures ci-dessous, j'aurai plus de chances de garder un bon moral. Pour ce faire, j'ai besoin de :

✓ **Accorder du temps aux choses qui me font rire,** comme regarder mes comédies préférées.

✓ **Demander de l'aide pour les tâches ou les situations** qui me stressent ou me causent de l'anxiété.

✓ **Consacrer du temps à la détente.** Si nécessaire, je peux utiliser la méditation ou la visualisation pour tranquilliser mon esprit quand je suis inquiète.

✓ **Accorder de l'attention à mon apparence.** Si je me sens belle, je me sentirai mieux.

✓ **Sortir de chez moi.** Faire une promenade avec le bébé ou demander à mon conjoint de s'occuper du bébé pendant que je sors avec une amie, m'éloigner des tâches domestiques sera sûrement réjouissant.

✓ **Me joindre à un groupe de soutien pour nouvelles mamans** ou à un cours d'exercices postnataux pour partager des expériences et me remonter le moral.

✓ **Confier à mon conjoint comment je me sens.** S'il estime que, parfois, les choses peuvent aller trop loin, il pourra m'aider et me donner le soutien dont j'ai besoin.

✗ **Éviter le sucre, le chocolat et l'alcool** qui peuvent avoir un effet dépresseur. Je dois manger beaucoup d'aliments sains et frais.

S'adapter à la vie de famille

Prendre soin d'un bébé peut être épuisant, mais il est important que je ne me perde pas de vue comme individu et que la relation avec mon conjoint soit maintenue. Une fois la phase du nouveau-né terminée, je tiens à rétablir mon propre mode de vie et je dois aussi décider si je retourne au travail ou si je poursuis d'autres ambitions. Probablement la plus importante décision que je prendrai au cours des prochains mois sera mon retour ou non au travail. Je vais prendre le temps de réfléchir et j'irai dans la direction qui conviendra pour moi, mon conjoint et mon bébé.

CHOISIR DE RESTER À LA MAISON

Si je décide de prendre soin de mon bébé à temps plein, j'espère que cela me procurera toute la satisfaction que j'avais l'habitude de retirer de mon travail, quoique je sache que certaines femmes s'inquiètent de perdre, d'une manière ou d'une autre, leurs acquis en restant à la maison. Si je développe ce sentiment, je me concentrerai sur le fait que l'emploi que j'ai maintenant – qui consiste à élever mon enfant – est aussi important, si ce n'est beaucoup plus que mon ancien travail. Plusieurs amies qui ont des bébés me disent combien il est agréable de découvrir des choses avec leur bébé et d'observer tous les changements incroyables qui surviennent. Et je prévois partager mes expériences avec elles et d'autres.

CHOISIR DE RETOURNER AU TRAVAIL

Si je décide de retourner au travail, je dois fixer une date et prendre les mesures nécessaires pour faire garder mon bébé : une bonne d'enfant, une nourrice ou une garderie (voir à la page 86).

Je suis certaine que, le moment venu de retourner au travail, il est inévitable que je me sentirai un peu triste ou coupable, en pensant aux moments précieux que je pourrais passer avec le bébé ou me demandant ce qui arrivera s'il a un accident. Si je retourne au travail, c'est que je veux ou que je dois y retourner ; par conséquent, j'essaierai de ne pas me laisser démoraliser par de tels sentiments. Je dois me concentrer sur l'idée que je me sentirai plus indépendante et comblée en travaillant, et que cela fera de moi une mère plus heureuse, ce dont bénéficiera mon bébé. Mon travail lui procurera une situation financière stable.

J'espère que bébé développera un lien étroit avec sa gardienne, mais cela ne devrait pas affecter sa relation avec moi. Je trouverai du temps à passer seule avec lui et l'insérerai dans ma routine et, une fois à la maison le soir et les fins de semaine, je pourrai le nourrir, jouer avec lui, puis le mettre au lit.

Retourner travailler sera certainement difficile au début. Je suis certaine que je serai fatiguée et il faudra du temps pour que je m'habitue à jongler avec ma charge de travail et mes responsabilités à la maison.

FAIRE PARTIE D'UN COUPLE

Vivre avec un bébé affecte chaque partenaire de différentes façons. Peut-être que, maintenant, l'un de nous demeurera à la maison, tandis qu'avant nous avions tous les deux des emplois à temps plein, ou peut-être mon partenaire se préoccupera-t-il de l'attention que je donne au bébé. Non exprimées, ces inquiétudes peuvent créer des barrières entre nous. Une communication honnête est la meilleure façon de maintenir une relation forte, qui évoluera avec la croissance de notre famille.

Il y a un certain nombre de choses que nous devons faire. Avoir une vie sociale en est une. Nous n'avons pas besoin de sortir toute la soirée au début, mais aller au cinéma ou visiter quelques amis nous accordera une pause intéressante.

Nous avons aussi besoin de partager des idées sur la parentalité l'un avec l'autre ainsi que toute inquiétude. J'écouterai les espoirs et les craintes de mon conjoint et m'assurerai d'exprimer les miens. Même s'il adore le bébé, il peut se sentir blessé et mis à l'écart par le transfert apparent de mon affection – et je dois le rassurer de l'importance qu'il a pour nous deux.

Je dois résister à la tentation de tout garder pour moi. Au début, je me sentais comme si je voulais passer tout mon temps avec le bébé et que j'étais meilleure pour m'en occuper que mon partenaire, mais il est vite devenu évident que je pouvais partager les soins du bébé sans me soucier de perdre le contrôle. J'ai essayé de garder à l'esprit que le bébé apprenait des choses différentes de chacun de nous.

REPRENDRE LES RELATIONS SEXUELLES

Même si mon médecin m'a avisée d'attendre 6 semaines avant d'avoir une relation sexuelle, cela dépend réellement si je suis prête et quand. Comme mon accouchement a été relativement facile et que j'ai peu de douleur, je ne vois pas pourquoi j'attendrais si longtemps. D'autres femmes, qui ont eu un accouchement difficile et des points de suture, peuvent préférer attendre plus de 6 semaines. Quand je me sentirai vraiment prête, j'irai à mon propre rythme, découvrant ce qui est bon et ce qui ne l'est pas. Si la pénétration ne semble pas être souhaitable, alors s'embrasser, se caresser, se masser, se masturber mutuellement et les relations buccogénitales seront satisfaisants jusqu'à ce que je sois prête pour la pénétration. Je me suis dit qu'il est préférable d'éviter la position du missionnaire jusqu'à ce que je me sente complètement à l'aise et faire l'amour dans une position où je peux contrôler la profondeur de la pénétration de mon partenaire – moi sur lui ou nous deux étendus côte à côte – garantira que, si la pression devient inconfortable, je puisse me libérer. Je comprends aussi qu'il est très courant que l'appétit sexuel diminue après l'accouchement et que le sexe puisse ne pas être aussi spontané qu'il l'était avant, compte tenu de l'épuisement, du manque de sommeil et de l'incroyable ajustement qu'un nouveau bébé exige.

 AVIS D'EXPERTS

Utilisez un lubrifiant

Après l'accouchement, quand les niveaux d'œstrogène et de progestérone s'effondrent, vous pouvez éprouver temporairement une perte de lubrification vaginale, de même que des bouffées de chaleur et de la sudation. Ces symptômes peuvent durer quelque temps. Par conséquent, quand vous serez prête pour une relation sexuelle ou que vous voudrez vous masturber, utilisez un lubrifiant vaginal à base d'eau. N'utilisez pas de gelée de pétrole (vaseline), parce qu'elle est à base d'huile et peut entraîner une infection.

L'ovulation peut commencer même si j'allaite au sein et que mes menstruations n'ont pas recommencé ; je dois donc utiliser une forme de contraception quand je reprends les relations sexuelles. Les condoms sont probablement le meilleur choix de départ. Si je veux utiliser d'autres formes de contraception, je devrai en parler à mon médecin. Une pilule à base d'œstrogènes ne sera pas adéquate, car elle peut bloquer la production de lait, mais je comprends qu'il est habituellement sécuritaire de prendre une pilule minidosée qui contient seulement de la progestérone. Si je veux avoir un dispositif intra-utérin ou un diaphragme, je devrai attendre jusqu'à ce que le col de l'utérus soit guéri, ce qui peut prendre environ 6 semaines.

DEMEURER AU-DESSUS DES CHOSES

Au début, la réalité de la parentalité ne correspondait pas toujours à mes attentes ; je la trouvais plus exigeante que je ne l'avais anticipée et il était difficile d'être toujours prête à répondre aux besoins du bébé. Par contre, avoir confiance en moi et en mes idées a facilité la résolution des problèmes. J'ai eu des doutes et commis des erreurs – chacun a ses moments d'incertitude et souhaite, à certains moments, avoir fait les choses autrement –, mais j'essaie de ne pas laisser ces faux pas occasionnels affecter ma confiance en moi. Je me dis que d'autres parents ont aussi les mêmes pensées. Je trouve utile aussi de partager mes idées et mes sentiments avec mon conjoint et mes amies intimes. Expliquer mes idées à d'autres m'aide à clarifier mes pensées, même quand mon auditeur ne me donne pas de conseil. Et, quand un conseil est donné, j'écoute ce que l'autre personne dit et je discute le sujet plus à fond. Je ne change pas nécessairement d'idée, mais je me sens plus confiante dans ma décision.

PARTIE II Mon bébé

PARTIE II Mon bébé

Mon merveilleux nouveau-né

Enfin, après 9 mois d'anticipation, mon bébé est réellement là. Je suis simplement stupéfiée de voir combien il est magnifique et parfait. Je me sens extrêmement chanceuse. Je sais que certains bébés ont besoin de soins spéciaux à la naissance ou sont nés avec des problèmes. Heureusement, ces bébés aussi peuvent, dans la plupart des cas, être aidés pour vivre une longue vie, en santé et heureux.

L'apparence de mon bébé

Une fois né, je n'arrivais pas à croire combien mon bébé était absolument magnifique ! Pas dans le sens conventionnel peut-être, mais il était là, parfaitement formé, le bébé que je voulais connaître depuis des mois et j'étais complètement sous le choc quand on me l'a tendu. S'il était né par césarienne, il aurait eu une tête plus ronde et un visage moins aplati, puisqu'il n'aurait pas eu à passer par l'étroite filière pelvienne, mais, par contre, la plupart des nouveau-nés ressemblent vraiment beaucoup à mon bébé. Un bébé délivré à l'aide des forceps ou d'une ventouse ou à qui on a fixé une électrode au cuir chevelu avant la délivrance peut avoir une ecchymose et une enflure sur la tête.

LE CORDON OMBILICAL

Le nombril de mon bébé peut être « sorti » ou « rentré ». Si le cordon ombilical était court ou si un cordon plus long s'est enroulé autour du bébé tandis qu'il était dans le sein maternel, plus de tension a été appliquée sur l'ombilic et son nombril sera sorti. S'il n'a subi que très peu de tension avant la naissance, le nombril sera rentré. Si la tension était moyenne, le nombril sera à égalité avec la peau de l'abdomen. Si l'ombilic de mon bébé est sorti, je ne m'inquiéterai pas ; de nombreux nombrils sortis s'enfoncent éventuellement.

Le cordon ombilical est blanc-jaunâtre et mou, avec un clip qui a été fixé à l'accouchement. Cela empêche son sang de sortir du corps par le biais des vaisseaux ombilicaux. Après un autre jour ou deux, il se desséchera et deviendra plus foncé et très dur et le clip sera enlevé.

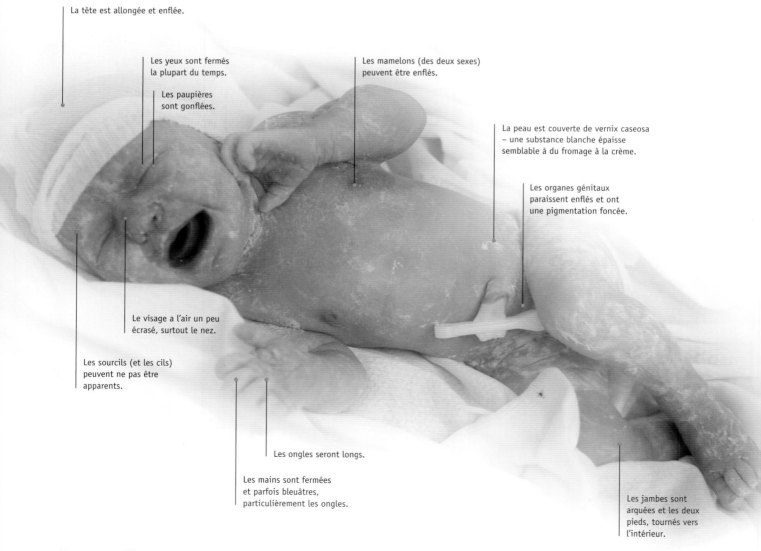

La tête est allongée et enflée.

Les yeux sont fermés la plupart du temps.

Les paupières sont gonflées.

Les mamelons (des deux sexes) peuvent être enflés.

La peau est couverte de vernix caseosa – une substance blanche épaisse semblable à du fromage à la crème.

Les organes génitaux paraissent enflés et ont une pigmentation foncée.

Le visage a l'air un peu écrasé, surtout le nez.

Les sourcils (et les cils) peuvent ne pas être apparents.

Les ongles seront longs.

Les mains sont fermées et parfois bleuâtres, particulièrement les ongles.

Les jambes sont arquées et les deux pieds, tournés vers l'intérieur.

MARQUES DE NAISSANCE

Même si mon bébé n'en a pas (encore), elles sont courantes chez les bébés et se présentent sous différents types.

HÉMANGIOME

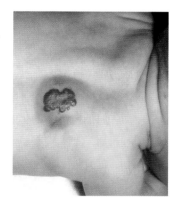

À la naissance, cette marque a l'aspect d'une « fraise » plane, bien définie et souvent de couleur pourpre pâle. Elle est essentiellement une collection de plusieurs petits vaisseaux sanguins à un endroit localisé, mais elle peut ne pas être visible avant que les vaisseaux commencent à croître. Avec l'âge (surtout à la surface de la peau), elle grandit, devient plus rouge et épaissit. L'hémangiome continue de croître pendant les premiers 6 à 9 mois de vie, puis il commence à rétrécir et à perdre sa couleur. La vaste majorité, même les très grands, disparaissent en quelques années, sans traitement. Rarement, un grand hémangiome devient problématique s'il se trouve près de structures importantes (l'œil, le nez ou la bouche) ou dans des zones qui peuvent être facilement irritées (main ou zone de la couche) ; on peut alors le traiter avec des injections de cortisone ou au laser.

TACHES MONGOLIQUES

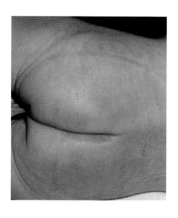

Elles sont grandes, planes et noir grisâtre ; elles peuvent atteindre plusieurs centimètres de largeur. De forme allongée, elles sont plus souvent situées au bas du dos et au haut des fesses, mais aussi à l'arrière de la main, au haut du dos et des épaules. Elles sont très courantes chez les enfants noirs et ceux de descendance asiatique. Ces taches pigmentées deviennent moins visibles avec l'âge.

NAEVI FLAMMEUS (OU TACHE DE VIN)

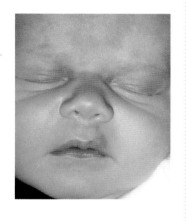

Ces zones de peau plates et rouge rosé sont aussi formées de surplus de vaisseaux sanguins mais, contrairement à l'hémangiome (voir plus haut), ils sont présents à la naissance et ne se développent pas. On les trouve couramment sur la nuque (« la morsure de cigogne »), au haut des paupières (« le baiser de l'ange »), sur le nez ou juste au-dessous et sur le front. Ces taches de naissance (ou taches de vin) pâlissent peu à peu et, habituellement, disparaissent avec le temps. Toutefois, quand le bébé pleure ou force pour évacuer ses selles, le *naevi flammeus* deviendra momentanément plus rouge.

NAEVI (NAEVUS AU SINGULIER)

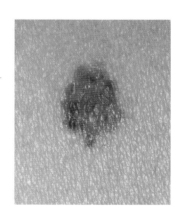

Ce sont des taches de naissance noires qui peuvent être planes ou soulevées. Comme l'hémangiome, le *naevus* peut aussi ne pas être présent à la naissance, mais apparaître plus tard. Plusieurs sont petits et ressemblent à des grains de beauté chez les enfants plus vieux et les adultes. Ils sont parfois plus grands. Bien qu'ils ne grossissent pas, ils ne disparaissent pas.

Ce que mon bébé peut faire

Tout en respirant pour la première fois, mon bébé a aussi émis ses premiers pleurs ! Quoique ses pleurs soient maintenant courants, j'ai aussi été surprise par les autres bruits qu'il produit : hoquets, éternuements et grognements. Une partie de son comportement est réflexe – il réagit à certains stimuli de façon particulière –, mais il fait d'autres choses qui semblent indiquer qu'il utilise ses sens. En outre, il semble avoir un tempérament particulier.

RÉFLEXES

Certains réflexes des nouveau-nés existent pour aider le bébé à faire face au monde extérieur, mais d'autres sont un mystère ! La respiration est l'un des premiers réflexes apparents à la naissance. Les poumons de mon bébé ne fonctionnaient pas dans l'utérus, mais maintenant il a besoin d'inspirer l'oxygène.

L'alimentation est assurée par plusieurs réflexes : s'orienter, sucer et avaler. Ils garantissent que mon bébé se tournera vers une source de lait (sein ou biberon), la saisira et déglutira la nourriture.

Ses yeux sont protégés par les réflexes pupillaires et de clignement, qui font que ses pupilles se contractent et ses paupières se ferment en réaction à une lumière vive.

Les bruits forts ou les sensations soudaines provoquent le réflexe de Moro ou de défense : bras et jambes allongés et doigts écartés (voir à la page suivante).

Si je tiens mon bébé sous les aisselles, de manière à ce que ses pieds touchent une surface ferme, il démontrera le réflexe de la marche et, si quelque chose est placé dans sa main, il l'agrippera de toutes ses forces (le réflexe de préhension). Ces deux derniers réflexes disparaissent rapidement, mais peuvent résulter de quelque chose appris dans le sein maternel (agripper son cordon ombilical) ou qui peut être important pour son développement futur (les pas de la marche) ; personne ne le sait !

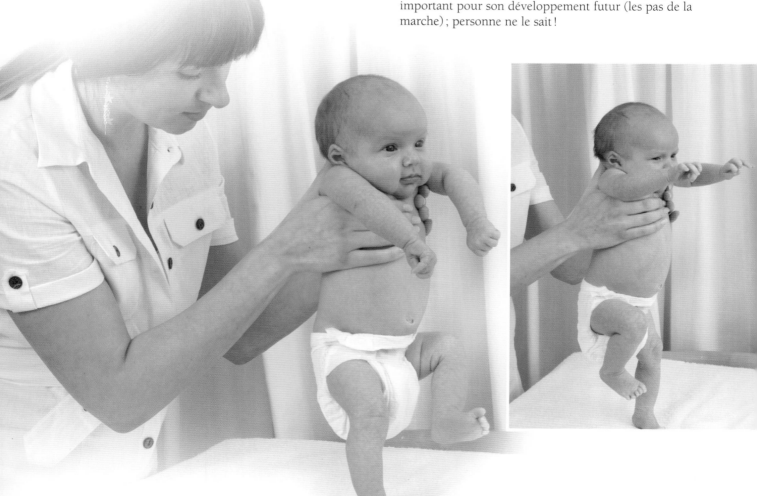

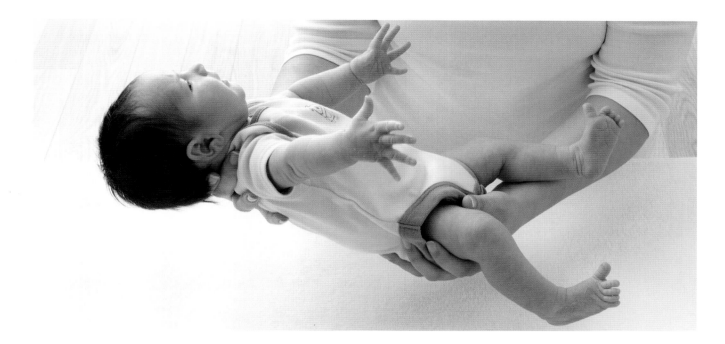

CONSCIENCE SENSORIELLE

Dès la naissance, mon bébé peut me voir assez bien, mais sa vue est meilleure à une distance de 20 à 25 cm. Curieusement, c'est à peu près la distance entre mes yeux et le visage du bébé quand je le mets au sein. Je me rends souvent compte qu'il me regarde fixement.

Mon bébé pouvait aussi très bien entendre à la naissance. Il se tourne vers moi quand je parle. Les voix ou les bruits forts le surprennent et le font souvent pleurer. Cependant, quand je fais jouer la musique qu'il entendait durant ma grossesse, il semble la reconnaître et se calme.

On m'a dit que mon bébé peut distinguer mon lait de celui d'une autre mère et qu'il réagit davantage à certaines odeurs ; celles qu'il trouve désagréables le repoussent. Il est aussi capable de distinguer certaines saveurs depuis la naissance et je dois faire attention à ce que je mange, parce que des aliments à saveur forte comme l'ail peuvent lui rendre mon lait moins agréable.

Comme tous les bébés, le mien adore être caressé et bien au chaud dans nos bras ; en général, cela le calme et le rassure. J'adore son contact contre ma peau nue et il semble aussi aimer cela.

PERSONNALITÉ

Mon bébé a sa propre personnalité. Il me semble que, même à cet âge, il a des préférences et des aversions et qu'il réagit aux choses de façon particulière. C'est un nourrisson enthousiaste, tandis que d'autres bébés que je connais sont plus passifs et tètent plus lentement. Dès le départ, il se blottissait contre moi, mais je me rappelle que le bébé de ma sœur remuait beaucoup au début.

Les psychologues qui étudient les comportements des bébés ont découvert que 75 % des bébés correspondent à l'un des trois types suivants, tandis que l'autre 25 % partage des caractéristiques de plus d'un groupe. Un bébé sera selon ce qui suit…

- Facile à vivre et agréable parce que, en général, il réagit positivement à tout ce qui lui arrive ou se passe autour de lui. Un tel bébé est très ouvert aux nouvelles expériences, les accueillant plutôt que les évitant. Son humeur et son comportement sont réguliers et prévisibles.
- Difficile à contrôler parce qu'il est grognon et facilement irritable, mais très actif la plupart du temps. Il s'en faut de peu pour le déranger. Son humeur est changeante et son comportement, imprévisible. Il n'aime pas le changement et met longtemps à s'adapter aux nouvelles situations ou aux visages qui ne sont pas familiers.
- Lent à s'animer et généralement inactif, avec des réactions modérées à la plupart des choses. Il manquera d'enthousiasme pour les nouvelles expériences, sans réagir trop négativement. Si, à titre d'exemple, il n'aime pas un nouveau jouet, il détournera simplement la tête, plutôt que de le rejeter physiquement.

Mon bébé a-t-il besoin de soins particuliers ?

Les bébés nés prématurément, ou de faible poids à la naissance, ou souffrant d'un problème diagnostiqué alors qu'ils étaient dans l'utérus, après la naissance ou causé par l'accouchement, peuvent avoir besoin d'être placés sous surveillance dans l'unité néonatale des soins intensifs jusqu'à ce qu'ils soient assez bien pour entrer à la maison. Les mères des bébés aux soins intensifs doivent établir un équilibre entre visiter leur bébé et prendre assez de repos pour maintenir santé et énergie. Au départ, une visite quotidienne d'une durée de 2 à 3 heures (si assise à côté de la couveuse du bébé) ou moins (si debout) est suffisante. Plus tard, une visite matinale débutant juste avant l'heure du premier boire et se terminant après l'heure du boire suivant, puis une visite plus courte en soirée sont recommandées. Certains parents alternent les visites à l'unité néonatale avec papa qui arrive en soirée, après le travail. Les enfants prématurés dormant même plus que les bébés à terme (qui dorment environ 16 à 20 heures par jour), il est donc certain qu'un bébé dormira durant la plus grande partie de ces visites.

PRÉMATURITÉ

Un bébé, né à 36 semaines ou moins de gestation, est considéré prématuré. Les jumeaux sont très souvent prématurés, parce que l'utérus est souvent incapable de porter deux enfants à terme. Tous les prématurés du même âge gestationnel n'ont pas la même maturité ; par conséquent, les bébés ne reçoivent pas habituellement leur congé de l'unité néonatale des soins intensifs avant de pouvoir être nourris

avec succès et de gagner du poids régulièrement (peu importe leur âge).

UNITÉ NÉONATALE DES SOINS INTENSIFS

Un bébé dont on prend soin dans cette unité sera gardé dans un incubateur où il sera protégé du monde extérieur dans un environnement chauffé, mais qui sera ouvert pour l'observation. L'alimentation, le bain et les interventions, comme les prises de sang et le début de thérapies intra-veineuses peuvent être effectués sans le retirer de son abri chauffé. Par des hublots, les parents peuvent réconforter leur bébé en le touchant jusqu'à ce que le bébé soit assez gros pour qu'on lui permette de sortir afin qu'on le caresse et le prenne dans les bras.

Les très petits prématurés sont nourris au début à l'aide d'une sonde gastrique de petit calibre qui entre par le nez ou la bouche et aboutit dans l'estomac. D'ordinaire, les bébés prématurés sont incapables de téter assez fort et les sondes gastriques contournent la nécessité de téter. Du lait maternel déjà extrait ou du lait maternisé pour nouveau-né est mesuré dans une seringue et tombe goutte à goutte dans l'estomac du bébé par la sonde. Quand un bébé est plus vieux, on peut l'allaiter au biberon tandis qu'il demeure dans l'incubateur.

Les parents qui passent du temps dans l'unité néonatale de soins intensifs apprennent des infirmières comment effectuer les petites tâches qu'impliquent les routines quotidiennes ; ils deviennent donc plus compétents et plus

confiants en leurs capacités avant d'amener leur bébé à la maison. Les parents acquièrent une compétence pour laver le bébé, changer sa couche, mesurer et administrer les vitamines. Ils deviennent aussi plus à l'aise pour prendre leur enfant et le tenir, ainsi qu'experts à le nourrir.

Les bébés très prématurés sont souvent vraiment malades au début à cause de l'immaturité de leurs poumons, de leur appareil gastro-intestinal, de leur appareil circulatoire, etc. ; en étant pro-actifs et en s'instruisant des conditions médicales du bébé (et comment en prendre soin), les parents peuvent accomplir beaucoup durant le séjour qu'il fait à l'unité néonatale des soins intensifs.

JAUNISSE (ICTÈRE)

Chez de nombreux nouveau-nés, la peau devient jaune et le blanc des yeux jaunâtre. Cela est dû à un taux élevé de bilirubine, les déchets produits par la destruction des globules rouges sanguins, et résulte de l'immaturité du foie à se débarrasser de ces cellules indésirables. La jaunisse se présente souvent chez les nouveau-nés avec des contusions causées par l'accouchement, de type sanguin différent de celui de la mère ou nés prématurément.

En général, le traitement est la photothérapie, dans laquelle le bébé est placé sous des lampes qui transmettent de l'énergie aux molécules de bilirubine de sa peau et de ses vaisseaux sanguins superficiels, causant ainsi un petit changement structurel dans les molécules de bilirubine qui leur permet d'être facilement excrétées dans l'urine. La photothérapie ne guérit pas la jaunisse, mais elle garde le taux de bilirubine à un niveau sécuritaire jusqu'à ce que le foie soit assez mature.

Je ne ferai pas moins que...

MAINTENIR LE CONTACT AVEC MON BÉBÉ PRÉMATURÉ
Même s'il est dans un incubateur, je peux prendre soin de lui de plusieurs façons :

✓ **Chanter et lui parler** pendant qu'il est dans l'incubateur.

✓ **Le caresser et le câliner** par les hublots.

✓ **Lui procurer une intimité directe (peau contre peau)** quand on lui permet de sortir de la couveuse et que le personnel l'autorise. Des recherches ont démontré que le contact peau contre peau peut réduire les niveaux de stress même chez les plus jeunes bébés.

✓ **Extraire du lait maternel** qui peut lui être donné pour le nourrir.

✓ **Apprendre tout ce que je peux** sur sa condition et ses soins physiques. Si je tiens un journal, cela m'aidera à enregistrer ses progrès (ainsi, je pourrai lui en parler plus tard) et, si je suis auprès de lui quand il est changé, baigné et massé, je pourrai effectuer ces tâches dès que possible.

Problèmes discernables à la naissance

Certaines conditions sont transitoires et faciles à guérir, comme un hémogramme élevé, un faible taux glycémique ou la détresse respiratoire du nouveau-né, mais d'autres problèmes peuvent exiger un traitement élaboré ou seront impossibles à éradiquer.

PROBLÈMES DE MAINS, DE PIEDS, DE JAMBES ET DE HANCHES

Les doigts supplémentaires sont courants ; ils varient de la masse de chair sans ongle ni os internes, jusqu'au sixième doigt ou orteil pleinement développé. Ceux qui n'ont qu'une fine tige peuvent être fermés avec des sutures, tandis que les doigts et orteils plus complets doivent être retirés chirurgicalement.

Le pied bot peut affecter un ou les deux pieds. Le pied affecté plie vers le bas à la cheville, tourne vers l'intérieur et s'incline. En débutant peu de temps après la naissance, le pied sera placé dans un plâtre qui le tiendra dans une position plus près de la normale. Une chirurgie peut aider les enfants dont les pieds ne sont pas améliorés par un plâtre ou dont les pieds sont plus difficiles à traiter.

La luxation de la hanche peut être apparente chez certains jeunes bébés si la cavité articulaire qui tient la tête du fémur en forme de balle n'est pas assez profonde et que la tête du fémur sort de sa position. Les hanches du bébé seront examinées à sa naissance, puis entre 6 et 8 semaines. Si un problème est suspecté, on prescrira une échographie de la hanche et il sera référé à un chirurgien orthopédiste. Dans certains cas, la condition se corrigera d'elle-même avec le développement de la cavité articulaire. D'autres enfants auront besoin d'un appareil d'abduction qui gardera les hanches tournées vers l'extérieur, afin qu'elles se développent normalement pendant une période de temps. Parfois, une traction suivie d'une adduction ou d'une chirurgie est requise.

PROBLÈMES DE TESTICULES

À l'occasion, à la naissance, un des testicules n'est pas descendu dans le scrotum. Invariablement, il arrivera à sa position normale en quelques mois. Parfois, l'un des testicules semble plus gros que l'autre parce qu'il est entouré de liquide. Connue sous le nom d'hydrocèle, la plupart des hydrocèles petites ou moyennes se résolvent en quelques mois. Celles qui ne disparaissent pas ou qui sont grosses peuvent être traitées par une chirurgie mineure.

TROUBLES CARDIAQUES

Le souffle cardiaque est un bruit causé par des turbulences dans la circulation sanguine. Les souffles cardiaques détectés le premier jour de vie sont souvent transitoires et sont une variation normale. La cause la plus courante d'un souffle au cœur résulte d'une petite ouverture dans la cloison entre les deux ventricules. Ce souffle, dit communication interventriculaire (CIV), est habituellement détecté après 2 ou 3 jours de vie. La plupart des CIV se ferment tout à fait avec le développement du cœur.

Il existe diverses malformations cardiaques moins courantes, dont certaines sont graves.

Les indices de trouble cardiaque comprennent le bleuissement des lèvres (non les mains et les pieds, qui sont normalement bleu pourpré chez les nouveau-nés en santé), la respiration rapide, la pâleur et une faiblesse à téter. Quand un défaut structurel du cœur est suspecté, votre médecin l'investiguera plus avant, en utilisant possiblement des tests – radiographie pulmonaire, électro-cardiogramme (ECG) ou échocardiogramme –, ou il demandera une consultation auprès d'un cardiologue pour enfants.

FISSURE PALATINE

C'est une ouverture dans la voûte du palais permettant la communication entre les cavités orales et nasales. Pendant la période du nouveau-né, cette malformation peut rendre difficile l'alimentation pour le bébé, puisque la fissure palatine empêche d'engendrer la pression négative nécessaire pour une tétée réussie. Une solution temporaire consiste à donner le biberon en utilisant une très grosse tétine (tétine d'agneau). Un dispositif en plastique, semblable au palais souvent utilisé chez les enfants traités par les orthodontistes, peut être formé afin de fermer l'ouverture. La réparation chirurgicale de la fissure palatine est habituellement recommandée avant l'âge d'un an et elle produit d'excellents résultats.

Dans les cas graves, la fissure palatine peut être accompagnée par une fente de la lèvre supérieure (bec-de-lièvre). Une chirurgie plus extensive devra être faite pour produire un résultat esthétique.

HYDROCÉPHALIE

Ayant de nombreuses causes, le résultat est le même : une quantité excessive de liquide céphalorachidien presse sur le cerveau, résultant en une circonférence anormalement grande de la tête.

L'hydrocéphalie peut se présenter chez les bébés prématurés malades, quand il y a saignement à l'intérieur des ventricules (du cerveau) et que des caillots de sang bloquent la voie utilisée par le liquide céphalorachidien pour sortir du ventricule affecté. L'hydrocéphalie peut aussi être le résultat d'une malformation des ventricules ou des voies du liquide céphalorachidien durant la gestation, une cicatrice à la suite d'une infection du cerveau survenant dans l'utérus, ou une tumeur cervicale comprimant le ventricule ou les voies du liquide céphalorachidien. L'hydrocéphalie peut aussi se développer à la suite d'une blessure aux cellules tapissant le cerveau après une méningite.

Les traitements varient selon la gravité. Si l'hydrocéphalie n'est pas sévère, le liquide céphalorachidien peut être retiré par ponction lombaire pour diminuer la pression. Dans d'autres cas, une dérivation sera insérée pour dériver le liquide céphalorachidien, ou une intervention sera pratiquée pour élargir la sortie par laquelle le liquide à l'intérieur du cerveau s'écoule vers la zone qui l'entoure.

SYNDROME DE DOWN

Causé par une erreur dans la division cellulaire tôt dans la vie du minuscule embryon, le faciès typique et les caractéristiques physiques ainsi que les problèmes médicaux associés dérivent tous d'une copie excédentaire du chromosome 21 dans chaque cellule.

Les enfants atteints du syndrome de Down peuvent avoir une foule de problèmes médicaux. Dans la phase du nouveau-né, des malformations cardiaques congénitales (pouvant exiger une intervention) et des blocages intestinaux peuvent se présenter. Durant l'enfance, il y a un risque accru d'infections des oreilles et d'hypothyroïdisme (thyroïde faible). Un enfant affecté devra aussi être examiné pour l'instabilité de la partie supérieure de la colonne vertébrale avant de participer à des activités sportives vigoureuses.

Quoiqu'un retard intellectuel et un délai dans l'atteinte des étapes importantes de la vie soient aussi des caractéristiques importantes, il y a une grande diversité de résultats. De façon générale, ces enfants sont gentils et heureux.

SPINA BIFIDA

Cette condition couvre un grand nombre d'anomalies dans la formation de la partie postérieure de la colonne vertébrale (les os, ou vertèbres, qui entourent et protègent la moelle épinière), la peau et les tissus mous la recouvrant. Les cas les plus bénins, appelés spina bifida occulta (fermé), ne peuvent être diagnostiqués qu'à

la suite d'une radiographie de l'abdomen ou du bassin prise pour des raison non reliées ; on voit alors que, dans la partie inférieure de la colonne vertébrale, il y a une brèche dans les vertèbres. Dans les cas les plus graves, dits de myéloméningocèle (ouvert), outre cette anormalité vertébrale, aucune peau ne couvre la colonne vertébrale inférieure.

Le spina bifida occulta ne requiert aucun traitement. La fente des vertèbres et autres anomalies des tissus mous près de l'extrémité inférieure de la moelle épinière seront corrigées chirurgicalement dès qu'elles seront détectées. Dans un cas de myéloméningocèle, une chirugie durant la phase du nouveau-né sera pratiquée pour fermer l'anomalie rachidienne.

Le spina bifida occulta n'entraîne pas de complications, tandis que lors de la réparation des malformations de gravité intermédiaire, certains dommages aux nerfs peuvent se produire. Les dommages aux nerfs sont quasi inévitables avec le myéloméningocèle. Les dommages aux nerfs sortant de la moelle épinière inférieure peuvent provoquer une faiblesse des jambes, une perte des sensations sous la taille et, chez les hommes, l'impuissance. Des dommages aux nerfs peuvent aussi affecter le tractus intestinal inférieur (incontinence fécale, constipation chronique) et l'appareil urinaire (incontinence et difficulté à vider la vessie). L'impossibilité de vider complètement la vessie après la miction peut résulter en infections du tractus urinaire et entraîner, à l'occasion, des dommages aux reins.

DÉFICIENCES SENSORIELLES

Une déficience auditive peut être présente à la naissance (congénitale) ; les enfants prématurés ont une plus forte incidence de problèmes d'audition. Les causes comprennent les infections virales intra-utérines et les formes héréditaires de perte de l'audition. La détection et l'intervention hâtives – les prothèses auditives, l'orthophonie et la thérapie du langage, les programmes conçus pour les enfants en perte d'audition et, pour certains enfants, les implants cochléaires – ont grandement amélioré les résultats du discours et du langage des enfants éprouvant des difficultés auditives.

Les déficits visuels apparents chez les nouveau-nés peuvent résulter de maladies héréditaires des yeux, de cataractes congénitales, de glaucomes et de la prématurité. Le glaucome se présente quand il y a une pression accrue dans le liquide du globe oculaire ; il est signalé par la combinaison d'un iris plus grand et d'un plus grand larmoiement de l'œil affecté. Le traitement consiste, occasionnellement, en gouttes médicamentées pour les yeux et il implique souvent une intervention pour diminuer la pression à l'intérieur de l'œil.

PARTIE II Mon bébé

Prendre soin de mon nouveau-né

Je n'ai jamais été aussi occupée de ma vie ! Je semble être emportée dans une ronde incessante : je nourris, je change, j'habille, je nettoie, je calme et je mets mon bébé au lit. J'essaie de prendre les choses aussi calmement que je le peux, ce qui aide à soulager une partie du stress de ne pas savoir si je fais tout exactement comme il faut. Malgré tout, l'allaitement semble bien aller ; j'apprécie les nombreux moments où je tiens mon bébé tout contre moi. Je m'émerveille qu'il soit ici et que je sois maman.

Créer des liens

Comme de nombreux parents, je suis tombée en amour avec mon bébé dès le moment où je l'ai eu dans les bras. D'autres parents ne ressentent pas cet attachement immédiat, mais développent de profonds sentiments d'affection et de protection peu de temps après la naissance. Ce n'est pas surprenant, parce que les sentiments maternels et paternels sont innés et que, normalement, ils n'ont pas à être appris ou enseignés. En prenant soin de mon bébé – en le prenant, le nourrissant, le calmant et le changeant –, je sens que mon attachement continue de croître, si bien que je suis désormais certaine que lui faire sentir qu'il est aimé, protégé et en sécurité est la chose la plus importante que je puisse faire.

Bien sûr, je sais que, à l'accouchement, mon bébé n'a pas éprouvé le même attachement que moi. Quoiqu'un bébé soit déterminé à obtenir de la chaleur, du confort et de la sécurité dès les premiers jours de sa vie et est, en fait, « pré-programmé » pour solliciter des réactions de ses parents, il appartient aux parents de satisfaire ces besoins.

Alors que la totale dépendance de mon bébé éveille de profonds sentiments en moi, il n'est pas suffisamment mature pour se lier à moi. Cela exige du temps et dépend de notre capacité de communiquer – tant verbalement que physiquement – ce que nous ressentons l'un pour l'autre.

APPRENDRE À SE CONNAÎTRE

Comme tous les bébés immédiatement après l'accouchement, mon bébé a commencé à communiquer avec mon conjoint et moi. Il l'a fait par ses pleurs, d'autres bruits, des expressions faciales, des mouvements du corps et des contacts ; et, avec le temps, je peux répondre adéquatement.

Une chose que j'essaie de faire, c'est de lui parler pendant que je vaque à mes occupations quotidiennes. Même un petit bébé aime le son de la voix de sa mère. Je m'assure donc de lui livrer un commentaire constant sur ce que je fais et ce qui arrive dans le monde autour de moi. Je fais un effort spécial pour parler avec naturel afin qu'il puisse saisir les sons et le rythme des mots d'une conversation normale. Quand le bébé « répond » avec des sons ou des gargouillements, je réagis aux sons qu'il fait en disant « Ah oui ? » ou « Je sais. » J'essaie aussi de réagir de façon appropriée à tout geste qu'il fait. Je regarde toujours son visage quand je lui parle et je lui souris pour qu'il se sente protégé et satisfait.

Bercer le bébé et danser ensemble au son de la musique est une autre chose que nous aimons tous les deux.

Comme mon bébé apprend à me connaître par tous ses sens – l'odorat et le toucher étant aussi important que l'ouïe et la vue –, le contact peau à peau et l'abondance de caresses le rassurent et nous font tous les deux nous sentir bien.

Je sais que, en grandissant, mon bébé anticipera mon comportement et qu'il sera capable de savoir ce qui me fera

AVIS D'EXPERTS

Manque d'attachement
Vos interactions avec votre nouveau-né devraient déclencher des sentiments affectueux d'attachement. Si vous ne ressentez pas cela, parlez-en avec votre médecin ou votre infirmière visiteuse. Vous pourriez souffrir de dépression postnatale (voir à la page 130) ou d'un autre problème.

sourire et comment attirer mon attention. Je suis impatiente de le savoir assez mature pour me rendre un sourire, tendre les bras pour que je le prenne et qu'il se blottisse dans mon cou quand je le lui fais un câlin.

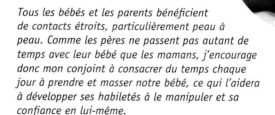

Tous les bébés et les parents bénéficient de contacts étroits, particulièrement peau à peau. Comme les pères ne passent pas autant de temps avec leur bébé que les mamans, j'encourage donc mon conjoint à consacrer du temps chaque jour à prendre et masser notre bébé, ce qui l'aidera à développer ses habiletés à le manipuler et sa confiance en lui-même.

Les bases de l'allaitement

La majeure partie de mon temps avec le bébé est consacrée initialement à l'allaitement et cela est vrai pour toutes les nouvelles mamans, qu'elles allaitent au sein comme moi ou au biberon avec du lait déjà extrait ou du lait maternisé. Il peut s'écouler quelques semaines avant d'établir une routine d'allaitement confortable et rassurante.

Nourrir au sein donne au bébé le meilleur départ dans la vie, lui procurant les nutriments essentiels et le protégeant de l'infection. Il aide aussi à me protéger de diverses maladies et encourage des liens physiques et émotionnels forts avec mon bébé. Néanmoins, une mère qui choisit d'allaiter son bébé au biberon – peut être parce qu'elle souffre d'une condition médicale, prend des médicaments ou se sent mal à l'aise d'allaiter au sein – doit essayer de ne pas se sentir coupable de sa décision. Son bébé reçoit quand même une alimentation adéquate et il existe des techniques pour garantir l'intimité (voir à la page 154).

À QUELLE FRÉQUENCE ALLAITER ?

Quoique tous les bébés doivent être allaités fréquemment, surtout au début, ils peuvent avoir des comportements différents. Le mien aime boire toutes les deux heures environ, tandis que d'autres mamans nourrissent au besoin. Comme toutes les mamans, j'ai vite appris à savoir quand exactement mon bébé a faim. Minuscule, l'estomac d'un nouveau-né ne peut contenir beaucoup plus qu'environ 50 ml (un peu moins de 2 oz) à la fois. Au cours des premières semaines, en moyenne, mon bébé allaité au sein voulait être nourri toutes les deux heures, jour et nuit (un bébé nourri au biberon peut vouloir être nourri toutes les 3 à 4 heures). Le lait maternel étant faible en protéines et riche en lactose, les bébés ont besoin d'en avoir peu, mais souvent pour bien se développer. L'allaitement au biberon doit aussi laisser le bébé « mener l'affaire » : si vous l'allaitez au biberon, vous devriez nourrir votre bébé dès qu'il semble avoir faim. La plupart des bébés de poids normal peuvent seulement attendre 6 heures sans un repas. Quand mon bébé a eu une longue période de sommeil, je trouve qu'il est valable de le réveiller en douceur et de lui offrir le sein tout de suite.

QUELLE QUANTITÉ DONNER ?

Si, comme moi, vous allaitez au sein, votre bébé voudra probablement boire au premier sein aussi longtemps que possible. Je lui offre ensuite une pause pour un rot ou un changement de couche, puis je le mets à mon autre sein. Mon premier sein se remplit pendant qu'il tète le deuxième ; ainsi, s'il en veut plus, il peut retourner au premier sein.

Tout comme chaque bébé a sa personnalité et sa manière de téter bien à lui, chaque sein a une capacité différente et fonctionne individuellement ; néanmoins, allaiter fréquemment aidera à constituer la réserve de lait durant les premières semaines.

Si vous allaitez au biberon, votre bébé aura besoin de 60 à 75 ml (2 à 2 ½ oz) de lait maternisé pour chaque 0,5 kg (1 lb) de poids corporel. Pour un bébé de 3,5 kg (7,7 lb), cela signifie que vous devez lui donner 420 à 525 ml (15 à 18 ½ oz) de lait maternisé par période de 24 heures. Jusqu'à ce que le poids de votre bébé atteigne environ 5 kg (11 lb), il aura besoin d'au moins 6 à 8 biberons chaque jour, car il ne prend que 60 ml (2 oz) par séance d'allaitement.

D'habitude, il n'est pas utile de peser un bébé chaque semaine, car il peut ne pas croître à un rythme régulier et cela peut vous rendre plus anxieuse ; des tableaux de croissance affichant les moyennes nationales sont disponibles.

Si vous avez des problèmes avec l'allaitement, il est important de demander de l'aide dès le départ. Si vous vous inquiétez de savoir si votre bébé « boit assez », jetez un coup d'œil à ma liste de vérification. Si quelque chose ne va pas bien, discutez-en avec votre infirmière visiteuse ou d'autres nouvelles mères, la famille ou des amis.

SIGNES QUE MON BÉBÉ PROSPÈRE

- [ ] Il est détendu pendant le boire ; il tète et avale lentement et prend des pauses au besoin.

- [ ] Il boit activement pendant environ 30 minutes seulement à la fois, ce qui indique qu'il saisit bien le sein. Si un bébé tète pendant une éternité, quelque chose ne va pas et cela peut signifier que sa façon de prendre le sein n'est pas adéquate.

- [ ] Il est content ou dort bien entre la plupart des boires ; il est alerte et habituellement heureux quand il se réveille.

- [ ] Il a des selles noires et collantes qui deviennent rapidement les 5 premiers jours, jaune doré et molles (liquides si nourri au sein, plus fermes si nourri au biberon).

- [ ] Il a beaucoup de couches lourdes et mouillées.

- [ ] Il prend du poids et on le sent plus lourd.

Allaitement maternel

Seul un très petit pourcentage de femmes est vraiment incapable d'allaiter au sein ; d'habitude, la cause résulte de tissus du sein endommagés d'intervention chirurgicale au sein, de problèmes hormonaux ou endocriniens, ou de restrictions dues à certains médicaments. Aussi, beaucoup de femmes manquent de confiance pour allaiter au sein. Par contre, les bébés n'ont pas ce problème. Tous les bébés sont instinctivement capables de téter peu de temps après la naissance, si on leur fournit la bonne occasion et le bon environnement.

Une position confortable peut être la clé de la réussite de l'allaitement au sein. Comme la plupart des femmes, je nourris habituellement assise sur une chaise droite, les pieds souvent surélevés et un oreiller supportant mes bras, mais j'essaie parfois d'autres positions. M'étendre sur le côté est utile quand je me sens fatiguée ou que je trouve inconfortable d'être assise. J'utilise des tas d'oreillers pour me supporter et tenir le bébé tout près afin que sa bouche soit alignée avec mon sein. Une femme qui a subi une

césarienne devrait plier les genoux et soutenir son dos avec un oreiller.

Quelle que soit la position que j'utilise, je dois pouvoir amener le bébé facilement à mon sein et le tenir fermement là – près de moi, tout son corps faisant face à mon sein et sa poitrine contre la mienne.

Pour rendre l'atmosphère aussi calme et relaxante que possible, je décroche le téléphone ou je ferme la porte afin de ne pas être dérangée. Je garde un verre d'eau tout près, au cas où j'aurais soif.

Si je veux arrêter tout allaitement au sein, on m'a dit qu'il est préférable de le faire graduellement, en entrecoupant le lait maternel avec du lait (ou du lait maternisé, selon l'âge du bébé) au biberon. Non seulement le bébé aura besoin de temps pour s'habituer à boire au biberon, mais mon corps aura aussi besoin de temps pour se réajuster. Si j'arrête soudainement, il y a des chances que mes seins s'engorgent et soient douloureux (voir à la page 158).

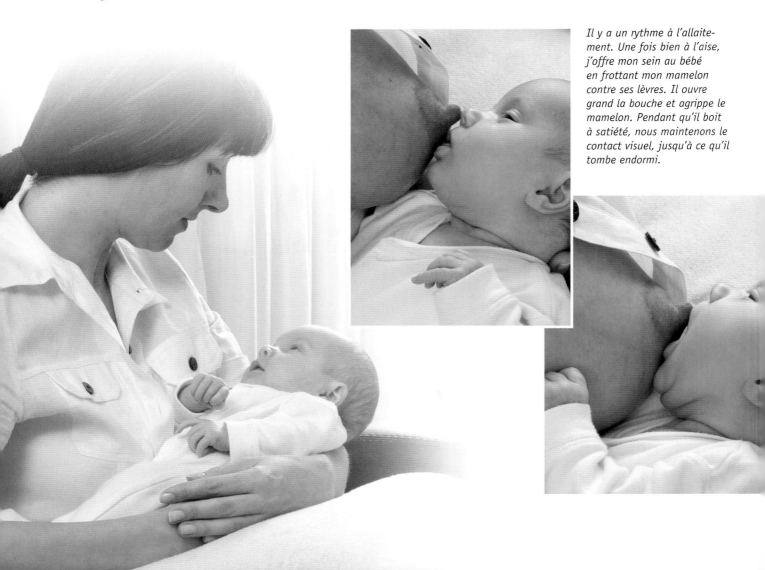

Il y a un rythme à l'allaitement. Une fois bien à l'aise, j'offre mon sein au bébé en frottant mon mamelon contre ses lèvres. Il ouvre grand la bouche et agrippe le mamelon. Pendant qu'il boit à satiété, nous maintenons le contact visuel, jusqu'à ce qu'il tombe endormi.

OFFRIR LE SEIN

Je trouve utile de faire une coupe avec la main pour supporter mon sein ou de le supporter par-dessous en plaçant les doigts contre mes côtes. Je dois m'assurer que mes doigts ne sont pas « en ciseau » autour du mamelon, car cela peut empêcher le bébé de boire correctement. Les narines de mon bébé étant dilatées pour lui permettre de respirer et de téter en même temps, je n'ai donc pas à presser mon sein pour l'éloigner de son nez. S'il ne se met pas à téter dès qu'il sent mon sein contre sa joue, je frotte mon mamelon contre ses lèvres pour déclencher le réflexe des points cardinaux. Une fois qu'il ouvre la bouche, je le dirige vers mon sein.

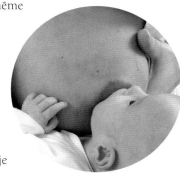

Saisir le sein

Quand il est bien sur mon sein, une bonne partie du dessous de mon aréole ainsi que mon mamelon seront dans sa bouche (près de la partie molle à l'arrière) et les muscles de sa mâchoire travailleront rythmiquement. Chaque partie de mon sein libère le lait de la même façon et, quand il coule, le bébé le boit lentement et régulièrement et je peux l'entendre avaler.

Si sa bouche n'est pas assez ouverte pour prendre une partie de mon sein tout autant que mon mamelon, ou que sa langue n'avance pas assez pour qu'il puisse prendre mon sein confortablement pendant qu'il boit et presser le lait de l'arrière du mamelon, ou si ses joues se creusent vers l'intérieur quand il tète, il doit être repositionné. Je glisse mon petit doigt dans le coin de sa bouche pour interrompre la succion.

ASSURER UNE BONNE RÉSERVE DE LAIT
Pour garantir qu'il y a beaucoup de lait, je dois faire ce qui suit :

- ✓ **Encourager le bébé à boire** dès les premières heures après sa naissance ou commencer à extraire du lait s'il ne peut pas le prendre directement.

- ✓ **M'assurer que le bébé prend bien le sein** à chaque tétée ; je demanderai vite de l'aide si c'est difficile.

- ✓ **Encourager des boires fréquents,** jour et nuit, pendant les premières semaines ; j'utiliserai un porte-bébé en écharpe pour porter le bébé partout et il dormira tout près.

- ✓ **Boire et manger suffisamment** et prendre beaucoup de repos ; le réflexe d'éjection fonctionne mieux quand je suis détendue.

Boire à satiété

Le mode de succion de mon bébé change pendant qu'il boit – depuis des courtes succions jusqu'à des jets plus longs, entrecoupés de pauses. Il me laisse savoir que mon sein est vide en laissant le mamelon glisser hors de sa bouche, en jouant avec le sein ou en s'endormant. Il est important qu'il vide le sein pour éviter les engorgements et assurer qu'il obtient assez de matière grasse. Quand mon sein est plein, le lait est plus faible en gras, mais avec la libération du lait, le niveau de gras augmente. Quand il cesse de téter, je lui offre habituellement l'autre sein. Il ne le veut pas toujours et je commence donc avec le deuxième sein au boire suivant. Pour l'enlever du sein, j'interromps la succion avec mon petit doigt.

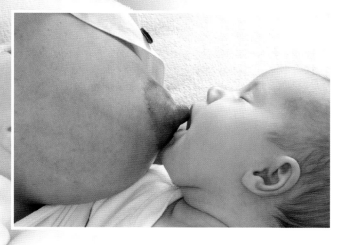

Allaiter des jumeaux

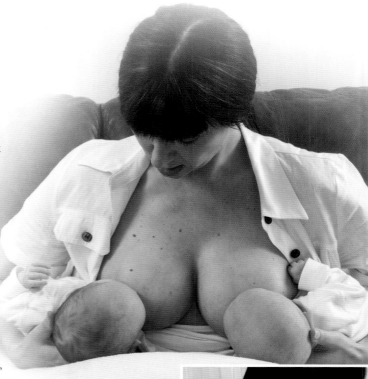

Si les jumeaux vont bien, nourrissez-les dès que vous en êtes capable. Si l'un des deux ou les deux ont besoin de soins supplémentaires, vous devrez peut-être extraire du lait pour eux dès que vous le pourrez. Même si les deux bébés saisissent aussitôt le sein avec succès, vous aurez besoin d'aide au début, notamment si vous avez eu une césarienne, parce que trouver une position confortable et tenir un ou les deux bébés est très difficile à faire sans quelqu'un pour vous assister activement. Votre conjoint, votre compagne de naissance, une infirmière ou la sage-femme peut câliner l'un des jumeaux pendant que vous nourrissez l'autre.

La plupart des mères de jumeaux accumulent une très bonne réserve de lait, tant que les bébés sont nourris fréquemment, ce qui « commande » que le lait soit produit en quantité suffisante pour deux. Nourrir des jumeaux double le stimulus que procure un enfant unique et, par conséquent, si l'un des jumeaux boit peu ou devient malade, les seins continuent d'être stimulés par l'autre.

GÉRER L'ALLAITEMENT

La plupart des mères de jumeaux n'ont pas de mode fixe pour nourrir les deux bébés ensemble ou séparément ; à certains moments, un mode peut sembler tout simplement plus commode que l'autre. Certaines mères allaitent les deux bébés au sein et d'autres en allaitent un au sein et donne du lait déjà extrait à l'autre – soit en effectuant une rotation des bébés, soit en nourrissant toujours le même au lait déjà extrait. Une manière ou l'autre vous garantira que vous produisez assez de lait, mais il pourrait s'avérer utile de noter de quelle façon chaque jumeau a été nourri.

Nourrir les jumeaux en même temps peut faciliter les choses. Comme les nouveau-nés ont besoin d'être nourri fréquemment au début, les nourrir séparément peut presque signifier de les nourrir/changer/installer de façon continue, sans pause. Toutefois, un inconvénient de l'allaitement des deux bébés en même temps est que vous n'avez pas une main libre quand vos bébés sont en apprentissage de saisir le sein et de s'y maintenir, vous vous sentirez mal à l'aise et prisonnière ; vous n'aurez pas de main libre pour replacer vos cheveux ou boire une gorgée. Si l'un des bébés se détache du sein, il peut être difficile de l'y remettre de nouveau. Certaines mères trouvent qu'un oreiller en V est utile.

De nombreux bébés jumeaux développent éventuellement une préférence pour un sein plutôt que l'autre ; par conséquent, il est préférable d'alterner vos bébés à chaque boire les premières semaines. Toutefois, gardez à l'esprit que de nombreux jumeaux ont des habiletés inégales à boire au sein, du moins au début et, donc, vous assurer que chaque sein obtient la stimulation du meilleur buveur est aussi une bonne idée. Créer une routine est plus facile quand les deux bébés ont la même taille et des modes d'allaitement similaires. Cela peut prendre jusqu'à 6 semaines pour établir une routine mais, une fois que vous en aurez une, ce sera beaucoup plus facile pour vous.

Au début, tenir un registre écrit peut s'avérer pratique ; certaines femmes utilisent des rubans de couleurs différentes épinglés à leur soutien-gorge en guise de rappel.

POSITIONS DIFFÉRENTES

Allaiter deux bébés en même temps peut être fait de plusieurs façons – quoique ce ne soit pas le moment d'expérimenter quand l'un d'eux est affamé ou qu'ils s'endorment. Vous pouvez découvrir qu'une position qui ne fonctionnait pas quand vos jumeaux étaient nouveau-nés devient plus facile une fois qu'ils ont vieilli.

Les positions les plus populaires comprennent les positions de « ballon de football » (en haut) et en parallèle (en bas). Une autre position courante avec de jeunes bébés, c'est de les tenir en forme de V avec leurs pieds se touchant ou se croisant les uns les autres. Vous pouvez aussi tenir un bébé en position de « ballon de football » et l'autre en étreinte. Quelle que soit la position choisie, il y a de fortes chances que vous ayez besoin de support pour votre dos ou pour surélever les bébés jusqu'à vos seins.

Extraire le lait maternel

Il y a un bon nombre de raisons d'extraire le lait maternel ; je trouve utile de soulager une part de la pression des seins trop pleins et, à l'occasion, de permettre à mon partenaire de nourrir notre bébé au biberon la nuit ou quand je suis absente. C'est essentiel si je veux poursuivre l'allaitement au sein quand je retournerai au travail. Le lait déjà extrait peut nourrir des bébés prématurés, ce qui non seulement leur procure une protection alimentaire essentielle, mais permet à leurs mères de garder leur capacité d'allaiter au sein.

Cependant, on m'a recommandé de ne pas entrecouper l'allaitement au sein avec l'allaitement au biberon les premiers jours ; mon bébé avait besoin de temps pour s'habituer à téter le sein et il aurait dû apprendre un nouveau mode de succion si je l'avais nourri au biberon. Par contre, une fois la routine établie avec succès, j'ai tenté de le nourrir au lait déjà extrait. Comme la plupart des bébés, il était peu enthousiaste au début pour boire au biberon et, par conséquent, il a été plus facile de laisser mon conjoint lui donner le biberon quand j'étais hors de la pièce. Certaines femmes donnent le lait maternel au compte-gouttes ou à la cuillère.

Le lait maternel devrait être extrait directement dans un récipient stérile : biberon, contenant en verre ou en plastique ou sac de congélation pour le lait maternel, conservé au réfrigérateur jusqu'à 8 jours ou congelé et utilisé au cours des 3 mois suivants. Pour décongeler le lait maternel, tenez le récipient sous l'eau chaude courante ; dans le cas d'un plus grand récipient, mettez-le dans un bol d'eau chaude. Quand l'eau refroidit, remplacez-la par de l'eau plus chaude jusqu'à ce que le lait soit décongelé et à la température du corps.

COMMENT EXTRAIRE LE LAIT

Comme beaucoup de femmes, je trouve plus rapide, plus efficace et plus facile d'utiliser un tire-lait que de l'extraire à la main. Il existe nombre de tire-lait sur le marché – manuels, électriques ou à piles. J'ai dû en essayer plusieurs avant de trouver celui qui me convenait. Il est possible d'en louer ou, comme moi, vous pourriez demander à une autre mère qui nourrit au sein d'essayer son tire-lait.

Pour utiliser un tire-lait manuel de type seringue, placez simplement l'entonnoir sur votre mamelon, formez un sceau étanche à l'air, puis tirez quelques fois le cylindre de l'intérieur vers l'extérieur pour extraire le lait. Avec un tire-lait électrique ou à piles, vous n'avez qu'à mettre votre sein dans la bonne position, puis actionner la machine. Elle pompera le lait.

Pour extraire le lait manuellement, stimulez votre montée de lait par des pressions délicates depuis le haut du sein vers l'aréole. Placez ensuite vos deux pouces au-dessus de l'aréole et vos doigts dessous, puis commencez à comprimer rythmiquement la partie basse de votre sein en comprimant le sein contre la poitrine.

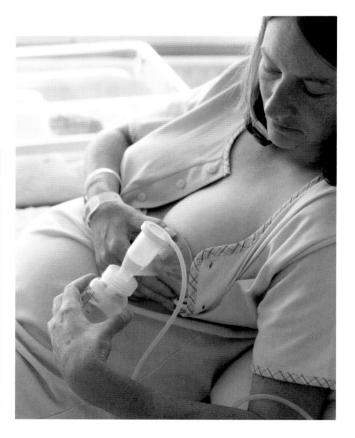

Allaitement au biberon

Que vous nourrissiez avec du lait déjà extrait ou du lait maternisé dans un biberon, une bonne hygiène est essentielle (voir « Préparer le lait maternisé », ci-dessous). Les bébés nourris au biberon sont plus sujets aux infections que les bébés nourris au sein.

LAIT MATERNISÉ

Jusqu'à ce que le bébé soit âgé d'au moins un an, il a besoin de lait maternisé, lequel est produit avec soin selon des directives gouvernementales pour garantir qu'il imite le lait humain aussi fidèlement que possible et qu'il contient les quantités requises de gras, de protéines et de vitamines. Le lait de vache ordinaire contient des taux élevés de protéines et de minéraux qui ne sont pas adaptés aux reins immatures d'un jeune bébé et peut aussi causer de la déshydratation ; en outre, il ne contient pas un taux suffisant de fer. Le lait de chèvre et le lait concentré sont aussi inadéquats.

Si vous n'êtes pas certaine de la meilleure formule de lait maternisé pour votre bébé, votre infirmière visiteuse pourra vous guider. Le lait maternisé est disponible en poudre, en liquide concentré ou prêt-à-servir dans la plupart des supermarchés et pharmacies. Les formules en poudre sont habituellement les moins chères, mais la variété prête-à-servir, tout en étant la plus coûteuse, peut être pratique durant les premières semaines, alors que vous vous habituez à donner le biberon. Les biberons déjà prêts sont pratiques pour les boires de nuit, si vous manquez de temps ou si vous voyagez. Peu importe la formule, les indications du fabricant doivent être suivies soigneusement pour que votre bébé reçoive les nutriments appropriés.

N'achetez ni n'utilisez du lait maternisé périmé. Assurez-vous aussi que le contenant ne présente pas de renflements, de bosses, de fuites ou de taches de rouille ; le lait maternisé d'un contenant endommagé peut être dangereux.

Les bébés nés à terme chez qui on a diagnostiqué une intolérance au lactose ou à la protéine du lait de vache, ou qui ont d'autres problèmes alimentaires ou médicaux, se verront prescrire un éventail de formules spécialisées. Elles comprennent les formules hypoallergéniques et les laits de soja, afin de procurer à ces bébés tous les nutriments dont ils ont besoin.

PRÉPARER LE LAIT MATERNISÉ

Il est essentiel de nourrir un bébé avec un lait maternisé fraîchement préparé, car le lait conservé préparé longtemps à l'avance peut augmenter les chances de le rendre malade. Les formules anti-reflux sont préparées différemment des autres types. Informez-vous auprès de votre infirmière visiteuse.

Avant de commencer, assurez-vous que la surface de travail est propre et désinfectée et que vos mains sont bien lavées. Les biberons, les tétines, les anneaux et les couvercles doivent tous être stérilisés (voir à la page 155). Le dessus et les couvercles des contenants de lait maternisé devraient être lavés au savon et à l'eau chaude.

Faire bouillir l'eau

Remplissez une bouilloire d'eau fraîche ou filtrée, puis faites bouillir. N'utilisez ni eau minérale, ni eau adoucie, parce que le taux de sels minéraux peut être inadéquat pour les bébés. Verser la quantité exacte d'eau refroidie (mais encore chaude) bouillie dans un biberon.

Si vous utilisez un liquide concentré, versez l'équivalent de 1 boîte dans un contenant propre avec couvercle.

Mesurer la formule

Utilisez le doseur fourni pour mesurer la quantité requise de formule en poudre, puis égalisez le surplus de la cuillère en passant un couteau et non en tassant le produit.

Pour le concentré liquide, versez 1 boîte dans le contenant d'eau tiède.

Mélanger

Vérifiez par deux fois le nombre de cuillerées nécessaires et mettez-les dans le biberon. Tenez le bord d'une tétine stérilisée et placez-la sur le biberon, puis vissez l'anneau de retenue. Mettez le couvercle. Agitez maintenant le biberon afin que l'eau et la poudre soient bien mélangées.

Pour le mélange du liquide concentré, mêlez bien avec une cuillère propre, puis réfrigérez dans un contenant couvert jusqu'à 48 heures, ou versez dans des biberons.

NOURRIR MON BÉBÉ

Au cours des premières semaines, je trouve utile d'avoir des biberons prêts-à-servir du commerce sous la main ; ainsi, je peux nourrir le bébé dès qu'il a faim. Cela évite qu'il ne devienne contrarié pendant qu'il attend… et refuse ensuite de boire !

Nourrir le bébé peut salir ses vêtements. J'étends donc une serviette sur mes genoux pour protéger mes vêtements et je mets un bavoir au bébé pour ne pas avoir à le changer de vêtement après le boire.

Il est important d'être à l'aise avant de commencer et de porter attention au bébé tout au long du boire. Je dois le tenir en sécurité sur mes genoux, sa tête au creux de mon coude et son dos supporté par mon avant-bras. Je le blottis tout contre moi, je lui parle ou chante pour lui sans le quitter des yeux et je réagis à ses demandes.

À l'occasion, il aime faire une pause pour respirer ou évacuer un rot ; d'autres bébés peuvent préférer continuer de boire jusqu'à ce qu'il n'y ait plus de lait dans le biberon. J'aime traiter le temps des boires comme des occasions agréables de détente. Je sais que, quand il aura 3 mois, je verrai mon bébé commencer à s'exciter quand il saura que son biberon s'en vient.

Avant de nourrir, je vérifie toujours la température du lait. Je fais tomber quelques gouttes sur l'intérieur de mon poignet ; le lait doit être chaud, mais non brûlant. S'il est trop froid, je le chaufferai doucement dans une casserole d'eau frémissante où je le tiendrai, la tétine protégée par le couvercle, sous l'eau chaude courante. Je ne réchauffe jamais un biberon dans le micro-ondes, car le lait continuera de chauffer quand il en sortira, ce qui peut ébouillanter le bébé, ou il chauffera inégalement. Si je veux le refroidir, je le tiens sous l'eau froide courante.

Offrir le biberon

Je laisse le bébé voir le biberon, puis je caresse sa joue pour provoquer le réflexe des points cardinaux ; il se tourne automatiquement vers moi la bouche ouverte, prêt à téter.

Je tiens le biberon à un angle d'environ 45°, afin que son col soit plein de lait et qu'il n'y ait pas de bulles d'air. Puis j'offre la tétine au bébé et le laisse la saisir profondément dans sa bouche et commencer à téter. Je tiens le biberon fermement afin qu'il puisse le prendre correctement.

Je ne ferai pas moins que...

RENDRE L'ALLAITEMENT AU BIBERON PLUS INTIME

En vue de rendre l'expérience plus semblable à l'allaitement au sein, je ferai ce qui suit :

✓ **Tenir mon bébé peau contre peau,** ouvrir mon vêtement afin que l'allaitement au biberon devienne semblable à l'allaitement au sein.

✓ **Tenir délicatement mon bébé dans mes bras,** plutôt que le coucher à plat, ou le tenir de manière à ce qu'il soit couché sur mes cuisses face à moi pour maintenir le contact visuel et l'intimité physique.

✓ **Essayer de tenir le biberon sous mon aisselle,** ce qui permet au bébé de se blottir très près, dans une position similaire à celle de l'allaitement au sein.

✓ **Parler à mon bébé en le rassurant** pendant qu'il boit. Quand il semble s'arrêter de boire, ou qu'il montre qu'il veut ralentir, je sors partiellement la tétine de sa bouche et j'observe les mouvements de sa bouche qui signifient qu'il est prêt à poursuivre.

✗ **Ne pas laisser mon bébé prendre son lait trop rapidement** ou plus de lait qu'il ne semble en vouloir.

✗ **Ne pas « enfoncer », ni « visser » la tétine** dans la bouche du bébé si elle est fermée. Il peut alors s'étouffer, crachoter et perdre une part du contrôle de l'allaitement.

✗ **Ne pas laisser trop de personnes différentes le nourrir ;** d'abord, mon bébé doit s'habituer à mon conjoint et à moi.

Boire à satiété

J'aime le sentir téter au biberon. J'ajuste l'angle du biberon quand c'est nécessaire, afin que le haut soit toujours plein de lait.

Quand le bébé a fini de boire ou que j'ai besoin de lui faire passer un rot, je retire le biberon en glissant délicatement mon petit doigt dans le coin de sa bouche pour interrompre la succion. Une fois qu'il a fini, je jette tout reste de lait. Je commence toujours le boire suivant avec un biberon fraîchement préparé.

LE ROT

Mon bébé avalera habituellement de l'air en buvant, en particulier s'il tire son lait d'un biberon, parce qu'il ne lui est pas toujours facile de faire un sceau étanche autour de la tétine avec sa bouche. L'air peut former des bulles dans l'estomac du bébé, causant un malaise et une impression de satiété ; je dois donc l'aider à expulser cet air.

Certains bébés ont besoin de faire plus de rots que d'autres et, parfois, une tétine de forme différente peut atténuer le problème. Néanmoins, si un bébé s'endort simplement après un boire, il n'y a pas lieu de le déranger. En fait, un bébé s'assoupira souvent après avoir bu ; il tournera d'abord des yeux et donnera l'impression d'être intoxiqué, mais c'est une réaction tout à fait normale.

Outre l'air qu'il expulse, le bébé peut aussi rejeter (régurgiter) du lait qu'il a avalé. Au contraire du vomissement, ce rejet est habituellement un filet de lait de sa bouche dont le bébé semble à peine conscient. Parfois, cela se produit à cause d'une suralimentation mais, en général, c'est la conséquence de la valvule au sommet de l'estomac, qui n'est pas encore assez forte pour empêcher le reflux de liquides. Tenir le corps du bébé droit, à un angle de 30° durant et après le boire, devrait aider à atténuer le problème en réduisant les chances que le liquide « ne s'échappe » par le haut de son estomac.

Sur mon épaule

Je lève le bébé de manière à ce que sa tête soit au-dessus de mon épaule et son visage éloigné de mon cou. J'utilise une main pour le supporter et l'autre pour frotter ou tapoter délicatement son dos – en commençant généralement au bas de sa colonne vertébrale et en remontant, afin de littéralement « faire remonter » l'air emprisonné.

Assis

Ou bien, je peux soulever le bébé en position assise sur mes genoux. En supportant son cou et sa tête d'une main, j'utilise

l'autre pour frotter ou tapoter délicatement autour de ses omoplates.

Sur mes genoux

Parfois, je couche le bébé de manière à ce que sa poitrine et son estomac reposent sur mes genoux (ou sa poitrine dans le creux de mon bras), sa tête tournée à l'opposé de moi et la bouche dégagée. Ensuite, je frotte ou tapote délicatement son dos.

STÉRILISER L'ÉQUIPEMENT

Jusqu'à ce que le bébé ait au moins 6 mois, l'équipement pour ses boires doit être stérilisé, qu'il soit nourri de lait maternel déjà extrait ou de lait maternisé. Différents stérilisateurs de biberons sont disponibles et il est important de suivre les directions du fabricant. Avant de stériliser, l'équipement doit être bien lavé.

Laver les biberons et les tétines

J'utilise toujours de l'eau chaude savonneuse et une brosse à biberon propre et j'accorde un soin particulier aux endroits où le lait caillé peut se loger facilement – le filetage au sommet du biberon et l'intérieur du col. Quand j'ai lavé l'extérieur de la tétine, je la retourne à l'envers pour finir le travail avant de rincer minutieusement le tout à l'eau froide.

Stérilisateurs à vapeur

Il y a des versions électriques et à micro-ondes. Mettez de l'eau dans l'appareil selon les instructions du fabricant. Placez les biberons lavés tête en bas dans les emplacements prévus sur la base et les anneaux de retenue dans le plateau à tétines. Mettez le plateau à tétines sur la tige centrale et placez les couvercles sur les emplacements du plateau à

NOURRIR ALORS QUE VOUS ÊTES À L'EXTÉRIEUR

Quand je dois apporter un boire, j'utilise du lait maternisé prêt-à-servir en boîte, ou j'apporte de l'eau bouillie dans un flacon scellé et du lait maternisé pré-mesuré dans un contenant, avec un biberon stérilisé.

couvercles et mettez le tout sur le plateau à tétines. Couvrez l'appareil, branchez-le et mettez-le en marche. L'appareil chauffera pour stériliser, puis se refroidira. Une fois le refroidissement complété, les biberons sont stériles et prêts à l'usage. Stérilisez de nouveau tout équipement qui n'est pas utilisé aussitôt.

Stérilisateur à l'eau froide

Préparez la solution à stériliser selon les indications du fabricant. Placez lâchement les anneaux de retenue sur le col des biberons (ne pas les visser) et ajouter la solution en même temps que les tétines et les couvercles. Il est important que tout l'équipement soit submergé dans l'eau sans bulles d'air emprisonnées à l'intérieur. Placez le poids sur le dessus des articles – pour vous assurer qu'ils restent submergés dans la solution –, puis mettez le couvercle. Après 30 minutes, les articles seront stérilisés et prêts à l'usage. Avant de les utiliser, ils doivent être rincés à l'eau fraîchement bouillie et refroidie. Ne laissez rien dans la solution stérilisante pendant plus de 24 heures. Après 24 heures, la solution doit être changée.

NOURRIR DES JUMEAUX

Quoique cela épargne du temps et des efforts de nourrir les deux bébés en même temps, ce peut être difficile à faire sans une paire de mains supplémentaire pour aider. Quand les bébés sont jeunes, il peut être possible de les nourrir ensemble : étendus en parallèle, supportés dans le creux d'un bras (ainsi, vous avez deux mains libres pour les nourrir), ou avec leur tête sur vos genoux sous vos bras, leur corps vers l'extérieur et supporté avec des oreillers. Plus tard, vous pourriez vouloir les nourrir tous les deux en même temps, mais avec l'un ou les deux assis dans une chaise pour bébé, ou un transat, ou soulevés sur des coussins, face tournée de côté afin que vous puissiez maintenir le contact visuel.

Surmonter les problèmes d'allaitement

Les bébés sont nés pour être nourris au sein; la nature veut qu'un bébé obtienne toute son alimentation au sein pendant environ 6 mois, puis qu'il continue d'être allaité au sein tout en s'habituant aux aliments solides. Cela gardera tout autant maman et bébé en santé. Maman peut aussi y trouver une pause des menstruations de plusieurs mois, ce qui peut diminuer les chances d'une grossesse non désirée pendant que bébé exige encore beaucoup d'attention.

En général, si l'accouchement était normal et que maman prend son bébé sur-le-champ, l'allaitement au sein a des chances de bien aller. Toutefois, pour certaines mamans, il peut se passer du temps avant que l'allaitement se déroule bien. Quoique la plupart débutent l'allaitement au sein, beaucoup de femmes rencontrent des problèmes et cessent bien avant ce qu'elles avaient planifié. Les raisons fournies les plus courantes sont les suivantes.

- Bébé rejette le sein.
- L'allaitement au sein est douloureux.
- La réserve de lait semble insuffisante.

ENGORGEMENT

S'amorçant peu après l'accouchement, les changements hormonaux préparent les seins pour l'allaitement. L'hypophyse déclenche le processus de lactation (production du lait) en produisant et en libérant de la prolactine. Une fois ce processus engagé, le bébé stimule la production de lait par ses tétées fréquentes. Que vous allaitiez au sein ou non, 2 à 4 jours après l'accouchement, les seins deviennent plus gros, plus fermes, et peuvent être douloureux, car ils se préparent à fournir du lait. C'est ce qu'on appelle l'engorgement.

Pour soulager le malaise de l'engorgement, j'ai trouvé que porter un soutien-gorge de la bonne taille offrant un maintien approprié m'a aidée à me sentir beaucoup plus à l'aise; des experts conseillent de porter un soutien-gorge 24 heures par jour durant la phase d'engorgement. Avant l'allaitement, me tenir sous une douche plutôt chaude m'a aidée, tout comme mettre des compresses chaudes sur mes seins; la chaleur humide a dilaté les conduits galactophores et, quand le bébé tétait, le lait coulait plus librement et mes seins étaient soulagés de la pression.

Si vous n'avez pas l'intention d'allaiter au sein, mettez une compresse fraîche sur vos seins et prenez un analgésique tel l'ibuprofène. Ne stimulez pas vos seins et n'essayez pas d'extraire le lait pour soulager la pression, car cela ne ferait qu'entraîner une plus grande production de lait.

L'engorgement dure environ 2 à 5 jours : le manque de stimulation par un bébé qui tète ralentira graduellement l'engorgement, puis arrêtera la production de lait. Aucun soin spécial n'est requis; lavez simplement vos seins avec un savon doux et rincez bien.

Je ne ferai pas moins que...

PRÉVENIR LA DOULEUR AUX SEINS

En utilisant quelques auto-soins, je peux m'assurer que l'allaitement reste confortable. J'ai besoin de faire ce qui suit :

✓ **M'assurer que mes seins ne sont pas trop fermes** pour que le bébé puisse les prendre. Avant de les offrir au bébé, je devrai presser mon sein avec mes doigts, environ 5 cm derrière le mamelon, et pousser contre ma poitrine en massant tout autour de l'aréole jusqu'à ce qu'elle soit plus souple. Presser avec mes doigts pour faire sortir d'abord un petit peu de lait peut aussi aider.

✓ **M'adosser confortablement** et laisser le bébé étendu, son visage vers moi, ce qui peut améliorer son réflexe de succion et l'amener à ouvrir la bouche plus grande. En le tenant aussi près, je dois supporter ses épaules et son siège, mais non sa tête; son menton devrait presser mon sein afin que son nez soit dégagé.

✓ **Transporter le bébé** dans un porte-bébé en écharpe et lui offrir le sein dès qu'il semble intéressé, plutôt que d'attendre qu'il pleure – il ne le prendra pas aussi bien s'il est dérangé. Je peux devoir lui donner du lait déjà extrait pour maintenir ma réserve.

✓ **Retirer le bébé délicatement** en glissant mon doigt dans le coin de sa bouche si mon mamelon commence à faire très mal durant l'allaitement, puis essayer de nouveau, ou offrir l'autre sein. Je peux tamponner mes mamelons avec un peu de lait ou une minuscule quantité de lanoline pure pour les soulager et les guérir.

✓ **Garder mes seins bien drainés** en offrant les seins en alternance à chaque boire. Si je trouve des bosses après un boire, je masserai délicatement mes seins pour prévenir l'engorgement.

✓ **Extraire le lait correctement.** Mon mamelon doit bien s'ajuster à l'entonnoir du tire-lait – des mères ont besoin d'un entonnoir plus grand – et je peux devoir assouplir mon sein d'abord.

BÉBÉ SEMBLE INDIFFÉRENT À SE NOURRIR

Lorsqu'ils sont tout contre leur mère les nouveau-nés se sentent en sécurité. Sitôt après l'accouchement, quand j'ai tenu mon bébé contre moi, peau contre peau sur ma poitrine, cette proximité a aidé le bébé à se détendre et l'a préparé à boire environ une heure plus tard. Si vous n'avez pas pu faire cela pour une raison quelconque, l'allaitement hâtif peut être moins facile, mais vous pouvez corriger la situation maintenant.

Si votre bébé semble rejeter votre sein, il y a une bonne raison. Vous pouvez ressentir que votre bébé vous rejette et qu'il serait préférable de passer au biberon, mais votre bébé ne dit pas « Je ne veux pas être allaité au sein », mais seulement « Je n'arrive pas encore à me nourrir ».

Pour aider votre bébé à être plus intéressé à s'allaiter au sein, tenez-le près de vous aussi souvent que possible à l'aide d'un porte-bébé en écharpe souple, si nécessaire ; sinon, vous pourriez loger votre bébé dans un corsage extensible décolleté pour le tenir contre votre poitrine. Votre partenaire peut aussi le porter.

Extrayez votre lait et donnez-lui dans une petite tasse ou une seringue (demandez à votre médecin ou à l'infirmière visiteuse de vous montrer comment le faire en sécurité). Quand vous lavez la moitié supérieure de votre corps, utilisez de l'eau pure afin que votre odeur naturelle (que votre bébé reconnaît) ne soit pas changée. Vos seins

Je ne ferai pas moins que...

INTÉRESSER MON BÉBÉ À L'ALLAITEMENT

Il est important que le bébé prenne un bon départ. Je peux favoriser cela en :

✓ **Le gardant tout près,** en contact direct, peau contre peau, ou en portant un vêtement léger afin qu'il soit calmé par la familiarité de mon odeur, de ma voix et des battements de mon cœur.

✓ **Le maintenir en paix et tranquille** en gardant la pièce dans la pénombre, en faisant jouer la musique que je faisais jouer durant ma grossesse et en manipulant délicatement mon bébé.

✓ **Donner de petits boires de lait** déjà extrait avec un seringue ou une tasse toutes les quelques heures, mais en évitant les tétines, car elles peuvent rendre plus difficiles l'allaitement au sein.

✓ **Prendre un bain** assez chaud avec beaucoup d'eau avec mon bébé, son visage contre ma poitrine et son abdomen contre mon abdomen.

émettent une odeur pour attirer votre bébé et il commencera à chercher la source de votre délicieux lait.

Si votre bébé trouve difficile de boire et semble agité, il est préférable de le garder avec vous et votre conjoint autant que possible jusqu'à ce qu'il se calme. Votre famille et vos amis comprendront qu'il vaut peut-être mieux pour eux d'attendre un peu avant de lui donner un câlin.

Si votre bébé veut boire, mais n'arrive pas à bien saisir le sein – peut-être parce que votre sein est gonflé –, il peut être très frustré et ne pas vouloir essayer la fois suivante. Vous devrez être très patiente, douce, et éviter de pousser sa tête. Restez calme et offrez souvent du lait déjà extrait, pour aider à constituer votre réserve jusqu'à ce qu'il soit capable de prendre le sein par lui-même.

Si vous donnez du lait déjà extrait dans un biberon, aidez votre bébé en le tenant près de votre sein (avec un contact contre la peau, si possible) pendant que vous le nourrissez.

REJET DU BIBERON

Les bébés habitués à l'allaitement au sein rejettent parfois le biberon. Cela peut être éprouvant si vous retournez au travail, ou si vous devez laisser votre bébé, et savez que le biberon est essentiel – si seulement il le prenait. Certains parents trouvent que la solution consiste à offrir le biberon d'une manière qui soit très différente de l'allaitement au sein.

Tentez d'installer votre bébé afin qu'il soit face à vous – et introduisez délicatement la tétine dans sa bouche en le laissant l'explorer avec sa langue. Restez calme, enjouée, et n'insistez pas sur le boire si votre bébé donne des signes de détresse. Réessayez plus tard.

ALLAITEMENT DOULOUREUX

L'allaitement au sein devrait donner du plaisir à la mère et au bébé durant plusieurs mois. Cela ne devrait jamais faire mal ; toute douleur est un signal que quelque chose ne va pas bien. Si c'est inconfortable, ce ne sera pas bien pour votre bébé et, donc, il vaut la peine d'obtenir de l'aide. Avec un bon soutien, la douleur disparaîtra et vous pourrez bientôt profiter de l'allaitement au sein.

Si vos mamelons sont sensibles ou irrités durant l'allaitement, votre bébé prend peut-être mal votre sein (voir l'encadré). Pour que le bébé soit bien agrippé et fasse couler le lait facilement, vous devez être à l'aise et vos seins suffisamment souples. Si votre bébé est étendu près de vous quand il est prêt à boire, il peut se déplacer pour trouver votre sein. S'il ne peut saisir le sein par lui-même, vous devrez peut-être l'aider un peu, mais sans utiliser la force.

Il est essentiel que toutes les parties du sein soient bien drainées ; un trop-plein peut causer des boires douloureux et d'autres problèmes, dont l'infection des glandes mammaires (mastite).

CAUSES DES DIFFICULTÉS À SAISIR LE MAMELON

Seins gonflés – La rétention temporaire de liquides, qui se développe à la fin de la grossesse ou durant le travail, ou l'engorgement (des seins plus gros et plus fermes) avec l'augmentation du lait quelques jours après la naissance peuvent rendre difficile la saisie du mamelon par le bébé.

Mamelons enflés ou inversés – La forme du mamelon peut être génétique ou causée seulement par des seins gros et très fermes ; vous pouvez avoir besoin d'une aide spécialisée durant un certain temps, jusqu'à ce que votre bébé puisse saisir le mamelon.

Bébé n'ouvre pas suffisamment la bouche – Si bébé n'ouvre pas bien la bouche, il ne peut prendre complètement le mamelon. Ce problème est courant après un accouchement difficile.

Frein à la langue – S'il y a un frein sous la langue, le bébé peut être incapable de la sortir assez pour bien saisir le mamelon. Une intervention mineure pour couper le frein peut être nécessaire ; demandez l'avis d'un spécialiste en allaitement au sein.

Vérifiez vos mamelons après le boire du bébé ; ils devraient avoir la même forme qu'au début. S'ils sont écrasés, ressortis, écorchés ou cloqués, votre bébé doit les prendre encore plus profondément la fois suivante, sinon vos mamelons gerceront et saigneront. L'une des raisons peut être que votre bébé n'est pas assez près de votre sein. Ses réflexes de succion peuvent être réduits et, alors, il presse ou tire votre mamelon. Ce dernier sera alors pressé par la partie dure de la bouche de votre bébé.

ÉCHEC DU RÉFLEXE D'ÉJECTION

Être incapable de produire adéquatement du lait ou un lait qui ne coule pas librement est dû à l'échec du réflexe d'éjection, qui résulte d'habitude d'un engorgement des seins permanent dans la première semaine après l'accouchement. Parfois, l'échec du réflexe d'éjection se manifeste quand un bébé a des problèmes aussitôt après sa naissance et reste à la pouponnière, ou il est très petit ou prématuré et ne peut pas téter ou ne tétera pas vigoureusement. Une dépression et un trouble émotionnel peuvent aussi ralentir la production de lait. Vous pouvez commencer à suspecter l'échec du réflexe d'éjection si :

- vos seins ne coulent pas entre les boires;
- il n'y a pas de sensation d'éjection (faibles contractions utérines aussitôt après l'accouchement, puis picotements et fourmillements dans les seins après deux semaines);
- le bébé semble mécontent et paraît affamé;
- le bébé ne gagne pas le poids adéquat;
- le bébé urine rarement.

Nourrir fréquemment dans un endroit calme et détendu, tout en étant assise dans une position confortable avec le bébé correctement installé au sein, peut aider à régler le problème. Utilisez un tire-lait si votre bébé n'offre pas une stimulation adéquate du sein en termes de pression ou de temps. Discutez de la dépression ou problèmes émotionnels avec votre médecin.

 ## AVIS D'EXPERTS

Douleur ou vomissement

Si votre bébé semble avoir mal ou qu'il vomit après chaque boire, il peut alors souffrir d'une condition que l'on peut traiter, comme un reflux ou une gastroentérite. Ces deux conditions exigeant une aide médicale, contactez donc votre médecin ou votre infirmière visiteuse pour un conseil.

SOUTIEN À L'ALLAITEMENT

L'information sur l'allaitement maternel est largement disponible dans des livres, dans des sites Web, auprès de professionnels, d'amis et de membres de la famille; cependant, toutes les informations n'ont pas la même valeur. Il est important de vous demander sur quoi se base l'avis de la personne. À titre d'exemple, les grands-mères ont l'expérience des soins de bébé, mais elles peuvent promouvoir des routines désuètes et qui ne sont plus recommandées. Certaines sages-femmes ou infirmières ont une formation de base dans l'allaitement maternel, mais peuvent utiliser des connaissances dépassées. Les médecins reçoivent peu d'enseignement sur le sujet, même comme pédiatres.

Plusieurs organismes ont pour objectif de supporter les parents en permettant des choix informés. Ils offrent souvent de l'information en ligne, des livres et autres ressources, et ils entretiennent des réseaux de soutien. Leurs publications sur les problèmes de soins et d'alimentation des enfants se basent sur les dernières données probantes.

Au Canada, l'Association canadienne des consultantes en lactation (ACCL) est un organisme à but non lucratif consacré à la promotion, au soutien et à la protection de l'allaitement. Son site Web présente notamment la liste des sections par province, lesquelles sont disponibles pour offrir un soutien aux parents sous diverses formes.

D'autres organismes bénévoles, comme la Ligue La Leche établie au Québec depuis 1960, font la promotion de l'allaitement. Les monitrices sont des femmes ayant une expérience d'allaitement d'un ou de plusieurs bambins et qui ont suivi la formation pour devenir monitrice. Elles bénéficient de formation continue tout au long de leur monitorat. Les monitrices animent des réunions, font du soutien téléphonique et peuvent aussi exercer diverses autres tâches. Les collaborateurs sont souvent des amis, des conjoints, des mamans qui participent aux réunions. Ce sont aussi des bénévoles œuvrant dans leurs propres communautés, s'occupant de tâches comme la relance téléphonique, la comptabilité du groupe, la distribution d'affiches et de dépliants. Traduction, relecture, mise en pages, site Web: les bénévoles de l'équipe des publications sont responsables de toutes les étapes qui visent à rendre les publications disponibles pour les parents et pour les professionnels de la santé.

Manipuler mon nouveau-né

Prendre, tenir et transporter mon bébé était vraiment affolant au début ; les nouveau-nés semblent tellement fragiles et je m'inquiétais de pouvoir lui fournir le support adéquat – particulièrement quand je le mettais et le sortais de sa baignoire. Toutefois, plus j'ai pris soin de lui, plus ces tâches sont devenues faciles.

TENIR ET TRANSPORTER LE BÉBÉ

Comme tous les nouveau-nés, le mien adorait être tenu dans nos bras – même qu'il le demandait. J'ai découvert que le porte-bébé en écharpe était essentiel dans les premières semaines ; il m'a permis de garder les mains libres tandis que le bébé se blottissait tout près tout en étant bien soutenu. Il pouvait aussi être nourri au sein pendant qu'il y était.

On a soulevé des questions de sécurité à propos des porte-bébé en écharpe et certains modèles ne sont plus conseillés (voir à la page 170). Comme je l'ai fait moi-même,

il faut être au courant de cette mise en garde essentielle avant de l'utiliser.

Quand je n'utilisais pas un porte-bébé en écharpe, je tenais le plus souvent mon bébé appuyé contre mon épaule ; non seulement bien, mais encore il pouvait se blottir tout contre mon corps où il entendait battre mon cœur, ce qui le réconfortait. Cette position le protégeait aussi des heurts, des secousses et des coups accidentels quand je circulais dans la maison.

À d'autres moments, je le tenais dans mes bras – le visage vers le haut, la tête blottie dans le creux de mon coude ou le visage vers le bas, son corps supporté sur mon avant-bras et mon autre main le soutenant sous son ventre ; cette dernière position peut être utile si le bébé souffre de coliques (voir à la page 176).

Bien sûr, j'étais très attentive à protéger la tête de bébé avec ma main ou à m'assurer qu'il était bien collé contre mon corps quand je me déplaçais avec lui pour éviter qu'il ne soit frappé par des obstacles à cette hauteur.

PRENDRE LE BÉBÉ

Prendre la bonne position pour soulever (et déposer) le bébé quand il est petit évite les maux de dos plus tard, quand il sera devenu beaucoup plus lourd. Il est important de me tenir les jambes légèrement écartées, les genoux fléchis et le dos droit, et de prendre bébé près de moi. Il est tout aussi important de m'assurer que le cou et le siège du bébé sont supportés tout au long de la manœuvre.

Quand je le soulève, je glisse une main sous son cou pour supporter sa tête et l'autre sous son siège. Puis, en prenant son poids dans mes mains, je le soulève lentement, en gardant sa tête légèrement plus haute que le reste de son corps. Tout en l'approchant de ma poitrine, je déplace la main sous son siège le long de son dos pour supporter sa tête tandis que je plie l'autre bras pour supporter sa tête dans le creux de mon bras. Mes poignets se croisent l'un l'autre près du centre de son dos et son siège repose sur mon avant-bras.

DÉPOSER LE BÉBÉ

Quand je dépose bébé qui est niché dans mes bras, je décroise délicatement mes bras afin qu'une main supporte sa tête et son cou tandis que l'autre supporte son siège. Ensuite, je l'éloigne lentement de mon corps en gardant son corps aligné avec le mien. Je me penche ensuite près du tapis à langer ou du matelas et je l'abaisse lentement, le siège en premier, sur la surface.

Une fois que bébé a pris contact avec la surface, je dégage délicatement la main qui supporte son siège, puis j'abaisse le haut de son corps et sa tête – en m'assurant que sa tête est bien supportée jusqu'à ce qu'elle repose confortablement sur un matelas, à titre d'exemple. Finalement, je retire délicatement ma main.

Je ne ferai pas moins que...

SOULEVER ET TENIR CORRECTEMENT MON BÉBÉ

Un nouveau-né ne peut pas soutenir sa tête et, si je développe des mauvaises habitudes, cela peut conduire à des maux de dos ultérieurement. Par conséquent, je dois toujours :

✓ **Soutenir** la colonne vertébrale, la tête et le cou du bébé.

✓ **Protéger** la tête du bébé quand je me déplace avec lui.

✓ **Garder la tête de bébé alignée** avec le reste de son corps.

✓ **Garder bébé tout près**, lui parler et le caresser aussi souvent que possible.

✓ **Le réveiller avec délicatesse** s'il dort, afin de ne pas le surprendre quand je le prendrai.

✓ **Le regarder dans les yeux** quand je le prends et quand je le dépose.

✓ **Plier mes genoux** quand je le soulève.

Choix et changement de couches

On a estimé que les bébés ont besoin en moyenne d'environ 6 000 changements de couche entre la naissance et l'entraînement à la propreté ; il est donc important de choisir le type qui convienne le mieux à votre mode de vie.

TYPES

Les couches jetables ont une plus grande capacité d'absorption, garderont le bébé plus au sec et sont plus pratiques mais, à long terme, elles sont aussi plus coûteuses que les couches de tissus. On doit se débarrasser avec soin des couches jetables, mais les couches de tissu, quoique réutilisables, doivent être rincées, stérilisées, lavées et séchées (voir à la page 164). Les couches de tissu devraient être prélavées avant d'être utilisées, mais évitez les adoucisseurs, car ils peuvent rendre les couches moins absorbantes. Les services de couches commerciaux offrent un excellent service à domicile. Ces services ont un site Web facile à consulter.

On offre des couches préformées, déjà taillées pour s'adapter au derrière du bébé ; vous n'avez donc ni à les plier ni à jongler avec des épingles de sûreté. La plupart ont des jambes et une taille extensibles, des languettes autocollantes ou des attaches à boutons-pression ainsi qu'un extérieur détachable et étanche. Vous pouvez aussi vouloir utiliser une doublure de couche. Elles se lavent et se portent comme les couches de tissu ordinaires, quoique vous devriez vérifier la notice d'entretien avant de les laisser tremper dans une solution stérilisante, car l'élastique autour de la taille et des cuisses de certaines marques pourraient être affecté.

CRÈMES, ONGUENTS ET POUDRES POUR LE SIÈGE

Utiliser ou non une crème ou un onguent devrait se faire sur la recommandation de votre infirmière visiteuse ou votre médecin. Certains parents appliquent régulièrement un onguent ou une crème en espérant prévenir l'érythème fessier (voir à la page 164) et changent de marque si l'érythème fessier apparaît (revenant à la marque de départ quand il est guéri). D'autres parents, dont moi, n'utilisent pas de crème ou d'onguent à moins qu'il n'y ait d'érythème fessier. Toutefois, les poudres pour bébé ne devraient jamais être utilisées parce qu'elles ne procurent pas de barrière contre l'humidité et ne sont pas efficaces dans la zone de la couche. Inhaler la poudre en aérosol durant l'application est potentiellement dangereux.

NETTOYER LA ZONE DE LA COUCHE

C'est la première étape du changement de couche. J'utilise une débarbouillette douce humidifiée dans l'eau tiède, ou mieux, des lingettes jetables non parfumées disponibles dans le commerce pour ôter toute trace de selles ou d'urine sur la peau du bébé.

Quand je nettoie une fille, je soulève légèrement son siège en élevant ses deux chevilles délicatement d'une main. En essuyant de haut en bas, je nettoie l'extérieur de sa vulve – mais non l'intérieur sauf si souillé avec des selles. Ensuite, en gardant son siège soulevé et avec une lingette propre, je nettoie ses fesses, l'arrière de ses cuisses et jusqu'à son dos, si nécessaire. J'assèche soigneusement toute la zone en épongeant.

Quand je nettoie un garçon, j'essuie son pénis en un mouvement de haut en bas, sans descendre le prépuce, et je nettoie autour de ses testicules. En tenant les chevilles du bébé, je soulève délicatement son siège et je nettoie la zone anale et l'arrière de ses cuisses. J'assèche soigneusement toute la zone en épongeant.

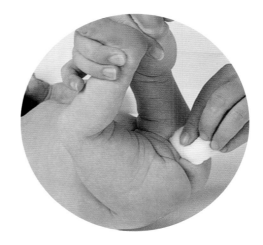

MA ROUTINE DE CHANGEMENT DE COUCHE

Avant d'amener le bébé à la table ou au tapis à langer, je m'assure d'avoir tout ce qu'il faut, ouvert et prêt à l'usage. Je garde quelques petits jouets tout près pour aider à le distraire lors des quelques dernières secondes de l'opération. Tout le temps que je change sa couche, je chante et lui parle, frottant et chatouillant ses bras, ses jambes et ses pieds en le massant doucement et en gardant le contact visuel autant que possible.

Cette méthode vaut tout autant pour les couches jetables que pour les couches de tissu.

1 Je couche bébé sur le dos, sur le tapis à langer, en m'assurant de supporter sa tête et la base de sa colonne vertébrale pendant que je le dépose. S'il est vêtu, je le déshabille jusqu'à sa camisole ou je n'enlève que sa couche.

2 Je détache ensuite les bandelettes adhésives et j'enlève la couche, utilisant une partie non salie pour faire un premier nettoyage (les bébés garçons sont sujets à uriner peu de temps après que la couche soit enlevée, en réaction à l'air plus frais ; je mets donc une débarbouillette ou une lingette jetable sur son pénis pour dévier le jet ou, si la couche n'est que mouillée, je la garde sur ses parties génitales jusqu'à ce que tout danger soit passé).

3 D'une main (je garde l'autre sur le bébé), je roule la couche et la dépose là où bébé ne pourra pas lui donner de coup de pied. Je nettoie soigneusement (voir ci-contre) tous les replis de la peau, en utilisant des lingettes pour les parties génitales d'abord et les fesses ensuite afin d'éviter d'étendre l'infection. Avec une débarbouillette

sèche, j'éponge pour assécher, en particulier dans les plis où une irritation peut se développer.

4 J'étends ensuite une couche propre et, tout en soulevant délicatement les jambes du bébé, je la glisse soigneusement sous lui. Si j'utilise une crème ou un onguent (voir à la page 162), je l'applique maintenant sur les surfaces qui seront en contact direct avec la couche parce que ce sont les zones les plus à risque d'être affectées par l'érythème fessier.

5 J'insère la couche entre ses jambes (si je change un garçon, je m'assure que son pénis est dirigé vers le bas afin qu'il n'urine pas dans le haut de la couche). J'attache ensuite la couche sur les côtés, puis je replie correctement le bord supérieur s'il y a lieu.

6 Une fois le bébé déposé dans un endroit sécuritaire, je mets la couche jetable dans le contenant prévu à cet effet, ou je dépose la couche de tissu dans un seau approprié.

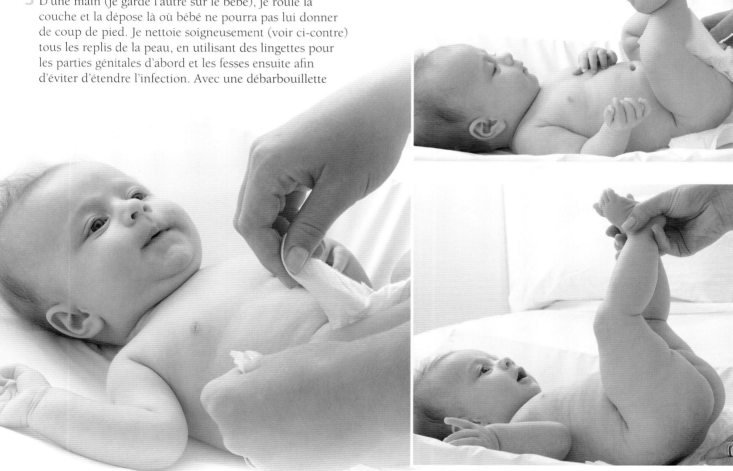

S'OCCUPER DES COUCHES SOUILLÉES

À la fois pour la préservation de l'environnement et le bien-être du bébé, il est essentiel de jeter ou de nettoyer correctement les couches souillées.

Couche jetable

La couche jetable souillée devrait être enveloppée ou repliée, afin que le contenu ne fuit pas, et déposée aussi vite que possible dans une poubelle à cet effet, afin que son odeur ne reste pas dans la maison. Il existe des poubelles et des sacs spéciaux qui enraient l'odeur jusqu'à ce que les couches soient mises à l'extérieur.

Couche de tissu

Stériliser, laver et sécher les couches est un processus laborieux qui, s'il est incomplet, peut laisser des restes d'ammoniac ou des bactéries sur les couches, pouvant entraîner l'érythème fessier et l'infection. Toutefois, utiliser trop de détergent avec les couches peut irriter la peau sensible de bébé. Par conséquent, mesurez soigneusement la quantité de savon et rincez tout deux fois. Un service de couches se chargera de tout le travail laborieux – mais ce n'est pas gratuit.

Équipement essentiel : 2 seaux en plastique pour l'entreposage sont nécessaires, un pour le trempage des couches imbibées d'urine et l'autre pour les couches souillées par les selles, une pince, un bol en plastique et une solution stérilisante. Une lessiveuse est essentielle et une sécheuse, une bonne idée, à moins d'avoir recours à un service de couches.

Pour être bien stérilisée, la couche doit tremper au moins 6 heures dans un seau plein de solution stérilisante. Ce sera plus facile et vous éviterez les erreurs en utilisant des seaux de couleurs différentes pour le trempage des couches, imbibées d'urine ou souillées par les selles. Assez grands pour contenir au moins six couches, les seaux ne devraient pas être trop lourds à soulever une fois pleins d'eau. Ils devraient avoir des poignées solides et des couvercles étanches.

Dans le cas d'une couche souillée, le plus de selles possible doit être jeté dans la toilette, puis la couche devrait être rincée. Ensuite, à moins d'être lavée aussitôt, la couche souillée doit être mise à tremper dans le seau et le couvercle étanche, bien fermé.

La couche trempée d'urine devrait être rincée sous le robinet, puis tordue avant d'être lavée ou mise à tremper.

La culotte en plastique devrait être lavée à l'eau tiède et savon liquide ; elle durcira si l'eau est trop chaude ou trop froide. Si elle durcit, elle peut être amollie dans une sécheuse 10 minutes, à faible température.

ÉRYTHÈME FESSIER

Très courant, l'érythème fessier résulte principalement d'une irritation causée par l'urine et les selles. L'humidité de l'urine interfère avec les capacités de la peau à établir une barrière contre les irritants. Un avantage des couches jetables, c'est que les plus absorbantes isolent beaucoup mieux la peau de l'humidité que les couches de tissu.

La friction entre la peau et la couche aggrave l'irritation, si bien que l'érythème fessier apparaît plus fréquemment dans les zones de peau en contact plus étroit avec la couche

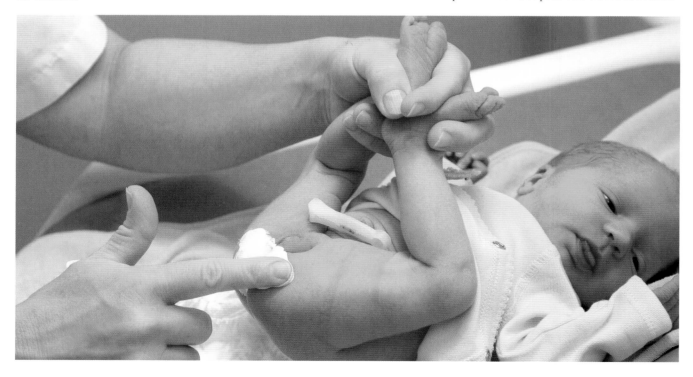

Je ne ferai pas moins que...

SOIGNER L'ÉRYTHÈME FESSIER

Des auto-soins peuvent prévenir ou aider à guérir l'érythème fessier. Pour ce faire, je dois:

✓ **Changer souvent les couches.**

✓ **Nettoyer la peau de bébé délicatement** avec une débarbouillette douce et de l'eau ou des lingettes jetables sans alcool ni parfum.

✓ **Exposer sa peau à l'air** aussi souvent que possible. Soit je le laisse couché sur une natte sans couche, soit je le tiens sur mes genoux assis dans une couche ouverte.

✓ **Utiliser un onguent ou une crème barrière** (oxyde de zinc ou gelée de pétrole).

et rarement dans les plis des cuisses. Les déchets de l'urine et des selles peuvent aussi abîmer la peau. Prévenir et traiter l'érythème fessier dû à la couche implique de réduire les facteurs qui le causent.

Pour diminuer les chances que bébé ne développe un érythème fessier, j'utilise des couches très absorbantes et les changent souvent. Je m'assure qu'elles ne sont pas trop serrées, car cela augmente la friction entre le matériau et la peau.

ÉRYTHÈME FESSIER PERSISTANT

Même si les mesures appropriées sont prises, l'érythème fessier peut persister. Il est difficile de prévenir l'irritation si un bébé souffre de diarrhée, ou s'il dort toute la nuit et est en contact avec son urine longtemps.

Une autre cause est l'infection cutanée à la candida. Cette levure (ou champignon microscopique), qui vit dans le tractus intestinal, atteint la zone de la couche par les selles. Elle est aussi présente en plus grand nombre quand le bébé prend un antibiotique oral. Le nombre plus grand d'organismes, combinés à la diarrhée qui peut résulter de l'effet de l'antibiotique sur les bactéries intestinales bénéfiques, augmentent la probabilité d'un érythème fessier. D'habitude, une infection à la levure se produit sur une peau déjà irritée et, donc, le bébé peut avoir une infection à levure. Si vous pensez que votre bébé souffre d'érythème fessier à candida, téléphonez à votre médecin. Quoique les traitements varient, on prescrit habituellement un onguent efficace contre les levures. Certains médecins recommandent aussi d'ajouter une crème d'hydrocortisone au traitement pour soigner l'érythème fessier sous-jacent, qui est la source de l'irritation.

SOINS D'UNE CIRCONCISION

Une fois le pansement original enlevé, vous pouvez nettoyer la zone circoncise lors du changement de couche. Tandis que le reste de la zone de la couche peut être nettoyée avec une débarbouillette ou une lingette, ne l'utilisez pas sur le pénis tant que la circoncision n'est pas guérie. La couleur rouge vif du gland du pénis pâlira graduellement et, une fois la guérison complétée, elle virera au bleu violacé pâle. On vous aura prescrit un onguent ou de la gaze imprégnée d'onguent.

En utilisant une ouate propre trempée dans l'eau bouillie tiède, tamponnez délicatement le gland du pénis. Ôtez tout dépôt croûté qui s'enlève aisément. Laissez le pénis sécher à l'air. Appliquez ensuite la gaze imprégnée ou l'onguent avec votre doigt. En mettant la couche, faites en sorte qu'elle s'ajuste parfaitement contre le pénis. Vous pouvez penser que cela sera inconfortable pour votre fils, mais une couche ajustée empêche le pénis de bouger dans la couche (ce qui est beaucoup plus irritant).

Il est bon de nettoyer la rainure à la rencontre du gland et du corps du pénis. C'est là qu'un épais mucus blanc sécrété par les glandes de la peau peut, s'il n'est pas régulièrement enlevé au changement de couche ou lors du bain, causer des adhérences (quand la peau à l'extrémité du corps colle avec le prépuce du gland).

L'infection à la suite d'une circoncision est rare mais, si le nouveau-né fait de la fièvre et est particulièrement difficile, cela pourrait signaler une infection. Le corps du pénis, qui n'est pas en cause dans la circoncision, devrait conserver sa couleur normale; la rougeur de la peau du corps près du gland du pénis peut aussi signifier qu'il y a infection. Si vous craignez une possible infection, contactez aussitôt votre médecin, car cela peut devenir très grave.

Garder mon bébé propre

Mon bébé ne se salit pas vraiment – sauf pour la région de la couche (voir à la page 162) – et, donc, la plupart du temps, je me limite à un nettoyage rapide, lavant les parties les plus exposées de son corps et m'assurant d'accorder une attention spéciale aux nombreux plis de sa peau où la saleté et la transpiration sont facilement piégées.

Son nombril a besoin d'être nettoyé quotidiennement jusqu'à ce que le bout du cordon ombilical tombe et que la zone l'entourant soit tout à fait guérie.

Je ne baigne pas le bébé tous les jours mais, quand je le fais, je procède vite parce qu'il n'aime pas beaucoup être nu. Je ne donne pas de shampooing régulièrement, j'essuie simplement ses cheveux avec une débarbouillette ou une éponge humide.

MA ROUTINE DE SOINS

Avant de commencer, j'étale tout ce dont j'ai besoin à portée de la main – un bol d'eau bouillie tiédie, des tampons d'ouate, des lingettes, une serviette ou une débarbouillette douce, et un bol ou une poubelle pour disposer des boules d'ouate utilisées.

Yeux et oreilles – J'essuie chaque œil, dessus et dessous, du coin intérieur jusqu'au coin extérieur avec un tampon d'ouate trempée dans l'eau bouillie tiède. J'utilise un nouveau tampon pour chaque passage et chaque œil, afin de réduire les chances de répandre une infection. J'essuie ensuite autour et derrière ses oreilles – pas à l'intérieur – avec d'autres tampons d'ouate.

Cou – J'essuie son cou avec un tampon d'ouate trempée ou une lingette, puis je l'assèche en tamponnant avec une serviette douce.

Mains et pieds – J'ouvre les mains de bébé pour vérifier s'il y a de la saleté entre ses doigts et sous ses ongles. J'essuie tout pour qu'il soit propre et j'assèche en tamponnant comme précédemment. Je nettoie ensuite le dessus et le dessous de ses pieds et entre ses orteils, en les écartant délicatement au besoin, avant de les assécher en tamponnant.

Poitrine, abdomen et jambes – Je les essuie avec d'autres tampons d'ouate ou lingettes, puis j'en utilise d'autres pour nettoyer les plis inguinaux. J'essuie en descendant le long des plis et en m'éloignant de son corps pour éviter de transmettre des infections aux organes génitaux. Enfin, je l'assèche en tamponnant avec la serviette, en m'assurant qu'il ne reste pas d'humidité dans les plis.

Région du cordon ombilical – J'utilise un tampon d'ouate propre, humectée d'alcool à friction, pour nettoyer délicatement le résidu, la région tout autour et les creux du nombril. J'assèche en tamponnant délicatement.

Cordon ombilical
Le résidu séchera et guérira plus rapidement, si vous l'exposez à l'air aussi souvent que possible. Tout particulièrement, ne le couvrez pas avec la culotte de plastique ou la couche et, s'il se mouille, assurez-vous de bien l'assécher.

MA ROUTINE POUR LE BAIN

J'utilise une baignoire en plastique pour bébé, déposée sur le plancher ou tout autre surface bien supportée, avec une feuille de plastique dessous. Avant de donner le bain, je m'assure que la pièce est assez chaude et que la débarbouillette du bébé, ses vêtements et sa couche propres sont à portée de la main, mais pas trop près afin de ne pas les éclabousser. Je place une serviette douce sur son tapis à langer près de la baignoire. J'ai aussi du savon doux pour bébé à portée de la main, quoiqu'on puisse utiliser uniquement de l'eau. Nul besoin de shampoing avant qu'il ne soit plus vieux.

Je verse environ 5 à 8 cm d'eau dans la baignoire. La température de l'eau est cruciale : 30 °C (86 °F) au thermomètre du bain. Trop chaude, le bébé pourrait être ébouillanté ; trop froide, il pourrait frissonner.

Jusqu'à ce qu'il ait appris à aimer son bain, je chante et lui parle tout le temps pour l'aider à rester calme. Quand je veux laver ses cheveux, je le fais tout juste avant de le mettre dans la baignoire (voir plus bas). Après son bain, je le soulève jusqu'à sa serviette, qui est une surface douce et sécuritaire pour l'assécher.

Dans l'eau – Agenouillée près de la baignoire, je prends bébé dans mes bras, supportant ses fesses d'une main et sa tête et ses épaules de l'autre. Je l'immerge délicatement dans l'eau, le siège en premier.

Poitrine et abdomen – Tout en soutenant la tête et les épaules de bébé – je le tiens délicatement sous le bras pour éviter qu'il ne glisse dans l'eau ou ne se retourne –, je verse délicatement de l'eau sur sa poitrine et son abdomen.

Cou et dos – Je l'assois, en supportant sa poitrine à l'avant et je verse délicatement de l'eau sur sa nuque et le haut de son dos.

Bas du dos – Je l'incline ensuite un peu plus vers l'avant, en prenant soin de garder son visage hors de l'eau, et je verse de l'eau sur le bas de son dos et ses fesses.

Séchage – Je l'incline vers l'arrière afin que sa tête, son cou et ses épaules s'appuient maintenant sur ma main et mon

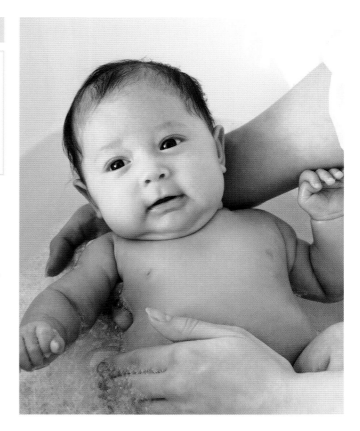

avant-bras et, en utilisant la même prise que pour le déposer dans la baignoire, je l'en sors, en supportant aussi ses fesses. Je le place ensuite sur la serviette et l'enveloppe pour le garder au chaud. Je m'assure de ne pas couvrir son visage. Je l'essuie ensuite partout, en accordant un soin particulier aux plis de son corps. Parfois, je l'appuie sur mon épaule pour l'assécher en le tamponnant.

MA ROUTINE POUR LAVER LES CHEVEUX

La façon la plus facile de le faire consiste à d'abord l'envelopper dans une serviette et l'étendre le visage tourné vers le haut sur un de mes bras. Sa tête devrait être au-dessus de la baignoire remplie d'eau chaude. J'utilise ma main libre pour prendre de l'eau et mouiller ses cheveux en m'assurant que l'eau ne coule pas sur son visage et ses yeux. Je tamponne ensuite sa tête avec une serviette pour l'assécher. Je termine en brossant ses cheveux avec une brosse douce pour bébé.

Fontanelle

Au sommet de la tête du bébé, près de son front, se trouve une zone en forme de losange. Appelée fontanelle, cette zone de peau couvre une couche de membranes résistantes, sous laquelle se trouvent les os du crâne qui ne sont pas encore fusionnés (cela a facilité son trajet dans la filière pelvienne). Même si elle bouge avec la respiration de bébé, je n'ai pas à m'inquiéter si je la touche. Dans un an environ, les os du crâne seront fermés.

Habiller mon nouveau-né

La plupart du temps, mon bébé porte un pyjama une pièce avec une camisole à manches courtes en dessous. Mes vêtements favoris sont doux et en fibres naturelles ; ils sont résistants, mais confortables et bébé y trouve de la place pour grandir. Avant d'acheter ou d'enfiler quoi que ce soit de neuf sur mon bébé, je vérifie les coutures saillantes et les étiquettes irritantes. Je peux couper l'étiquette, mais les coutures saillantes le gêneront.

Comme d'autres bébés, le mien n'aime pas qu'on le change de vêtements ; il s'agite quand il sent l'air sur sa peau et que des vêtements sont passés par-dessus sa tête. Quand je l'habille, je dois toujours tout disposer à portée de la main afin de ne pas le laisser seul sur son tapis à langer, même s'il ne peut encore se tourner.

VÊTEMENTS ?

Il est important que mon bébé n'ait ni trop chaud ni trop froid, mais qu'il soit « juste bien » ; le nombre suffisant de vêtements est donc important. Pour me guider, mon bébé a besoin du même nombre de couches de vêtements que moi et, pour m'assurer que je peux plus facilement contrôler sa température en réduisant ou augmentant les couches au besoin, des vêtements légers sont préférables à un seul qui soit épais. S'il est prématuré ou de faible poids, je l'habillerai avec plus de couches de vêtements. Quand j'utilise un porte-bébé en écharpe ou un porte-bébé, je dois le compter comme une couche de vêtements.

Par temps chaud, je peux lui mettre une camisole et une couche, ou peut-être seulement une couche ; par temps froid, j'ajoute habituellement un gilet sur sa grenouillère (à moins qu'il ne soit dans un porte-bébé en écharpe) et un chapeau. Pour vérifier si mon bébé a assez chaud, je place ma main (chaude) sous son gilet et je touche sa poitrine ou son dos – ils devraient être plus chauds que ma main.

Mitaines de nouveau-né

Les ongles de mon nouveau-né sont très coupants et, donc, pour l'empêcher de s'érafler lui-même, je les couvre d'une paire de mitaines en coton douces prévues pour cet usage.

UTILISER UNE CAMISOLE DE TYPE « CACHE-COUCHE »

J'aime les camisoles qui se joignent à l'entrejambe avec des boutons-pression – parce qu'elles ne remontent pas en exposant le dos de bébé au froid – et qui ont un tour de cou enveloppant – parce qu'elles sont faciles à glisser par-dessus la tête de bébé et peuvent être tirées de ses épaules et descendues jusqu'à ses jambes, ce qui est idéal quand le fond de sa camisole est souillé et que je ne veux pas la passer par-dessus sa tête.

Je lui parle toujours en le changeant et je passe toujours délicatement les vêtements au-dessus de sa tête et de ses membres.

Par-dessus sa tête – En gardant la camisole à l'arrière de sa tête, je retrousse le tissu pour ensuite étirer grand l'ouverture du cou. Je soulève délicatement sa tête, faisant passer l'ouverture au-dessus du sommet de sa tête et je déroule délicatement la camisole par-dessus sa tête et son cou.

Enfiler ses bras dans les manches – J'ajuste le tissu autour de son cou, puis je prends une manche et j'en retrousse le tissu dans une main en laissant mon pouce et mon index à l'intérieur. Je prends délicatement le poignet de mon bébé avec l'autre main et je l'introduis dans la manche (en utilisant le pouce et l'index pour aider à faire passer sa main). Ensuite, je tire délicatement la manche sur son bras. Je répète avec l'autre manche.

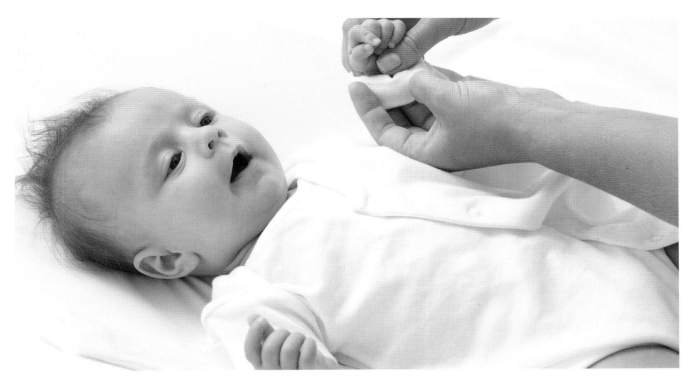

Fermer les boutons-pression – Une fois les deux bras libres, j'ajuste délicatement le tissu sur le devant, en soulevant légèrement ses fesses pour glisser dessous le pan de la camisole et le relever entre ses jambes. J'attache ensuite les boutons-pression.

Retirer une camisole propre – Après avoir détaché les boutons-pression, je retrousse la camisole jusqu'au haut de son corps. En roulant une manche dans une main, j'utilise mon autre main pour guider délicatement chaque bras du bébé hors de sa manche. Je roule ensuite la camisole sous son cou et j'étire l'ouverture aussi large que possible pour éviter de traîner le matériau sur son visage. Je tire la camisole au-dessus de son visage jusqu'au sommet de sa tête en un mouvement souple, puis je soulève délicatement sa tête pour retirer la camisole.

Retirer une camisole sale – Après avoir enlevé la couche souillée et nettoyé rapidement les fesses du bébé, je soulève délicatement sa tête. J'étire alors un côté du tour de cou par-dessus une épaule et je répète ce geste par-dessus l'autre. En le recouchant, je glisse l'ouverture du cou au bas de chacun des bras. J'étire ensuite encore le tour de cou et je sors délicatement chacun de ses bras des manches. Finalement, je ramasse le tissu et le glisse au bas de ses jambes.

UTILISER UNE GRENOUILLÈRE OU UN PYJAMA

Quand mon bébé est jeune, il porte un vêtement une pièce 24 heures par jour. Avant de lui en enfiler un, je détache tous les boutons-pression et j'ouvre la grenouillère ou le pyjama en l'étalant. Je couche ensuite bébé sur le vêtement.

Enfiler les bras – Je retrousse une manche et je la glisse délicatement par-dessus le poignet de bébé, en m'assurant que je ne coince ni ses doigts ni ses ongles. Avec certains vêtements, je dois agrandir les poignets, s'ils sont trop serrés pour y passer ses mains.

Enfiler les jambes – En prenant chaque jambe à tour de rôle, je ramasse le tissu et je glisse son pied à l'intérieur jusqu'à ce que ses orteils soient bien au bout. Ensuite, je déroule le tissu complètement jusqu'au haut de ses jambes.

Attacher – Je ramène les deux côtés de la grenouillère ou le pyjama sur le devant du bébé et j'attache les boutons-pression du haut jusqu'à l'entrejambe. J'attache ensuite les boutons-pression d'une jambe de la cheville jusqu'à l'entrejambe, puis je fais l'autre jambe, en partant toujours de la cheville.

Retirer le vêtement – Je détache tous les boutons-pression et supporte un genou à la fois en retirant le tissu des jambes. Je soulève ensuite les fesses de bébé et glisse la moitié inférieure du vêtement jusqu'au haut de son dos. En supportant le coude de bébé, je retire délicatement le bras de chaque manche, sans tirer. Si la moitié inférieure est souillée, je commence par les bras et je travaille vers le bas.

Sortir... ou demeurer à la maison

Je sais que, comme il est important que je puisse me reposer et récupérer du travail et de l'accouchement, durant ces premières semaines, je ne sortirai donc mon bébé que pour de courtes promenades plutôt que de longs trajets. Être dehors est bénéfique tout autant qu'agréable. Je m'assure que mon bébé est vêtu adéquatement, mais je suis consciente que, si je suis mal d'avoir chaud ou froid, mon bébé ressent la même chose et, donc, soit je retourne à l'intérieur, soit je vais à un endroit où la température est plus supportable, soit, encore, j'ajuste mes couches de vêtements.

La vaste majorité des infections étant transmises par les interactions face à face, j'évite les endroits où l'on est à l'étroit (comme les boutiques achalandées ou les restaurants bondés), mais je me promène dans le parc, dans mon voisinage ou au centre commercial voisin.

Je sors parfois mon bébé dans son landau mais, pour les promenades ou les excursions courtes, je le mets dans un porte-bébé en écharpe ou un porte-bébé ventral ce qui, tout en le gardant tout près, me permet de garder les mains libres. Il est important de se rappeler qu'un porte-bébé comptant comme une couche de vêtements, mon bébé devrait donc être habillé avec une couche de moins que ce que je porte si je le sors dans un porte-bébé.

UTILISER UN PORTE-BÉBÉ EN ÉCHARPE

Comme beaucoup de mamans, je trouve le porte-bébé en écharpe fantastique pour garder mon bébé tout près. Autant que pour sortir mon bébé, je le mets souvent à la maison lorsque je vaque aux tâches ménagères ou quand il pleure. Utiliser un porte-bébé en écharpe signifie aussi que je peux allaiter au sein discrètement dans un lieu public ou un restaurant.

Le porte-bébé en écharpe est essentiellement fait de bandes de tissu ou d'un châle, sans la doublure du porte-bébé ventral. Il convient surtout aux bébés de moins de 3 mois, mais demandez conseil si votre bébé est prématuré, ou s'il souffre de problèmes respiratoires ou d'un rhume.

Il est très important de l'utiliser de manière adéquate. Si le tissu bloque le nez et la bouche du bébé, il pourrait suffoquer. Ainsi, bien sûr, le bébé ne doit jamais être mis le visage vers le bas dans un porte-bébé en écharpe ou tenu de façon à ce que son menton soit ramené sur sa poitrine, ce qui peut aussi restreindre sa respiration. Quand j'utilise un porte-bébé en écharpe, je suis toujours extrêmement attentive à rester consciente de la position du bébé et à protéger sa tête avec mes mains quand je me penche vers l'avant ou sur le côté. J'essaie aussi d'éviter tout choc ou mouvement brusque.

Pour garantir la sécurité de mon bébé, il est important de s'en tenir à ce qui suit :

- Le porte-bébé devrait être parfaitement ajusté contre mon corps afin que le bébé demeure placé haut et tout contre ma poitrine et non autour de ma taille ou de mes hanches.
- Le visage et le devant de la poitrine du bébé devraient toujours être vers le haut et son menton gardé bien au-dessus de sa poitrine.
- Son visage doit être complètement dégagé et non couvert.
- Je suis toujours capable de voir le visage de mon bébé sans écarter le tissu et je dois le vérifier régulièrement. Son visage devrait être près du mien afin que je puisse me pencher et l'embrasser fréquemment.
- Je dois faire attention de ne pas m'endormir avec le bébé dans le porte-bébé en écharpe.

LE PORTE-BÉBÉ VENTRAL PARFAIT

Je peux facilement voir mon bébé.

Mon bébé fait face à ma poitrine, son oreille près de mon cœur.

Son visage est visible et sa bouche n'est pas obstruée.

Sa tête est plus haute que le haut du sac.

Les bretelles distribuent le poids également sur mes épaules.

Le panneau ferme du dossier et les trous pour ses jambes gardent mon bébé droit.

Les courroies s'attachent de façon sécuritaire.

Le tissu est lavable à la machine.

UTILISER UN PORTE-BÉBÉ VENTRAL

Certains types de porte-bébé laissent les jambes et les bras du bébé libres, d'autres ressemblent plus à un berceau. Avant d'acheter un porte-bébé ventral, assurez-vous qu'il offre un bon soutien à la tête et au dos de bébé, que les bretelles sont larges, qu'il est confortable et qu'il peut être enfilé aisément sans aide. Attaches, fermetures éclair et boutons-pression devraient fonctionner avec souplesse et le tissu devrait être lavable et ne pas rétrécir. Le porte-bébé devrait aussi porter une étiquette « conforme aux normes de sécurité ».

Le modèle devrait être choisi selon le poids de bébé – de nombreux porte-bébé ne sont pas adéquats pour les nouveau-nés ou les prématurés (quoiqu'il y ait des modèles pour de très petits bébés) – et il faut suivre rigoureusement les instructions du fabricant quand vous le mettez.

CHAPEAUX

Dans les mois plus frais, je mets toujours un chapeau à mon bébé – un chapeau léger la plupart du temps et un plus chaud quand je sens le froid sur ma tête. En été, un chapeau est essentiel pour le protéger des rayons du soleil.

VISITEURS

Peu de temps après mon accouchement, mes parents et amis ont commencé à arriver, espérant voir et peut-être prendre mon nouveau-né. Quoique heureuse de voir mes amis et mes parents proches, j'ai essayé d'écourter les visites. Après tout, j'ai besoin de temps pour récupérer, me reposer et me détendre et je veux de l'intimité quand j'allaite au sein – au moins jusqu'à ce que le geste soit devenu habituel. Je compte sur mon conjoint pour prendre soin de moi et prévenir les invités et les visiteurs potentiels que je dois me reposer.

Je m'inquiète aussi des bactéries que les visiteurs peuvent apporter et qui pourraient affecter mon nouveau-né. Les jeunes bébés sont encore plus sujets aux infections bactériennes graves que les enfants plus vieux et les adultes et une maladie peut se développer rapidement. Par contre, il y a plus de chances que les visiteurs transportent surtout des bactéries et des virus du rhume et de la grippe, que je veux aussi éviter. Comme la plupart des infections se transmettent par les contacts étroits et le toucher, je fais ce qui suit :
- Je dis aux gens qui toussent et qui ont le rhume de remettre leur visite à plus tard, quand ils iront mieux.
- Je laisse seulement quelques membres de la famille et les amis proches prendre le bébé – et uniquement après s'être lavés les mains. Les autres visiteurs peuvent le regarder, mais ne pas le toucher, ni l'embrasser.
- Je refuse de laisser quiconque fumer près de mon bébé ou dans ma maison.

Je sais que certaines personnes pensent que je suis névrosée, mais je suis déterminée à garder mon bébé en sécurité. Il est facile de faire comme je veux si je dis que je dois suivre les conseils de mon infirmière visiteuse ou de mon médecin.

Mettre mon nouveau-né au lit en sécurité

LE LIT ?

Pendant au moins les premiers 6 mois, mon bébé dormira dans ma chambre, près de mon lit. Cela facilite l'allaitement et je peux mieux réagir s'il a de la difficulté à respirer ou s'il arrête de bouger (voir SMSN à la page 174).

Tandis qu'il est petit, je le mets au lit dans un couffin que je peux déplacer dans différentes parties de la maison pour qu'il puisse me tenir compagnie ou m'accompagner quand je sors. Certains parents font dormir leur bébé dans un lit de bébé dès le départ parce qu'il deviendra vite trop grand pour dormir dans le couffin. Si mon bébé était né prématuré (avant 37 semaines), ou avait un petit poids (moins que 2,5 kg) à la naissance, mon médecin aura probablement conseillé qu'il dorme dans un lit de bébé. Mon bébé utilisera probablement son lit de bébé (que je choisirai en me servant de la liste de vérification à la page 185) jusqu'à ce qu'il ait au moins 2 ans, après quoi il aura besoin d'un lit. Je peux essayer de trouver un lit de bébé qui peut être transformé en lit d'enfant qu'il pourra utiliser jusqu'à l'âge de 6 ans au moins.

Questions de sécurité

Quand je laisse bébé dans son lit, je fixe toujours les côtés du lit en position « haute », je m'assure qu'il n'y a pas de jouets pouvant constituer un risque d'étouffement ou de suffocation, et je ne laisse pas mon bébé seul dans son lit avec un biberon parce qu'il constitue aussi un risque d'étouffement.

Une fois que le bébé peut se tenir debout ou s'agenouiller, je dois déplacer hors d'atteinte tous les jouets qui pendent au-dessus du lit, comme les mobiles. Et, une fois qu'il peut s'agenouiller et, plus tard, se tenir debout, je dois vérifier la hauteur du côté du lit afin de m'assurer qu'il atteint la hauteur de sa poitrine afin qu'il ne risque pas de basculer à l'extérieur. Une fois le côté du lit sous sa poitrine, la base du matelas doit être abaissée. Quand le côté du lit arrive sous le niveau de sa poitrine alors que la base est à son niveau le plus bas, mon bébé doit être déplacé vers un lit.

DORMIR EN SÉCURITÉ

La position, les vêtements de nuit et la literie de mon bébé, ainsi que la température de sa chambre, sont importants parce qu'il n'y a ainsi qu'un faible risque qu'il souffre du SMSN (syndrome de mort subite du nourrisson, voir à la page 174). Mon bébé doit toujours être couché sur le dos pour dormir et ni ses vêtements de nuit ni sa literie ne doivent être trop chauds (voir plus bas comment évaluer sa température corporelle). Il est important, aussi, que sa chambre soit gardée à une température d'environ 18 °C à 20 °C (65 °F à 68 °F). Je dois toujours m'assurer de ce qui suit.

- Les couvertures ne vont pas plus haut que les épaules de bébé.
- Ses pieds touchent le pied de son lit.
- Le lit n'a pas de pare-chocs et ne contient ni duvet ni oreiller.
- Des draps de coton sont utilisés, qui ne vont pas se plisser quand le bébé bouge.
- Des couvertures cellulaires de coton sont utilisées et je peux ajouter ou enlever une couverture, au besoin.
- La tête de bébé est découverte, ce qui permet à la chaleur de s'échapper au besoin et évite au bébé d'avoir trop chaud.

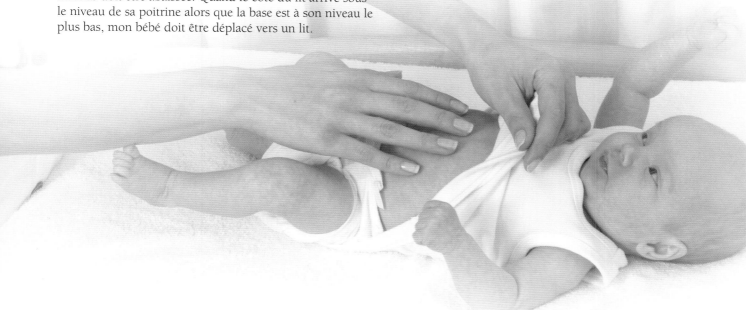

Pour vérifier si mon bébé a assez chaud, je touche son abdomen, plutôt que ses mains et ses pieds, car les mains et les pieds ont tendance à rester frais la plupart du temps.

CHOISIR UN LIT

- ☐ Le lit est neuf ou, s'il est usagé, je connais son histoire et il rencontre les standards actuels de sécurité.

- ☐ Les barreaux devraient être espacés convenablement et il ne devrait pas y avoir d'arêtes vives.

- ☐ Le côté peut être abaissé afin que je sois capable de mettre mon bébé au lit et de l'en sortir facilement sans me faire mal au dos.

- ☐ Le matelas est neuf, selon les normes de qualité et il porte l'étiquette du fabricant. Il a une enveloppe imperméable qui peut être facilement essuyée après les fuites.

- ☐ Il sera fait de mousse, de fibres naturelles ou avec des ressorts à enroulements, selon ce que je suis prête à investir (la mousse est moins chère que les fibres naturelles) et si je veux qu'il soit hypoallergénique.

- ☐ Il n'y aura pas plus de 2,5 cm (1 po) d'espace entre le matelas et les côtés et les bouts du lit – pour éviter que mon bébé ne se coince.

Les barreaux doivent être à moins de 65 mm (2½ po) de distance.

Les bords doivent être arrondis, non à arêtes vives.

Le côté peut être abaissé.

La base devrait être mobile.

Le matelas doit être ferme et plat ; il doit bien s'ajuster au cadre du lit.

Les pattes du lit sont stables.

Surveiller mon bébé

Comme tous les nouveaux parents, je sais qu'il est tout à fait naturel et normal de vouloir garder un œil sur mon bébé lorsqu'il dort et je voudrai le vérifier fréquemment. En utilisant un interphone pour bébé, je garderai un contact constant avec lui, ce qui sera rassurant. Je pourrai l'entendre quand il est dans une autre pièce.

Il y a de nombreux moniteurs sur le marché ; le modèle le plus simple me permettra seulement d'entendre mon bébé ; d'autres ont des lumières qui correspondent aux bruits du bébé où affichent la température de la chambre. Je dois vérifier les différentes options pour trouver celui qui satisfait tous mes besoins.

Je peux aussi utiliser un moniteur qui déclenche une alarme si mon bébé cesse de respirer.

Vêtements de nuit

Alors que mon bébé est petit, je le mets au lit en camisole, couche et pyjama mais quand il aura grandi et sera plus actif, je le mettrai dans un nid d'ange (dormeuse) qu'il ne pourra pas repousser comme il le fait avec les draps et les couvertures. Le meilleur en serait un qui soit basé sur le poids plutôt que sur son âge. Si je choisis un nid d'ange trop grand, le bébé risque de glisser au bas. Les nids d'ange ont habituellement un indice d'isolation ou de chaleur ; plus l'indice est élevé, plus le nid d'ange est chaud. Un nid d'ange d'indice 2,5 est recommandé pour des conditions standard (une température de 16 à 20 °C [61 à 68 °F] dans la pièce).

Mon bébé devenant plus actif, il peut vouloir bouger plus que ne le permet le nid d'ange ; l'heure sera alors venue de changer le nid d'ange pour des draps et des couvertures.

STRATÉGIES DE SOMMEIL

Comme la plupart des bébés, le mien dort environ 4 à 5 heures à la fois et, comme j'allaite au sein, je m'attends à ce que cela dure quelques mois. Si j'allaitais au biberon, mon bébé pourrait commencer à dormir pendant des périodes plus longues, plus tôt (parce que le lait maternisé est plus nourrissant). Au total, mon bébé dort environ 16 heures par jour, mais il se réveille souvent la nuit. Comme il se réveille souvent, je commence moi-même à trouver difficile d'obtenir le repos suffisant – et, en conséquence, j'ai trouvé une solution en deux temps : établir des routines différentes pour les siestes et le sommeil de nuit et m'assurer alors de trouver le temps de dormir.

Siestes

Même si mon bébé dort beaucoup durant le jour – puisqu'il ne fait pas la différence entre le jour et la nuit –, cela diminuera graduellement au cours des mois à venir. Ainsi, vers 6 mois, il pourra ne dormir qu'une heure ou deux, deux fois par jour, et, à l'âge de 1 an, il pourra ne faire qu'une seule sieste. Pour l'aider à distinguer le jour de la nuit, je m'assure que, lorsqu'il est éveillé, je passe du temps à jouer, à chanter et à le masser et, quand il dort, je traite ces moments différemment. À titre d'exemple :

- Je le laisse dormir où qu'il soit – dans son couffin, sa nacelle ou sur son tapis de jeu –, tant qu'il est en sécurité ;
- Je n'essaie pas de tamiser la lumière et je ne le protège pas des bruits normaux de la maison ;

AVIS D'EXPERTS

SMSN (syndrome de mort subite du nourrisson)

Le cauchemar de tout parent arrive quand un bébé meurt de façon soudaine et inattendue avant l'âge d'un an et sans qu'une cause identifiable ne puisse être détectée. D'habitude, le bébé meurt sans douleur dans son sommeil alors qu'il est dans son lit, mais il peut aussi mourir dans son landau ou même dans vos bras. Les bébés prématurés, de faible poids à la naissance et les garçons sont les plus à risque, mais tous les bébés peuvent être affectés. La mort se produit normalement la nuit, entre minuit et 9 heures du matin.

Quoique la cause exacte soit inconnue, des recherches récentes ont conduit à une meilleure compréhension des risques et des mesures préventives (voir à la page 172). Un facteur de risque évitable est le tabac – à la fois durant et après la grossesse. L'exposition de l'un des parents à la fumée double le risque que le bébé meure de SMSN. Ne laissez personne fumer dans la pièce où se trouve votre bébé et ne faites pas brûler d'encens dans sa chambre.

EMMAILLOTER BÉBÉ

Envelopper mon bébé afin que ses membres ne puissent pas bouger librement et le tenir éveiller peut garantir qu'il tombera endormi. Le secret consiste à lui permettre de se sentir en sécurité sans l'envelopper trop serré et sans empêcher tout mouvement. Je vérifie que la couverture ne soit pas trop serrée autour de son cou et je l'enveloppe afin qu'il ait accès à ses mains et à ses doigts, ce qui peut être réconfortant.

- Je ne le laisse pas dormir plus de 4 heures pour commencer et, plus tard, quelques heures suffiront.

Routine à l'heure du lit

Quoiqu'il n'aura pas une routine précise avant 3 mois au moins, je vais établir une routine régulière d'événements qui peut aider mon bébé à savoir quand il est temps de dormir. Parmi les choses que je ferai pour l'amener à dormir, il y a ce qui suit :

- L'allaiter sous une lumière tamisée, dans une pièce tranquille.
- Me livrer à des activités de détente, comme lui donner un bain, essayer certains massages doux pour bébé ou le bercer au son de musiques calmantes – surtout celles que je faisais jouer enceinte.
- Lui enfiler ses vêtements de nuit, différents de ceux qu'il porte le jour.
- Le déposer dans son lit pour la nuit dans une pièce faiblement éclairée.
- Le caresser, l'embrasser et lui dire « Bonne nuit ! ».
- S'il trouve difficile de s'endormir ou s'il se réveille et pleure, je retournerai le caresser doucement et lui parler calmement, mais je ne le prendrai pas.

Je ne ferai pas moins que...

PROTÉGER MON SOMMEIL

Pour prendre soin de mon bébé, je dois être raisonnablement alerte, calme et reposée ! Par conséquent, j'ai pris la résolution de faire ce qui suit.

✓ **Dormir quand mon bébé dort,** même s'il y a beaucoup de choses à faire.

✓ **Profiter de l'aide offerte.** Quelqu'un d'autre peut se porter volontaire pour exécuter certaines tâches tandis que je me repose.

✓ **Me coucher tôt.**

✓ **Allaiter mon bébé tout juste avant de me coucher.**

✓ **Demander de l'aide à mon conjoint.** Il peut donner au bébé au moins un biberon de nuit (si on utilise du lait déjà extrait ou un biberon de lait maternisé).

✓ **Placer le matériel pour le changer près de mon lit** pour minimiser les dérangements la nuit.

1 J'étends une couverture douce, à plat, de manière à former un losange. Je replie le coin supérieur sur celui du bas, formant ainsi un triangle et je place le bébé au centre, sa tête au-dessus du pli.

2 En tenant le bras droit de bébé sur son côté, je tire délicatement le côté droit de la couverture au-dessus de son corps et je glisse le coin sous le côté gauche du bébé.

3 Je relève ensuite le bas de la couverture jusqu'à sa poitrine, en m'assurant que ses orteils ont de la place pour bouger avant de tirer délicatement le coin gauche au-dessus du bébé et de le coincer sous son côté droit.

4 Si elle n'est pas déjà sortie, je prends la main droite du bébé et je la libère de la couverture en la tirant délicatement.

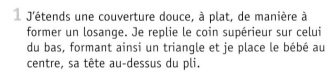

Réagir aux pleurs de mon nouveau-né

Je sais que mon bébé essaie de me dire quelque chose lorsqu'il pleure, même si ce n'est qu'il s'ennuie. Je commence lentement à comprendre ses différents pleurs, il a besoin de nourriture, de boire, d'être soulagé d'un malaise (gaz, chaleur, froid, humidité, bruit, lumière vive) ou de quelqu'un pour le réconforter. Bien sûr, avec le temps, j'espère pouvoir réagir plus efficacement en apprenant à prévoir ses besoins, à savoir comment il réagira à certaines situations ou stimulants, à observer ses routines quotidiennes de comportement ou en reconnaissant son langage corporel, alors qu'il prépare une autre crise de pleurs.

COLIQUES

Certains bébés pleurent pendant de longues périodes sans aucune raison identifiable. Jusqu'à 20 % des bébés font des crises de hurlements, accompagnées de poings crispés et de genoux remontés jusqu'à l'abdomen, ce sont probablement

Le mouvement soulage souvent les pleurs du bébé. Je l'assois dans son siège berceur, je le tiens tout contre mon épaule ou sur mes genoux tout en bougeant, dansant avec lui dans mes bras ou le balançant dans un hamac.

CAUSES DES PLEURS PERSISTANTS

Quoique les coliques ne soient pas considérées comme ayant besoin d'un traitement médical – vous devrez tout simplement attendre qu'elles disparaissent graduellement –, il y a certaines autres conditions qui peuvent requérir l'attention d'un médecin :
- Un appareil digestif ou un système nerveux immature
- L'intolérance au lait de vache (transmis par le lait maternel ou le lait maternisé)
- Surdose de lactose
- Infection ou maladie
- Blessures à la naissance
- Stress chez la mère
- Naissance difficile

Parmi les autres choses à prendre en considération, il y a que le système nerveux de votre bébé est toujours en développement et qu'il ne peut pas encore s'habituer aux bruits forts, aux lumières vives ou même au stress en général et aux bruits de la vie autour de lui.

des coliques. Typiquement, ces crises commencent à l'âge de 2 à 4 semaines, augmentent graduellement de durée et d'intensité, puis atteignent un sommet vers 6 à 8 semaines. Une fois le sommet atteint, les crises deviennent graduellement plus légères jusqu'à ce qu'elles disparaissent, habituellement vers l'âge de 3 mois, mais peuvent durer jusqu'à 6 mois. Les coliques se manifestent le plus souvent en soirée, pour cesser entre 23 heures et minuit. Il semble y avoir peu de facteurs distinctifs, car les coliques se produisent également chez les filles et les garçons, chez les bébés allaités au sein ou au biberon, qu'ils soient riches ou pauvres, aînés ou pas, et accouchés normalement ou par césarienne.

CALMER MON BÉBÉ QUI PLEURE

J'essaie de ne jamais laisser mon bébé pleurer plus de quelques minutes, car il sera encore plus en détresse et je trouverai difficile de savoir pourquoi il a commencé à pleurer à l'origine. Les jeunes bébés peuvent être « gâtés »,

Je ne ferai pas moins que...

APPRENDRE À VIVRE AVEC LES PLEURS

Comme tous les pleurs ne peuvent pas être « guéris », il est important que je gère mes réactions :

✓ Je trouverai des façons de passer ma colère loin de bébé. Respirer profondément et écouter de la musique avec des écouteurs calment souvent.

✓ J'apprendrai à me réjouir en pensant à une blague ou en regardant un film drôle.

✓ Je demanderai à mon partenaire de m'accorder du temps libre loin du bébé, ou de me faire un massage relaxant.

✓ Je demanderai l'aide de mon médecin ou infirmière visiteuse ; il peut y avoir un problème.

✓ Je me rappellerai de me « féliciter » quand je fais quelque chose de bien et de laisser de petits messages réconfortants et positifs partout dans la maison.

✓ Je laisserai le bébé pleurer dans un endroit sûr si cela devient trop éprouvant.

✓ Je téléphonerai à mon médecin si je me sens très triste, ou désespérée, ou si je manque d'énergie, ou si j'ai envie de pleurer souvent.

mais ils peuvent devenir non réceptifs si on ignore leurs pleurs. Par conséquent, quand je réagis aux pleurs de mon bébé, je lui laisse savoir que ses besoins sont importants pour moi et qu'ils seront satisfaits.

Ainsi, en général, quand mon bébé pleure, je pense qu'il peut avoir faim, ou vouloir être pris ou caressé, ou vouloir qu'on lui parle, qu'on le change de couche, ou vouloir être dans une pièce sombre, à lumière tamisée. Naturellement, lorsque je pense avoir trouvé la cause, je fais ce que je pense pour l'arrêter. Si bébé pleure quand je le mets au lit, j'attends habituellement un petit peu pour voir s'il va cesser de pleurer par lui-même. Sinon, je vais le voir.

Parfois, cependant, aucune des réponses habituelles ne semblant convenir, j'ai donc un répertoire qui comprend ce qui suit.

• Le bercer et le balancer
• Tapoter son dos de façon rythmique et ferme
• Le masser
• Le distraire (le baigner et lui présenter des jouets)
• L'emmailloter (voir à la page 174)
• Chanter doucement pour lui
• Le sortir dans la poussette ou l'auto

Prendre soin d'un bébé prématuré ou de jumeaux

Les parents de bébés prématurés ou de jumeaux font face à des défis additionnels dans l'apprentissage de la maîtrise des tâches essentielles des soins de bébé. Au départ, les parents de bébés prématurés se sentent souvent dépassés par les responsabilités qui vont de pair avec les soins à donner à leurs bébés à la maison, tandis que les parents de jumeaux se plaignent souvent de la fatigue physique résultant de la gestion simultanée de deux horaires de sommeil et d'allaitement. Tout en étant particulièrement important pour les bébés prématurés et les jumeaux (qui sont souvent prématurés), l'allaitement au sein peut être plus difficile à démarrer – un bébé prématuré peut être incapable de téter au sein à la naissance et au cours des semaines suivantes, et parvenir à allaiter deux bébés au sein exige beaucoup d'énergie. (voir à la page 150).

CONSIDÉRATIONS SUR LES PRÉMATURÉS

Vous n'aurez pas uniquement besoin de mettre en réserve des petites couches, camisoles et vêtements (qu'on trouve facilement dans Internet, sinon dans les boutiques pour bébés) et le siège d'auto spécialement conçu. Vous devrez probablement ajuster vos « habiletés de soignant » quand vous administrerez les médicaments et les vitamines (voir à la page 252). En outre, il vous faudra être capable de suivre des instructions très spécifiques relatives aux horaires d'allaitement et des soins particuliers pour traiter les problèmes médicaux persistants. Alors que les instructions de congé de l'hôpital seront relativement courtes pour un bébé prématuré dont le seul problème est l'allaitement lent, vous aurez probablement énormément plus à faire à la maison si votre bébé était très prématuré ou s'il a connu des complications.

Les très grands prématurés ont souvent des problèmes médicaux persistants et vous devrez donc apprendre du personnel de l'unité néonatale des soins intensifs les soins particuliers dont votre bébé aura besoin à domicile. En plus de lui donner des vitamines et d'autres médicaments possibles, votre bébé peut avoir besoin d'oxygène, ou d'autres équipements ou moniteurs spéciaux avec lesquels vous devrez vous familiariser. Si votre bébé a eu des problèmes respiratoires graves ou de l'apnée (longues pauses entre les respirations), on peut vous enseigner des techniques spéciales de réanimation cardio-respiratoire (RCR, voir à la page 265) pour le cas exceptionnel où vous auriez à les utiliser.

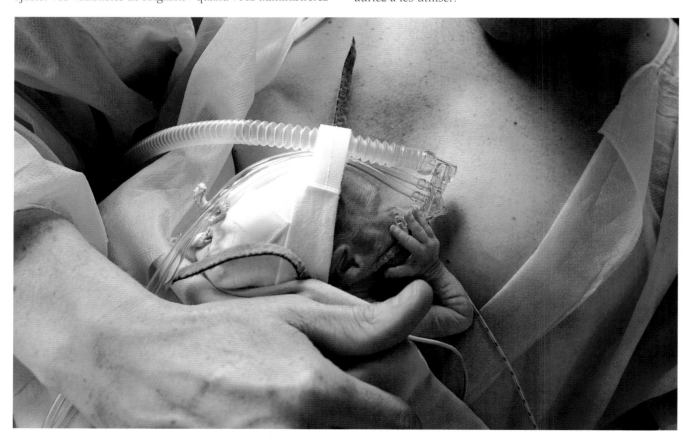

Maintien de la température corporelle

Lorsque votre bébé reviendra à la maison, il aura atteint le point où il pourra maintenir sa température par lui-même à condition d'être vêtu correctement, vous devrez minimiser les occasions où il sera dévêtu ou aura froid. La méthode empirique pour habiller un bébé prématuré consiste à ajouter une couche de vêtement de plus que ce dont vous avez vous-même besoin. À la maison, le chapeau n'est nécessaire que si le thermostat est réglé sous une température ambiante normale (20 °C [68 °F]).

Contrôle des bactéries

Si votre bébé est né avant la 34ᵉ semaine de gestation, il aura une déficience d'anticorps qui le protègeraient des bactéries ; il est donc essentiel de limiter qu'on le touche, le prenne ou soit en contact étroit avec lui uniquement à quelques parents ou amis proches – et seulement après s'être bien lavés les mains et qu'ils ne soient porteurs d'aucune infection. Interdisez à quiconque est atteint d'une maladie contagieuse de visiter votre bébé et assurez-vous d'éviter les lieux publics où les gens sont près les uns des autres. Il est aussi important que votre bébé reçoive ses vaccins et que vous l'entouriez de membres de la famille immunisés eux-mêmes contre certains virus et bactéries. À titre d'exemple, il est recommandé que les parents et tout autre adulte de votre entourage, gardiennes d'enfant et visiteurs réguliers inclus, aussi bien que les autres enfants, soient immunisés contre la coqueluche et la grippe.

Manipulation

Même si les prématurés sont plus petits que les bébés nés à terme, ils peuvent être pris et tenus de la même manière (voir à la page 160). Un prématuré devrait être transporté dans un porte-bébé spécial pour prématuré ; ainsi, il peut entendre battre votre cœur et sentir votre respiration et vos déplacements : cela peut l'aider à croître physiquement de même qu'à développer un lien émotionnel plus fort avec vous. Les bébés prématurés croissent plus vite si nichés dans un porte-bébé en écharpe (il imite le giron maternel) et ils peuvent faire la transition d'un incubateur au monde extérieur plus facilement, avec plus de calme et de confort. Une fois qu'il a acquis un bon contrôle de sa tête (entre 16 à 20 semaines), on peut utiliser un porte-bébé sans support pour la tête.

Allaitement

Même après le congé de l'unité néonatale des soins intensifs, un prématuré peut ne pas avoir acquis les habiletés requises pour boire facilement. De toute manière, il s'allaitera plus lentement et tétera moins fort et efficacement qu'un bébé à terme. La faiblesse des muscles oraux, la mauvaise coordi-nation de la langue et du pharynx et le besoin de respirer souvent peuvent aussi compliquer l'allaitement au début. Qui plus est, l'effort requis pour continuellement téter le sein ou le biberon peut être exténuant pour un petit bébé

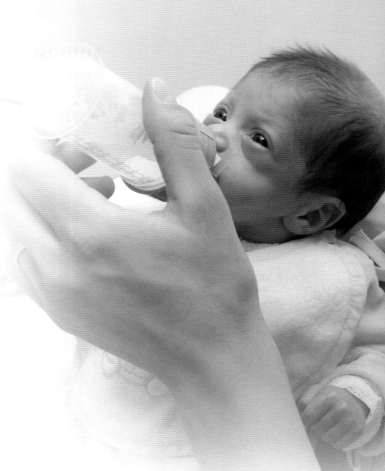

prématuré. Les allaitements seront lents et votre bébé peut avoir besoin de nombreuses pauses pour se reposer au cours du « repas ». Une partie de la beauté du fonctionnement du corps humain réside dans ce que le lait maternel des mères qui accouchent prématurément contient plus de nutriments vitaux nécessaires à un bébé prématuré (protéines, gras, calcium, phosphore, vitamine D et fer). Toutefois, pour garantir qu'un bébé prématuré reçoit une bonne quantité de ce dont il a besoin, un supplément en poudre est souvent ajouté au lait maternel déjà extrait.

Les bébés prématurés allaités au biberon reçoivent au début un lait maternisé pour prématurés (0,8 cal/ml [24 calories/once]) et des suppléments ; d'habitude, ils requièrent aussi des multivitamines et du fer en gouttes.

Règle générale, les bébés prématurés ne sont pas très doués pour savoir quand ils ont faim ; donc, le boire doit être donné à intervalles réguliers, tel que demandé par les soignants de l'unité néonatale des soins intensifs. Une fois que votre bébé pourra ingérer les calories suffisantes, il se développera remarquablement vite, il pourra même gagner 20 à 30 grammes ou plus par jour.

Développement

Même s'il existe des tableaux de croissance spécifiquement pour les petits bébés prématurés (d'un usage des plus importants pour les bébés encore à l'hôpital), on utilise un tableau de croissance standard la plupart du temps.

Cependant, plutôt que l'âge chronologique de votre bébé, son âge corrigé est établi par rapport à son poids, sa taille et sa circonférence crânienne et il y a bien des chances que votre bébé commence dans les rangs percentiles les plus bas pour ce qui est de la taille et du poids. Néanmoins, avec la croissance de rattrapage, il se rapprochera bientôt du niveau de croissance typique des bébés à terme d'âge similaire corrigé et, éventuellement, chronologique.

Les médecins accordent toujours une attention particulière aux étapes du développement des bébés prématurés. Et, comme dans le cas de la croissance physique, l'âge corrigé de votre bébé est utilisé quand on évalue l'atteinte des étapes. Ainsi, si votre bébé est né 2 mois avant terme, le temps prévu des premiers sourires serait à l'âge chronologique de 3 ½ à 4 mois (6 à 8 semaines selon l'âge corrigé).

Quoiqu'il puisse y avoir de grandes différences dans le « rattrapage » des bébés prématurés, un bébé prématuré en santé entre habituellement dans la norme, sans correction due à sa prématurité, à l'âge chronologique de 12 à 18 mois, tout autant pour sa croissance que sa maîtrise des habiletés du développement. Comme parent, ce qui devrait importer le plus pour vous, ce n'est pas le moment où votre bébé atteint une étape, mais qu'il l'atteigne.

CONSIDÉRATIONS SUR LES JUMEAUX

Les parents de jumeaux font face à des défis particuliers à cause de la proximité d'âge des bébés, de leur relation spéciale – souvent plus étroite que celle qui s'établit normalement entre frères et sœurs – et de leur besoin sous-jacent

de se développer comme individus uniques quoiqu'ils fassent partie d'un couple.

Même si les jumeaux identiques ont la même apparence pour la plupart des gens qui ne les côtoient pas chaque jour et qui, par conséquent, n'apprennent pas à les connaître intimement, vous pouvez noter quelques subtiles différences physiques. Au-delà de leurs similarités (s'ils sont identiques), il est important que chacun des enfants se développe comme un individu unique avec ses habiletés et sa personnalité propres et que vous encouragiez les intérêts et les talents individuels de chaque jumeau. Essayez de passer quelques minutes seul avec chacun des jumeaux, chaque jour ; ne faites pas que passer du temps avec les deux ensemble.

S'occuper de deux bébés à la fois

Deux poussettes peuvent faciliter le transport de jumeaux, mais jongler avec les besoins de deux petits bébés est plus difficile. En plus de s'assurer d'une aide supplémentaire, il est très important de créer et de s'en tenir à un horaire qui vous permette (du moins, en théorie) d'avoir un peu de temps libre. Avec deux bébés, il est difficile de traverser la journée sans période de repos, surtout si vous allaitez au sein ; toutefois, si vos bébés font régulièrement de longues siestes en après-midi, il devrait vous être possible de dormir en même temps qu'eux.

Quoique certains jumeaux aient des personnalités et des métabolismes très différents, qui entraînent des habitudes de boire et de sommeil différentes, une routine donnera certainement plus de structure à la journée ; ce sera mieux que de simplement se débrouiller au hasard avec la situation. Imposer un horaire pour les boires et le sommeil assurera que vos bébés suivent la même horloge biologique, ou une semblable. Et, une fois que vos bébés auront pris l'habitude de manger et dormir à heures fixes, il sera plus facile de détecter si quelque chose va mal. S'ils dorment invariablement 2 heures tous les après-midi et que, une journée, ils ne dorment que 20 minutes, vous serez avertie qu'un problème possible les a tenus éveillés.

Un autre aspect essentiel consiste à organiser votre maison afin que vous puissiez trouver tout ce dont vous avez besoin rapidement et facilement. Si votre maison compte deux étages, assurez-vous d'avoir l'équipement essentiel – tapis à langer et chaises de bébé, à titre d'exemple –, à chaque étage. C'est aussi une bonne idée d'avoir, sur chaque étage, un endroit où les bébés peuvent dormir. Deux lits de bébé ne sont pas nécessaires ; vous pouvez utiliser un landau et un couffin à l'étage inférieur.

Il n'est pas vital que vos deux bébés aient un bain chaque jour ; tant que vous faites leur toilette régulièrement, vous pouvez alterner les jours du bain.

Démarrer une routine

La meilleure façon de démarrer une routine consiste à nourrir vos jumeaux en même temps. Choisissez les heures et soyez-y fidèle. Les nouveau-nés doivent être nourris toutes les 3 à 4 heures, selon leur poids à la naissance. Si vos bébés étaient à l'unité néonatale des soins intensifs, ils ont été nourris probablement à intervalles réguliers dès le départ et c'est une bonne idée de garder ces heures quand vos bébés arrivent à la maison.

Que vous mettiez ou non vos bébés dans le même lit (certains parents trouvent que leurs jumeaux dorment mieux de cette façon, d'autres pensent qu'un jumeau empêche l'autre de dormir), il est important de les mettre au lit à la même heure. Il est aussi vital de suivre la même routine à l'heure du lit tous les jours. Baigner et nourrir vos bébés tout juste avant de les mettre au lit est idéal, parce que le bain les fatiguera et les relaxera tous deux. Si les jumeaux associent l'heure du bain à celle du lit, ils sauront bientôt, avec un peu de chance, s'y préparer sans faire d'histoires. De la même manière, si vous créez un petit rituel avant leur sieste d'après-midi – changer la couche, les emmailloter ou les mettre dans des nids d'ange –, vous établirez une routine.

PARTIE II Mon bébé

Prendre soin de mon tout-petit

Maintenant que bébé et moi avons traversé les 6 premières semaines ou à peu près, les choses ont commencé à se mettre en place. Je suis plus habile à prévoir et satisfaire ses besoins; quant à lui, il commence à dormir plus longtemps et devenir plus réceptif. Désormais, j'anticipe avec impatience les nombreuses habiletés qu'il maîtrisera. J'ai établi les routines de base pour le sommeil, le bain, les sorties, etc., mais il y aura bientôt certains extras à introduire, comme les aliments solides. Mon souci constant est d'assurer sa sécurité, particulièrement avec l'augmentation de sa mobilité.

Suivre le développement du bébé

En se développant, mon bébé remplacera ses réflexes innés par une grande variété d'habiletés. De bébé vraiment démuni, il deviendra un être qui marche, parle, pense, manipule les choses, fait l'expérience de nombreuses sensations, se fait des amis et apprécie la vie de famille. Comment et quand il acquiert ces habiletés peuvent ne pas s'inscrire selon des étapes spécifiques, mais cela devrait se faire à l'intérieur de passages obligés. Comme chacun, mon bébé est unique et se développera à son propre rythme. Tant qu'il semble bien progresser, il n'y aura aucune raison de s'inquiéter. Néanmoins, s'il commence à montrer du retard par rapport à d'autres enfants d'âge similaire, je n'hésiterai pas à en discuter avec mon médecin, ne serait-ce que pour m'assurer que tout va bien.

Alors que mon bébé peut acquérir certaines habiletés à un âge différent d'autres bébés, il sera semblable à eux dans la manière d'acquérir ses habiletés : il pratiquera une habileté, disons tourner sur lui-même, jusqu'à ce qu'il la perfectionne et, ensuite, il tirera parti de cette habileté pour en acquérir une autre, à titre d'exemple, s'asseoir. Toutefois, ce n'est que lorsque son corps et son cerveau seront assez matures qu'il maîtrisera des habiletés spécifiques. À titre d'exemple, il ne pourra être propre avant d'être assez mature pour reconnaître quand il a besoin d'uriner et qu'il peut contrôler les muscles de sa vessie et les sphincters.

SURVEILLER LE DÉVELOPPEMENT PHYSIQUE DE MON BÉBÉ

Durant les 3 à 4 premiers mois de vie, mon bébé s'est développé remarquablement vite, mais le rythme ralentit désormais pour le reste de sa première année et ralentit encore plus entre 12 et 24 mois. Après les deux premières années, la croissance se poursuivra à un rythme relativement constant jusqu'à la puberté, où il connaîtra une autre énorme poussée. Les tableaux des courbes de croissance sont exprimées en percentile. Ces courbes sont utilisées par les médecins pour suivre le développement physique.

Cela dit, de nombreux enfants en santé ne se développent pas comme le suggère le modèle typique et différents facteurs – comme les facteurs génétiques – expliquent pourquoi mon enfant est petit ou grand. Mon médecin utilise les tableaux de croissance pour suivre la croissance de mon enfant dans le temps. Ce qui est important n'est pas qu'il gagne un plus haut rang percentile, mais que, à chaque visite, la croissance de sa taille et son poids soient constants.

En relevant les mesures d'un enfant dans le temps, une courbe de croissance émerge, indiquant aux médecins et infirmières visiteuses si son progrès est normal. Garçons et filles ont des tableaux différents parce que leurs modèles de croissance diffèrent. On trouve dans ces tableaux neuf lignes qui représentent les 0,4ᵉ, 0,2ᵉ, 0,9ᵉ, 25ᵉ 50ᵉ, 75ᵉ, 91ᵉ, 98ᵉ et 99,6ᵉ percentile. La 50ᵉ ligne percentile représente la moyenne pour un groupe d'âge particulier.

Un bébé qui croît en santé a une courbe de croissance qui évolue graduellement, tandis que la courbe d'un bébé ayant des problèmes de croissance décroît.

Une chose à garder à l'esprit, c'est qu'un percentile plus élevé n'est pas mieux qu'un percentile inférieur. Un enfant peut être en santé et bien se développer même si sa valeur percentile quant à la taille et au poids est sous la moyenne ; la moitié de tous les enfants sont à ou sous le 50ᵉ percentile.

AIDER MON ENFANT À RÉUSSIR DES CHOSES

Même si mon bébé a le désir inné d'acquérir des habiletés en les répétant encore et encore, je peux aider le processus en lui procurant un environnement sécuritaire et stimulant (voir aussi « M'assurer de la sécurité dans la maison », à la page 188) et des activités appropriées (voir « Activités et jouets suggérés pour tout-petits », à la page 200, et aussi pour bambins, à la page 220).

Le plus important, est que j'essaie de faire en sorte qu'il trouve du plaisir à pratiquer ses habiletés et de toujours féliciter ses efforts, qu'il réussisse ou non ce qu'il tente de faire. Quoique je m'efforce de l'encourager et de lui procurer un milieu dans lequel il peut réussir, je ne le pousse pas à apprendre – il fera les choses quand il sera prêt. Notre temps de jeu quotidien doit être agréable pour tous les deux.

Je ne ferai pas moins que...

SURVEILLER BÉBÉ

La réussite d'étapes importantes est individuelle, mais il y a des créneaux identifiés dans lesquels elles sont généralement maîtrisées. Certains problèmes pouvant empêcher bébé d'atteindre son plein potentiel, je dois donc contacter mon médecin si je note ce qui suit :

✓ **Après 3 mois,** bébé regarde rarement les objets distants ou de côté ou, sinon, il semble loucher.

✓ **À 4 mois,** il ne se tourne pas vers moi quand je lui parle.

✓ **À 5 mois,** il ne saisit pas d'objets.

✓ **Avant 12 mois,** il montre une préférence à n'utiliser qu'une main.

✓ **À 18 mois,** il ne peut pas marcher.

ÉTAPES IMPORTANTES

Les étapes spécifiques dans le développement de bébé sont couramment appelées étapes importantes. Ce sont les marqueurs du progrès d'un enfant vers l'atteinte de la maturité. Toutefois, des différences existent non seulement dans le temps que met un bébé à acquérir certaines habiletés, mais aussi dans l'ordre d'acquisition – certains bébés peuvent sauter une habileté particulière, comme rouler sur eux-mêmes ou ramper, pour passer à des tâches plus difficiles (bien sûr, tous les enfants reviendront éventuellement et apprendront à rouler ou à ramper). Tant que la nouvelle habileté se trouve toujours dans l'intervalle de normalité, elle est normale et, même si une seule habileté est en retard (à titre d'exemple, s'asseoir droit), mais que d'autres activités reliées (*i.e.* relever la tête) sont tout à fait conformes, il y a peu de raison de s'inquiéter.

Chacun des systèmes de l'organisme et des fonctions normales deviennent mature à des moments différents et à des rythmes différents ; une telle maturation est essentielle à l'atteinte de chaque habileté de développement et étape importante. Chaque bébé accomplira certaines tâches tôt, d'autres à un rythme moyen et d'autres encore un peu plus lentement que la moyenne. J'utilise cette liste pour surveiller mon bébé.

ACQUISITION DES HABILETÉS DE BÉBÉ

0 À 3 MOIS

- [ ] Il lève la tête quand on le tient à la hauteur de notre épaule.
- [ ] Il bouge les bras et les jambes.
- [ ] Il montre une habileté croissante à suivre les objets et à se concentrer.
- [ ] Il vocalise (roucoule).
- [ ] Il sourit spontanément et retourne un sourire.
- [ ] Il aime être tenu et bercé.
- [ ] Il peut tenir un hochet quelques minutes si on le place dans sa main.

3 À 6 MOIS

- [ ] Il roule de son abdomen à son dos.
- [ ] Il soulève les genoux.
- [ ] Il s'étire pour saisir des objets.
- [ ] Il s'assoit si on le supporte.
- [ ] Il regarde les objets dans sa main.
- [ ] Il attrape des deux mains.
- [ ] Il peut secouer, mais non ramasser un hochet.
- [ ] Il peut suivre des yeux un objet en mouvement.
- [ ] Il roucoule/gazouille.
- [ ] Il glousse/pousse des cris.
- [ ] Il retourne un sourire.
- [ ] Il rit fort.
- [ ] Il émet des bruits expressifs.

- [ ] Il reconnaît la personne qui lui donne le plus de soins.
- [ ] Il anticipe la nourriture à vue.
- [ ] Il tient le biberon à deux mains.
- [ ] Il peut se nourrir lui-même en prenant la nourriture avec ses doigts.

6 À 9 MOIS

- [ ] Il roule de son dos à son abdomen.
- [ ] Sur le dos, il peut lever la tête.
- [ ] Il apprend à ramper.
- [ ] Il se tire avec les mains et se tient debout quelques secondes.
- [ ] Il commence à manger avec une cuillère.
- [ ] Il s'étire pour saisir un jouet tombé.
- [ ] Il frappe des jouets pour faire du bruit.
- [ ] Curieux, il porte tout à sa bouche.
- [ ] Il réagit à son nom.
- [ ] Il prononce des sons simples (da-da, ba-ba).
- [ ] Il imite les sons.
- [ ] Il peut pleurer quand un étranger approche.
- [ ] Il peut pleurer quand maman ou papa quittent la pièce.

9 À 12 MOIS

- [ ] Il rampe bien.
- [ ] Il se tient debout en s'accrochant aux meubles avec les mains.

- [ ] Il se déplace autour des meubles.
- [ ] Il marche avec du soutien.
- [ ] Il apprend à saisir entre le pouce et l'index.
- [ ] Il pointe les choses qu'il veut.
- [ ] Il met les choses dans des contenants et il les en sort.
- [ ] Il construit une tour de deux blocs.
- [ ] Il peut projeter les choses délibérément.
- [ ] Il peut tenir deux objets dans une main.
- [ ] Il s'intéresse aux images.
- [ ] Il laisse tomber des objets volontairement.
- [ ] Il comprend le « Non ».
- [ ] Il dit « Maman » ou « Papa » correctement.
- [ ] Il connaît son nom.
- [ ] Il connaît le sens de 1 à 3 mots.
- [ ] Il coopère lors de jeux.
- [ ] Il joue à cache-cache et à tape-tape.
- [ ] Il fait « bye-bye » avec la main.

M'assurer de la sécurité dans la maison

Les jeunes enfants sont particulièrement à risque d'accidents, en particulier quand ils commencent à se déplacer. Cette liste de contrôle m'aidera à garantir un environnement sécuritaire à la maison et quand je sors à l'extérieur ou dans le jardin. Toutefois, aucune maison ne sera jamais tout à fait sans risque. Par conséquent, je dois m'assurer que mon bébé est sous supervision constante et que je connais les mesures de premiers soins à prendre si quoique ce soit allait mal (voir « Traiter les blessures bénignes », à la page 254 et « Premiers soins d'urgence », à la page 264) et que j'ai une trousse de premiers soins disponible. Il est aussi important de m'assurer que je pratique une bonne hygiène à la cuisine (voir à la page 208) et que j'enseigne de bonnes habitudes d'hygiène (voir à la page 227) à mon bambin.

MA TROUSSE DE PREMIERS SOINS

Je dois m'assurer que le contenant se ferme de façon sécuritaire et est gardé sous clé par sûreté.

- [ ] Thermomètre
- [ ] Analgésique pour enfants
- [ ] Calamine contre les démangeaisons
- [ ] Onguent contre les morsures d'insectes
- [ ] Crème antibactérienne
- [ ] Ciseaux
- [ ] Pansements adhésifs et bandages, pansements et compresse
- [ ] Ruban adhésif
- [ ] Gaze stérile
- [ ] Gants en latex jetables

LISTE DE CONTRÔLE DE SÉCURITÉ

EN GÉNÉRAL

- [ ] Je ne fume pas, ni ne laisse quiconque fumer près de mon bébé ou dans ma maison.
- [ ] Je sais comment prendre la température de bébé.
- [ ] Je m'assure que bébé n'est jamais laissé seul sans surveillance quand il est éveillé et je ne le laisse jamais seul sur un lit ou une table à langer.
- [ ] Je mets toujours les petites chaises berceuses ou sauteuses sur le plancher, non sur la table ou la surface de travail.
- [ ] J'utilise toujours un harnais de sécurité dans la poussette.
- [ ] J'utilise toujours un harnais de sécurité dans la chaise haute.
- [ ] Je ne mets pas de nappe quand la chaise haute de mon bébé est près de la table à manger.
- [ ] Quand je cuisine, mon bébé est dans son parc, son lit de bébé ou sa chaise haute (sanglé).
- [ ] Les breuvages et aliments chauds sont gardés hors d'atteinte de mon enfant.
- [ ] J'interdis à quiconque d'offrir des arachides, du maïs soufflé, des noix ou des bonbons durs à mon enfant.
- [ ] Toutes mes gardiennes d'enfants sont responsables et savent quoi faire si quoi que ce soit arrive ; je garde une liste de numéros de téléphone d'urgence près du téléphone.

DANS LA MAISON

- [ ] Au moins 1 détecteur de fumée est installé à chaque étage ; les piles sont vérifiées tous les 6 mois.
- [ ] Les extincteurs sont à portée de la main dans tous les endroits où il pourrait y avoir des flammes : cuisine, sous-sol, garage et près du foyer.
- [ ] Tout produit inflammable, comme la paraffine, l'essence et les fertilisants sont gardés dans leurs contenants originaux dans une remise verrouillée séparée de la maison.
- [ ] Des pare-feux sont installés autour de tous les foyers et chaufferettes.
- [ ] Un thermostat est installé dans la chambre de bébé.
- [ ] La fournaise est inspectée régulièrement pour prévenir un empoisonnement au monoxyde de carbone ; installer un détecteur si cela est opportun.
- [ ] Aucun animal domestique n'est laissé seul avec le bébé. Ils reçoivent un vermifuge régulièrement et sont vaccinés annuellement.

- [ ] Les numéros d'urgence sont placés près du téléphone.
- [ ] Des verrous ou des fermetures de sécurité sont installés à toutes les fenêtres.
- [ ] Le verre des panneaux des niveaux inférieurs des portes et des fenêtres est préférablement incassable ou épais.
- [ ] Des barrières ou des mains courantes de sécurité ont été installées sur les paliers et balcons.
- [ ] Une protection a été installée sur l'ouverture de notre lecteur de DVD.
- [ ] Les prises de courant sont couvertes de protège-prises.
- [ ] Tous les produits chimiques ménagers, comme les produits nettoyants, sont sous clé.
- [ ] Tous les comprimés, médicaments et l'alcool sont sous clé ; les médicaments sont gardés dans des flacons résistants aux enfants.
- [ ] Un protecteur de cuisson est en place ou j'utilise les deux serpentins du fond et je mets les poignées des casseroles à l'opposé de l'avant de la cuisinière.
- [ ] La bouilloire a un cordon court ou tirebouchonné et bien hors d'atteinte de mon enfant.
- [ ] Aucune corde de store ou de tenture ne se balance au bas des fenêtres ou ne pend en boucle.
- [ ] Tous les meubles, incluant la table à langer, le lit de bébé et le parc sont placés loin des fenêtres pour prévenir les chutes.
- [ ] Les petits objets, comme les boutons, les épingles de sûreté, les pièces de monnaie, les piles et les bijoux sont gardés loin de mon enfant.
- [ ] La poubelle est munie d'un couvercle.

LE LIT

- [ ] Je mets toujours bébé sur le dos quand je le mets au lit, ses pieds touchant le pied du lit.
- [ ] J'ai ôté tous les oreillers du lit et du landau de bébé.
- [ ] Aucun cadre, jouet ou décoration contenant des rubans ou de la corde ne pend sur ou au-dessus du lit.
- [ ] J'utilise un moniteur quand mon bébé est couché.

LE BAIN

- [ ] Je fais toujours couler l'eau froide avant d'ajouter l'eau chaude et je vérifie ensuite la température avec un thermomètre avant de mettre le bébé dans l'eau.
- [ ] J'ai abaissé la température de l'eau à 54 °C (129 °F) pour éviter les brûlures.

- [ ] Je ne laisse jamais le bébé seul dans une baignoire, une pataugeuse ou près de l'eau en général.

DANS L'AUTO

- [ ] J'ai le bon siège d'auto correspondant au poids de mon bébé.
- [ ] Bébé voyage toujours sur la banquette arrière.

LES JOUETS

- [ ] J'examine toujours les jouets pour m'assurer qu'ils sont sécuritaires avant de les donner au bébé. Je m'assure qu'ils n'ont pas de petites pièces amovibles, de cordons ou qu'ils sont faits en peluche.
- [ ] Je vérifie que tous les jouets sont conformes aux règles formulées par Santé Canada et n'en achète qu'auprès de commerçants réputés.
- [ ] Je jette de façon sécuritaire tout emballage ou sac en plastique.

AU JARDIN ET À L'EXTÉRIEUR

- [ ] Mon enfant est toujours supervisé quand il est dehors.
- [ ] Mon enfant porte un chapeau et un écran solaire quand il est dehors.
- [ ] Tout étang ou piscine dans le jardin est couvert ou clôturé ; je vide la pataugeuse et la retourne à l'envers quand elle n'est pas utilisée.
- [ ] Tous les produits chimiques pour le jardin sont sous clé.
- [ ] Ma cour est bien fermée afin que mon enfant ne puisse pas sortir dans la rue.
- [ ] J'ai vérifié qu'il n'y a pas de plantes toxiques dans mon jardin.
- [ ] J'enseigne à mon enfant à ne pas manger de plantes, champignons, baies et graines.
- [ ] Les barbecues sont toujours sous surveillance quand on s'en sert et éloignés des aires de jeu.
- [ ] Les outils électriques sont rangés et débranchés et les outils de jardinage sont hors d'atteinte.
- [ ] La porte du garage reste fermée et verrouillée en tout temps.
- [ ] La porte et le mécanisme d'ouverture sont vérifiés régulièrement.

Répondre aux besoins de mon bébé

Maintenant que mon bébé est plus vieux, je suis davantage en mesure d'établir une routine pour ses soins et faire de ces moments des occasions de plaisir.

GARDER MON TOUT-PETIT PROPRE

L'heure du bain, à titre d'exemple, est très agréable maintenant et il est souvent difficile de sortir mon bébé de la baignoire. D'un point de vue hygiénique, il n'est pas nécessaire de le baigner tous les jours ; un bain tous les 2 ou 3 jours convient parfaitement, à moins qu'il ne soit particulièrement sale. Un bain rapide à l'éponge hors de la baignoire suffit souvent.

Une fois qu'il peut s'asseoir, sans support (vers l'âge de 6 mois), il peut se baigner dans une baignoire. Il n'est pas nécessaire de mettre beaucoup d'eau – 5 à 7 cm ou à la hauteur de la taille suffit – et on doit s'assurer qu'elle n'est ni trop chaude ni trop froide. Mon bébé doit s'asseoir sur un tapis de caoutchouc antidérapant et loin des robinets pour éviter toute possibilité qu'il les touche et se brûle. Bien sûr, je ne dois jamais laisser mon bébé sans surveillance dans la baignoire, même un seul instant.

J'utilise un nettoyant sans savon (qui a moins de chance d'assécher ou d'irriter sa peau) ou, parfois, un savon doux hydratant ; les savons spéciaux pour bébé ne sont pas nécessaires. Laver ses cheveux peut être une lutte, mais il existe une variété de gadgets – écran de protection et bouchons verseurs – permettant de garder l'eau et le shampoing hors de ses yeux. J'utilise un shampoing pour bébé qui pique moins qu'un shampoing pour adulte s'il touche accidentellement ses yeux.

Tout en lui donnant des jouets pour le bain et en jouant délicatement à l'asperger d'eau, je me joins parfois à lui dans la baignoire. Cependant, je prends soin de garder sa serviette tout près du bain et de le tenir pendant que j'entre ou sors de la baignoire.

SOINS DE LA PEAU

Même si, d'ordinaire, la peau de mon bébé est douce et hydratée, très occasionnellement, elle devient sèche ou irritée.

Peau sèche

Quand je passe délicatement la main sur la peau de mon bébé et qu'elle est rude au toucher ou si je peux voir de petits flocons blancs et fins ou de petites bosses à la surface ou même des taches de peau sèche, rude et légèrement surélevée, je sais que je dois ajuster mes soins. La peau sèche résulte d'un manque d'humidité dans l'air de ma maison (plus

Quand le cuir chevelu de mon tout-petit devient floconneux, je le frotte avec un peu d'huile de bébé, que je laisse pendant au moins quelques minutes (et parfois toute la nuit) avant de faire un shampooing et d'enlever délicatement les flocons de peau. Je dois aussi faire un shampooing à sa chevelure tous les jours.

irritée pour diminuer la friction du drap, d'une couverture ou d'un vêtement couvrant mon épaule.

Si le vent est le problème, j'applique l'onguent avant d'aller dehors, par temps froid. Pour prévenir l'humidité dans les plis de son cou, je lui mets un bavoir.

SOIN DES CHEVEUX

Même si mon bébé est né avec beaucoup de cheveux, une bonne partie de sa chevelure, surtout au sommet de la tête, est tombée. Et, comme il passe beaucoup de temps sur le dos, une tache chauve est apparue à l'arrière, là où il appuie sa tête. Cependant, je suis certaine que cela repoussera dès qu'il passera plus de temps redressé. Outre faire un shampooing et brosser doucement sa chevelure

couramment en hiver quand le chauffage fonctionne) ou de trop longues périodes dans l'eau. Une peau extrêmement sèche accompagnée de démangeaisons est appelée eczéma (voir à la page 262), et peut exiger un traitement médical.

Comme la sécheresse et les démangeaisons rendent mal à l'aise, je le baigne un petit peu moins souvent et, quand je le baigne, j'utilise un savon hydratant. Aussitôt après qu'il a été asséché à la serviette, j'applique une lotion hydratante sur sa peau. Si l'air de sa chambre est sec, je mets l'humidificateur en marche.

Peau irritée

Le frottement et l'humidité causent à l'occasion une irritation de la peau du visage et de la zone de la couche. La friction causée par le frottement du visage contre le drap de son lit ou contre mon épaule (quand je le prends) peut irriter la peau. Le temps venteux ou froid est une autre cause.

Un érythème fessier (voir à la page 164) est parfois infecté secondairement par une levure ou une infection à la levure peut apparaître dans les plis de sa peau, où l'environnement chaud et humide favorise sa croissance.

L'irritation des joues et du menton est aussi très courante et est habituellement causée par la salive. Vers 3 mois, mon bébé commence à baver plus qu'avant, à cause des glandes salivaires qui deviennent matures.

Le traitement dépend de ma manière de soulager les facteurs prédisposants. Si mon bébé régurgite ou bave beaucoup, j'utilise un onguent épais sur ses joues ou son menton comme Vaseline®, Aquaphor® ou A+D®, comme barrière pour éviter que ces liquides n'atteignent la surface de la peau. Je peux aussi utiliser un onguent sur sa peau avec un brosse douce pour bébé, ses cheveux demandent peu d'attention, à moins que le cuir chevelu devienne excessivement floconneux, une condition appelée calotte séborrhéique. Dans ce cas, je masse de la crème à base d'eau ou de l'huile chaude pour bébé dans les croûtes blanches ou jaunâtres et je laisse en place toute la nuit avant de brosser les croûtes le lendemain.

SOIN DES ONGLES

Même si les ongles de bébé avaient besoin d'être fréquemment coupés quand il était nouveau-né, je n'ai plus à les couper aussi souvent désormais. Le meilleur moment pour couper ses ongles est après son bain, quand les ongles sont plus mous.

Ses ongles sont encore vraiment petits et il est difficile d'y avoir accès sans atteindre le bout de ses doigts, je trouve que la méthode la plus facile et sécuritaire consiste à utiliser des ciseaux de bébé qui ont une lame qui coupe bien et une lame mousse et arrondie. Quand j'utilise les ciseaux, je place la lame mousse vers le bas et la lame coupante par-dessus ; ainsi, la lame du bas protège la peau du doigt pendant que la lame du haut

coupe l'ongle. Quand mon tout-petit aura entre 6 et 9 mois, ses doigts seront plus gros et je pourrai utiliser une pince à ongles pour bébé.

Ses ongles d'orteils poussent beaucoup plus lentement que ceux des doigts et n'ont pas besoin d'être gardés vraiment aussi courts, ni d'être taillés aussi fréquemment. Je vérifie toujours les bords coupants car, s'ils se coincent dans son vêtement, ce sera douloureux pour bébé. Si je découvre une rougeur, une inflammation ou un durcissement autour d'un ongle, je dois le mentionner à mon médecin parce que cela pourrait indiquer un ongle incarné.

HABILLER MON BÉBÉ

Même si acheter des vêtements pour bébé est très agréable, j'essaie de garder au minimum les vêtements plus chics et plus chers. Il est plus important de choisir des vêtements qui résistent bien aux lessives – car mon tout-petit peut se salir plus souvent maintenant que lorsqu'il était plus jeune – et de ne pas trop dépenser pour des vêtements qui, bientôt, ne lui feront plus ou sont trop saisonniers.

Je ne ferai pas moins que...

CRÉER UNE GARDE-ROBE POLYVALENTE

Au cas où j'aurais un autre bébé de sexe différent plus tard, il est judicieux que les vêtements puissent convenir autant à un garçon qu'à une fille. J'essaie donc de m'en tenir à ce qui suit.

✓ **Choisir des couleurs appropriées pour les deux sexes,** comme le blanc, le jaune, le vert pâle et le beige.

✓ **Choisir des vêtements d'allure neutre** comme les rayés, les carreaux et les imprimés d'animaux, d'oursons, de formes ou de lettres.

✓ **Acheter des tout-en-un,** tee-shirts et pantalons à taille élastique.

✓ **Choisir des leggins polyvalents.**

✓ **Rechercher un denim modifié d'allure jean.**

✗ **Éviter les motifs et les imprimés trop spécifiques** à un sexe comme les fleurs ou les extraterrestres.

✗ **Éviter autant que possible les vêtements trop spécifiques** à un sexe comme les robes et ceux très associés aux garçons.

Les leggings sont un choix polyvalent. Ils sont parfaits sous des jupes ou robes courtes, car les jupes finiront retroussées autour de la taille de bébé quand il agite ses pieds dans les airs, et ils peuvent être portés avec un t-shirt ou un chandail par les garçons.

Sa garde-robe de tous les jours comprend des grenouillères (certaines sans pattes), des chapeaux, des chaussons, des bas et des vêtements de nuit ainsi que des vêtements d'extérieur chauds, des hauts et des pantalons ou des leggings. Il a aussi quelques vêtements pour les occasions spéciales. Il n'aime toujours pas qu'on passe des maillots ou des pulls par-dessus sa tête et, donc, je choisis toujours des vêtements avec des ouvertures larges ou boutonnées et je préfère les tailles avec élastique.

Il n'aura pas besoin de souliers avant de commencer à marcher ; je lui mets donc des bottillons mous ou des chaussons dans les pieds, parce qu'il passe beaucoup de temps les petits pieds à l'air. En général, j'achète des paires identiques, car il ôte souvent ses chaussons et on finit par en perdre un.

Comme lorsqu'il était petit, je l'habille en multipliant les couches ce qui facilite l'ajustement aux changements de temps. Par temps froid, je lui mets d'abord une camisole légère et j'ajoute ensuite quelque chose de plus épais s'il va dehors, ou s'il se trouve dans un environnement frais. Je m'assure toujours qu'il porte un chapeau chaud quand il est dehors. Je dois me rappeler d'ôter quelques

épaisseurs quand il fait plus chaud ou quand nous sommes à l'intérieur, sinon la transpiration mouillera les vêtements et bébé aura froid quand il retournera dehors.

Habiller mon tout-petit n'est pas toujours facile parce qu'il bouge beaucoup, et il peut résister à l'habillage – raison pour laquelle il est extrêmement important de ne pas laisser bébé seul pendant un instant sur la table à langer.

J'essaie de rendre l'habillage amusant en disant des choses comme : « C'est le bras de bébé et il doit entrer dans la manche… » ou je joue à coucou avec ses vêtements. Quand je dois passer un haut par-dessus sa tête, je dis : « Oh, oh, où est rendu mon bébé ? » et une fois que j'ai tiré le vêtement vers le bas, je dis : « Il est ici ! »

Soins dentaires et poussée de dentition

Vers l'âge de 6 mois, la première dent de mon bébé est apparue. Les dents du bébé n'ont pas entièrement développé leur surface protectrice d'émail, elles sont sujettes aux caries et à l'érosion. Par conséquent, il est important d'en prendre soin comme il faut. En plus de brosser les dents de mon tout-petit et de l'amener chez mon dentiste, je m'assure aussi qu'il ne mange pas d'aliments sucrés et ne soit pas laissé seul avec son biberon, ce qui peut causer des « caries du biberon ». Les dents constamment en contact avec le lait, même le lait maternel, développent plus facilement des caries multiples.

FLUORURE

Les dentistes pour enfant et les pédiatres recommandent que les bébés reçoivent régulièrement du fluorure, dans le but de favoriser des dents plus solides, moins de caries et des os plus forts.

On peut obtenir le fluorure de nombreuses sources. Au Québec, seulement 3 % de la population boit de l'eau fluorée issue des systèmes d'aqueduc municipaux. Si votre municipalité ne fluore pas l'eau potable, votre médecin peut prescrire un supplément ou, comme moi, vous conseiller un dentifrice fluoré. Comme mon tout-petit est trop jeune pour le recracher (il n'en sera capable qu'à l'âge de 3 ou 4 ans), il obtient suffisamment de fluor par ce moyen.

BROSSER LES DENTS

Dès qu'il a percé sa première dent, j'ai commencé à utiliser une débarbouillette ou un tampon de gaze humide pour essuyer la dent après les repas. Après qu'il eût commencé les aliments solides, je suis passée à une petite brosse à dents pour bébé, munie de soies douces sur lesquelles je dépose une goutte de dentifrice de la taille d'un grain de riz. Vous devez demander à votre médecin ou dentiste s'il faut utiliser

J'assois le bébé sur mes genoux, prends la brosse à dents et brosse en douceur, mais vite. Je peux y aller de haut en bas, de gauche à droite, ou utiliser un mouvement circulaire, tant que je nettoie chaque dent minutieusement devant et derrière.

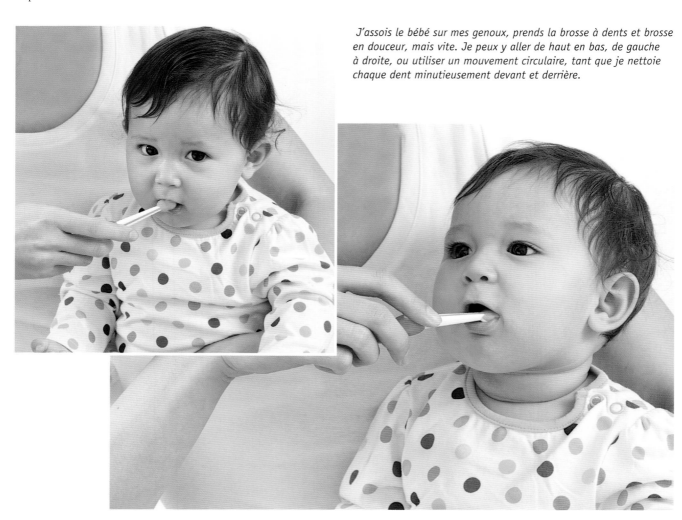

un dentifrice ou seulement de l'eau. Et, si on vous conseille du dentifrice, demandez s'il vaut mieux un dentifrice fluoré ou non.

La plupart des experts recommandent de brosser les dents d'un tout-petit deux fois par jour : une fois après le déjeuner ou le matin, et une fois le soir. Si des aliments restent sur les dents, des caries s'y développeront, mais le brossage les enlèvera. Je trouve que le meilleur moment pour brosser les dents est le soir, avant le dernier boire du bébé, parce que ce boire avant d'aller au lit est relaxant et qu'il fait partie du rituel du dodo. Si je lui brosse les dents après, je peux perturber son calme et sa détente. Il est faux de penser que donner seulement du lait au bébé avant d'aller au lit causera des caries ; sa salive diluera tout le lait qui adhérera aux dents. Bien sûr, ce que je ne dois jamais permettre, c'est de le laisser dormir avec son biberon de lait ; dans un tel cas, le lait reste dans sa bouche toute la nuit, favorisant les caries.

Brosses à dents

Il est important d'en choisir une ayant des soies douces et arrondies et de la changer au moins tous les 3 mois. Pour la garder aussi exempte de bactéries que possible, je la rince avec soin après le brossage et je la range dans un gobelet propre ou un porte-brosse à dents.

SUCES (SUCETTES) ET SUCCION DU POUCE

Selon la British Dental Health Foundation, plus un bébé utilise une suce ou sucette, plus grands sont les risques de

PREMIÈRE DENTITION

La période de la poussée des dents varie mais, quand votre tout-petit aura 2 à 3 ans, toute sa première dentition devrait être présente.

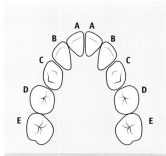

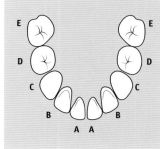

SUPÉRIEURES

A Incisives centrales
8 à 13 mois
B Incisives latérales
8 à 13 mois
C Canines
16 à 23 mois
D Premières molaires
13 à 19 mois
E Secondes molaires
25 à 33 mois

INFÉRIEURES

A Incisives centrales
6 à 10 mois
B Incisives latérales
10 à 16 mois
C Canines
16 à 23 mois
D Premières molaires
13 à 19 mois
E Secondes molaires
23 à 31 mois

modification de la forme intérieure de sa bouche, ce qui peut affecter la façon dont les dents de lait, puis la dentition permanente (d'adulte), se rencontrent pour mordre. Par conséquent, je limite toujours les périodes d'usage de la suce (à titre d'exemple, seulement pour s'endormir) et je tâcherai de le sevrer de la suce quand il aura 1 an environ.

La succion du pouce cause aussi des problèmes similaires, quoique cela puisse se révéler plus difficile à enrayer : le pouce ne s'éliminant pas si facilement qu'une suce ! Toutefois, la plupart des enfants cessent spontanément de sucer leur pouce (entre l'âge de 2 et 4 ans) et, donc, à moins de modifications apparentes, il peut être préférable d'adopter l'attitude « on-verra-avec-le-temps » face à cette habitude.

POUSSÉE DE DENTITION

Vingt dents de bébés feront irruption durant les 2 ou 3 premières années, quoique l'ordre et le moment puissent varier (voir à la page 195).

Durant les quelques semaines précédant l'éruption d'une dent, de nombreux bébés deviennent capricieux,

Je ne ferai pas moins que... ✔

ACCORDER DE L'ATTENTION AUX DENTS DU BÉBÉ

Mon but est d'aider à prévenir tout dommage aux dents de lait et de faire échec aux caries. Je dois donc :

✔ **Enlever mon bébé du sein entre les boires ;** des caries peuvent résulter si ses dents sont en contact constant avec le lait maternel.

✔ **Encourager mon tout-petit à boire de l'eau** autant que possible, quand il ne prend pas de lait, et éviter les boissons aux fruits sucrées.

✔ **Diluer tout jus de fruits frais** dans une bonne quantité d'eau et le donner au bébé dans un gobelet, plutôt que dans un biberon.

✔ **M'assurer que tous les objets que le bébé met dans sa bouche sont lisses et fermes,** et non rugueux ou pointus.

✔ **Alerter mon dentiste** si j'observe de quelconques points blancs, jaunes ou bruns sur ses dents.

✗ **Ne pas laisser le biberon dans son lit** ou lui permettre de l'utiliser en guise de suce. Si le bébé a besoin d'un biberon pour se calmer, je l'emplirai d'eau.

bavent beaucoup et adorent mâchouiller des objets durs – quoique cela se produira même si une dent n'apparaît pas avant plusieurs mois. Comme beaucoup de choses, l'éruption dentaire coïncide avec divers autres changements évolutifs (telle la maturité des glandes salivaires) ou une maladie infantile, faisant en sorte que la diarrhée et la fièvre (qui résultent rarement d'une poussée de dentition) y sont associées. La plupart des dents font irruption sans douleur ou malaise détectable, mais restez toujours aux aguets.

Toutefois, à l'occasion, cela fait mal et donner au bébé un objet sécuritaire, froid et ferme à mâchouiller le soulagera. Des anneaux de dentition contenant un gel et pouvant être réfrigérés sont disponibles et, à la rigueur, un mini-bagel surgelé est un bon choix (mais assurez-vous de le lui ôter avant qu'il ne commence à ramollir et que des morceaux puissent s'en détacher).

Si la douleur de la poussée de dentition s'aggrave, votre médecin peut suggérer de donner à votre tout-petit un anesthésique local. Si on utilise ce dernier, avec un doigt propre frottez une petite quantité de gel sur la zone sensible de la gencive.

Évitez tout produit pour dentition contenant de la benzocaïne ; dans de rares cas, elle peut être absorbée par le sang et causer des problèmes.

Sortir avec mon bébé

Les courtes sorties pour visiter des amis, aller au super-marché ou au restaurant font désormais partie de notre horaire. Que le tout-petit soit dans un porte-bébé ou une poussette, je dois m'assurer de ne pas apporter trop de choses outre mon nécessaire de sortie (voir à la page 198). Tout ce qui est essentiel entre dans un grand sac à bandoulière ou un sac à dos.

UTILISER UN PORTE-BÉBÉ

Une fois que le bébé a pu tenir sa tête droite – vers 16 à 20 semaines –, j'ai commencé à le transporter le corps tourné vers l'extérieur. Maintenant qu'il est plus actif, l'installer et le sortir du porte-bébé ventral est plus difficile. Évidemment, je prends toujours soin de protéger sa tête quand je me penche vers l'avant. À mesure qu'il prendra du poids ou si je prévois marcher beaucoup – en particulier dans les lieux bondés ou sur des surfaces accidentées –, j'investirai probablement dans un porte-bébé dorsal, dans lequel il peut s'asseoir droit et regarder tout autour. Je dois en choisir un qui distribue son poids également sur mes épaules et dans mon dos. Les meilleurs sont pourvus d'une solide armature métallique, d'un siège à hauteur réglable et restent en position verticale sur le plancher quand on y installe le tout-petit. Les sacs à dos et les porte-bébé dorsaux sont destinés aux tout-petits de 6 mois et plus parce qu'ils peuvent se tenir assis et les muscles de leur cou sont assez forts. Un de ces moyens de transport permettra au bébé de mieux voir et sera moins éprouvant pour mon dos.

Ma routine « préparons-nous à sortir »

Il est important que j'enfile d'abord le porte-bébé. Je dépose le bébé en lieu sûr et, une fois le porte-bébé correctement attaché et le sac ouvert, je le prends. Ensuite, nous nous assoyons sur une chaise et, tenant le bébé sous les aisselles, je le soulève lentement dans le porte-bébé.

Je fixe de façon sécuritaire le sac du porte-bébé et vérifie que le tout-petit est assis confortablement, son poids étant également réparti et supporté. Puis, au besoin, je règle les courroies.

Pour sortir le tout-petit du porte-bébé, j'inverse la procédure, à la différence que je m'assois, puis détache le sac avant de soulever le bébé. Je couche le bébé en lieu sûr avant de retirer le porte-bébé.

UTILISER UNE POUSSETTE

Il existe plusieurs modèles de poussette parmi lesquels faire son choix. Toutefois, selon moi, la poussette facile à manœuvrer, qui possède un bon mécanisme de pliage est le modèle le plus pratique dans un restaurant ou à bord du transport en commun. La mienne possède un mécanisme de pliage actionné par une main et des accessoires qui restent en place.

Il est important de ne pas placer une charge trop lourde sur les poignées, parce que cela peut faire basculer la poussette. Il faut aussi s'assurer que les roues de la poussette sont bloquées si le tout-petit y reste assis pendant que nous sommes dans l'autobus.

EN AUTOMOBILE

Jusqu'à ce qu'il ait au moins 9 mois, le bébé doit être assis dans un siège d'auto orienté vers l'arrière, reconnu comme le type le plus sécuritaire… L'aspect sécuritaire le plus important est que le siège suive la croissance du bébé – les sièges d'auto sont vendus selon le poids du bébé. En avoir un qui soit muni de poignées simplifie l'embarquement et le débarquement du bébé de l'auto.

VOYAGER SUR DE LONGUES DISTANCES

Voyager par train, par autocar ou par avion recèle ses propres défis. Le changement de couche peut s'avérer difficile, de même que l'usage de la toilette.

À bord d'un train ou d'un autocar, le bébé doit être installé dans son siège d'auto sur le siège voisin du mien et être retenu par une ceinture de sécurité, ou je dois le maintenir en place d'une main. Parfois, je dois le tenir sur mes genoux toute la durée du voyage.

MON NÉCESSAIRE DE SORTIE

- ☐ Tapis à langer
- ☐ Couches et sac à couches
- ☐ Lingettes pour bébé
- ☐ Lait maternisé pré-mesuré et eau bouillie dans un flacon (si non allaitement au sein)
- ☐ Nourriture pour bébé, bol, cuillère et bavoir (si sevrage)
- ☐ Vêtements de rechange
- ☐ Écran solaire et chapeau de soleil (en été)
- ☐ Quelques petits jouets

LA POUSSETTE IDÉALE

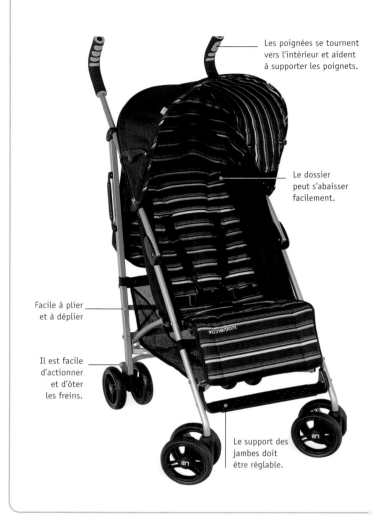

Les poignées se tournent vers l'intérieur et aident à supporter les poignets.

Le dossier peut s'abaisser facilement.

Facile à plier et à déplier

Il est facile d'actionner et d'ôter les freins.

Le support des jambes doit être réglable.

Si je voyage par air, selon la compagnie aérienne, on exigera qu'il ait son propre siège ou on lui permettra de faire le vol sur mes genoux. Je préfère qu'il fasse le voyage dans un siège d'auto homologué, maintenu fermement en place par la ceinture de sécurité de l'avion. Lors du décollage et de l'atterrissage, je lui donne un biberon pour l'aider à supporter les grands changements de pressurisation.

J'essaie de choisir une heure de départ qui coïncide avec ses siestes ou qui s'intègre le mieux à son horaire quotidien.

Pour faciliter notre passage au contrôle de sécurité, je sépare autant d'objets que possible en les mettant sur le convoyeur – dont les vêtements que mon bébé et moi portons – avant de faire la queue. Je m'assure aussi de transporter seulement la quantité exacte de liquide dans un sac en plastique scellé, transparent. Je vérifie auprès de la compagnie aérienne si je peux emporter du lait maternel déjà extrait, du lait maternisé ou des jus de fruits, de même que des médicaments d'ordonnance.

Dans le coffre de l'auto, j'emporte un petit fauteuil portable qui tient le tout-petit de façon sécuritaire et confortable sur une chaise. Il est particulièrement pratique si nous mangeons chez des amis ou dans un restaurant qui ne dispose pas de chaises hautes d'enfant.

Bien sûr, j'emporte toujours sa poussette avec moi jusqu'à la barrière et je demande qu'elle y soit dès que nous descendrons de l'appareil.

Au moins un mois avant de m'envoler vers une destination plus exotique, je consulte toujours mon médecin pour savoir s'il faut d'autres vaccins ou une prophylaxie contre la malaria, et comment prévenir (et traiter) la diarrhée du voyageur, et autres inconvénients possibles.

MA TROUSSE D'URGENCE DE VOYAGE

- [ ] Analgésique approprié

- [ ] Écran solaire et rafraîchisseur en aérosol ou en lotion pour traiter un coup de soleil (s'il y a lieu)

- [ ] Insectifuge (si cela s'applique). Habituellement, l'aérosol ou la lotion pour soulager un coup de soleil soulagera aussi la démangeaison des morsures ou piqûres d'insectes.

- [ ] Médicaments d'ordonnance

- [ ] Les pansements adhésifs (petits et grands) étant toujours nécessaires, j'en apporte beaucoup.

- [ ] Un onguent antibiotique (Bacitracine, Polysporin® et autres) pour les coupures et écorchures

- [ ] Un antihistaminique (prométhazine et autres) contre les réactions allergiques, le mal des transports et, parfois, comme remède contre le rhume

- [ ] Carnet de vaccinations

Jouer avec mon bébé

Jouer n'est pas seulement une source de plaisir, mais contribue aussi au développement de toutes les habiletés essentielles du bébé : physiques, intellectuelles, émotionnelles et psycho-sociales. Le jeu réussit mieux quand les choses que nous faisons ensemble s'accordent à l'étape de son développement. À titre d'exemple, quand mon bébé n'avait que quelques semaines, je le tenais simplement sur mes genoux afin que son visage soit près du mien (pas à plus de 20 à 30 cm) et, alors, je lui parlais avec joie, lui donnant la chance de réagir – sourire, gargouiller, gigoter ou bouger les lèvres en réponse. Si j'avais tenté de faire cela de plus loin, il n'aurait pas pu me voir et n'aurait pas réagi.

À un mois, mon bébé a commencé à m'imiter – j'ai essayé les sourires, la langue tirée, la bouche grand ouverte et les gloussements. Néanmoins, si vous tentez la même chose, il est important que votre bébé soit assez près de vous, afin qu'il puisse vous voir, et que vous exécutiez ces mimiques une à la fois.

ACTIVITÉS ET JOUETS SUGGÉRÉS

2 MOIS
Mon bébé apprécie toujours réagir aux expressions faciales, mais trouve maintenant intéressant de regarder dans un miroir avec moi. Je change l'angle du miroir, mais j'accorde amplement de temps au bébé pour observer les réflexions. Il aime aussi que je lui chante des chansons et que je le fasse sauter délicatement de haut en bas, ou que je fasse bouger ses bras et ses jambes au rythme de la musique. J'ai fixé un mobile vivement coloré à son lit, assez bas pour que le mouvement attire son regard.

3 MOIS
Maintenant que le bébé a commencé à apprécier que des objets vivement colorés traversent son champ de vision et que des matériaux aux textures diverses lui passent entre les mains, j'utilise un assortiment d'objets qui sont durs et mous, chauds et frais, velus et lisses. Aussi, j'agite doucement un hochet près de son visage et j'improvise des jeux, comme le rouler sur un ballon de plage.

4 MOIS
Pour encourager le bébé à étirer le bras pour saisir des objets, je tiens des jouets vivement colorés ou un hochet tout juste devant lui. Il aime les anneaux et autres jouets en caoutchouc moulé faciles à saisir. S'il les attrape, il les porte à sa bouche. Aussi, je chante ou lui récite des comptines ; je le balance toujours doucement de haut en bas au rythme de la musique.

5 MOIS
Désormais, tandis que je vaque à mes occupations, je pointe des objets familiers au tout-petit, le laissant toucher différentes choses – des meubles, des coussins, des tentures, des fleurs, des casseroles et des poêlons – pour qu'il apprenne combien elles sont différentes au contact. Le bébé apprécie observer des choses – les visages, les objets et les images d'un livre –, nous avons commencé à « lire » des livres en carton et même des livres pour le bain présentant de grandes illustrations.

6 MOIS
Le bébé aime les jeux où il rebondit et la danse – c'est-à-dire être dans mes bras et se déplacer en suivant un rythme. Maintenant, il fait de plus grands efforts pour atteindre un jouet placé hors de sa portée et, s'il le saisit, il peut le passer d'une main à l'autre. Il apprécie aussi les massages pour bébé et quand on joue à *J'ai deux yeux*. Il possède maintenant divers jouets mous et des ballons que j'utilise quand nous « chantons » ensemble.

7 MOIS

Je lis, chante et parle au bébé autant que possible. Il aime les jeux où je le chatouille (*J'ai deux yeux. Tant mieux* [je trace des cercles autour des yeux du bébé]. *Deux oreilles. C'est pareil* [je trace des cercles autour de ses oreilles]. *Deux épaules. C'est drôle. Deux bras. Ça va* [je fais marcher mes doigts depuis le haut de ses épaules jusqu'au bout de ses bras]. *Deux fesses. Qui se connaissent* [je le chatouille à la hauteur des hanches]. *Deux jambes. Il me semble* [je fais marcher mes doigts depuis le haut de ses cuisses jusqu'aux orteils et le chatouille sous les pieds], et il rit quand je le chatouille. Maintenant qu'il peut se tenir assis sans support sur le plancher, je lui ai donné des blocs mous et nous bâtissons des choses ensemble.

8 MOIS

Comme le bébé aime beaucoup se déplacer, pour le garder à la même place, j'empile des coussins de tailles différentes sur le plancher et je cache certains jouets entre eux. Il aime les chercher et, aussi, d'autres objets cachés, de même que jouer à *Coucou!* Les jeux dans la baignoire sont devenus importants; il aime verser de l'eau avec des gobelets de tailles variées.

9 MOIS

Mon tout-petit aime jouer avec la batterie de cuisine – entrechoquer les casseroles – et j'encourage son sens de la musique en lui faisant chanter des comptines avec moi. Comme il rampe partout, je lui rends la chose plus agréable en le laissant s'aventurer sur diverses surfaces – tapis, parquet, céramique – et je lui fournis des jouets à tirer ou pousser. Les jeux de mains, comme *Ainsi font, font, font,* sont plaisants pour nous deux.

10 MOIS

Bébé se tient debout maintenant et il aime grimper sur moi; par conséquent, nous nous adonnons à une gymnastique simple et légère. Il aime mettre des choses dans des contenants et les en sortir; ainsi, en plus de son jeu de formes, il trouve beaucoup de plaisir à vider une boîte que j'ai remplie de divers objets sûrs – ballons mous, grosses bobines de fil, pinces à linge, chaussettes et blocs – tandis que je le surveille. Il aime aussi agiter des objets qui font du bruit et j'ai fixé un hochet à sa chaise haute, il aime le secouer.

11 MOIS

Nous lisons beaucoup ensemble, désormais. Je fais des mimiques que mon tout-petit imite et il répète de plus en plus de mots qu'il entend. Il aime aussi les comptines qui incluent des mouvements et les chansons qui contiennent des bruits d'animaux – *Dans la ferme à Mathurin* figure parmi ses préférées. Nous avons commencé un jeu de ballon simple – nous en faisons rouler un entre nous. Il aime empiler des objets.

12 MOIS

Bébé est très intéressé par les jouets mobiles, comme les petits véhicules en plastique ou en caoutchouc, et ceux qui lui permettent de faire ce que je fais – des jouets en forme de téléphone, d'outils, de balai et de porte-poussière, à titre d'exemple. Nos activités comptent plus de jeux de rôle : se téléphoner l'un l'autre ou nourrir nounours ensemble. Il aime aussi gribouiller avec des craies de cire sur du papier.

Siestes et nuit du tout-petit

Désormais, mon tout-petit est éveillé pendant la majeure partie du jour et dort davantage la nuit. Quand il était un nouveau-né, il dormait près de 22 heures par jour, puis son temps de sommeil a commencé à baisser entre 14 et 16 heures vers l'âge de 3 mois ; maintenant, il dort au moins 4 heures d'affilée. Il fait une sieste le matin et l'après-midi – ce qui me donne le temps de m'occuper de moi ou de faire des choses dans la maison. Quand je le couche le soir, il fait sa nuit (environ 6 heures), à la condition d'avoir un boire tout juste avant d'aller au lit.

SIESTES

Avoir de courtes périodes de sommeil le jour aide le bébé à tirer le maximum de son temps d'éveil et, si elles sont bien intégrées à son horaire (pas trop près de sa nuit à venir), elles ne nuisent pas à son sommeil nocturne. Je n'aime pas interrompre sa routine de sieste en le gardant éveillé dans l'espoir qu'il dormira mieux la nuit, cela le rend seulement plus fatigué, plus grognon durant le jour, et il dort moins bien la nuit.

Comme la plupart des bébés, le mien préfère une routine de siestes. Maintenant qu'il est plus vieux, son comportement est plus routinier et je peux savoir à quel moment du jour il a besoin de sommeil : je place donc ses siestes en

conséquence. Évidemment, il est important qu'il soit calme avant sa sieste ; je m'assure donc qu'il est alangui avant de le mettre dans son lit. Parfois, je dois avoir recours à des choses que je fais avant sa nuit pour qu'il se calme (voir ci-dessous).

NUIT

Avoir une routine permet au tout-petit de savoir qu'il ira bientôt au lit et m'aide à m'organiser. Une partie de ma routine consiste à donner le bain au bébé en soirée, parce qu'il aime cela et que cette activité le détend. Par contre, d'autres bébés deviennent très excités ou pleurent une fois dans la baignoire ; pour eux, les baigner plus tôt est préférable. Une fois sorti de la baignoire, je lui mets une couche et lui enfile sa tenue de nuit. Ensuite, je lui parle, lis ou chante, puis je lui fais un câlin. Quoique la chambre soit faiblement éclairée et calme, je ne m'inquiète pas des bruits de fond qu'il entend – comme la télévision, la radio ou des appareils ménagers ailleurs dans la maison.

JUMEAUX

En vieillissant, les jumeaux peuvent commencer à se déranger l'un l'autre, surtout s'ils ont des horaires de sommeil différents et tendent à se réveiller à des heures

différentes. Vers l'âge de 3 mois, vous découvrirez probablement que vos jumeaux ont besoin de plus de place de toute façon; par conséquent, l'occasion est peut-être idéale pour les mettre chacun dans son propre lit. Gardez les lits à la vue l'un de l'autre, afin que les bébés puissent toujours communiquer et se tenir compagnie.

PROBLÈMES DE SOMMEIL

On m'a dit que les bébés qui dormaient bien auparavant commencent à se réveiller la nuit vers l'âge de 6 mois. Comme mon bébé est désormais plus vieux, il peut être dérangé par des choses qui ne l'affectaient pas quand il était plus jeune, comme ce qui suit:
- avoir faim ou soif;
- avoir une couche sale;
- avoir trop chaud ou trop froid;
- avoir une poussée de dentition (à compter de l'âge de 6 mois environ);
- être malade;
- s'ennuyer ou se sentir seul.

Quand le tout-petit se réveille, il est important de chercher à en déterminer la cause, y trouver une solution et lui donner la chance de se rendormir par lui-même. Si je ne pense pas que mon tout-petit a besoin d'un boire quand il se réveille, je ne lui en donnerai pas dans le seul but de le calmer; toutefois, s'il a soif, je lui donnerai de l'eau. Je ne veux pas qu'il développe l'habitude de se réveiller pour un boire dont il n'a pas besoin. S'il utilise une suce, j'en laisserai plusieurs dans son lit, afin qu'il puisse en trouver une s'il se réveille.

Cependant, parfois, le bébé éprouve des difficultés dès le départ à se calmer pour dormir. S'il ne peut se calmer, alors je ne retarde pas très longtemps mon retour auprès de lui. Laissé trop longtemps à lui-même, il peut se sentir en détresse et trouver encore plus difficile de s'endormir. Toutefois, il en va de même que pour la routine de nuit: il est important que ma démarche reste cohérente.

Si, après lui avoir dit bonne nuit et quitté sa chambre, il commence à pleurer, j'attends quelques minutes pour voir s'il s'endormira par lui-même avant de retourner auprès de lui. J'essaie de ne pas le déranger outre mesure en allumant la lumière ou en le tirant de son lit. Je me contente de lui parler doucement, de façon rassurante, environ une minute pour l'assurer que je suis toujours tout près et m'assurer qu'il va bien, puis je le quitte à nouveau en allongeant peu à peu les intervalles entre chaque vérification.

Si cela ne fonctionne pas dans votre cas, vous pouvez essayer de prendre votre tout-petit dans vos bras et le bercer quelques minutes pour le calmer. Néanmoins, il y a toujours nécessité d'établir une routine pour l'heure du dodo et votre bébé devrait être capable de s'endormir par lui-même quand il va au lit. Cependant, cette façon de faire est contraire à la recommandation de dérangement minimal et il y a le risque que votre tout-petit s'attende à ce que vous soyez à ses côtés quand il se réveillera la nuit.

Retarder peu à peu l'heure d'aller au lit (jusqu'à une heure plus tard) peut aider, quoique certains bébés peuvent se réveiller aussi tôt qu'auparavant, mais seront grognons et fatigués, plutôt que frais et dispos. Si un tout-petit a besoin d'un peu moins de sommeil durant le jour, écourter les siestes, voire en éliminer une, peut s'avérer efficace (en autant qu'il ne subisse pas un excès de fatigue). Quand mon bébé se réveille, au début, je lui laisse quelques minutes pour voir s'il se rendormira ou s'il peut s'amuser par lui-même avec bonne humeur dans son lit pendant un bout de temps.

Nourrir mon tout-petit

Durant la première année, le lait maternel, ou le lait maternisé, demeurera une source vitale de nutriments pour le bébé et, même quand il commencera à manger un peu plus d'aliments solides, il boira au moins quatre biberons de lait maternisé ou le nombre équivalent d'allaitements au sein par jour. Les biberons ont toujours besoin d'être stérilisés (voir à la page 155), parce que le lait chaud est un lieu de reproduction idéal pour les bactéries.

INTRODUIRE LES ALIMENTS SOLIDES

Le sevrage – le processus de remplacement de la dépendance totale au lait du bébé par une nourriture ayant un vaste éventail de goûts et de textures – est une étape excitante dans la vie d'un tout-petit et une phase naturelle de son développement. Toutefois, il s'agit d'un processus graduel et les aliments doivent être introduits au moment opportun et un à la fois pour assurer qu'ils sont bons pour le bébé.

Le moment opportun

Le lait maternel ou maternisé comble tous les besoins diététiques d'un bébé durant les 6 premiers mois et il n'y a aucun avantage nutritionnel à sevrer avant cet âge. Cependant, il existe de grandes variations individuelles dans la maturité du développement chez les tout-petits et le vôtre peut avoir besoin d'aliments solides bien avant cela. Le sevrage avant 4 mois (17 semaines) n'est pas conseillé, parce que l'appareil digestif du bébé est trop immature pour s'en sortir avec tout autre chose que du lait ; en outre, cela peut rendre votre bébé gras et plus sujet aux allergies. Par ailleurs, vous ne devriez pas commencer le sevrage beaucoup plus tard qu'à 6 mois (26 semaines), à moins que le médecin le recommande parce que, à ce moment, un bébé a besoin de sources alimentaires non laitières pour obtenir les calories, les vitamines et les minéraux suffisants – le fer,

 AVIS D'EXPERTS

Lait non maternisé

Le lait de vache (et, aussi, de brebis et de chèvre) peut être inclus dans la cuisson à compter de l'âge de 6 mois, mais on ne le conseille pas comme breuvage principal avant que votre bébé n'ait 1 an. Le lait de vache contient trop de sel et de protéines et manque de fer et d'autres nutriments pour les besoins d'un tout-petit. Les laits à base de soja devraient être donnés seulement selon l'avis de votre médecin.

BÉBÉ EST PRÊT POUR LE SEVRAGE

- [ ] Il semble insatisfait après un boire et il est plus affamé qu'à l'ordinaire.

- [ ] Il peut s'asseoir avec un support et bien tenir sa tête droite.

- [ ] Il peut bouger sa langue d'avant en arrière, et vice versa.

- [ ] Il fait des mouvements de mastication.

- [ ] Il peut refermer la bouche autour d'une cuillère.

- [ ] Il se montre intéressé par la nourriture des adultes.

- [ ] Il a une poussée de dentition.

en particulier. Apprendre à mordre et à mâcher est aussi important pour le développement de la faculté de parler et le langage de l'enfant.

Les bébés qui sont nés avant terme doivent être sevrés selon leurs besoins individuels ; une infirmière visiteuse, un médecin ou diététiste pourra vous conseiller le moment le plus opportun pour débuter le sevrage.

Apprivoiser la nourriture

J'ai commencé à donner des aliments solides à mon tout-petit, quand je ne me sentais pas trop pressée et qu'il n'était pas trop fatigué ; la mi-journée est un bon moment. Manger était une nouvelle habileté pour le bébé et il lui a fallu du temps pour la maîtriser ; au début, il a recraché la plupart des aliments, ce qui est parfaitement normal. Il était important de parler au bébé tout le temps qu'il mangeait, de l'encourager et d'être positive.

Au début, je me suis contentée de familiariser mon tout-petit à prendre des aliments à la cuillère ; la quantité mangée était à peu près insignifiante, 5 à 10 ml (1 à 2 c. à thé), quoique certains bébés en prennent vraiment plus. Certaines mamans sautent l'étape des purées et, dès le début, font suivre le sevrage commandé par le bébé de bâtonnets de nourriture (voir à la page 208).

Pour commencer, j'ai trouvé que c'était une bonne idée de donner d'abord un peu de lait au bébé pour calmer toute fringale mais, à mesure que je changeais son alimentation, je lui ai offert la nourriture avant le lait. Tout premier aliment solide n'est qu'un complément au boire du bébé. Une fois qu'il avait mangé ou qu'il n'était plus intéressé, je poursuivais avec le lait.

Durant les premières semaines, je donnais au bébé les mêmes aliments trois jours à la fois pour qu'il ait le temps de s'habituer au goût et vérifier qu'il n'avait pas de réactions allergiques, comme une éruption cutanée, une diarrhée, l'estomac gonflé ou plus de gaz.

Ce qui a changé, ce sont les selles du bébé : leur couleur et leur odeur étaient différentes.

Premiers vrais aliments

Quoique la plupart des aliments conviennent au tout-petit à compter de 6 mois (voir l'encadré des exceptions à la page 206), on recommande les aliments suivants, dont le goût est léger.
- Des fruits comme les bananes, les poires et les pommes
- Des légumes comme les pommes de terre, les patates douces, les courges et les carottes
- Les céréales sèches pour bébé préparées avec un peu de lait maternel ou maternisé
- Du riz blanc cuit à la maison et réduit en purée, ou une préparation de riz pour bébé mêlée à du lait maternel ou maternisé.

ACCESSOIRES D'ALIMENTATION

☐ Bavoirs – au moins 5. Ceux qui sont doublés en plastique évitent que les aliments et les breuvages traversent le bavoir et imprègnent les vêtements. Les bavoirs en plastique moulé avec poche ramasse-miettes conviennent plus aux bébés ayant commencé à manger par eux-mêmes.

☐ 2 ou 3 cuillères peu profondes en plastique

☐ 2 bols en plastique antidérapants

☐ Gobelet de bébé avec couvercle et deux anses

Si vous préparez votre propre nourriture pour bébé...

☐ Tamis ou hachoir

☐ Marmite à vapeur – quoique non essentielle, la cuisson à la vapeur aide à conserver les nutriments hydrosolubles dans les fruits et les légumes.

☐ Petit robot de cuisine, mélangeur ou mixeur – une fois encore, ces appareils ne sont pas essentiels, mais simplifient considérablement la fabrication de purées et de repas hachés finement.

Ajouter de nouveaux aliments

Une fois que mon tout-petit a été heureux de la nourriture que je lui offrais, j'ai augmenté peu à peu le nombre de repas et la variété des aliments.

Une fois qu'il avait mangé quelques cuillères à soupe à un repas, je commençai ensuite à lui servir des aliments solides lors d'un second repas et, éventuellement, au cours des mois suivants, lors d'un troisième. J'ai entrepris de combiner des ingrédients différents, puis j'ai ajouté des aliments supplémentaires. Une fois qu'il mangeait une grande variété de fruits et de légumes et du riz pour bébé, j'ai ajouté plus de glucides, comme des pâtes, et des aliments protéinés, dont le poulet et le poisson. Les enfants exposés à une grande diversité d'aliments, de saveurs et de textures en bas âge sont moins sujets à être capricieux plus tard. Entre 6 et 9 mois d'âge, les enfants sont très réceptifs aux nouvelles saveurs et textures et on pense que les expériences qu'ils font à cette époque définissent leur goût.

Il n'existe pas de règle absolue concernant la quantité qu'un bébé devrait manger, mais 15 à 60 ml (1 à 4 c. à soupe) environ constituent un repère général une fois le sevrage établi. Je m'adapte toujours à l'appétit de mon tout-petit ; s'il a encore faim, je lui en donne un peu plus, mais s'il a mangé seulement une petite quantité, je ne le force pas à manger.

Gardez à l'esprit que tous les bébés sont différents : le mien a été facile à sevrer, acceptant les nouveaux aliments avec bonheur, mais le vôtre peut prendre plus de temps. Ne paniquez pas ou ne précipitez pas les choses ; il importe plus que le temps des repas soit aussi joyeux et détendu que possible, plutôt que l'occasion d'affrontements.

Durant la première année, le lait maternel, le lait maternisé ou le lait qui fera suite, continuent d'être la source principale des nutriments du bébé, y inclus le fer. On recommande 500 à 600 ml (2 à 2 ½ tasses) par jour. Continuer d'allaiter au sein assure que le bébé obtient le lait généré pour ses besoins ; par conséquent, lui donner d'autre lait est superflu. Si votre tout-petit tombe malade et perd l'appétit, l'allaitement au sein peut le garder bien nourri, lui procurant les anticorps importants pour s'attaquer à ce qui ne va pas, tout en le réconfortant.

Cependant, une fois l'alimentation solide implantée, le boire du dîner peut être remplacé par de l'eau (voir ci-dessous). Lors des autres repas, le lait devrait être offert après les aliments solides pour empêcher votre bébé d'être rassasié ou préoccupé par son biberon avant d'avoir mangé ses aliments solides.

L'eau

Quand mon tout-petit a commencé à manger des aliments solides régulièrement, il a eu besoin de liquides autres que le lait. Ainsi, au dîner, plutôt que du lait, je lui donnais de l'eau bouillie, rafraîchie ; certaines eaux minérales sont trop riches en minéraux pour les bébés et, l'eau embouteillée

Supprimez du menu

Les aliments suivants ne devraient pas être donnés à de jeunes enfants.

✗ Les noix entières, à cause du risque de s'étouffer, et pas de noix du tout s'il y a des antécédents d'allergies alimentaires dans la famille immédiate.

✗ Le sucre

✗ Le miel

✗ Le lait de vache, de brebis ou de chèvre, comme boisson

✗ Des œufs crus ou pas assez cuits

✗ Le sel et les aliments naturellement salés, comme le bacon, le fromage, le bouillon et l'extrait de levure, devraient être limités.

✗ Les crustacés et les mollusques, comme les crevettes et les moules

✗ Le makaire, le requin et l'espadon

✗ Les aliments riches en gras saturés, comme le beurre, le fromage, la margarine, la viande grasse et les dérivés de viande, les biscuits, les pâtisseries et les gâteaux

n'étant pas stérile, elle devra d'abord être bouillie, puis refroidie. Je ne lui donne jamais de concentré de jus ou de sirop de fruits, parce qu'ils ont une forte teneur en sucre et peuvent endommager les dents, même celles qui n'ont pas encore percé. J'ai commencé par 15 ml (1 c. à soupe) dans un gobelet, puis j'ai augmenté graduellement la quantité en fonction du nombre de repas qu'il prenait par jour.

Les suppléments

Si, comme moi, vous allaitez toujours au sein après 6 mois, Santé Canada recommande de donner au tout-petit un supplément liquide de vitamines A, C et D, ce qui est particulièrement important si votre bébé a la peau foncée et que vous vivez dans une région où la lumière solaire est limitée.

Si votre tout-petit boit au moins 500 ml (2 tasses) de lait maternisé ou de lait de transition, les suppléments ne sont pas nécessaires, car ces laits sont déjà enrichis de ces vitamines. Par contre, si votre tout-petit boit moins de 500 ml (2 tasses), il doit prendre un supplément.

INTRODUIRE LE GOBELET

Apprendre à boire au gobelet doit faire partie du processus de sevrage et peut commencer vers l'âge de 6 mois. Tandis que certains bébés acceptent le changement avec plaisir, d'autres mettent plus de temps, étant très attachés au biberon. Les gobelets ouverts ou ceux qui coulent librement sont les choix recommandés. Les gobelets à couvercle ou à bec peuvent abriter des bactéries et encourager à prendre fréquemment des gorgées (ce qui est mauvais pour les dents du bébé). D'abord, pour familiariser le tout-petit avec cette nouvelle façon de boire, je lui ai offert du lait dans un gobelet.

CUISINER POUR LE BÉBÉ

Préparer vos propres aliments pour le bébé est simple et garantit que le bébé n'obtient que les meilleurs ingrédients – sans additifs ou agents de conservation non désirés.

Je lave ou brosse minutieusement tous les fruits et légumes, avant de les peler et d'enlever le cœur, les graines ou les pépins. Ensuite, je hache grossièrement l'aliment – qu'il s'agisse d'un fruit, d'un légume, de viande ou de poisson – avant de le mettre dans une casserole avec un peu d'eau pour le cuire jusqu'à ce qu'il soit tendre. Finalement, je le réduis en purée au mélangeur jusqu'à ce qu'il soit lisse. Selon l'âge et le goût du bébé, je peux varier la texture, depuis la purée liquide jusqu'à celle qui contient des morceaux ; je peux aussi écraser ou hacher les aliments. Ceux qui contiennent des grumeaux constituent un défi et, au début, le tout-petit peut les recracher.

Certains tout-petits préfèrent que les ingrédients individuels de leurs repas soient gardés séparés, afin qu'ils puissent « enregistrer » et identifier chaque saveur et texture ; si c'est le cas de votre tout-petit, sa nourriture doit lui être servie sous la forme qui lui conviendra.

Je trouve que c'est une bonne idée de préparer les repas du bébé en grosses quantités, puis de les congeler en portions individuelles pour usage futur. Quand je prépare des repas pour plus tard, je refroidis la nourriture aussi vite que possible (idéalement, entre 1 et 2 heures), puis je la mets au réfrigérateur. Je peux alors diviser la nourriture en portions individuelles qui peuvent être conservées jusqu'à 2 jours au réfrigérateur.

Pour congeler des aliments préparés, j'enveloppe les portions individuelles dans une pellicule plastique ou un emballage pour aliments, ou je les mets dans des bacs à glaçons. J'identifie et date toujours les portions de nourriture et je dégèle d'abord les plus anciennes. Pour les décongeler, je les retire du bac à glaçons et les range, couvertes, dans le réfrigérateur pour la nuit ; si je suis pressée, j'utilise le réglage de décongélation du micro-ondes.

Une fois l'aliment décongelé, je le chauffe à fond. Quand il est brûlant, je le brasse bien pour diluer tout point chaud et lui permettre de refroidir jusqu'à ce qu'il

soit à la température adéquate pour que le bébé puisse le manger. Je jette tout reste immédiatement ; je ne réchauffe, ni ne recongèle ni ne réutilise aucun aliment dans quelque circonstance que ce soit, pour éviter tout risque d'empoisonnement alimentaire.

Aliments biologiques

Quoiqu'il peut m'en coûter un peu plus cher pour la viande, les fruits et les légumes biologiques, les bénéfices sont nombreux à mon sens. Il y a assez de preuves pour suggérer un lien entre les résidus de pesticides et les allergies et l'hyperactivité chez les enfants. Les aliments non biologiques peuvent aussi contenir des hormones et autres produits chimiques nocifs.

Les produits biologiques frais tendent à avoir meilleur goût, parce qu'ils ne sont pas cultivés intensément pour absorber des surplus d'eau ; en outre, d'habitude, ils sont cultivés dans des sols de meilleure qualité et on les laisse mûrir plus longtemps. Des études ont démontré que le niveau d'eau plus faible dans les produits biologiques signifie une concentration plus élevée de nutriments.

ALIMENTS DU COMMERCE

Des colorants, des aromatisants, des stabilisants et des émulsifiants sont ajoutés à la nourriture pour bébés afin de la rendre plus attirante, savoureuse et durable. Toutefois, il est rare qu'un parent n'ait pas recours à quelque produit alimentaire du commerce et, par conséquent, il est important de vérifier l'emballage pour la présence de tout additif non désiré, comme les sucres (dextrose, sucrose,

Je ne ferai pas moins que...

USER DE PRUDENCE ET AVOIR UNE BONNE HYGIÈNE DURANT LES REPAS

La préparation des aliments et le service doivent être exécutés avec soin afin que le bébé soit protégé et gardé en sûreté. Je dois toujours être méticuleuse et m'assurer que je :

✓ **Lave mes mains** avec du savon avant de préparer les repas.

✓ **Stérilise** tous les bols et cuillères jusqu'à ce que le sevrage soit complété.

✓ **Donne au bébé ses propres ustensiles.**

✓ **Vérifie que le sceau est intact** en écoutant le « pop » du couvercle quand j'ouvre un pot d'aliment pour bébés. Je dois jeter l'aliment si le sceau a été brisé.

✓ **Suis toujours auprès du bébé** quand il mange, pour éviter tout risque d'étouffement.

✓ **Sers une portion à la cuillère** et conserve tout surplus dans un contenant hermétique au réfrigérateur pour un maximum de 24 heures.

✓ **Prête attention aux dates** de péremption.

✗ **Ne réchauffe, ni ne conserve aucun reste d'aliment** (dans le bol du bébé) pour un usage futur, parce que ce pourrait être un lieu de prolifération des bactéries.

---

glucose), les édulcorants artificiels (aspartame, saccharine), le sel (dont le glutamate de sodium), les colorants (tartrazine, jaune orangé S, acide benzoïque, ponceau 4 R, carmoisine), les antioxydants (hydroxyanisol butylé et butylhydroxytoluène) et les épaississants, comme l'amidon modifié. Il existe désormais nombre d'entreprises d'aliments biologiques pour bébés, dont les repas réfrigérés et congelés, ont une qualité voisine des aliments maison.

ALIMENTS EN BÂTONNETS

Certains tout-petits commencent en mangeant des aliments en bâtonnets et d'autres y viennent graduellement. Les aliments en bâtonnets peuvent aider à soulager les gencives sensibles et constituer de fantastiques collations, tout en favorisant l'indépendance à manger par lui-même. Une fois que mon bébé avait percé quelques dents, les aliments en

bâtonnets lui ont permis de pratiquer la mastication et le gardaient occupé tandis que je préparais sa nourriture ou le repas familial.

Les aliments en bâtonnets ne doivent pas être ni trop petits, ni trop délicats à saisir. Je coupe les aliments de mon tout-petit en morceaux de la grosseur du poing de l'enfant ou en forme de frites, ce qui les rend faciles à saisir et à manger. J'ôte toute pelure et tout cœur, graines ou pépins avant de les lui donner. Parmi les aliments qu'il aime figurent ceux qui suivent.

- Des légumes cuits à la vapeur, comme les carottes en bâtonnets, les pois mange-tout, les asperges, les haricots verts, les bébés maïs et le poivron rouge.
- Des fruits, comme des quartiers pelés de pomme ou de poire, ou des morceaux de banane, de mangue, de melon ou de pêche.
- Des pâtes cuites de grand format aux formes variées.
- Des gâteaux de riz, ou des bâtonnets de pain, de rôtie ou de pita.

Je ne lui offre ni biscottes ni biscuits sucrés parce qu'ils développent un goût pour les sucreries et je ne laisse jamais mon tout-petit seul quand il mange, pour être sûre qu'il ne s'étouffera pas.

MANGER PAR SOI-MÊME

Beaucoup de bébés aiment manger par eux-mêmes très tôt : le mien m'a ôté la cuillère de la main à 8 mois environ. Ce sentiment croissant d'indépendance n'est pas mauvais du tout et stimule une meilleure coordination des yeux et des mains. Mon tout-petit avait sa propre cuillère, tandis que je continuais de le nourrir avec une autre. Cela étant dit, il mangeait la plupart de ses repas avec ses doigts !

Il faut souvent compter quelques mois avant qu'un tout-petit soit compétent à manger à la cuillère et, par conséquent, la plupart des repas aboutissent sur le plancher ou sur la chaise haute ! Je me préparais au dégât en étalant une toile en plastique sur le plancher et en restant calme quoi qu'il advienne. Je facilitais les choses au bébé en lui offrant des aliments simples à prendre avec une cuillère, comme des pommes de terre en purée, du fromage cottage épais, du riz cuit et des céréales.

Il est vrai aussi que, plus un tout-petit peut utiliser ses mains, plus vite il sera habile avec une cuillère et les aliments en bâtonnets et en morceaux seront plus faciles à saisir.

3 REPAS PAR JOUR

Vers l'âge de 8 à 9 mois, une fois mon tout-petit bien content de manger des aliments solides, j'ai commencé à augmenter le nombre de repas de 2 à 3 par jour. Les tout-petits fonctionnent selon des routines et, comme leurs besoins d'énergie sont très élevés par rapport à leur taille, ils exigent trois petits repas par jour. Je trouve que le dîner est le meilleur moment pour le repas principal de la journée, parce que mon tout-petit est alerte et ne se sent pas trop

LE MENU QUOTIDIEN DE MON TOUT-PETIT

GLUCIDES/FÉCULENTS

(environ 3 à 4 portions par jour)
Céréales à déjeuner sans sucre
- Gruau d'avoine
- Pâtes et nouilles
- Riz
- Pain
- Pommes de terre

PROTÉINES

(environ 2 à 3 portions par jour)
- Poisson
- Tofu

- Viande et volaille
- Substituts de la viande
- Œufs bien cuits
- Fromage non allégé (râpé ou en cubes)
- Haricots et légumineuses
- Yogourt et fromage blanc

FRUITS ET LÉGUMES

(3 à 4 portions, ou plus, par jour)
- Pommes pelées
- Bananes
- Mangues
- Abricots
- Pêches et nectarines
- Melons
- Fraises
- Carottes
- Brocoli
- Haricots verts
- Pois
- Poivrons
- Pois mange-tout

LAIT

500 à 600 ml (2 à 2½ tasses)

COLLATIONS

- Œufs durs
- Bâtonnets de pain frais ou grillé
- Gâteaux de riz avec extrait de levure
- Pita avec houmous
- Bâtonnets de fromage ou fromage râpé
- Légumes en bâtonnets
- Tranches ou gros cubes de fruits
- Céréales sèches, sans sucre
- Yogourt ou fromage blanc
- Fruits séchés

---

grognon. J'introduis chaque nouvel aliment peu à peu et, s'il ne l'aime pas, je le lui offre à nouveau, mais sous une forme différente, quelques jours plus tard.

Les bébés se développent beaucoup au cours de la première année et ils ont des besoins d'énergie très élevés pour leur taille. Je tente de procurer un régime équilibré mais, en particulier avec les comportements alimentaires erratiques de mon tout-petit à ce stade, il est plus important de considérer son régime sur une période d'une semaine plutôt que sur une base quotidienne.

Les glucides lui procurent l'énergie, les vitamines, les minéraux et les fibres. Néanmoins, comme les bébés trouvent difficile la digestion des fibres alimentaires et qu'elles peuvent affecter leur appareil digestif, j'évite de lui donner des aliments à forte teneur en fibres. Les protéines sont essentielles à la croissance et à la réparation de l'organisme. Pour fournir à mon tout-petit un bon mélange d'acides aminés essentiels, je lui sers divers aliments riches en protéines aussi bien de sources animales que végétales.

Les fruits – frais, surgelés, en conserve ou séchés – et les légumes procurent de riches apports de vitamines, notamment de vitamine C, de minéraux et de fibres.

MANGER EN FAMILLE
Dès que mon bébé a semblé heureux de prendre place dans sa chaise haute ou son siège de bébé fixé à la table à manger, il s'est joint aux repas en famille. Beaucoup d'entre eux lui conviennent mais, bien sûr, je ne lui sers pas des aliments très épicés ou aromatisés. À mesure que son premier anniversaire de naissance approche, il peut apprécier la plupart des aliments que mangent les autres membres de la famille. L'associer aux repas familiaux est un bon moyen pour lui enseigner de bonnes habitudes alimentaires.

PARTIE II Mon bébé

Prendre soin de mon bambin

Il semble que c'était hier seulement que mon bébé était ce petit être minuscule, démuni et tout à fait dépendant de moi. Je vis maintenant avec quelqu'un qui se mêle de tout et qui n'est pas gêné de me dire quoi faire ! Il a définitivement sa personnalité unique et il ne se passe pas une journée sans que je sois excitée par ce qu'il accomplit et étonnée par l'intéressante personne qu'il est devenu. Oui, je sais que les choses seront plus difficiles à gérer maintenant que ses désirs doivent être comblés, mais c'est aussi une période formidable pour partager des expériences et se rapprocher.

Surveiller le développement de mon bambin

En avançant en âge, mon bébé acquerra des habiletés à un rythme encore plus rapide et mon souci principal est que son développement se situe dans les limites de la normalité et que son environnement domestique reste sécuritaire pour lui, afin qu'il mette en pratique des nouvelles habiletés comme marcher et manger par lui-même. Autant que par le perfectionnement de ses mouvements et de ses habiletés manuelles, les années du bambin sont marquées par l'apparition de la personnalité et une plus grande capacité à communiquer et à socialiser avec les autres.

PERSONNALITÉ ET ÉMOTIONS

Il n'y a aucun doute que mon enfant était un individu dès sa naissance mais, en acquérant la locomotion et d'autres habiletés, il est plus apte à manifester le type de personne qu'il est. Quoique certains aspects de sa personnalité soient un résultat génétique, un enfant est également influencé par la manière dont il est élevé et traité par les autres. Même des jumeaux identiques élevés de la même manière présenteront des différences de personnalité.

Comme parent, je tente de créer le meilleur environnement possible dans lequel veiller à son développement et l'aider à atteindre son plein potentiel. Toutefois, sa façon de réagir au monde autour de lui est, jusqu'à un certain point, prédéterminée et mon influence est limitée.

Au début, comme tous les bébés, le mien était ouvert et amical, heureux de rencontrer de nouvelles personnes tout autant que de voir celles qu'il connaissait bien. Par la suite, les étrangers l'effrayaient et il cherchait réconfort et assurance auprès de moi quand il rencontrait un inconnu. Le partage est aussi quelque chose qu'il trouve difficile.

À cet âge, le bambin manifeste aussi des émotions – heureux quand les choses vont comme il veut, triste, pleurnichard et maussade s'il est frustré. Sa frustration conduit souvent à des crises. C'est compréhensible, car les bambins doivent vivre avec certaines contraintes physiques – le mien ne peut pas toujours se déplacer aussi vite qu'il le voudrait ou n'est pas assez dégourdi pour jouer comme il le voudrait. Qui plus est, son langage est aussi limité et, donc, il n'est donc pas toujours capable de me faire comprendre ce qu'il veut.

AMIS IMAGINAIRES

De nombreux jeunes enfants ont des amis imaginaires. Les uns n'ont qu'un seul compagnon à long terme ou un animal de compagnie ; d'autres en ont plusieurs, pendant moins longtemps. Plutôt que de signaler un problème, les compagnons imaginaires peuvent aider un enfant à expérimenter des émotions – notamment, les « sentiments et expériences défendus ». Par conséquent, les parents doivent encourager et faire semblant de jouer avec ces amis imaginaires.

D'un autre côté, son sens de l'humour se développe (il fait des choses drôles pour attirer l'attention) et la manière par laquelle il démontre de plus en plus son affection (il me donne un baiser si je le demande) font que c'est un bonheur d'être en sa compagnie.

Pour aider mon enfant à s'adapter au monde qui l'entoure, je dois apprendre à comprendre et à accepter son tempérament et développer des stratégies pour le préparer à affronter toute situation et pour lui donner confiance en lui-même.

INDÉPENDANCE

Utiliser son habileté à marcher est une façon de manifester son indépendance : il peut tout autant s'éloigner de moi que venir vers moi quand je lui demande !

Il essaie aussi d'exercer un certain contrôle sur ce qui lui arrive. Il est plus apte à montrer ce qu'il désire – par le geste et la parole – et il veut souvent avoir raison. En fait, s'il n'obtient pas ce qu'il veut, il y a de fortes chances qu'il se mette à crier ou à hurler.

Ma tâche consiste à encourager le développement de son indépendance (voir à la page 216), mais aussi à contrôler les manifestations de sa mauvaise humeur (voir à la page 234).

PROTÉGER DES DANGERS

Les habiletés et la curiosité grandissantes de mon bébé peuvent le mettre en danger. Se mettre debout sur une chaise ou dans la poussette, monter l'escalier debout, rater une marche, marcher sur des routes achalandées ou jouer à l'extérieur – tout cela peut s'avérer potentiellement dangereux. Il est donc important, non seulement que je sois sans cesse vigilante, mais aussi de lui signaler les dangers. Si je prends les précautions nécessaires pour mettre les objets dangereux hors de sa portée et ne pas l'exposer à des dangers possibles (voir à la page 188), je dois aussi commencer à lui inculquer certaines leçons de sécurité. Je dois m'assurer que je lui donne le bon exemple, comme toujours boucler ma ceinture de sécurité dans l'auto et traverser la rue sur un feu vert.

Je ne ferai pas moins que...

AIDER MON ENFANT À DEMEURER EN SÉCURITÉ

Un bambin qui se déplace est capable de rencontrer plus de dangers qu'un jeune bébé. Je dois enseigner à mon bambin ce qui suit :

✓ **Routes et circulation** – Même s'il est dans sa poussette, je dois lui expliquer de traverser au feu vert, regarder dans les deux directions et tenir la main de quelqu'un quand il marche.

✓ **Inconnus** – Je dois enseigner à mon bambin de vérifier d'abord auprès de moi avant de parler à quelqu'un qui lui est étranger.

✓ **Nourriture et friandises** – Mon bambin doit apprendre à accepter de la nourriture seulement des personnes qu'il connaît bien et s'informer auprès de moi avant de manger des friandises.

✓ **Médicaments** – Je dois lui expliquer que les médicaments ne sont pas des bonbons et qu'il n'y a que moi qui puisse lui en donner.

PRÉOCCUPATIONS RELATIVES AU DÉVELOPPEMENT

Plusieurs conditions – à titre d'exemple, un retard de développement ou une déficience sensorielle – pourraient empêcher mon bambin d'atteindre son potentiel. Plusieurs conditions pouvant être traitées, il est essentiel que je rapporte la moindre inquiétude à mon médecin. Quoique mon bambin aura des bilans de santé réguliers, comme parent, je serai probablement la première à noter que quelque chose ne va pas. La liste de vérification de la page 215 devrait m'aider à noter à quel moment mon bébé a acquis telle ou telle habileté.

Si je soupçonne quelque problème de développement que ce soit, je dois le mentionner le plus tôt possible – je n'attends pas le bilan de santé régulier. En outre, je dois signaler tout problème de vision ou d'ouïe, car l'un ou l'autre entraînera un retard dans l'atteinte de certains objectifs importants. Les situations qui se présentent couramment et peuvent indiquer un problème comprennent un retard dans ce qui suit.

• S'asseoir sans être supporté
• Marcher
• Parler

Je dois signaler tous les aspects du comportement ou de la personnalité de mon bambin – tel un manque d'affection, un comportement perturbateur ou des signes de vulnérabilité (retrait, envies de pleurer, timidité) – que je trouve troublant. Une investigation plus approfondie peut être requise pour établir si un problème existe réellement.

RETARD DANS LES ÉTAPES DU DÉVELOPPEMENT

Quoique chaque enfant se développe à un rythme différent, il existe un « éventail normal » dans les étapes importantes. Par conséquent, je dois prévenir mon médecin si mon bébé...

✗ Ne rampe pas et ne se traîne pas assis à 12 mois.

✗ Ne marche pas à 18 mois.

✗ Ne parle pas à 2 ans.

Plus vite un problème potentiel est diagnostiqué, plus vite il peut être traité et moins d'impact il aura sur l'acquisition d'habiletés par l'enfant. Il existe de nombreux types d'aide ou de soutien pour assister l'enfant dans son développement.

ACQUISITION DES HABILETÉS DU BAMBIN

12 À 15 MOIS

- [ ] Utilise sa cuillère plus habilement.
- [ ] Prend son gobelet et boit.
- [ ] Intéressé à se nourrir lui-même.
- [ ] Ramasse de petits objets avec l'une ou l'autre main.
- [ ] Suis des yeux des objets qui sont lancés ou échappés sur le sol.
- [ ] Commence à ramper pour monter l'escalier.
- [ ] Marche sans aide.
- [ ] Peut apprendre à marcher à reculons.
- [ ] Peut se pencher pour reprendre un objet.
- [ ] Reconnaît les objets dans les livres et pointera au moins une illustration.
- [ ] Peut imiter des bruits d'animaux.

15 À 18 MOIS

- [ ] Lance les choses intentionnellement.
- [ ] Joue à pousser des jouets.
- [ ] Peut construire une tour de 3 blocs.
- [ ] Participe à son habillage.
- [ ] Peut imiter un coup de crayon.
- [ ] Peut tenter de réaliser certaines tâches.
- [ ] Peut suivre un ordre simple.
- [ ] Connaît quelques parties du corps.
- [ ] Connaît 3 à 5 mots.

18 À 24 MOIS

- [ ] Grimpe sur des chaises et s'y assoit.
- [ ] Marche avec plus de stabilité.
- [ ] Montre une préférence de main.
- [ ] Sera capable de gribouiller.
- [ ] Peut demander des jouets, de la nourriture et le petit pot.
- [ ] Peut plier du papier si on lui montre.
- [ ] Tire quelqu'un pour lui montrer quelque chose.

- [ ] Peut être capable de comprendre des demandes plus complexes.
- [ ] Connaît et utilise environ 50 mots.
- [ ] Peut être capable de jouer seul pendant de courtes périodes.
- [ ] Aimera aider à des tâches ménagères simples.
- [ ] Tourne les pages d'un livre.

2 À 3 ANS

- [ ] Peut monter et descendre des meubles.
- [ ] Court et saute.
- [ ] Monte et descend les marches avec les 2 pieds sur chaque marche.
- [ ] Lance et frappe du pied un ballon.
- [ ] Utilise une fourchette.
- [ ] Peut tenir un petit verre à deux mains.
- [ ] Commence à s'habiller et se déshabiller.
- [ ] Peut dessiner un cercle.
- [ ] Peut enfiler de grosses perles.
- [ ] Peut faire des casse-tête simples.
- [ ] Ouvre les boîtes pour voir ce qu'elles contiennent.
- [ ] Se reconnaît dans une photographie.
- [ ] Examine attentivement les illustrations dans les livres.
- [ ] Écoute attentivement les conversations.
- [ ] Peut suivre plusieurs ordres en deux étapes.
- [ ] Possède un vocabulaire en croissance rapide d'au moins 200 mots.
- [ ] Pointe et nomme des objets familiers.
- [ ] Connaît quelques comptines et couleurs.
- [ ] Joue en compagnie des autres.
- [ ] Aime jouer à « faire semblant ».
- [ ] Joue en toute conscience avec ses jouets.
- [ ] A conscience d'avoir besoin de faire pipi et caca.

Activités et jeux du bambin

Les années du bambin sont des années d'apprentissage constant – réalisé surtout par le jeu et les activités. Les jouets et les jeux permettent non seulement à mon bébé de parfaire ses habiletés manuelles et locomotrices, d'exercer son imagination et son fonctionnement social, mais ils contribuent aussi à créer un lien d'affection entre nous.

Entre l'âge de 12 et 18 mois environ, mon bambin a commencé à avoir moins besoin de sommeil, notamment parce qu'il découvrait plus d'activités stimulantes à faire dans la maison et à l'extérieur. Cela entraînait parfois des problèmes de sommeil à l'heure du lit (voir à la page 203).

SIESTES

La plupart des bambins font une sieste le jour jusqu'à l'âge de 2 ans ; certains peuvent requérir une courte sieste jusqu'à l'âge de 3 ou 4 ans. La sieste durera aussi longtemps que le bébé a besoin de dormir ; elle a lieu habituellement à une heure régulière chaque jour. J'essaie de m'assurer que mon bambin fait sa sieste au moment le plus bénéfique pour moi – s'insérant dans mon horaire, tout en n'étant pas trop tard dans la journée. Quand mon bambin refuse sa sieste, je lui permets de jouer calmement dans son lit avec quelques jouets, ou je mets un livre audio ou de la musique afin qu'il se repose malgré tout.

Je ne ferai pas moins que...

ENCOURAGER MON BAMBIN À FAIRE UNE SIESTE

Sans repos suffisant, mon bambin deviendra épuisé et grognon. S'il fait une sieste, cependant, je pourrai aussi faire des choses pour moi-même ou dans la maison. J'essaie de faire ce qui suit :

✓ **Je l'éloigne d'activités surexcitantes** peu de temps avant l'heure de la sieste.

✓ **Je lui offre une collation** qui favorise le sommeil, à titre d'exemple du lait et des biscuits non sucrés.

✓ **Je m'assure que sa chambre est sombre.**

✓ **Je le calme autant qu'à l'heure du lit.** Si nécessaire, je passe un peu de temps avec lui pour lire ou simplement relaxer.

La quantité de sommeil dont un bambin a besoin varie ; certains en ont besoin plus que d'autres. La mauvaise humeur et l'agitation peuvent indiquer un manque de sommeil. Soyez réaliste à propos de la quantité de sommeil dont votre enfant a besoin. En général, sieste incluse, un bambin d'un an a besoin de 12 à 14 heures de sommeil ; à 2 ans, 12 à 13 heures ; et à 3 ans, environ 12 heures.

JOUETS

Les jeunes bébés requièrent peu de jouets et même les bambins peuvent s'accommoder d'une petite quantité de jouets peu chers. Il est important de choisir des jouets appropriés à l'âge (le bébé les trouve amusants et captivants) et sécuritaires. Souvent, les jouets les plus simples ou des objets domestiques courants ont leur faveur parce que l'imagination d'un enfant peut leur prêter de multiples usages. À compter de 15 mois, mon bébé a aimé le papier et le matériel de dessin, tandis qu'il utilisait casseroles et poêlons pour faire du bruit, les remplir et transporter toutes sortes de choses intéressantes. En général, les jouets qui laissent le plus de place à l'imagination – casse-tête, blocs de construction et association de formes – sont plus populaires que ceux qui affichent plein de détails réalistes.

TÉLÉVISION ET DVD

Regarder la télévision et des DVD n'est pas une activité importante chez moi. Je sais que beaucoup de parents le permettent pour se donner un peu de temps, mais les quelques bénéfices pour développer le langage dont se réclament les programmes éducatifs sont surpassés par les désavantages. Le temps passé à regarder la télévision ou des DVD est du temps qui n'est pas consacré à des passe-temps plus intéressants, comme les activités physiques (pour prévenir l'obésité) ou la lecture, et de nombreux enfants sont affectés par la violence à l'écran. Les experts s'entendent pour dire que, pour autant qu'on le permette, le « temps devant l'écran » devrait être limité ; les enfants de moins de 3 ans ne devraient pas être devant l'écran, tandis que ceux ayant entre 3 et 7 ans ne devraient y avoir droit que 30 à 60 minutes par jour. Si mon bambin a joué dehors, utilisé son imagination, écouté une lecture, participé à d'autres activités (dessiner, construire avec des blocs, etc.) et qu'il s'est amusé avec des jouets, alors – mais alors seulement – je lui accorde un temps limité devant l'écran. Je m'assure aussi de choisir des émissions calmes et tranquilles et j'essaie de les regarder avec lui – ainsi, je peux évaluer si elles sont adaptées et changer de chaîne si nécessaire.

ACTIVITÉS À L'INTÉRIEUR

Il y a de nombreuses activités d'intérieur que mon enfant trouve amusantes. Il s'assoit avec joie devant une armoire basse remplie de casseroles et de poêlons. Dans la baignoire, il adore verser de l'eau dans des tasses, souffler des bulles et faire flotter des bateaux.

RÉUSSIR LE MAGASINAGE

Magasiner de la nourriture et autres produits essentiels avec un enfant agité ou fatigué à sa remorque est une expérience que plusieurs d'entre nous préféreraient ne pas vivre, mais ne peuvent éviter. J'ai de nombreuses stratégies pour éviter que cela soit harassant.

✓ J'observe toujours certaines règles, comme ne jamais acheter de friandises dans les supermarchés.

✓ J'essaie d'aller dans les boutiques quand il est calme et que ni l'un ni l'autre d'entre nous n'est fatigué ou affamé.

✓ J'apporte une collation appropriée, comme un petit pain ou une banane.

✓ Quand je le peux, je laisse mon bambin choisir la nourriture que j'achète – à titre d'exemple, il peut choisir entre des pommes rouges ou vertes, ou notre céréale de déjeuner. S'il choisit un produit inadéquat, j'explique pourquoi je ne le veux pas ou je le remets en place quand il ne regarde pas.

✓ Je fréquente des marchés ou des centres commerciaux qui ont des toilettes convenables ou des installations pour les changements de couches et je m'assure de savoir où elles sont.

✓ Nous allons parfois dans des boutiques spécialisées, comme la boucherie ou la boulangerie, afin qu'il voit de près comment la nourriture est découpée et pesée.

✓ Si j'ai beaucoup d'emplettes à faire, j'essaie de faire une pause en allant dans un café ou je vérifie si une garderie est disponible.

À compter de 18 mois environ, mon bambin a voulu aider dans les tâches ménagères. Maintenant qu'il est un peu plus vieux, il essuie la table ou, avec mon aide, met les vêtements dans la machine à laver, ou encore il ajoute le savon à lessive (que j'ai pré-mesuré). Il aime aussi aider quand je cuisine… et il façonne avec joie des morceaux de pâte ou décore des biscuits. Peindre sur un chevalet avec des peintures à l'eau, dessiner avec des craies de cire et travailler de la pâte à modeler sont d'autres passe-temps préférés.

Parmi les autres activités que nous partageons avec plaisir, il y a se déguiser, danser au son de la musique et faire des casse-tête simples. Les jeux de rôle lui permettent de pratiquer les interactions sociales et de canaliser la frustration et la colère qu'il garde à l'intérieur. Cela nous aide tous les deux car, plus souvent il exprime ses sentiments négatifs à travers le jeu, moins graves et fréquentes seront ses crises de mauvaise humeur.

VISITES LOCALES

Les sorties quotidiennes sont de fantastiques expériences d'apprentissages pour mon enfant. Les visites aux boutiques, au parc, au zoo, à la ferme des petits animaux, à une séance d'activités physiques ou au musée pour enfant procurent une foule de nouvelles choses à voir, à faire et à raconter. Au cours de nos promenades quotidiennes, j'essaie de varier les trajets, mon bambin voit alors de nouvelles choses. Qu'il soit assis face à moi dans sa poussette nous permet de parler davantage ensemble. Je garde les visites courtes pour éviter l'ennui.

En route vers notre destination, il y a des occasions de discuter de ce que nous croisons, comme les chiens, les autobus ou les objets dans les vitrines des boutiques. En marchant, nous cherchons des choses à ramasser, afin de les utiliser plus tard dans des collages ou des impressions de feuilles, ou comme étalage de la nature. Châtaignes amères, cailloux, coquillages, algues, bois délavé, glands, plumes, feuilles, cônes de pin ou herbes peuvent tous être collectionnés.

AVIS D'EXPERTS

Mal des transports
Le mal des transports, et les nausées et vomissements qui y sont associés, est causé par les rapides mouvements des yeux qui suivent et refont la mise au point sur les objets lorsqu'en mouvement. Une bonne façon de l'éviter consiste à placer votre enfant au milieu de la banquette arrière et de mettre des stores – coupés dans du carton et collés sur les côtés de la banquette siège – ou sur son siège pour l'empêcher de regarder par les vitres de côté. En regardant droit devant, par le pare-brise, les mouvements rapides des yeux peuvent être évités. Un antihistaminique peut aussi prévenir le mal des transports. Demandez à votre médecin.

Même quand il pleut ou qu'il neige, nous allons dehors – habillés avec les vêtements qui conviennent – pour jouer ou faire une courte marche. Dans des bottes en caoutchouc, il est heureux d'aller à la chasse aux flaques d'eau, d'éclabousser ou d'y chercher son reflet. S'il a neigé, nous lançons des balles de neige sur un mur, ou nous simulons une bataille de balles de neige, ou nous fabriquons un bonhomme de neige.

TERRAIN DE JEU ET PARC

Les visites au terrain de jeu sont importantes pour satisfaire son besoin de dépenser de l'énergie dans un environnement sécuritaire et facilement accessible. Ici, il peut s'amuser dans la glissade, les balançoires et l'équipement pour grimper ; quand il a envie de s'asseoir tranquille, il s'amuse dans le carré de sable. Bien sûr, je m'assure qu'il joue prudemment sur le tourniquet et qu'il attend jusqu'à ce qu'il se soit arrêté avant d'y monter ou d'en descendre. Je lui enseigne aussi qu'il ne devrait jamais grimper par le devant d'une glissade et qu'il doit attendre que l'enfant qui le précède ait glissé jusqu'au bas et se soit éloigné avant de glisser à son tour.

Au parc, il adore nourrir les canards, jouer dans les fontaines ou simplement courir partout. S'il est sur son tricycle, je m'assure qu'il porte un casque.

VOYAGER

Voyager loin de la maison avec un bambin demande une bonne somme de temps et d'efforts – non seulement pour arriver où nous allons, mais une fois rendus. Voyager ensemble est moins reposant que lorsque je voyage seule et ma planification quotidienne est fortement influencée par les routines de mon bambin. J'essaie d'être sur la route durant les heures où il fait habituellement sa sieste et nous prenons nos repas à ses heures habituelles.

Si nous nous déplaçons en auto, j'arrête toutes les deux heures environ pour lui permettre d'utiliser son petit pot (ou changer sa couche), ou pour lui donner l'occasion de bouger et de dépenser de l'énergie. En train, je suis souvent capable de varier les choses en l'amenant dans un autre wagon – celui du restaurant ou de la cafétéria – qui offre un changement de décor et plus d'activités à observer ainsi qu'un endroit où se régaler. Il doit toujours tenir ma main et ne jamais courir dans l'allée, car une secousse soudaine du train pourrait le déséquilibrer. Je télécharge parfois un film ou des dessins animés sur mon ordinateur portable ou j'emporte un lecteur de DVD autonome.

Voyager en avion peut causer des maux d'oreilles et des symptômes reliés au décalage horaire. Pour les éviter, je donne à mon bambin quelque chose à mâcher quand l'avion décolle et atterrit. Cependant, j'apporte aussi un analgésique approprié. Les symptômes du décalage horaire se présentent rarement lors d'un voyage où le changement de fuseau horaire est inférieur à 3 ou 4 heures et il est beaucoup plus rare quand on voyage de l'est vers l'ouest plutôt qu'à l'inverse. Où cela est possible, je choisis des vols qui conviennent aux routines normales de mon enfant. Une escale de nuit sur le trajet aide aussi. Je m'assure qu'il boit beaucoup d'eau durant le vol et qu'il fasse jour (si possible) à notre arrivée à destination. Cela peut aider à replacer son horloge interne. Lors de brèves excursions (moins de 3 jours) dans un fuseau horaire différent, j'essaie de suivre les routines selon notre fuseau horaire de départ. Néanmoins, pour des séjours plus longs, j'ajuste aussitôt les horaires de repas et de sommeil de mon bambin aux nouveaux fuseaux horaires.

Je ne ferai pas moins que...

M'ASSURER QUE LES JOUETS DE MON ENFANT SONT SÉCURITAIRES

Le niveau d'âge inscrit sur l'emballage est moins important que le stade de développement de mon enfant. Il est essentiel que les jouets de mon bambin soient:

✓ **Faits de gros morceaux.**

✓ **Bien faits,** sans bords coupants.

✓ **Lavables,** si en peluche, afin qu'ils puissent être lavés aussi souvent que possible.

✓ **Pourvus de cordons pas plus longs que 30 cm,** pour éviter le risque de strangulation.

✓ **Bien entretenus (par moi)** pour être certaine que de petites pièces, comme les yeux, ne puissent s'enlever et poser un risque d'étouffement.

✗ **Pas trop lourds,** au cas où ils tomberaient sur lui.

13 MOIS

Mon bambin trouve désormais particulièrement amusants les jeux qui salissent: peinture aux doigts, sable, eau et matériel de moulage. Certains de ses livres préférés ont des textures différentes et des rabats. Il a commencé à prendre la direction des jeux et me dit quoi faire; par conséquent, nos jeux se résument surtout à moi qui vais chercher ce qu'il me lance.

14 MOIS

Le contrôle de ses doigts étant beaucoup plus développé, il aime donc mettre et sortir des petits objets des plus grands. Il aime sortir des articles de cuisine, des pots de yogourt, des gobelets en plastique et des bouteilles de jus. Il a commencé des constructions avec des blocs et nous trouvons tous les deux amusants de construire une tour, puis de la démolir, ou de faire un pont pour qu'une voiture passe dessous. Il a quelques instruments de musique simples – un xylophone et un tambour.

15 MOIS

La cachette et autres jeux de poursuite dans lesquels il prend l'initiative et peut me « commander » sont favoris.

LIVRES ET LECTURE

L'une de nos activités favorites – que ce soit à l'heure du lit, en conduisant l'auto ou quand la pluie nous garde à l'intérieur –, la lecture a un rôle essentiel à jouer tant dans le développement des habiletés de mon enfant que dans son divertissement. Lire ne fait pas qu'augmenter ses habiletés langagières mais, avec le temps, il construit ses habiletés à manipuler, tenir le livre, tourner les pages ou pointer les objets qu'il reconnaît.

Nous avons « gradué » des livres en tissu et en carton aux illustrés et aux livres d'histoires. Mon bambin apprécie les versions abrégées des contes de fées et des contes classiques, et les comptines. Les périodes de lecture ne durent pas longtemps, 5 à 10 minutes suffisent à cet âge.

Il aime aussi les activités avec commandements ou actions – Jean dit –, ou réciter des comptines avec des gestes, comme *L'araignée Gipsy*. Il est maintenant capable d'utiliser des jouets simples à emboîter et à empiler.

16 MOIS

Mon bambin est capable d'assembler des casse-tête simples avec mon aide. Maintenant qu'il est plus solide sur ses jambes, nous jouons à des jeux de balles simples à l'extérieur et il aime promener sa poupée dans une poussette ou tirer un petit chariot ou d'autres jouets à pousser et tirer. Il joue maintenant avec des véhicules plus sophistiqués, généralement en bois.

17 MOIS

Un tableau d'activités avec de nombreuses parties mobiles retient son attention et il aime le matériel simple de bricolage – craies de cire, collants et papier. Il aime être dehors et découvrir les objets du monde qui l'entoure.

18 MOIS

Mon bambin est maintenant beaucoup plus habile à empiler et trier, associer des formes à des trous et utiliser des blocs pour construire. Faire des choses avec de la pâte à modeler est amusant et il aime que je lui demande de faire certains objets pour moi, comme des « biscuits ». Il aime aussi aller à la boîte de déguisements et prétendre jouer avec son nounours.

20 MOIS

Il aime jouer avec sa poupée – une qui est lavable et qui a un assortiment de vêtements – et d'autres peluches. Outre les livres de comptines aux rimes simples, il aime écouter les enregistrements de contes simples et de comptines.

22 MOIS

Les jouets plus sophistiqués qui font du bruit – comme un xylophone et une boîte musicale – l'amusent. Il aime aussi introduire d'autres matériaux dans ses dessins, faire des collages avec du tissu, des pâtes et des papiers lustrés.

24 MOIS

Les activités artistiques comprennent maintenant l'utilisation de médiums à modeler. Il est devenu un adepte de l'enfilage de bobines et travaille mieux avec les blocs de construction ; il peut se livrer à des jeux d'imagination : construire un fort, ou autre type d'enceinte ou tour. Il chante des chansons et répète des comptines ; il aime particulièrement celles que l'on accompagne de gestes comme *Ainsi font, font, font*.

26 MOIS

Mon bambin est maintenant intéressé par les jeux de simulation – prendre soin de l'ourson malade ou préparer l'ourson à aller au lit –, mais il me demande souvent de me joindre à lui. Quoiqu'il ne joue pas avec les autres enfants, il aime partager des activités avec moi lors d'un cours de gymnastique et de natation pour bambins.

28 MOIS

Jouer à faire semblant est toujours très amusant et se développe à l'infini, de facteur distribuant du courrier jusqu'à l'installation d'une boutique de mini provisions. J'ai mis un drap sur une table, afin qu'il puisse « camper » dessous, et je le laisse utiliser de grandes boîtes en carton comme camion de pompier ou auto. Il aime les histoires que je crée à partir de quelqu'un qu'il connaît et il répond aux questions sur cette histoire.

30 MOIS

Mon bambin veut aider à faire le ménage et je lui ai donné un porte-poussière et un balai, ainsi qu'une perceuse en bois. Il aime quand je cuisine – il peut ajouter les décorations – et je le laisse arroser des plantes, laver sa chaise haute à l'éponge et ranger ses jouets. Ensemble, nous réalisons des projets artistiques simples – il aide à décorer les cartes de Noël en coloriant ou en ajoutant des brillants ou des auto-collants.

32 MOIS

Les activités artistiques, comme dessiner, colorier ou peindre, sont infiniment séduisantes – en particulier, si elles créent un gâchis ! Nous essayons aussi de faire de l'impression avec des pommes de terre en utilisant de la gouache et de créer des cahiers de collants.

34 MOIS

Mon bambin aime accomplir des travaux simples et faciles. Il se joint à moi pour cuisiner – il apporte les ingrédients du garde-manger, mêle la farine, ajoute les raisins ou range les cuillères – et il peut participer à une simple chasse au trésor ; si je lui montre une illustration dans un magazine ou un livre, il peut trouver un objet similaire dans la maison. Les livres sont très importants et il aime ceux qui ont une « bonne » histoire vraie. Je lui laisse choisir son livre à l'heure du lit.

36 MOIS

Jouer ensemble est ce qu'il y a de plus amusant. Nous faisons de la musique, nous dansons, nous jouons à « attrape », nous faisons des casse-tête et nous jouons même à des jeux de cartes. Même ranger l'épicerie et faire le lavage ensemble devient un jeu. Nous passons aussi du temps à cuisiner et à réaliser des travaux d'art.

Aider mon bambin
à devenir indépendant

Maintenant qu'il est capable de voir à lui-même (avec un peu d'aide), mon bambin manifeste un désir croissant d'indépendance – non seulement pour ce qui est de l'endroit où il veut aller, mais pour se nourrir et s'habiller lui-même, et exprimer son opinion. L'étape du bambin est caractérisée par une détermination à réussir les tâches seul, bien que cela puisse être compliqué par l'anxiété de la séparation (voir à la page 240).

SE NOURRIR SEUL

Dès que mon bébé a commencé à manger des aliments solides, je l'ai encouragé à se nourrir seul. Je lui ai donné son gobelet ou je l'ai laissé tenir seul son biberon, je lui ai donné des morceaux d'aliments solides de la grosseur d'un doigt comme des morceaux de fruits, des bâtonnets de légumes, des morceaux de biscuits ou des bâtonnets de pain. Après son premier anniversaire, il commençait à se nourrir lui-même à la cuillère, même s'il a mis plusieurs mois avant

d'être capable de mettre la nourriture dans sa bouche et de la mâcher correctement.

S'HABILLER ET S'HABILLER SEUL

Au départ, une fois l'âge du bambin atteint, il est devenu plus difficile de l'habiller, car il ne voulait pas rester assez longtemps sur place pour que je puisse lui mettre ses vêtements. Pour l'encourager à s'habiller, j'ai essayé d'en faire un jeu de cache-cache : « Où ta tête est-elle passée ? Oh, la voilà ! » quand je tirais une camisole au-dessus de sa tête ou je chantais une comptine sur l'habillage ou les parties du corps.

Vers 18 mois, toutefois, il n'a pas seulement trouvé amusant de choisir ses vêtements, mais il est aussi devenu plus coopératif quand je l'habillais. Il a d'abord réussi à mettre ses bras dans les manches et il a ensuite été capable d'enlever son chapeau, ses mitaines et ses chaussettes. Maintenant qu'il a presque 3 ans, il commence à savoir ce qu'il aime ou n'aime pas porter de façon très claire.

Apprendre à s'habiller étant une étape importante, il est donc crucial de ne pas interférer dans le processus, ou rire quand il se trompe, sans quoi, il se fâchera ou se découragera et son plaisir d'apprendre disparaîtra. Pour minimiser les discussions, je mets les vêtements que je veux qu'il porte dans des tiroirs accessibles pour lui et je le laisse choisir parmi un ensemble de vêtements choisis. Ensuite, j'étale les vêtements afin qu'il soit facile pour lui de les enfiler. À titre d'exemple, si sa chemise ou sa jupe a un imprimé sur le devant, je le mets au-dessous afin que l'imprimé soit face vers le bas quand il enfilera le vêtement. S'il y a des boutons au dos du vêtement, je les place vers le haut. J'étends son

SOULIERS OU ESPADRILLES

Vous devriez être capable de loger votre index entre le talon de votre bébé et l'extrémité du soulier ou de l'espadrille quand il est debout.

L'arche intérieure devrait être discernable au toucher.

Le soulier ou l'espadrille ne devrait s'élever que sous le niveau de la cheville.

Des bandes Velcro® sont beaucoup plus faciles à gérer que des lacets.

Le matériau doit être durable.

Le tissu doit être assez souple pour que les orteils et le talon puissent bouger librement.

pantalon avec la taille tout près de lui et le devant sur le dessus. Ses chemises et ses chandails sont placés le devant dessous et l'ouverture pour la tête plus loin. Je lui montre comment entrer dedans par le bas. Je lui ai aussi acheté une poupée pour « apprendre à s'habiller » qui lui permet de se pratiquer à boutonner, lacer et remonter la fermeture éclair.

Je m'alloue toujours beaucoup de temps pour l'habillage – même si je dois me lever quelques minutes plus tôt. Mon bambin semble savoir ralentir et mieux résister quand je suis pressée.

Souliers et chaussettes

Quand mon bébé a commencé à marcher dehors, le temps était venu de lui acheter des souliers adéquats. Ils doivent être robustes, quoique souples et d'un matériau perméable à l'air. Les souliers ou les espadrilles ne conviennent que s'ils sont correctement ajustés (voir à la page 222). Cela dit, il n'a pas besoin de porter des souliers dans la maison : le laisser aller pieds nus ou marcher sur ses chaussettes est parfait.

Il est aussi important qu'il porte la bonne taille de chaussettes ; trop grandes, elles peuvent nuire à des souliers correctement ajustés en exerçant une pression ; trop petites, elles tasseront les orteils et empêcheront une croissance correcte. Les chaussettes doivent être vérifiées régulièrement pour s'assurer qu'elles font encore. Elles devraient être faite de pur coton et non d'acrylique ou de laine. Le coton permet aux pieds de respirer correctement et elles diminue les risques d'infections fongiques, comme le pied d'athlète.

TRANSITION À UN LIT

Une fois que mon bébé peut grimper par-dessus le côté de son lit, je dois introduire un lit sans côtés pour des raisons de sécurité ; il peut facilement se blesser en grimpant par-dessus le côté. Je comprends que la plupart des bambins ne s'objectent pas au changement, mais certains enfants peuvent être réticents à quitter un environnement familier. Comme l'espace n'est pas un problème, je prévois garder le lit de bébé et le nouveau lit dans la chambre pendant quelques semaines, afin que mon bambin puisse dormir dans l'un ou l'autre.

Le meilleur moment pour la substitution, c'est quand il n'y a rien en vue – pas de nouveau bébé ou de vacances à l'horizon – et que mon bambin n'est pas malade, ou en cours d'entraînement au petit pot, ou en sevrage.

Le nouveau lit devrait être bas sur le sol pour éviter les blessures, au cas où mon bambin en tomberait. Au début, je devrai placer des garde-corps de chaque côté ou des coussins le long du lit jusqu'à ce qu'il soit habitué.

Je ne ferai pas moins que...

FACILITER LA TRANSITION À UN LIT
Impliquer mon bambin dans le processus et être sensible à ses besoins l'aideront à franchir cette étape importante. Je prévois faire ce qui suit :

✓ **Demander à mon bambin de m'aider à choisir les draps** pour le lit tant que je limite les choix.

✓ **Couvrir le nouveau lit avec une toile imperméable** en cas d'accidents.

✓ **Transférer une couverture préférée.**

✓ **Entourer le lit d'une sélection de ses jouets de lit préférés.**

✓ **Lui acheter une nouvelle peluche** comme compagnon de « grand lit ».

✓ **Maintenir notre routine à l'heure du lit** avec histoire et câlins.

Soins quotidiens

L'indépendance croissante de mon bébé affecte des aspects de ses soins quotidiens. Désormais, il veut en faire beaucoup plus par lui-même – brosser ses dents et ses cheveux, à titre d'exemple ; par conséquent, il est beaucoup plus compliqué de m'assurer que c'est bien fait. Je dois aussi lui montrer comment se laver les mains avant les repas et après certaines activités.

BAIN

Mon bébé aime vraiment le temps qu'il passe dans la baignoire, quoiqu'il pense qu'un bain soit pour avoir du plaisir et non pour se laver. J'utilise la période du bain pour l'encourager à se laver lui-même, ce qui implique entre autres que je lui enseigne les différentes parties du corps.

Toutefois, certains jeunes bambins développent une aversion pour l'heure du bain parce qu'ils ont peur de l'eau. Si votre enfant devient peureux, essayez de rendre ce moment plus amusant en ajoutant une mousse douce pour le bain, des craies de savon, un ensemble de jouets pour l'eau ou des comptines chantées appropriées comme *Un pingouin sur la banquise*. Si votre bambin a peur de se mouiller le visage, montrez-lui à souffler dans l'eau pour faire des bulles. Prendre un bain ensemble peut l'aider à se sentir plus à l'aise ; ce sera une bonne occasion de le laisser vous éclabousser ou verser de l'eau sur votre tête, ensuite vous pourrez lui faire la même chose. S'il fait

vraiment des histoires avec le bain, retournez au bain à l'éponge jusqu'à ce qu'il se sente prêt à retourner dans l'eau ou essayez de l'amener sous la douche avec vous.

SOIN DES CHEVEUX

Même si couper les cheveux peut vraiment s'avérer un défi – beaucoup de bambins sont mal à l'aise et apeurés quand des ciseaux ou des tondeuses pour cheveux sont près d'eux –, j'essaie de garder les cheveux de bébé courts, car il est plus facile d'en prendre soin. Les cheveux sont plus faciles à peigner s'ils sont humides ou mouillés ; je peigne donc les cheveux de mon bambin tout de suite après les avoir séchés à la serviette à l'heure du bain ou je les vaporise d'eau avant de commencer à les coiffer. Il peut être utile de se servir d'une crème pour démêler les cheveux longs qui ont besoin d'être brossés plus fréquemment. Mon bambin tient à brosser ses cheveux, mais il est incapable de les démêler. Pour les coupes de cheveux, je vais dans un salon spécialisé dans les coupes pour enfants.

Le shampooing peut ressembler un peu à une bataille parce que mon bambin n'aime pas qu'on lui verse de l'eau sur la tête et il a peur du shampooing dans ses yeux. Il n'est pas nécessaire de lui faire un shampooing tous les jours ; je lui lave donc les cheveux tous les 2 ou 3 jours par semaine tout au plus. Pour un shampooing, j'utilise quelques stratégies (voir à la page 224).

SOINS DES DENTS

Quoique mon bambin veuille brosser lui-même ses dents, il est incapable de le faire efficacement ; il aura probablement besoin d'aide jusqu'à ce qu'il ait 7 ans environ. Même si ses dents de lait seront éventuellement remplacées par ses dents permanentes (à compter de l'âge de 6 ans environ), je dois bien prendre soin de ses premières dents.

Les dents des enfants ont de très profondes fissures et je dois mettre plus de soin pour m'assurer d'aller dans ces rainures pour les nettoyer correctement – 90 % de toutes les caries dentaires chez les enfants se produisent dans les molaires du fond. La carie dentaire peut être douloureuse et requérir un traitement, ce qui peut être une expérience désagréable facile à éviter. En outre, si les dents apparaissent décolorées ou sales, un enfant peut devenir conscient de lui-même. Mon bambin et moi nous brossons les dents ensemble, ce qui est plus amusant. J'essaie aussi de lui passer la soie dentaire – même si tous les bambins n'y sont pas disposés. Je ne permets pas à mon bambin des sucettes et autres friandises sur une base régulière, car elles collent aux dents et favorisent les caries. Cependant, je lui permets une friandise à l'occasion et je dois être vigilante et lui faire brosser ses dents ensuite. Le fromage neutralise très bien l'acidité et j'encourage mon enfant à en manger après les repas ou avant d'aller au lit.

Les bambins qui utilisent des suces ou qui sucent leur pouce pourraient mettre leurs dents à risque. Un bambin qui utilise régulièrement une suce vers 2 ou 3 ans a bien des chances d'affecter son langage et l'alignement de ces dents (occlusion inversée et surplomb horizontal), tout en introduisant des bactéries dans la bouche.

Désormais, j'amène mon bambin avec moi à mes rendez-vous chez le dentiste. Non seulement le dentiste peut jeter un regard rapide pour vérifier que tout est normal, mais cela aide mon enfant à s'habituer à ce qu'on vérifie ses dents.

HEURE DU COUCHER

Une routine simple et relaxante est importante pour sécuriser un bambin et prévenir de possibles troubles de sommeil. Un élément important à l'heure du coucher, c'est son histoire.

L'heure du coucher est toujours à heure fixe. Je l'avertis d'avance et je le laisse jouer encore un peu afin qu'il se détende. Après avoir mis son pyjama et brossé ses dents, nous tamisons la lumière et nous nous blottissons dans son lit, prêts pour une histoire. Peu importe ce que nous lisons, ce doit être court – pas plus de 10 minutes – et bien finir. Après, on peut revenir un petit peu sur les événements de la journée, puis c'est le baiser de bonne nuit et on allume la veilleuse.

Troubles du sommeil

Le besoin de sommeil d'un enfant diminue avec l'âge ; dès

que mon enfant a commencé à s'éveiller très tôt, je l'ai mis au lit un peu plus tard, j'ai écourté ses siestes et je me suis assurée qu'il fait beaucoup d'exercice et respire de l'air frais durant le jour. Comme son imagination est devenue plus active, certains aspects de la nuit peuvent l'effrayer. Pour éviter la peur du noir, je m'assure que mon enfant ne dort jamais seul dans une pièce sombre – surtout en visite chez des parents ou en vacances, alors qu'il doit dormir dans un lit inconnu. À la maison, je garde sa porte entrouverte et une veilleuse allumée dans la chambre en m'assurant qu'elle ne crée pas d'ombres étranges.

La plupart des enfants font parfois l'expérience de rêves effrayants. Couramment, ces rêves débutent entre 18 et 36 mois et sont déclenchés d'habitude par une émission de télévision ou une histoire terrifiante. Néanmoins, s'ils se produisent très souvent, ils peuvent signaler que l'enfant est angoissé ou perturbé. Pour aider à prévenir les mauvais rêves, il est sage de limiter la télévision – en particulier, les émissions à fort contenu d'action –, la musique forte et les jeux bruyants avant d'aller au lit. Si un enfant fait un cauchemar, il aura besoin d'être réconforté et rassuré à son réveil.

Vous pouvez être éveillée à l'occasion par votre bambin qui pousse un cri perçant ou qui pleure de frayeur et que vous trouvez assis, le regard terrorisé, mais encore endormi. C'est ce qu'on appelle une peur nocturne. Votre

enfant n'a pas conscience de votre présence et, au matin, il ne se rappellera pas son rêve. Durant une peur nocturne, la meilleure chose à faire consiste à ne pas éveiller votre bambin, mais de le border et de rester avec lui jusqu'à ce qu'il tombe dans un sommeil calme.

Plus couramment, un bambin peut venir à répétition dans la chambre des parents la nuit. Cela s'est produit avec le mien quand il a commencé à dormir dans un lit. Quand il vient dans ma chambre, je lui dis fermement qu'il doit retourner dans sa chambre et je le ramène dans son lit.

J'essaie de demeurer calme, mais ferme. Je lui rappelle qu'il a des jouets dans sa chambre avec lesquels il peut jouer.

HYGIÈNE

Quoique je sache qu'il soit impossible de protéger mon enfant de toutes les maladies et infections et que, de toute manière, il doit bâtir son immunité contre les bactéries, les enfants sont particulièrement vulnérables aux maux d'estomac comme la diarrhée et le vomissement, ainsi qu'à des maladies contractées dehors ; donc, les bonnes habitudes d'hygiène sont importantes.

Dès que mon enfant a commencé à se nourrir lui-même, j'ai essayé de l'habituer à se laver les mains avant de manger ou de toucher la nourriture. Je lui ai donné ses propres débarbouillettes et serviettes et j'ai supervisé le lavage de ses mains afin que ce soit fait correctement.

Je lui fais aussi laver les mains et utiliser un désinfectant pour les mains quand il va à la toilette, quand il revient de l'extérieur ou s'il joue avec un animal.

Les bambins sont particulièrement à risque de la larve migrans viscérale (toxocarose), une maladie causée par une infection aux vers blanchâtres et ronds, s'ils rampent ou jouent sur le sol, ou dans les carrés de sable, et qu'ils mettent leurs doigts sales dans la bouche ou s'ils mangent de la terre. Pour cette raison, j'essaie aussi d'éviter que mon enfant ne mange de la terre, du sable ou de l'herbe et je l'empêche de sucer ses doigts sales.

AVIS D'EXPERTS

Toxocarose
Cette maladie peut causer de l'asthme, des maux d'estomac, un manque d'énergie et des troubles de la vue et les enfants affectés doivent être traités avec des stéroïdes et des médicaments anti-parasitaires. Les œufs de la *larva migrans* viscérale se trouvent dans les excrément de chiens et de chats infectés et ils peuvent demeurer dans le sol pendant deux ans ou plus.

Je ne ferai pas moins que...

ENSEIGNER L'HYGIÈNE
Pour éviter qu'il ne ramasse de dangereuses bactéries, je ferai ce qui suit:

✓ **Je garde ses ongles courts** pour empêcher que la saleté ne se loge dessous.

✓ **Je couvre le carré de sable** quand il n'est pas utilisé.

✓ **Je lave sa couverture doudou fréquemment** et je ne lui permets pas de la traîner partout, ni de la sucer.

✓ **Je lui enseigne à ne pas manger** de fruits ou de légumes crus avant qu'ils n'aient été lavés.

✓ **J'utilise des lingettes** quand nous sortons.

✓ **Je lave et désinfecte le petit pot** après chaque utilisation.

Repas du bambin

Les besoins énergétiques augmentent de 1 à 3 ans, car le bambin croît et devient plus actif. Quoique le besoin de protéines de bonne qualité soit à peu près le même que lorsqu'il était plus jeune (2 à 3 portions par jour), mon bambin a besoin de plus de vitamines et de minéraux. Je cherche à combler ses besoins en lui servant une alimentation variée contenant les différents groupes d'aliments. Toutefois, comme l'heure du repas ne se déroule pas toujours dans le calme – à l'occasion, mon bambin ne touche pratiquement pas son repas, ou il ne veut manger que des sandwichs au beurre d'arachide –, je ne fais pas une obsession de ce qu'il doit manger chaque jour, mais je considère ce qu'il mange en une semaine. Tant qu'il mange un bon mélange d'aliments sains sur une base régulière, il obtient tous les nutriments dont il a besoin.

NUTRIMENTS REQUIS

Fondamentalement, les mêmes blocs de construction nécessaires à la nutrition des jeunes bébés forment la base des besoins nécessaires au développement d'un bambin. À ceci près que les bambins ont besoin d'une certaine quantité de gras pour une croissance et un développement normal. Le gras insaturé se trouve dans les huiles végétales, l'huile de poisson et la margarine molle et je lui en offre une petite quantité chaque jour. Les collations sont aussi de plus en plus importantes pour pourvoir aux grands besoins d'énergie et au petit estomac de mon bambin.

Glucides/féculents

Excellentes sources d'énergie, de fibres, de vitamines et de minéraux, les glucides constituent la part principale de tout repas, mais comme les bambins trouvent difficile de digérer de grosses quantités d'aliments riches en fibres comme le pain de blé entier et le riz brun, j'essaie de donner autant de glucides raffinés (blancs) qu'entiers (bruns). À titre d'exemple, je sers donc du pain grillé blanc et de blé entier.

Protéines

Essentiels à la croissance et au développement, la viande, le poisson, la volaille et les œufs procurent de riches quantités de vitamines et de minéraux. J'aime aussi inclure des choix végétariens qui comprennent un bon mélange d'aliments protéiniques comme les fèves, les lentilles, le tofu et les noix.

Le poisson huileux – thon, saumon, maquereau, hareng, truite et sardines – est une riche source d'acides oméga-3 essentiels, que l'on a démontré bénéfiques pour le cerveau, les yeux et la peau. La viande rouge maigre et le foie sont riches en fer.

Fruits et légumes

Les fruits et les légumes frais, surgelés, séchés, en boîte ou en jus procurent un ensemble de vitamines et de minéraux, surtout de vitamine C, essentielle à une bonne santé. Les légumes peuvent être mangés crus ou cuits, incorporés à des mets ou réduits en purées dans les sauces, les ragoûts, les soupes et les pâtés.

Produits laitiers

Le lait complet, le fromage, le yogourt et le fromage blanc (caillé, faisselle ou séré) procurent des protéines pour la croissance et le développement, le calcium pour les dents et, avec la vitamine D, ils aident à faire des os et des dents plus solides. La crème fraîche, le fromage blanc et le yogourt nature épais, qui sont plus faibles en gras, peuvent être utilisés dans la cuisson pour aromatiser les sauces.

COLLATIONS

D'habitude, mon bambin a besoin d'une collation au milieu de l'avant-midi, de l'après-midi et, parfois, avant d'aller au lit. Plutôt que des aliments modifiés sucrés, salés ou gras, je lui offre un éventail de choix santé. Toutefois, je m'assure qu'il obtient la plupart des nutriments vitaux lors des repas

RÉGIME ALIMENTAIRE QUOTIDIEN DE MON BAMBIN

PORTIONS	1 À 2 ANS	2 À 3 ANS
GLUCIDES/FÉCULENTS	**3 à 4 portions**	**4 à 5 portions**

- Pain (1 tranche)
- Craquelins (2 à 3)
- Céréales cuites 50 g (2 oz)
- Céréales sèches 75 g (2,5 oz)
- Pâtes, nouilles ou riz cuits 50 g (2 oz)
- Pommes de terre (1 petite)

PROTÉINES	**2 portions**	**2 à 4 portions**

- Viande rouge maigre 25 g (1 oz)
- Volaille 25 g (1 oz)
- Poisson 25 g (1 oz)
- Légumineuses 25 g (1 oz)
- Œufs 1 g (0,05 oz)
- Beurre d'arachide 1 c. à soupe (15 ml)

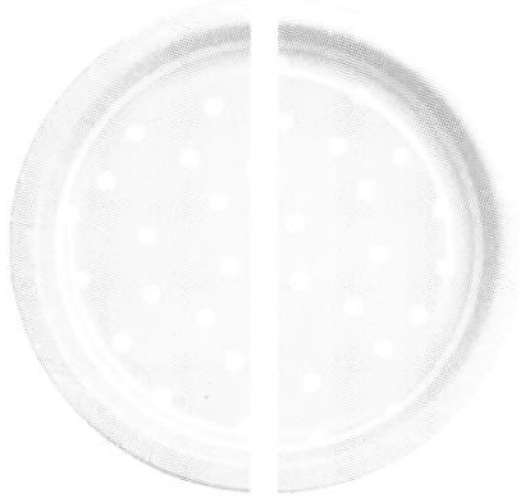

FRUITS ET LÉGUMES	**2 portions (1 lég. 1 fruit)**	**5 portions (3 lég. 2 fruits)**

- Légumes cuits 50 g (2 oz)
- Légumes crus hachés 50 g (2 oz)
- Légumes feuilles crus comme laitue
  et épinards 100 g (3½ oz)
- Tomate (1 petite)
- Fruit entier, comme banane ou pomme (½)
- Raisins (1 poignée)
- Verre de jus frais (1 petit)
- Fruits en conserve 50 g (2 oz)
- Fruits séchés 25 g (1 oz)

PRODUITS LAITIERS	**4 portions par jour**	**2 portions**

- Lait ½ t (125 ml)
- Yogourt ½ t (125 ml)
- Fromage ferme (45 g)
- Fromage mou 60 g (2,3 oz)
- Yogourt glacé ½ t (125 ml)
- Crème glacée ⅔ t (150 ml)

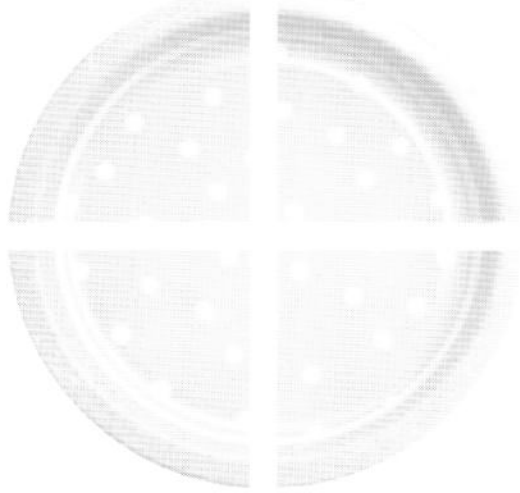

Besoins de fer

Une carence de fer, qui n'est pas rare chez les enfants, peut être évitée en donnant un breuvage riche en vitamine C, comme un jus d'orange, en même temps qu'un aliment riche en fer (comme de la viande rouge ou, si végétarien, des fèves, des lentilles, des légumes verts feuillus, des fruits séchés, particulièrement des abricots, des raisins secs et des sultanas) ainsi que des céréales à déjeuner enrichies. Cela aidera à l'absorption du fer.

principaux et je garde les collations au minimum. Nos choix préférés figurent dans ce qui suit :

- Bâtonnets de fromage avec tranches de pomme ou un gâteau sec à l'avoine
- Muffin au fromage grillé
- Houmous et bâtonnets de pain
- Gâteau de riz avec beurre de noix
- Sandwich à la purée de banane
- Pita avec extrait de levure
- Anneaux de pommes séchées
- Muffin aux fruits ou petit gâteau grillé
- Yogourt nature et mangue
- Scone aux fruits
- Morceaux de fruits frais

SEVRAGE VÉGÉTARIEN

Avec un peu de planification et d'attention, une alimentation végétarienne variée peut procurer tous les nutriments dont un enfant a besoin pour sa croissance et son développement. Les protéines doivent provenir de sources variées – noix (s'il n'y a pas de signe d'allergie dans la famille), graines, œufs, produits laitiers, haricots, fèves et légumineuses (incluant les lentilles et le tofu) – et combinées avec des fruits et des légumes verts feuillus riches en vitamine C pour aider à l'absorption du fer. Les légumineuses et les fèves devraient compter pour une part importante du régime du bambin, car elles sont une importante source de fer, mais on ne devrait pas donner de grandes quantités de riz brun ou de pâtes de blé entier aux jeunes bébés. Un enfant doit recevoir assez de vitamines B, particulièrement B_{12} (trouvée dans les œufs, le fromage, les protéines végétales texturées, les céréales pour le déjeuner enrichies et l'extrait de levure), de fer et de zinc. Le fer est présent dans les haricots, les fèves, les lentilles, les légumes verts feuillus, les produits laitiers, les céréales à déjeuner enrichies, les fruits secs, le riz brun, le pain de blé entier, tandis que le zinc se trouve dans les noix, les graines, les produits laitiers, les haricots, les fèves, les lentilles, les grains entiers et l'extrait de levure.

LAIT ET AUTRES BOISSONS

Le lait complet de vache, de brebis ou de chèvre peut encore être donné au bambin comme breuvage principal (comme portion des 500 à 600 ml [2 à 2½ tasses] de lait requis quotidiennement) mais, après 2 ans, s'il mange bien, je donnerai à mon enfant du lait partiellement écrémé.

L'eau est toujours la meilleure boisson et, diluée avec un jus de fruits frais, elle procure de la vitamine C ; si elle est servie avec un repas contenant du fer, elle peut faciliter l'absorption de ce minéral. Toutefois, même le jus contient des sucres naturels, j'évite donc d'en donner à mon bambin ailleurs qu'à l'heure des repas pour éviter des dommages aux dents.

Un minimum de 6 à 8 verres d'eau par jour est recommandé pour les enfants âgés de 2 ans et plus ; on augmente si les enfants sont très actifs. La déshydratation peut affecter la concentration tout autant que le transport des nutriments dans le corps et au cerveau.

SUPPLÉMENTS

Mon médecin a recommandé que mon bambin continu de prendre un supplément liquide de vitamines A, C et D. Vous devriez vérifier avec votre médecin si votre enfant a aussi besoin d'un supplément de vitamines.

MANGEUR CAPRICIEUX

Tous les enfants traversent des étapes où ils font des caprices pour la nourriture et où l'appétit peut également être imprévisible. Si un bambin fréquente une garderie ou un groupe de jeu, ses pairs peuvent exercer une pression sur ses choix alimentaires, tandis qu'empêcher mon enfant de manger des friandises sucrées devient de plus en plus difficile s'il côtoie d'autres enfants et devient plus conscient des marques préférées des enfants.

Forcer mon enfant à manger n'est pas une situation gagnante. Conflits et tensions ne font que corser la situation et peuvent le conduire à utiliser l'heure des repas comme une façon d'attirer l'attention. Quand mon bambin refuse la nourriture, je le persuade gentiment d'essayer juste une bouchée et, quand il le fait, je manifeste beaucoup d'encouragements et d'enthousiasme. Il est important de ne pas offrir d'alternative, car il peut devenir fastidieux qu'un enfant ne s'habitue pas à manger ce qui lui est donné et s'attende à des alternatives sans fin.

Bien sûr, je ne sers pas de grosses portions, qui peuvent être peu engageantes pour un enfant ; si mon bambin mange sa portion et en veut d'autre, il y a toujours une deuxième fois. Parfois, je combine des aliments nouveaux ou déjà refusés avec ceux que je sais qu'il aime. Certains parents trouvent que des tableaux d'auto-collants encouragent leur bambin à essayer de nouveaux aliments, surtout des fruits ou des légumes nouveaux.

PROBLÈMES DE POIDS

Au Québec, la tendance à l'obésité est de plus en plus marquée parmi les adultes et les enfants. De nos jours,

Je ne ferai pas moins que...

AIDER MON BAMBIN À DÉVELOPPER DE BONNES HABITUDES ALIMENTAIRES

Quoique mon bambin aime afficher de l'indépendance aux repas, inculquer de bonnes habitudes sera bénéfique à long terme. Je dois faire ce qui suit :

✓ **Rester détendue en enseignant les bonnes manières.** Même si, idéalement, j'aimerais qu'il mange à la fourchette ou à la cuillère, mon bambin continuera à manger avec ses doigts ou ses mains pendant longtemps et fera des gâchis.

✓ **Encourager les repas familiaux.** Manger ensemble encourage le bavardage et la discussion entre parents et enfants, et les parents peuvent donner l'exemple de bonnes habitudes alimentaires.

✓ **Être patiente et persévérer.** Les enfants acquièrent le goût pour les aliments avec le temps ; on peut compter 10 «essais de saveur» en moyenne avant qu'un enfant accepte un nouvel aliment.

✓ **Rendre les aliments appétissants** en utilisant couleurs, goûts, textures et formes de toutes sortes quand je planifie un repas. Des assiettes intéressantes et colorées, des bavoirs, de la coutellerie et des napperons peuvent aussi faire la différence.

plus de 23 % des enfants et des adolescents sont obèses ou ont un excès de poids, car ils sont de plus en plus inactifs et ne brûlent pas assez de calories. La plupart des bébés gras se mettront à maigrir quand ils commenceront à ramper ou à marcher et ils deviendront des bambins de poids normal, mais quelques-uns demeurent obèses.

La meilleure façon d'empêcher qu'un enfant ne devienne gras consiste à le nourrir au sein seulement pendant 6 mois et de lui enseigner tôt de bonnes habitudes alimentaires ; il vaut mieux prévenir que guérir. Les jeunes enfants ne devraient pas suivre un régime, à moins qu'il ne soit conseillé par un médecin. Toutefois, développer une approche familiale saine concernant la nourriture et l'exercice est important pour surveiller son poids. J'essaie de m'en tenir à une routine de trois repas par jour, plus 2 à 3 collations santé. De nombreux enfants grignotent davantage, mais grignoter constamment n'est pas l'idéal et les rend moins sujets à apprécier un bon repas.

Entraîner mon bambin au petit pot

J'ai commencé à penser à l'entraînement au petit pot quand mon bambin a eu 18 mois (il est physiologiquement prêt entre 18 et 30 mois). Une fille est habituellement prête plus vite qu'un garçon et, en général, reste au sec plus tôt. Cela dit, la plupart des enfants ne se mouillent plus durant le jour entre 2 et 3 ans. D'ordinaire, le contrôle de l'intestin est acquis avant le contrôle de la vessie parce qu'il est plus facile pour le sphincter anal de retenir les selles que ce ne l'est pour le sphincter urétral de retenir l'urine. Avec la maturité de la vessie, sa capacité de retenir l'urine croît. En gros, un enfant indiquera d'abord que sa couche est sale ou mouillée ; ensuite, il demandera d' « aller sur le petit pot » ; et, finalement, il pourra rester au sec le jour et la nuit.

COMMENCER L'ENTRAÎNEMENT

L'âge précoce pour commencer l'entraînement à la toilette, est 18 mois, mais 2 ans est un âge plus réaliste. Si vous le désirez, vous pouvez habituer votre enfant à s'asseoir sur le pot vers l'âge de 15 mois après un repas (s'il a une bonne

coordination) mais, quoiqu'il puisse vider ses intestins, c'est une action réflexe involontaire, non un entraînement à la propreté. C'est une bonne idée d'attendre jusqu'à ce que votre enfant montre un certain intérêt pour le petit pot ou qu'il se retienne de déféquer jusqu'à ce qu'il soit dans un endroit spécial (ce qui indique qu'il est conscient d'avoir l'ampoule rectale pleine).

L'entraînement au petit pot avant que votre enfant ne soit prêt peut causer frustration et mauvaise humeur chez vous, anxiété chez votre enfant et beaucoup de gros efforts pour rien. Pour devenir propre, le système nerveux de votre enfant doit être assez mature pour qu'il reconnaisse les signes d'une vessie ou d'un intestin pleins. Il doit alors être capable de contrôler les muscles qui libèrent la vessie et l'intestin assez longtemps pour se rendre sur le petit pot avant de les vider.

Choisissez une période où vous pouvez lui accorder le temps et l'encouragement nécessaires. S'il y a un grand changement dans la vie de l'enfant, comme aller en

ENTRAÎNER UN GARÇON

En général, les garçons sont prêts pour l'entraînement au petit pot plus tard que les filles et prennent plus de temps à apprendre. Si vous avez un garçon, il devrait commencer en s'assoyant sur un petit pot, muni d'un déflecteur. Vous devrez lui montrer comment diriger son pénis afin que son pipi aille dans le pot, mais ce serait bon de mettre une toile de plastique sous le pot s'il a tendance à éclabousser. Plus tard, vous devrez lui apprendre à utiliser la toilette. N'insistez pas pour qu'il se tienne debout pour faire pipi – d'habitude, il est plus facile de s'asseoir d'abord. S'il veut rester debout, procurez-lui un bloc ou un marche-pied pour atteindre le bord de la toilette. Vous devrez aussi lui montrer à viser dans la toilette. Certains garçons, surtout s'ils commencent tard, peuvent insister pour utiliser la toilette dès le départ. Laisser votre enfant imiter son père.

vacances, déménager ou si vous venez d'accoucher d'un autre enfant, reportez l'entraînement au petit pot jusqu'à ce que les choses soient rentrées dans l'ordre. C'est aussi plus facile par temps chaud, quand un enfant est aux prises avec moins de vêtements.

FACILITER LES CHOSES

J'ai commencé par amener mon bambin avec moi pour l'achat du petit pot. Je l'ai laissé en choisir un de sa couleur préférée et avec une base rigide pour l'empêcher de basculer. Je lui ai ensuite expliqué en langage simple ce que je voulais qu'il fasse. J'ai utilisé les mots « pipi » pour uriner et « caca » pour déféquer et je lui ai dit qu'il devait faire pipi ou caca dans son pot à compter de maintenant. J'ai gardé le pot dans un lieu chaud, où il pouvait se rendre facilement et sans risque de tomber (dans une maison à étages, c'est bon d'avoir des pots à chacun).

Je me suis assurée d'habiller mon bambin avec des vêtements faciles à enlever – comme des pantalons à taille élastique – et je lui ai enseigné comment les baisser. Les culottes d'entraînement sont plus faciles à ôter que des couches et les porter le fait se sentir « plus vieux ».

Puis, je l'ai assis régulièrement sur le pot – surtout après les repas et avant de sortir – et je suis restée avec lui au début. Je l'ai encouragé à s'asseoir quelques minutes en feuilletant un livre, ou je lui lisais une histoire. Je l'ai aussi amené à la toilette avec moi en espérant qu'il comprendrait ce que je faisais. Je ne l'ai jamais forcé à utiliser le pot ou laissé assis pendant plus de quelques minutes. S'il était fatigué ou criait, je l'enlevais du pot.

Quand il utilisait le pot avec succès, je le félicitais et l'encourageais – mais pas trop, car il pouvait être déçu si, la fois suivante, il ne réussissait pas. J'ai essayé de ne pas

m'attendre trop vite à des résultats et je ne l'ai pas harcelé, ni n'ai-je forcé l'issue ou me suis fâchée quand il n'y parvenait pas, refusait d'utiliser le pot ou se mouillait. Je m'attendais à des accidents occasionnels et je savais que j'aurais à les nettoyer.

S'il réussissait à faire son caca, j'essuyais soigneusement ses fesses (il sera incapable de le faire efficacement avant longtemps), puis je m'assurais qu'il lavait et séchait bien ses mains. On doit enseigner aux filles à s'essuyer depuis l'avant vers l'arrière.

« GRADUER » VERS LA TOILETTE

J'ai habitué mon enfant à se servir d'une toilette en le laissant utiliser une toilette publique ou celle de gens qu'on visitait. Je lui ai montré comment se servir de différents distributeurs de papier de toilette, mais j'apportais assez de papiers-mouchoirs au cas où ils seraient vides. Je m'assure qu'il lave très bien ses mains ensuite.

Il est important qu'un enfant se sente en sécurité quand il s'assoit sur la toilette et un siège spécial pour enfant est utile, de même qu'un marche-pied, ou une boîte solide pour atteindre le siège. Certains enfants ont peur de tomber dans la toilette ; si c'est le cas de votre enfant, vous devrez le tenir au début.

ALLER À LA TOILETTE LA NUIT

Apprendre à rester au sec la nuit prend habituellement un petit peu plus de temps que rester propre durant le jour. L'enfant doit reconnaître l'impression d'une vessie pleine alors qu'il dort et réagir soit en « se retenant » jusqu'au matin, soit en s'éveillant et aller à la toilette. Environ 25 % des enfants de 3 ans mouillent leur lit et ont besoin de porter une couche de nuit ; donc, ne vous hâtez pas d'ôter le drap de plastique et essayez de ne pas perdre patience si votre enfant a de fréquents accidents la nuit. Il est normal qu'un enfant mouille son lit jusqu'à l'âge de 5 ans.

J'aide mon enfant à demeurer au sec la nuit en m'assurant de ne pas lui donner à boire et de le mettre sur le petit pot avant d'aller au lit. Certains parents assoient leur enfant sur le pot avant qu'eux-mêmes n'aillent au lit – en général, l'enfant se réveille à peine – ou ils mettent un petit pot dans la chambre de l'enfant. Je réduisais au maximum les accidents en mettant un petit drap en caoutchouc, recouvert d'un demi-drap, sur le dessus du drap régulier de mon enfant. Quand il avait un accident, j'ôtais vite le demi-drap et le drap de dessous était propre et sec.

M'assurer du bon comportement de mon bambin

Être un bambin est un âge d'exploration – c'est alors qu'un enfant apprend à se connaître, à connaître ses limites et même la différence entre le bien et le mal. Le monde de mon bambin est un lieu déconcertant et déroutant et il manque de perspective, de connaissance et même d'une capacité d'attention pour faire face aux choses, comme agir sans mon attention complète tout le temps. Comme il aura souvent recours à un comportement mal adapté, – j'ai des stratégies pour affronter cela (voir ci-contre) –, je sens que mon travail le plus important consiste à lui inculquer le bon comportement en fixant des limites et en étant un modèle afin qu'il se sente en sécurité et qu'il ne soit pas confus quant à ce qu'on attend de lui.

FIXER DES LIMITES

Pour vivre heureux et en sécurité, mon bambin a besoin d'un environnement structuré et organisé. Cela signifie mettre au point et observer un horaire quotidien, et d'y rester fidèle autant que possible. De cette manière, mon bambin saura quand s'attendre à ses repas, avoir du temps pour jouer, prendre son bain et se préparer à dormir.

Il est important aussi qu'il sache qu'il existe certaines choses – les questions de sécurité, aller au lit à l'heure, ne pas détruire la propriété d'autrui, ne pas faire du tort aux autres – que je dois faire respecter. Cela dit, il est aussi important que mes limites soient raisonnables et que je sois flexible, sans quoi chaque journée sera une bataille.

Les limites raisonnables sont celles auxquelles mon enfant peut se plier facilement. Si elles sont trop strictes (comme interdire les friandises tout le temps), je lui rends les choses difficiles à suivre et, si je suis trop indulgente (l'heure du lit est très variable), il n'aura aucune raison de bien se comporter. En vieillissant, son raisonnement et sa patience se développeront et j'agrandirai graduellement l'éventail des comportements auxquels je m'attends.

Avec le temps, j'ai appris quelles règles fonctionnent et lesquelles engendrent une lutte. Tout ce qu'il accepte sur une base régulière – aller au lit quand je le demande –

devient une limite de comportement et je suis ferme quand j'insiste pour qu'il la respecte. Toutefois, avec d'autres choses, à titre d'exemple l'heure des repas, je suis plus flexible sur ce qu'il mange et comment il le fait, car je veux l'encourager à apprécier ses repas.

ÊTRE UN MODÈLE, UN EXEMPLE

Être toujours avec mon enfant signifie qu'il imite et apprend de ce que je fais. Comme les bambins ne peuvent reconnaître et rejeter les mauvais comportements, il est important que je contrôle mes habitudes les moins intéressantes et que j'essaie de me montrer à mon enfant seulement sous mon meilleur jour. C'est une grande responsabilité, en particulier parce que je sais que l'environnement dans lequel croît mon enfant aura une influence cruciale sur sa manière d'agir. Des recherches récentes sur l'intimidation à l'école démontrent que les enfants qui intimident les autres ont l'habitude d'avoir peur et d'être intimidés à la maison par leurs parents et, naturellement, ils reproduisent ce comportement quand ils interagissent avec leurs pairs à l'école.

Même s'il semble que transmettre des règles de comportement soit un processus continu, sans fin et quotidien, mon enfant ne peut en maîtriser qu'une partie à un âge donné. Je dois être patiente pour l'éduquer à ce qui constitue un comportement acceptable, tout en ayant recours qu'à un minimum de confrontation ou de punition.

Évidemment, il y a des fois où je ne dis pas ce qu'il faut, je perds patience ou je gère mal une situation ; ça arrive à tout le monde. Cependant, ce qui importe le plus, c'est que mon enfant se sente aimé et chéri.

Je ne ferai pas moins que...

FACILITER LE BON COMPORTEMENT CHEZ MON BAMBIN

Mes actes auront un effet important sur le comportement de mon enfant. Je peux lui faciliter l'apprentissage des bonnes manières si :

✓ **J'ai une relation compréhensive, affectueuse et ouverte** avec mon partenaire et notre enfant (et je garde pour moi tout problème intime).

✓ **Je donne des directives claires** quant à ce que je veux que mon enfant fasse. Je dois être précise – « On ne mord jamais ! » – plutôt que vague : « Ne fais pas ça ! »

✓ **Je dis invariablement les mêmes choses de la même façon,** en utilisant des ordres simples.

✓ **J'accorde à mon enfant le temps de changer d'idée.** Avant de punir, je fais un effort pour suggérer un comportement plus positif – et je vois s'il réagit.

✓ **Je félicite mon enfant quand il se conduit bien ;** cela peut être plus efficace pour renforcer un comportement positif que commenter les actions négatives.

✓ **Je me réconcilie avec lui après la punition.** Si je dois punir mon bambin, je dois aussi lui dire que je l'aime toujours autant après l'avoir puni.

✗ **Je ne fais pas de menaces inconsidérées.** À quoi bon dire à mon enfant que je vais le laisser à la maison s'il se conduit mal pendant que je me prépare à sortir.

MAUVAIS COMPORTEMENT

Il n'y a qu'un nombre limité de raisons pour lesquelles un enfant se conduit mal et ces dernières sont affectées par l'état du bien-être émotionnel et physique du parent ainsi que par ce qui se produit durant la journée.
- Recherche d'attention (en particulier quand on a besoin de vous ailleurs).
- Perturbation de la routine quotidienne (votre enfant a faim, ou a sauté une sieste, ou c'est la fin d'une longue journée).
- Frustration (il ne peut physiquement faire quelque chose, ou il est bousculé dans le temps).
- Anxiété de la séparation.
- Jalousie et compétition.
- Maladie, fatigue ou dérangement émotionnel.
- Attentes irréalistes des adultes (quand il est important qu'il se conduise bien et que d'autres l'observent).

PLEURNICHERIES

Quand mon enfant veut quelque chose ou que les choses ne vont pas comme il veut, il utilise une voix exaspérante. En général, il l'utilise quand il sait qu'il obtiendra le maximum d'effet. Ses pleurnicheries sont souvent accompagnées de demandes comme «Je veux...», «Laisse-moi...», «Donne-moi...» –, signes que mon enfant teste son individualité nouvellement acquise et qu'il trouve que, étant la personne qu'il connaît et en qui il a le plus confiance, je suis aussi la personne qui a le plus de chances d'accéder à ses demandes.

Ce que je fais

J'essaie de lui donner la chance d'être un peu plus mature et j'évite d'argumenter sur des choses qui ne sont pas vraiment importantes. S'il veut porter ses souliers de fête dans la maison à l'occasion, est-ce ça change vraiment quelque chose ?

Il pleurniche souvent à des moments particuliers – d'habitude quand il a faim, qu'il est fatigué ou ennuyé. «Je veux...» peut signaler un besoin d'attention et, donc, un câlin, un peu de louanges ou quelques minutes passées à faire quelque chose ensemble peuvent suffire.

Le distraire et l'intéresser à quelque chose de nouveau fonctionne souvent. Sinon, j'essaie de l'ignorer – ou, au moins, de prétendre que je l'ignore –, puis j'utilise la technique du «moment de réflexion» (voir à la page 239) pour nous donner un moment de répit.

Plus important encore, quand mon enfant utilise sa voix normale pour demander quelque chose, je le félicite en lui disant combien il est agréable de l'entendre parler ainsi. Si je le peux, je lui donne ce qu'il demande.

COUP, MESURES ET AGRESSIVITÉ

Un très jeune enfant ne comprend pas que ce qu'il fait blesse ; par conséquent, il a peu ou pas idée de la détresse de sa victime.

Ce que je fais

Même si mon premier mouvement est de dire à mon bambin de se taire et de lui expliquer pourquoi son comportement est inacceptable, il ne comprend pas combien ses actions affectent les autres avant l'âge de 3 ans. À ce stade, il y a plus de chances qu'il soit fasciné par le remue-ménage que cela provoque quand il fait mal à un autre enfant et il peut réessayer seulement pour voir s'il obtiendra la même réaction. Par conséquent, mon seul moyen d'action réaliste consiste à réconforter l'autre enfant et à retirer physiquement le mien.

COMPORTEMENT ANTI-SOCIAL ET RECHERCHE D'ATTENTION

Les très jeunes enfants ont une capacité d'attention de courte durée et ils s'ennuient très facilement, mais ils ont une aptitude très limitée pour le jeu indépendant. Ils trouvent aussi très difficile de faire face au changement ; ils n'ont qu'une conception du temps minimale et peu de compréhension des exigences d'un horaire d'adulte bien rempli.

Ce que je fais

Si mon enfant se comporte mal parce qu'il s'ennuie, je trouve un moyen de le distraire en l'occupant à des jeux ou à des tâches similaires à ce que je fais moi-même. À titre d'exemple, si je dois travailler dans mes papiers, je lui donne du papier et des crayons avec lesquels jouer.

Comme je sais que mon bambin trouve les adieux ou les transitions entre activités très difficiles, je m'assure de lui donner de nombreux avertissements. Environ 10 minutes avant de partir ou si je veux qu'il ferme le lecteur DVD, je l'avertis à l'avance afin qu'il ait beaucoup de temps pour se préparer et s'ajuster au changement d'activité.

REFUS DE NOURRITURE

Les enfants ont des goûts différents (mon bambin n'aime pas certains aliments) et des appétits différents qui fluctuent selon l'humeur, les poussées de croissance et les changements de routine. Un enfant peut manger seulement un aliment et, ensuite, le rejeter sans raison apparente.

Ce que je fais

J'offre à mon enfant de petites quantités de quelques aliments différents dans un bol ou une assiette pour bambin. Servir divers aliments devrait aider à maintenir son intérêt. Je dois m'assurer qu'il ne boit pas trop de liquides, ce qui peut diminuer son appétit.

Je planifie l'heure des repas afin que mon enfant sache ce qu'on attend de lui – à titre d'exemple, que je veux qu'il mange quand je mange ou qu'il reste à la table jusqu'à ce que le repas soit terminé. Toutefois, je ne m'attends pas à ce qu'il reste assis pendant plus de 15 à 20 minutes ; je ne le force pas non plus à finir son repas s'il n'en veut vraiment pas. Je n'offre pas d'autres alternatives, ni n'utilise la nourriture comme récompense et je refuse aussi de la donner comme punition.

REFUS DE PRENDRE UN BAIN

Parfois, sans raison apparente, un bambin retrouve ses premières craintes et refuse d'aller près de la baignoire. Si le son de l'eau qui coule fait paniquer votre enfant, vous pourriez devoir recommencer depuis le début et réintroduire graduellement la routine du bain dans la baignoire.

Ce que je fais
Je mets mon bambin debout sur le plancher de la salle de bain et je le lave à l'éponge avec l'eau chaude du lavabo. Une fois qu'il est satisfait de cela, je fais couler un peu d'eau dans la baignoire et je l'utilise pour le rincer à l'éponge alors qu'il est toujours debout sur le plancher de la salle de bain. Éventuellement, je l'encourage à s'asseoir dans la baignoire qui, au début, ne contient que 3 à 5 cm d'eau, puis j'augmente la quantité d'eau avec le temps. Je m'assure qu'il n'y a rien qui l'effraie (fond de la baignoire glissant, robinets qui crachotent ou bouchon qui fuit). Il y a un tapis antidérapant au fond de la baignoire et je l'amuse avec ses jouets pour le bain et beaucoup de mousse. Si tout le reste échoue, je le rejoins dans la baignoire.

PROTESTATIONS À L'HEURE DU COUCHER
Beaucoup d'enfants se plaignent d'être envoyés au lit ou essaient de différer le moment et, s'ils sont exténués, cela peut finir avec des larmes ou une crise. L'anxiété de la séparation, la peur du noir ou la crainte de mauvais rêves sont toutes des causes courantes. Même si un enfant va tranquillement au lit, il peut réapparaître sans arrêt ou vous appeler pour boire, aller à la toilette ou se plaindre qu'il a mal quelque part.

Ce que je fais
Chez nous, l'heure du lit est fixe. J'évite de laisser mon bambin se lancer dans des activités bruyantes au moins 30 minutes avant l'heure et j'applique une routine régulière – bain, câlin et histoire ou berceuse – qui l'aide à se détendre avant d'aller au lit. Je lui dis « Bonne nuit » et je sors aussitôt. Je ne retourne pas dans la chambre pour répondre à des demandes d'attention répétées.

S'il sort de son lit, je reste ferme et je l'y remets sans essayer de le raisonner. Chaque fois qu'il réapparaît, je le remets dans son lit et je ne démarre pas une conversation sur ce qu'il veut (tout en vérifiant qu'il n'est pas malade).

S'il se réveille la nuit, j'agis de même. Une fois que j'ai déterminé qu'il n'est pas malade et que je l'ai mis sur le petit pot, je le remets au lit, le borde et lui dis fermement « Bonne nuit ».

CRISES
Les crise non retenues de rage et d'émotion – avec coups de pied, cris et hurlements – peuvent apparaître dès 18 mois. Un jeune bambin peut se jeter au sol, pleurer et

hurler, voire tambouriner le sol de ses pieds pour plus d'effet. Les crises sont une réaction quasi instinctive à une situation particulièrement frustrante ou dérangeante. Le bambin se débat pour réconcilier sa dépendance continuelle et son désir croissant d'indépendance. Bien qu'elles soient pénibles pour un parent, ces crises sont une étape tout à fait normale du développement du bambin, procurant un exutoire essentiel à ses frustrations.

Il est parfois facile de reconnaître qu'une crise approche ; d'autres fois, elle peut éclater sans avertissement, ni raison apparente. D'habitude, les crises ne durent pas plus de 3 à 4 minutes et, en général, elles se terminent aussi vite qu'elles ont commencé. Une fois la crise passée, le bambin récupérera très rapidement et, en quelques minutes, il peut avoir retrouvé son attitude normale et souriante – comme si rien ne s'était passé.

Ce que je fais
De nombreuses premières crises peuvent être évitées si je distrais mon bambin avant qu'une crise ne se déclare. Si, toutefois, elle se produit, je dois lui allouer l'espace lui permettant de s'éloigner de moi, si c'est ce qu'il veut faire, mais soyez prête à l'accueillir quand tout est terminé. La manière la plus efficace de mettre fin à une crise consiste à l'ignorer. Si je suis à la maison, je m'éloigne de lui, je ne le regarde pas, je chante ou j'ignore toute demande. Si je pense que mon enfant peut se blesser, je le prends et le mets dans son lit ou tout autre endroit sécuritaire, mais j'essaie très fort de ne pas le regarder ou lui répondre. Si une crise se produit dans un endroit public, je le prends et je rentre aussitôt à la maison.

Stratégies parentales

Comme parent, j'ai appris à être souple. Quoique je sache que les routines domestiques et les règles de comportement soient bonnes pour mon enfant, je sais aussi qu'un environnement chaleureux, avec des exceptions faites aux règles à l'occasion, est aussi important. Par conséquent, si mon enfant est vraiment fixé sur quelque chose, je suis préparée à lui donner raison si…

- Il y a très peu de conséquences à ce qu'il ait raison.
- Cela empêchera une crise en public.
- D'autres techniques pour éviter un affrontement ne fonctionnent pas.

RENFORCEMENT POSITIF

Féliciter un comportement désirable est de loin préférable à punir sévèrement. Que ce soit un trait humain ou seulement un aspect de notre culture, les adultes ont tendance à mettre l'accent et à critiquer le comportement d'un enfant beaucoup plus souvent qu'ils ne pensent à le féliciter. Si vous observez attentivement, il y aura de nombreuses fois dans une journée où le bambin fera les bonnes choses ; vous pouvez prendre le temps, disons durant l'heure des repas, de lui dire combien vous êtes bien avec lui quand il mange bien et ne lance pas sa nourriture. De tels éloges et renforcements positifs sont très efficaces et ont comme effet supplémentaire d'augmenter chez votre enfant son sentiment d'estime de soi.

NÉGOCIATION

Parfois, la seule façon de gérer un comportement anti-social passe par la négociation. J'essaie de conclure une entente avec mon bambin – je lui dis que, s'il me laisse finir ce que je fais, j'irai faire une promenade, jouer à un jeu ou lire une histoire avec lui. Je lui permettrai de choisir l'activité afin qu'il sente qu'il exerce un certain contrôle sur la situation. Cela fonctionne mieux avec les bambins plus âgés. Les enfants de moins de 2 ans ont peu le concept d'anticipation – leur perception de la vie est orientée sur l'immédiat. Votre bambin devrait commencer à comprendre le concept de récompense future vers l'âge de 2 ou 3 ans.

DISTRACTION ET DIVERSION

Distraire l'attention de mon bambin de certaines choses – surtout si j'anticipe une crise – ne fonctionne pas toujours, mais ça vaut la peine d'essayer. J'essaie de capter son attention en l'appelant par son prénom ou en utilisant certains mots ou phrases qui le feront momentanément oublier ce qui semble le déranger. Je lui dis ensuite que j'ai quelque chose à lui montrer et je pointe quelque chose tout près qui l'intéressera – peut-être une auto « comme celle de maman », un bel oiseau dans le jardin ou un avion dans le ciel. Il est important d'établir un contact visuel.

Dès que j'ai réussi à le distraire de ce qui le dérangeait, j'essaie de rediriger son attention sur quelque chose qui l'occupera et l'absorbera. Si nous sommes à la maison, je peux suggérer de lire une histoire, jouer à un jeu fou ou faire avec lui quelque chose d'inattendu comme m'aider à cuisiner des biscuits ou faire du rangement.

Si je ne peux pas lui donner toute mon attention, je lui montre quelque chose qu'il peut faire par lui-même, comme colorier une image ou, en dernier recours, regarder son DVD préféré. Parfois, permettre un jeu bruyant ou encourager mon enfant à courir, sauter ou danser sur de la musique forte peut arrêter une crise avant qu'elle ait la chance de se déclarer.

Hyperactivité

Les sondages démontrent que jusqu'à 30 % des parents décrivent leur enfant d'âge préscolaire comme hyperactif. Cela réfère habituellement à une phase de comportement qui débute vers l'âge de 2 ans, quand l'enfant devient de plus en plus actif et bruyant. Le comportement général d'un enfant hyperactif est similaire à celui d'autres bambins mais, comme il est amplifié, il semble pire. Certains médecins croient que l'hyperactivité n'est qu'une extrémité du continuum « normal ».

Si vous vous inquiétez et que votre enfant manifeste les signes énumérés ci-dessous pendant plus de 6 mois, consultez un professionnel. Si votre enfant est…

- facilement distrait par ses pensées et son environnement ;
- incapable de se concentrer sur une activité pendant plus de quelques minutes ;
- débordant d'énergie, incapable de rester tranquille ou d'arrêter de parler ;
- impulsif dans ses actions, sans penser à leurs conséquences.

Supprimez des stratégies

Il est important que je n'aggrave pas le comportement de mon enfant en faisant ce qui suit:

✗ Donner une punition plus sévère que l'infraction.

✗ Faire des menaces que je ne peux pas mettre à exécution. Si j'ai menacé de quitter mon enfant et de m'en aller, non seulement il trouvera cela extrêmement pénible, mais je devrai presque certainement ravaler mes paroles!

✗ Reporter une punition. Pour être efficace, une punition doit se présenter tôt après l'infraction commise, sans quoi le lien entre le méfait et la conséquence de ce comportement sera perdu chez un jeune enfant.

✗ Viser directement la personne ou faire un jugement négatif sur l'enfant quand je le reprends. Je ferai le point sur la règle enfreinte – «Mordre n'est pas permis» –, plutôt que de dire quelque chose comme «Tu es un enfant terrible!»

✗ Élever la voix ou crier trop souvent. Quoique ce soit des outils très puissants, ils perdront de leur pouvoir s'ils sont utilisés trop souvent.

✗ Laisser une situation s'aggraver. Je ne dois pas ajouter du temps de façon excessive pour refuser des plaisirs ou des objets, sans quoi il faudra des semaines avant que mon enfant puisse avoir ou faire quelque chose (et, entretemps, j'aurai oublié).

TEMPS DE RÉFLEXION

Un temps de réflexion atteint de nombreux objectifs utiles. Il arrête un mauvais comportement (un enfant est retiré de la «scène du crime»), montre que vous le désapprouvez et donne du temps au bambin pour qu'il se calme. Comme élever la voix, toutefois, cette technique perd de sa force si elle est utilisée trop souvent et ne devient efficace qu'à compter de l'âge de 2 ans. Au début d'un mauvais comportement, je préviens mon bambin que, s'il continue, cela se terminera par une réflexion. Si cela continue, mon bambin va aussitôt s'asseoir sur la première marche de l'escalier ou sur une certaine chaise, ou dans sa chambre.

Je garde le temps de réflexion court et branché sur une certaine action. Je dis «Tu peux revenir jouer quand tu te seras calmé», plutôt que de dire «... pendant 30 minutes». Non seulement l'enfant ne saura pas ce que signifie 30 minutes, mais une durée arbitraire ne sera pas efficace, car elle est déconnectée du but que vous voulez atteindre: que votre bambin se calme.

PUNITION

Durant les premiers 18 à 24 mois de vie, la punition n'est habituellement pas nécessaire et, si elle est utilisée, elle est souvent inefficace à changer le comportement de l'enfant. Il n'y a aucune raison valable de punir un enfant de moins de 1 an.

Entre l'âge de 1 à 3 ans, il y a peu de chances qu'un bambin commette quoi que ce soit qui mérite plus qu'une punition légère – élever la voix, retenir votre affection ou un objet désiré, réprimander ou faire réfléchir. Une fessée n'est jamais nécessaire; cela est moins efficace que les techniques ci-haut et peut pousser l'enfant à avoir recours à des moyens violents.

Aider mon bambin
à s'accorder avec les autres

Maîtriser le comportement et les aptitudes sociales est important pour rendre mon bambin capable de devenir un individu indépendant. Il a besoin de se sentir à l'aise dans les situations sociales – rencontrer et communiquer avec les gens, tout autant qu'apprendre à jouer, partager, avoir son tour avec d'autres et accepter les règles. Cependant, pour s'engager socialement, il a aussi besoin de se sentir en sécurité.

ANXIÉTÉ DE SÉPARATION

À compter de 1 an, mon bambin a commencé à manifester des signes d'anxiété – pleurs, cris, hurlements, coups de pied – quand il voyait ou même anticipait que je devais partir. En vieillissant, il est devenu collant et ne s'aventurait loin de moi que rarement.

C'est une tâche délicate que de procurer confort et guidance à un bambin tout en l'encourageant à être plus indépendant, mais je sais que, plus il se sent en sécurité avec moi, plus il lui sera facile d'être indépendant. S'il fait des histoires quand je ne suis pas disponible ou qu'il ne me voit pas, je comprends qu'il craint seulement que notre attachement intime soit compromis ; par conséquent, je pense toujours à lui faire beaucoup de câlins et à combler ses désirs quand je le peux. À cet âge, il n'est pas possible de gâter un enfant, puisqu'il est incapable d'être tout à fait indépendant.

Alors qu'il est vrai que la plupart des enfants de 2 et 3 ans supportent mal d'être séparés de leur maman (ou papa), comme certains parents, je trouve aussi très difficile d'être éloignée de mon enfant. Par contre, je ne manifeste pas mon anxiété parce que, si mon enfant voit que je m'inquiète, son anxiété sera haussée d'un cran.

CALMER LES PEURS

Souvent, les jeunes bambins ont soudainement peur des chiens, des insectes ou de la noirceur. Ils peuvent aussi souffrir plus de cauchemars et de peurs nocturnes (voir à la page 226).

Il est important de reconnaître la peur d'un bambin – « Les araignées peuvent être très effrayantes » ou « Je sais que tu as peur », et assurez-vous de lui laisser savoir que

Je ne ferai pas moins que...

RENDRE LES SÉPARATIONS PLUS AGRÉABLES

Quand je dois sortir, j'essaie d'expliquer à mon enfant qu'il est entre bonnes mains et, bien sûr, je m'assure qu'il l'est ; ensuite, je disparais discrètement et calmement. Je fais toujours ce qui suit :

✓ **J'avertis mon enfant à l'avance de mon départ** – même si cela peut ne rien signifier à ce moment – et je lui explique qu'on prendra bien soin de lui.

✓ **Je quitte rapidement.** Il est préférable que je ne m'attarde pas en essayant de le calmer. Quelques minutes de plus à s'étreindre ou à expliquer que je reviendrai bientôt ne dissipera pas ses craintes.

✓ **Rappelez-vous que les pleurs s'arrêteront typiquement** quelques minutes après mon départ et reprendront à mon retour (comme punition pour être partie).

✗ **Je ne file pas en douce,** car cela augmentera l'anxiété de mon bambin qui craindra que je le refasse. Il s'inquiétera d'autant plus de cette possibilité chaque fois qu'il ne pourra pas me voir.

vous le protégerez du danger : « Ne t'en fais, je suis là... » Le recours à la logique ne réduira pas la peur d'un bambin ; il sera incapable d'y songer rationnellement jusqu'à ce qu'il soit beaucoup plus vieux. Avec le temps, ces peurs s'estompent mais, pour le moment, je trouve préférable d'éviter d'exposer mon enfant à des situations effrayantes (j'évite les chiens, je l'éloigne des bestioles et j'utilise une veilleuse).

OBJETS DE RÉCONFORT

Pour qu'un bambin devienne indépendant, il doit trouver des moyens de se calmer et de se sentir en sécurité.

La vie de mon bambin peut être très difficile : on lui dit constamment quoi faire et ne pas faire ; il devient frustré facilement quand les choses ne vont pas dans le sens qu'il veut ; il se fâche souvent parce qu'il n'obtient pas immédiatement ce qu'il veut ; le conflit entre mes « règles » et ses besoins urgents le rend confus ; il commence à se sentir coupable quand je le désapprouve ; et il est anxieux de la séparation quand je suis momentanément hors de vue.

Très souvent, le bambin trouve du réconfort en s'attachant à un ourson, une couverture ou un objet quelconque. Une fois que votre enfant a choisi quelque chose, c'est une bonne idée d'en avoir plus d'un sous la main ; il sera très fâché s'il manque à l'appel (même pour être lavé).

Il existe aussi d'autres façons pour un bambin de s'aider à se sentir bien : tortiller ses cheveux, sucer son pouce ou porter le même vêtement tous les jours. Même si vous ne les trouvez pas beau, ce n'est pas une bonne idée de décourager ces gestes avant d'avoir trouvé un objet ou une activité de remplacement.

Les câlins, les sourires et les félicitations aident mon bambin à sentir que je l'aime et c'est probablement le plus grand réconfort qu'il ait. Il est important que je sois toujours généreuse dans mon approbation et mon affection.

FACTEURS DE PERSONNALITÉ

Quoique des aspects de la personnalité de votre enfant étaient visibles à la naissance (à titre d'exemple, il pleurait beaucoup ou il était calme), sa vraie nature s'affichera vraiment entre 2 et 3 ans. Ce ne sont pas tous les enfants qui sont confiants et extravertis, mais chacun doit apprendre à se faire des amis et à socialiser s'il veut réussir dans la vie. Par conséquent, il est important qu'un parent tienne compte de la personnalité de son enfant en lui enseignant les habiletés nécessaires.

Alors qu'il apprend à maîtriser les diverses habiletés de locomotion et de manipulation, mon bambin devient conscient de sa capacité à influencer ses actions et celles des autres. Quand ses tentatives échouent, il éprouve des sentiments de honte et d'échec. Il a besoin d'apprendre comment gérer ses réussites et ses échecs de façon acceptable pour devenir un individu bien équilibré. J'essaie d'aider mon enfant à mieux intégrer les différents aspects de sa personnalité – activité, sociabilité et émotions – en lui montrant comment s'attaquer aux problèmes avec succès, le distrayant quand il est frustré et le félicitant plutôt que de ridiculiser ses peurs. Ces mesures devraient le rendre capable de se construire une image positive de soi.

JOUER AVEC LES AUTRES

Comme la plupart des jeunes bambins, le mien est « égocentrique », c'est-à-dire qu'il est le centre de son propre monde. Jusqu'à ce qu'il ait atteint un certain âge – vers 30 à 36 mois, il ne saisira pas le concept du partage ou les sentiments des autres, et jouer avec d'autres enfants finira souvent en larmes à propos de jouets et de jeux.

Toutefois, je lui offre toutes les occasions possibles de rencontrer des gens différents, surtout d'autres enfants, et d'encourager les interactions avec les amis et visiteurs, ou même les gens que nous rencontrons quand nous sortons. Les petits groupes informels, comme ceux des cours pour les bambins, aident à le préparer pour la garderie ou pour les groupes de jeu.

Il peut être difficile de pousser mon bambin à se mêler aux autres. J'essaie de donner le bon exemple quand nous jouons ensemble en lui enseignant à attendre son tour et à partager des choses avec moi… et je l'encourage à faire

L'égocentrisme – la notion selon laquelle le monde et tout ce qui s'y trouve – n'existe que pour son confort et son plaisir est essentiel pour le bambin. Être sensible aux besoins des autres, même ceux d'un animal domestique, prend du temps à se développer.

de même avec les autres. J'essaie de ne pas être l'un de ces adultes qui n'aime toujours pas partager et qui se fâche s'il ne gagne pas la partie !

Je félicite aussi beaucoup mon bambin quand il joue bien – en tentant d'inculquer une bonne conduite –, mais j'essaie de ne pas interférer s'il a de la difficulté (à moins que la situation ne soit dangereuse). Néanmoins, il y a des occasions où je dois être ferme ou le gronder, ôter un jouet qui n'a pas été partagé, ou même le retirer d'une situation (même le ramener à la maison).

FAIRE PARTIE D'UN GROUPE DE JEU OU ALLER À LA GARDERIE

Si je décide de retourner travailler ou si je veux offrir à mon enfant des occasions de plaisir et de jeux avec les autres, je peux l'inscrire dans un groupe de jeu ou à la garderie. Une garderie peut aider mon enfant à développer des aptitudes sociales dans un environnement sécuritaire, quoique les enfants qui n'y vont pas ne soient pas désavantagés ; un parent qui reste à la maison ou une bonne gardienne peuvent aussi inculquer ces aptitudes sociales de base.

Le problème principal est la difficulté de la séparation ; selon son tempérament, quand il est séparé de ses parents, la tendance à l'anxiété d'un bambin peut varier de légère à grave. Les enfants ayant déjà été séparés de nombreuses fois de leur mère ou leur père tendent à éprouver moins de difficulté.

Mon idée est d'habituer mon enfant à la séparation en l'accompagnant durant les premiers jours ou les premières

Je ne ferai pas moins que...

AIDER MON ENFANT À MIEUX S'INTÉGRER SOCIALEMENT

Je dois renforcer le bon comportement en faisant ce qui suit:

✓ **Féliciter toute tentative de partage** et lui enseigner à dire «S'il vous plaît» et «Merci» aux bons moments.

✓ **Aller à des endroits où il y a des enfants,** afin qu'interagir avec des enfants de son âge lui devienne familier.

✓ **Encourager les comportements affectueux** envers d'autres personnes, les poupées, les peluches et les animaux domestiques.

✓ **Utiliser les transports publics** pour sortir et visiter les supermarchés et les restaurants où il apprendra à faire la queue et à attendre son tour.

✗ **Ne pas intervenir aussitôt** qu'il y a une dispute avec un autre enfant pour un jouet, mais rester tout près pour mettre fin à toute lutte et introduire l'idée du partage et de «chacun(e) son tour».

AVIS D'EXPERTS

Problèmes de sociabilité

Certains enfants éprouvent des difficultés à concentrer leur attention sur quoi que ce soit pendant un certain temps, y inclus jouer avec d'autres enfants. D'autres traversent une phase de crises de mauvaise humeur, d'agressivité, d'extrême insécurité ou de rapides et fréquents changements d'humeur. C'est souvent une étape naturelle de développement et vous ne devez pas vous en inquiéter. Par contre, si le «mauvais» comportement de votre enfant persiste ou, si vous avez de la difficulté à y faire face, demandez conseil à votre médecin ou à votre infirmière visiteuse.

La timidité n'est pas anormale: si votre enfant est gêné, encouragez-le gentiment et rassurez-le. C'est souvent lié à l'anxiété de la séparation (voir à la page 240).

semaines, et de m'asseoir auprès de lui dans la pièce. Après quelques jours, il se peut que je puisse m'asseoir tout juste à l'extérieur. Finalement, je me rendrai compte que, comme la plupart des enfants, il fera des histoires au début, mais il se calmera joyeusement en quelques minutes. Il peut aussi y avoir le cas où, si quelqu'un d'autre l'amène, il en sera moins perturbé.

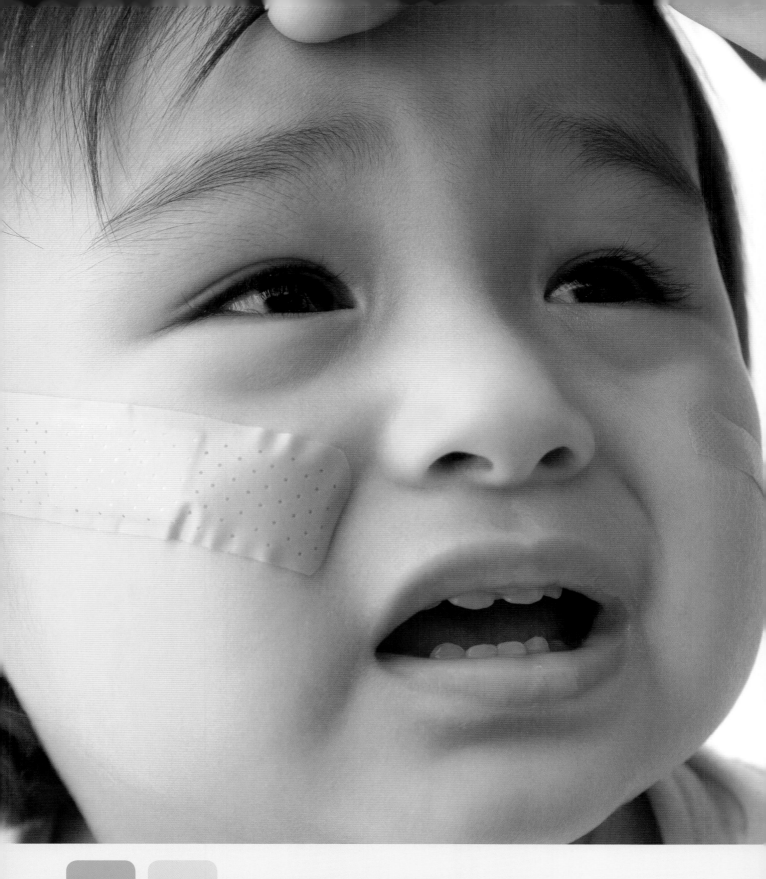

PARTIE II Mon bébé

Garder mon enfant en santé

Je dois m'assurer d'amener régulièrement mon enfant à ses examens physiques de routine et ses séances de vaccination et être à l'affût de tout signe de maladie. Quand mon enfant semble souffrant, est affligé d'une maladie enfantine courante ou a mal à la suite d'un accident mineur, savoir quoi faire sera essentiel à son bien-être. Plus important encore, je dois être capable de déterminer quand des soins médicaux sont nécessaires et comment appliquer les procédures de premiers soins en cas d'urgence.

Personnel médical et examens

Comme parent, je suis en première ligne quand il s'agit de voir à la santé de mon enfant. Comme je suis avec lui tous les jours, je peux l'observer de près et je devrais être capable de déceler les signes qui peuvent indiquer que quelque chose ne va pas. Il est important que tout problème potentiel soit décelé aussi tôt que possible ; ainsi, meilleures seront les chances d'une issue heureuse.

Au Québec, certains examens généraux de dépistage sont prescrits comme mesure du Programme de vaccination. Certains aspects de la santé physique, dont le gain de poids et la croissance, sont aussi continuellement surveillés. En plus de voir les enfants sur une base régulière pour des examens, les infirmières visiteuses ou des CLSC et les médecins examinent les enfants lors de rendez-vous pour d'autres raisons, comme une maladie ou un vaccin.

INFIRMIÈRE VISITEUSE

Mon bébé a eu son premier examen médical à la naissance (voir à la page 110) et, par la suite, une infirmière visiteuse s'occupait de nous. Elle me donnait des avis sur tous les aspects des soins pour bébé et elle pouvait dissiper mes inquiétudes si le bébé pleurait tout le temps, ne se nourrissait pas ou ne gagnait pas de poids. Elle surveillait aussi les progrès de mon bébé. Si j'avais des inquiétudes sur le développement ou le comportement de mon enfant, mon infirmière visiteuse était ma première ressource. Elle pouvait aussi m'aider si je me sentais déprimée. Les infirmières visiteuses ont beaucoup d'expérience en de telles situations et, si une aide additionnelle avait été nécessaire, la mienne

pouvait me mettre en communication avec les services locaux disponibles pour les bébés et les jeunes enfants.

MÉDECIN

Une fois mon bébé plus vieux, je l'ai amené au bureau de mon médecin pour ses examens de routine. Quand il était malade, je demandais l'avis de mon médecin ; j'avais besoin qu'on me dise les mesures à prendre pour soulager les symptômes ; à d'autres moments, mon médecin devait voir mon bébé pour prescrire un traitement. Avant la naissance du bébé, j'ai vérifié quel médecin avait un intérêt particulier pour les soins aux enfants et j'ai tenté d'amener mon enfant voir le même médecin à chaque visite. De cette manière, je bâtis une relation avec le médecin et il apprend à connaître mon enfant.

PÉDIATRE

Ces médecins se spécialisent dans les soins pour enfant ; certains couvrent tous les aspects de la médecine pour enfants, d'autres se concentrent sur une spécialisation en particulier, comme les troubles cardiaques. Si mon médecin a des inquiétudes à propos de la santé de mon enfant, lesquelles exigent des examens plus approfondis ou des traitements spécialisés, il m'enverra en consultation chez un pédiatre en milieu hospitalier.

Si je dois consulter un pédiatre, il écrira à mon médecin un résumé de la consultation, le diagnostic et le traitement administré. Ainsi, le bureau de mon médecin conserve un dossier complet de l'histoire médicale de mon enfant. J'ai le droit de demander une copie de la consultation.

DENTISTE

Il est important de trouver un dentiste pour enfants, non seulement parce qu'il sera capable de vous conseiller les meilleurs soins dentaires pour un enfant et vérifier si tout est en ordre, mais parce qu'il a plus de chance d'avoir une attitude qui plaise aux enfants. Des expériences positives en chirurgie dentaire durant la première enfance sont très importantes pour de bons rapports avec les soins dentaires tout au long de la vie. C'est une bonne idée de prendre des rendez-vous pour des examens, tous les 6 mois, après la troisième année de l'enfant.

Au cours des premières semaines après la naissance d'un bébé, une infirmière visiteuse procédera à des examens de base à la maison, comme vérifier la circonférence crânienne.

EXAMENS DE ROUTINE

Les examens de routine visent à contrôler le développement du bébé et sa santé physique. Comme ces aspects sont étroitement reliés – apprendre à marcher dépend du fonctionnement adéquat des muscles et de la coordination, qui dépendent tous deux d'un système nerveux en santé –, les problèmes développementaux peuvent alerter les professionnels des soins de santé concernant la présence possible d'un problème médical. Certaines conditions médicales, comme un souffle au cœur, peuvent être détectées lors d'examens physiques, quand le médecin écoute le cœur de l'enfant au stéthoscope. D'autres problèmes peuvent être découverts à l'aide d'examens spéciaux.

Après 6 semaines, les examens de la première enfance coïncident d'habitude avec les immunisations indispensables (voir à la page 250). Tout en vérifiant le développement, le médecin ou l'infirmière visiteuse utilisent ces occasions pour procéder à certains examens physiques, dont vérifier si les hanches de mon bébé bougent normalement et si un souffle au cœur est présent quand il écoute les bruits du cœur. Des mesures seront prises pour vérifier le gain de poids et la croissance.

À chaque examen, on me posera diverses questions sur les progrès de mon bébé, et si je pense qu'il a des problèmes d'ouïe et de vision. J'aurai aussi l'occasion de poser des questions sur sa santé et son développement, mais aussi d'exprimer mes inquiétudes. Si on relevait des problèmes, mon bébé serait référé à des spécialistes pour des examens plus approfondis.

EXAMENS DE LA VUE

À la naissance, on a examiné mon nouveau-né afin de déceler des anomalies aux yeux, comme des cataractes. L'examen à 6 ou 8 semaines vérifiera si mon bébé est capable de suivre un objet qui se déplace d'un côté à l'autre de son visage.

À 6 mois, mon bébé subira un examen pour voir s'il s'étire pour atteindre un jouet. À l'âge de 2 ans, des tests plus formels peuvent être effectués, comme lui demander de déceler de petits objets sur des illustrations et, ensuite, à 3 ans, on lui demandera d'associer des lettres dans un tableau (on montre une lettre à l'autre bout de la pièce et on demandera à mon enfant de l'indiquer dans son tableau).

EXAMENS DE L'OUÏE

Quoique ces tests simples ne soient pas toujours précis, ils donnent une bonne indication de problèmes d'audition chez un enfant. En outre, je peux vérifier l'ouïe du bébé en étant consciente de ses réactions aux sons et à ma voix. Deux tests peuvent être administrés à de très jeunes enfants à l'aide d'écouteurs. Si les résultats de ces tests sont anormaux, le bébé sera référé à un audiométriste pour des examens plus approfondis.

Une otoémission acoustique évoquée implique des clics émis dans chaque oreille par les écouteurs. Les vibrations dans la cochlée devraient être perçues si l'oreille fonctionne normalement.

Dans l'évaluation audiologique les écouteurs émettent encore des clics qui déclenchent des impulsions dans l'oreille, lesquelles sont apportées au cerveau où elles déclenchent des réactions électriques. Celles-ci sont enregistrées et analysées par un ordinateur.

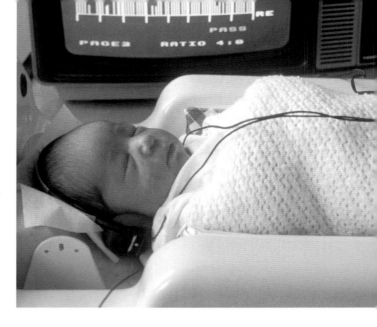

Vers 7 à 9 mois environ, on peut procéder à un test d'inattention. Un examinateur s'assoit face à l'enfant et occupe son attention, tandis qu'un assistant produit des sons à haute et basse fréquence tout juste hors du champ de vision de l'enfant. L'enfant devrait tourner la tête vers les bruits.

Vers l'âge de 18 mois environ, on peut administrer le test de discrimination du langage. Assis devant l'enfant, l'examinateur nomme lentement des jouets, une main placée devant sa bouche. Il demande à l'enfant de pointer chacun des jouets, lesquels sont tous étalés sur une table entre eux.

VACCINATION

Les vaccins protègent les bébés de maladies graves potentielles. Un bébé qui n'est pas vacciné est un danger pour lui-même et les enfants autour de lui. Dans le cadre du

---

EXAMENS DE ROUTINE DE BÉBÉ

6 À 8 SEMAINES

Durant cet examen et les examens subséquents, tous les aspects clés de son développement sont examinés. On peut me demander si mon bébé a déjà commencé à sourire, quand il pleure et comment il réagit aux sons (facteurs importants du développement social, du langage et de l'audition).

La motricité globale du bébé sera examinée par une simple vérification de la tonicité musculaire et du contrôle précoce de la tête. Pour examiner sa vision, l'infirmière visiteuse ou le médecin surveilleront le bébé suivant des yeux un objet qui se déplace dans son champ de vision.

Certains examens physiques seront pratiqués aussi, dont l'examen des hanches, l'écoute des sons du cœur et, chez un garçon, la vérification de la position des testicules. Mon médecin peut aussi examiner les yeux du bébé pour voir s'il y a des signes de cataracte et autres maladies oculaires qui peuvent affecter les jeunes bébés.

6 À 9 MOIS

La motricité globale de bébé prend vraiment la vedette maintenant et on examinera mon bébé pour toutes ces étapes importantes – a-t-il commencé à s'asseoir par lui-même? se tient-il debout avec un support? et, s'il a 9 mois, se met-il seul en position debout? Mon bébé peut même avoir commencé à ramper. Les bébés de cet âge commencent aussi à s'étirer pour saisir des jouets et à se les passer d'une main à l'autre. L'examinateur vous interrogera sur ces habiletés motrices fines et, aussi, sur le langage car, à compter de 9 mois, un bébé

peut commencer à utiliser un mot bizarre. À cet âge, il est possible de procéder à un test d'inattention auditive (voir plus haut). Les habiletés sociales de prendre soin de soi commencent à être plus présentes dans le développement; à compter de 6 mois, mon bébé peut être capable de se nourrir lui-même avec des bâtonnets de nourriture.

10 À 12 MOIS

On s'informera encore de plusieurs étapes de développement importantes. À cet âge, mon bébé devrait vraiment se déplacer, peut être en prenant appui sur les meubles et même faire quelques pas. Vers 10 mois, il peut avoir commencé à tenir de petits objets entre l'index et le pouce (la pince digitale). À compter de 12 mois environ, il peut dire «Maman» et «Papa». Il peut aussi utiliser quelques autres mots. Il peut commencer à manger à la cuillère et tenir un gobelet à deux mains.

18 À 24 MOIS

À l'âge de 2 ans, nombre d'habiletés auront été acquises dans toutes les sphères du développement. L'examinateur (médecin ou infirmière visiteuse) pourra faire participer mon enfant à des activités et voir les grands progrès réalisés. Mon bambin sera probablement un marcheur sûr de lui, pourra tenir un crayon et gribouiller et construira une tour de 3 à 6 blocs.

En ce qui concerne le langage, mon bambin pourra communiquer certains de ses besoins et désirs dans de courtes phrases comme: «Veux du lait.». Alors, il se nourrira probablement bien lui-même à la cuillère.

Programme québécois d'immunisation, les bébés sont immunisés gratuitement contre plusieurs maladies, les bactéries et les virus qui les causent ; si un enfant souffre d'une maladie à long terme ou est par ailleurs à risque, on peut lui offrir un vaccin antigrippal annuel.

Tuberculose
C'est une infection bactérienne transmise par la toux des gens atteints de la maladie. D'habitude, elle débute dans les poumons, mais elle peut aussi affecter d'autres parties de l'organisme. Les bébés qui vivent dans une région où il y a une forte incidence de la maladie, ou dont les parents ou les grands-parents sont nés dans un pays où la tuberculose constitue toujours un problème, sont particulièrement à risque. Des traitements efficaces sont disponibles ; par contre, sans traitement, la maladie peut causer des symptômes persistants et peut-être mettre la vie en danger dans certains cas.

Diphtérie
Cette infection bactérienne affecte la gorge et peut causer des problèmes respiratoires. Elle est transmise quand les gens infectés toussent ou éternuent. L'infection peut aussi se diffuser dans le sang et causer des problèmes potentiellement graves, dont l'insuffisance cardiaque.

Tétanos
Cette infection bactérienne, mettant la vie en danger, peut affecter les nerfs qui contrôlent les muscles, provoquant des spasmes musculaires graves. Les muscles de la gorge et de la poitrine étant touchés, la déglutition et la respiration seront affectées.

Coqueluche
Cette maladie bactérienne, pouvant potentiellement mettre en danger la vie des tout-petits, provoque des crises de toux graves.

 AVIS D'EXPERTS

Immunisation
Il n'y a que deux raisons pour lesquelles des vaccins ne seraient pas administrés. La première, lorsqu'un bébé n'est pas bien et a une température élevée (rhumes et grippes sans fièvre ne sont pas des raisons pour différer les vaccinations). La deuxième, lorsqu'un bébé présente une immunité réduite : il subit des traitements contre le cancer, prend des médicaments immunosuppresseurs ou souffre de VIH.

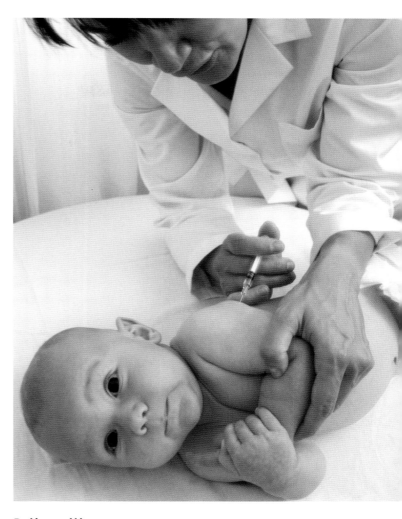

Poliomyélite
Cette maladie, causée par un virus dont les effets peuvent varier de légers à très graves, provoque des problèmes affectant le système nerveux et même la paralysie. Le virus est transmis par contact avec des selles infectées, souvent par l'eau et la nourriture infectées.

Haemophilus influenzae de type b
Cette bactérie peut causer des maladies graves et souvent mortelles, dont les méningites (voir à la page 251) et la septicémie (voir à la page 250). Elle peut aussi causer l'épiglottite, l'inflammation du cartilage qui se trouve derrière la langue, une maladie qui peut être mortelle.

Méningocoque de sérogroupe C
Il s'agit d'une bactérie pouvant causer la méningite (voir à la page 251) et la septicémie (voir l'encadré), maladies potentiellement mortelles.

Rougeole
Cette maladie infectieuse infantile (voir à la page 260) se caractérise par une éruption cutanée et des symptômes

CALENDRIER RÉGULIER DE VACCINATION

2 MOIS
- Diphtérie, coqueluche, tétanos, poliomyélite et *haemophilus influenzae* de type b administré en vaccin conjugué 5 en 1, connu sous le nom de DCaT-Polio-Hib
- Vaccin conjugué contre le pneumocoque

4 MOIS
- Deuxième dose du vaccin DCaT-Polio-Hib
- Vaccin conjugué contre le pneumocoque

6 MOIS
- Troisième dose du vaccin DCaT-Polio-Hib

ENTRE 6 ET 23 MOIS
- Vaccin contre l'influenza (en saison d'influenza)

12 MOIS
- Vaccin conjugué contre le pneumocoque
- Vaccin conjugué contre le méningocoque
- Vaccin RRO-Var

18 MOIS
- Quatrième dose du vaccin DCaT-Polio-Hib
- Vaccin RRO

ENTRE 4 ET 6 ANS
- Vaccin DCaT-Polio

 AVIS D'EXPERTS

Septicémie
Aussi connue sous le nom d'«empoisonnement du sang», cette maladie potentiellement mortelle se caractérise par ce qui suit:
- Fièvre (avec une possibilité de mains et pieds froids)
- Refus de se nourrir ou vomissements
- Refus d'être pris ou agitation
- Torpeur et somnolence; l'enfant peut être difficile à éveiller.
- Peau pâle et marbrée
- Diarrhée
- Tendance à être mou et apathique
- Respiration rapide ou geignement expiratoire
- Éruption cutanée (si présente, elle peut commencer n'importe où sur le corps, bien qu'elle puisse ne pas se présenter. Si elle se produit, elle est souvent l'un des derniers symptômes [voir aussi à la page 251]).

Les symptômes peuvent se manifester dans le désordre et ne pas tous être présents. Les bébés deviennent malades très rapidement.

Si vous pensez que votre bébé est malade ou peut souffrir de septicémie, obtenez un avis médical d'urgence. Même si votre médecin ou l'hôpital vous a rassurée, n'hésitez pas à revenir à la charge aussitôt, si les symptômes empirent ou si vous êtes toujours inquiète.

semblables à la grippe. Dans certains cas, elle peut causer des complications graves et mortelles, comme l'encéphalite ou infection du cerveau.

Oreillons
C'est une autre maladie infantile infectieuse, habituellement caractérisée par l'enflure des glandes salivaires devant les oreilles ou autour du cou; il peut y avoir diverses complications possibles (voir aussi la page 261).

Rubéole
C'est une maladie virale dont les symptômes ont tendance à être bénins, mais il peut y avoir des complications graves dont des dommages sérieux au fœtus in utero (voir aussi à la page 261).

Pneumocoque
C'est une bactérie qui peut causer des maladies graves, dont la méningite (voir à la page 251).

MÉNINGITE

Une infection virale ou bactérienne peut causer une inflammation des membranes qui entourent le cerveau et la moelle épinière (les méninges). La méningite virale a tendance à être plus bénigne que la méningite bactérienne ; les symptômes de cette dernière sont plus graves et se manifestent rapidement. Si l'infection bactérienne est transportée dans le flux sanguin, elle résulte en septicémie ou « empoisonnement de sang » (voir à la page 250) – une condition grave et mettant en danger la vie du malade.

Les signes que le bébé peut être infecté incluent ce qui suit.

✓ Fièvre (avec possibilité des mains et des pieds froids)

✓ Refus de se nourrir et vomissements

✓ Être moins alerte que d'ordinaire

✓ Torpeur et somnolence

✓ Agitation, refus d'être pris

✓ Apathie

✓ Pleurs et geignements aigus ou gémissements

✓ Fontanelle tendue et bombée

✓ Convulsions et attaques

Des enfants plus âgés peuvent se plaindre de...

✓ maux de têtes sévères ;

✓ congestion nasale ;

✓ aversion à la lumière.

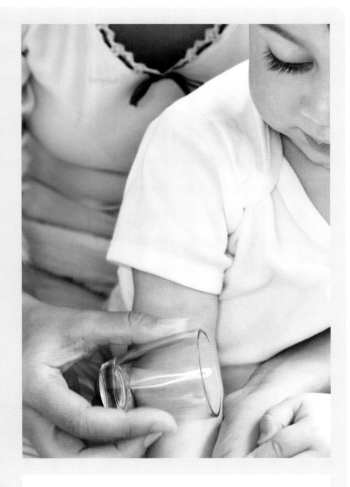

Le test du verre
Pour vérifier une éruption, pressez fermement un verre sur toute minuscule tache rouge ou grandes taches pourpres pour voir si elles pâlissent ou virent au blanc sous la pression. Si les taches et l'éruption sont toujours visibles à travers le verre, faites appel à une assistance médicale d'urgence.

Une éruption cutanée qui ne pâlit pas sous la pression (voir le test du verre ci-contre) est un signe de septicémie à méningocoque (méningococcémie, voir à la page 250). Cette éruption peut commencer par quelques minuscules taches n'importe où sur le corps, se propager rapidement et ressembler à des hématomes récents. Les taches, ou éruptions, sont causées par le sang qui se répand dans les tissus sous-cutanés. Étant plus difficiles à voir sur une peau sombre, vérifiez donc les zones plus claires de la peau (paume des mains ou dessous des pieds) ou sous les paupières. Ces taches peuvent pâlir au début, continuez donc de vérifier. Toutefois, si votre enfant est malade ou si son état s'aggrave visiblement, n'attendez pas que des taches ou une éruption apparaissent. Elles peuvent apparaître tardivement ou ne jamais apparaître.

Si vous craignez une méningite pour quelque raison que ce soit ou même s'il n'y a qu'une unique tache suspecte, faites appel à une assistance médicale d'urgence. Téléphonez à votre médecin, ou allez à l'urgence de l'hôpital, ou composez le 911 pour une ambulance. Décrivez les symptômes et dites que vous pensez que ce pourrait être une méningite ou une septicémie.

Prendre soin de mon enfant malade

Tous les enfants sont malades à un moment ou à un autre et la plupart souffrent de blessures bénignes. Je m'inquiète toujours quand mon enfant est malade ou se blesse parce qu'il est incapable de m'en dire beaucoup, à propos de ce qui ne va pas et, compte tenu de son jeune âge et de sa petite taille, il est peut-être particulièrement à risque.

En conséquence, il est important que je puisse me rendre compte tôt qu'il est malade et prendre les mesures appropriées pour chercher de l'aide ou lui en procurer moi-même. Savoir comment prendre la température, administrer des médicaments, faire des compresses froides et des sachets réfrigérants sont essentiels quand on prend soin d'un jeune enfant, tout autant que de lui assurer un milieu favorable à son rétablissement.

PRENDRE LA TEMPÉRATURE CORPORELLE

Il existe deux types importants de thermomètre pour enfant : électronique et à infrarouge. Quand mon enfant était bébé, je plaçais mon thermomètre électronique sous son aisselle et, quand il a atteint l'âge du bambin, je le mettais dans sa bouche. À tout âge, je peux utiliser un thermomètre à infrarouge dans son oreille – sauf s'il a une infection ou un mal d'oreilles.

La température corporelle normale chez un enfant est de 36° à 36,8 °C (96,8° à 98,2 °F). Une température élevée chez un enfant de moins de 5 ans est au-dessus de 37,5 °C (99,5 °F) et chez un enfant de 5 ans et plus, au-dessus de 38 °C (100,4 °F).

QUAND TÉLÉPHONER À MON MÉDECIN

Si mon enfant n'est pas aussi actif ou réceptif qu'à l'habitude –, je ne dois pas hésiter à consulter mon médecin. Je dois contacter mon médecin ou les services d'urgence immédiatement (*) si mon enfant présente les signes qui suivent :

- [ ] Plus endormi et plus lent alors que normalement il est alerte et actif.

- [ ] Plus léthargique qu'à l'habitude (*).

- [ ] Pleurs plus fréquents et différents de ses pleurs habituels (*).

- [ ] Boit et mange moins.

- [ ] N'urine pas beaucoup.

- [ ] Vomit.

- [ ] Présence de sang dans les selles (*).

- [ ] Souffre de température élevée (plus de 39 °C), ou la température reste élevée même si vous avez tenté de la faire baisser (voir à la page 256).

- [ ] Toux persistante ou présence de sécrétions quand il tousse.

- [ ] Problèmes respiratoires ou respiration sifflante.

- [ ] Présente une ou plusieurs taches rouge pourpre (*) (voir aussi à la page 251).

- [ ] Tire sur ses oreilles.

ADMINISTRER DES MÉDICAMENTS

Je donne les médicaments oraux en utilisant une seringue ou une cuillère. Quand je donne un médicament, je soutiens le bébé ou je l'assois afin que sa tête soit plus haute que son corps. Je dois lui donner sa boisson favorite, mais je ne mélange jamais le médicament à une boisson, car je ne saurai pas s'il a pris la dose complète. Si cela convient aux directives, j'essaie de donner les médicaments oraux avant un repas, quand mon bébé a faim.

Quand je mets des gouttes dans les oreilles, j'assois ou j'étends mon bébé près de moi, sa tête de côté, reposant sur mon genou. Je tire le pavillon de son oreille légèrement vers le haut et vers l'arrière pour redresser son canal auditif et je laisse les gouttes tomber dans le canal auditif. Je m'assure de garder sa tête de côté 30 secondes environ pour éviter que les gouttes coulent vers l'extérieur.

Quand je mets des gouttes dans les yeux, j'étends le bébé sur le dos, sur mes genoux, et je supporte sa tête avec le creux de mon bras. Je tire délicatement la paupière inférieure afin que les gouttes puissent tomber entre le globe oculaire et la paupière inférieure. C'est difficile d'y parvenir seule ; j'enveloppe donc le bébé dans une couverture pour tenir ses bras ou j'attends que mon conjoint ou quelqu'un d'autre puisse m'aider à immobiliser le bébé en bonne position et ouvrir son œil.

PRÉPARER DES COMPRESSES ET DES SACHETS RÉFRIGÉRANTS

Pour faire une compresse, je trempe une débarbouillette ou un autre linge dans l'eau froide, puis je l'essore. Je la tiens fermement 5 à 10 minutes sur la zone d'enflure ou l'hématome. Pour faire un sachet réfrigérant, j'enveloppe un sac de pois surgelés – ou d'autres légumes – dans une serviette, ou j'utilise un sac de glaçons.

CRÉER UN ENVIRONNEMENT CONFORTABLE

De petits changements dans la chambre de mon enfant peuvent faciliter les soins quand il est malade. Il est important qu'il ne soit pas dans ma chambre ou mon lit autant que possible et, donc, pour l'avoir à l'œil tout le temps, je m'assure qu'il y a un moniteur pour enfant dans sa chambre. Cela me garde en contact tout en diminuant le nombre de fois où je dois aller et venir pour vérifier que tout va bien. De même, garder des papiers-mouchoirs, des lingettes humides et le thermomètre dans sa chambre m'évite d'aller chercher les choses à répétition.

S'il fait de la fièvre, il est pratique d'avoir une glacière contenant de l'eau près de son lit. Elle peut aussi être

---

PRÉVENIR L'INFECTION

De nombreuses maladies infantiles, dont des maladies de peau comme les éruptions allergiques et l'eczéma, quoique pénibles pour les parents et l'enfant, ne sont pas infectieuses. Cependant, les rhumes et les grippes se transmettent facilement de personne à personne par la dispersion des gouttelettes de la toux et des éternuements ainsi que par les objets inanimés comme les boutons de porte, les papiers-mouchoirs, les serviettes, etc. Quand vous prenez soin d'un enfant atteint d'une maladie infectieuse, il est important de toujours faire ce qui suit :

✓ Encouragez votre enfant à couvrir son nez et sa bouche quand il tousse ou éternue. Vous devriez avoir de nombreux papiers-mouchoirs à portée de la main.

✓ Lavez vos mains à l'eau et au savon, ou utilisez un nettoyant à base d'alcool pour les mains, souvent et particulièrement après avoir manipulé des papiers-mouchoirs usagés.

✓ Nettoyez fréquemment les surfaces dures, comme les poignées de porte, les jouets et l'équipement en utilisant votre produit de nettoyage habituel.

✓ Munissez votre enfant de ses propres serviette et débarbouillette et gardez-les à l'écart de celles des autres membres de la famille.

✓ Préparez-vous à garder, en quelque sorte, votre enfant isolé ; la chambre de « malade » idéale devrait être ordonnée et bien éclairée, afin que vous puissiez facilement détecter les signes que sa santé se détériore.

✓ Vérifiez auprès de votre médecin des précautions spéciales à prendre, comme porter un masque facial quand vous êtes près de votre enfant.

---

utilisée pour conserver de l'eau tiède servant à le rafraîchir. Cependant, tous les médicaments sont gardés sous clé dans un endroit inaccessible au bébé.

Pour égayer la pièce, je suspends quelques illustrations vivement colorées et je l'entoure d'une provision de livres et de bandes dessinées ainsi que de quelques jouets simples qui le distrairont. Les lecteurs audio avec histoires et chansons sont divertissants, tout comme un téléviseur portatif ou un lecteur de DVD.

Traiter les blessures bénignes

Il est quasi impossible de prévenir tous les accidents bénins et, par conséquent, il importe que je sache comment traiter les coupures, les ecchymoses, les morsures et les piqûres, les brûlures bénignes et les échardes. Ma trousse de premiers soins (voir à la page 188) est à portée de la main.

ECCHYMOSES

Les chutes et les chocs endommagent souvent les petits vaisseaux sanguins ; de ce fait, du sang se répand dans les tissus avoisinants causant une décoloration et une enflure.

Pour soigner une ecchymose...

✔ J'appliquerai une compresse froide 5 à 10 minutes sur la zone pour aider à réduire toute enflure.

ÉCORCHURES, COUPURES ET ÉGRATIGNURES

L'infection peut entrer dans une plaie ouverte et, donc, il est important de nettoyer la blessure et de l'aider à cicatriser. Idéalement, je devrai porter des gants jetables mais, s'ils ne sont pas disponibles, je peux me laver soigneusement les mains avant de commencer.

Pour soigner une écorchure, une coupure ou une égratignure...

✔ Je rincerai la blessure sous l'eau courante froide afin de la débarrasser de toute saleté, puis je la nettoierai avec des tampons d'ouate ou des coton-tiges, en utilisant un nouveau chaque fois que je nettoie la zone. Je commence par la plaie elle-même, puis je nettoie la peau autour afin de ne pas introduire dans la blessure des bactéries à partir de la peau environnante. J'utilise un morceau de gaze propre pour assécher la zone.

✔ J'appliquerai un pansement adhésif sur les petites blessures ou, sur les plus grandes, un pansement que je fixe en place avec un diachylon ou un bandage.

ÉGRATIGNURES ET MORSURES D'ANIMAUX

Les animaux domestiques sont une source de bactéries nuisibles. Après avoir traité une blessure, je devrai consulter mon médecin, car un antibiotique ou un rappel antitétanique peut être nécessaire.

Pour soigner une égratignure de chat...

✔ Je laverai l'égratignure soigneusement et j'appliquerai un désinfectant.

Pour soigner une morsure de chien...

✔ Je laverai soigneusement la zone au savon et à l'eau.

✔ Je tamponnerai pour assécher avec des tampons propres et je couvrirai de gaze stérile ou d'un pansement. Toutefois, si la zone saigne, j'appliquerai une pression ferme avec un pansement propre ou de la gaze stérile et j'élèverai le membre.

Si la plaie est profonde ou grande, ou si le saignement continue, je dois amener aussitôt mon enfant chez le médecin ou à l'urgence de l'hôpital le plus près de chez moi.

SAIGNEMENTS DE NEZ

Le saignement de nez se présente le plus couramment quand de petits vaisseaux à l'intérieur des narines sont brisés, soit par un coup au nez, soit à la suite d'un éternuement, d'avoir mis un doigt dans le nez ou s'être mouché. Un saignement de nez peut être dangereux si l'enfant perd beaucoup de sang.

Pour soigner un saignement de nez...

✓ J'assoirai mon enfant la tête penchée vers l'avant pour permettre au sang d'évacuer ses narines. Je lui dis de respirer par la bouche (ce qui aura un effet calmant), mais de ne pas parler, ni avaler, tousser, cracher ou renifler parce que cela pourrait déloger les caillots de sang qui se sont formés dans son nez.

✓ Je pincerai la partie molle de son nez et la tiendrai 10 minutes. Si le saignement n'a pas cessé, je réappliquerai la pression pendant deux autres périodes de 10 minutes.

✓ Une fois le saignement arrêté et l'enfant toujours penché vers l'avant, je nettoie le tour de son nez à l'eau tiède. Mon enfant doit se reposer tranquillement quelques heures et essayer de ne pas se moucher.

Si le saignement de nez est grave, ou s'il dure plus de 30 minutes au total, je dois amener mon enfant chez le médecin ou à l'urgence de l'hôpital le plus près de chez moi en m'assurant qu'il garde la tête penchée vers l'avant.

COUPS DE SOLEIL

Quoique mon enfant devrait toujours porter un chapeau et un écran solaire au soleil, s'il attrapait un coup de soleil, je devrai soulager la zone.

Pour soigner un coup de soleil...

✓ J'utiliserai une débarbouillette douce et propre pour tamponner de l'eau froide sur la zone affectée, puis j'applique de la calamine ou une autre crème calmante.

✓ Je m'assurerai que mon enfant boive des liquides frais car, s'il était dehors au soleil, il peut être déshydraté.

Si une grande zone est affectée, ou si la zone est cloquée, je dois obtenir un avis médical.

PIQÛRES

Pour soulager l'inconfort, je dois enlever le dard avec une pince à épiler.

Pour soigner une piqûre...

✓ J'essayerai de frotter la zone avec une carte rigide (carte de crédit ou autre).

✓ J'appliquerai un sachet réfrigérant pour soulager l'inconfort et l'enflure.

ÉCHARDES

Si une écharde est dans la peau, je dois tenter de l'ôter avec une pince à épiler. Celle-ci doit être stérilisée dans la flamme d'une allumette une seconde, puis laissée à refroidir. Si possible, je devrais porter des gants jetables pour réduire le risque d'infecter la plaie.

Pour enlever une écharde...

✓ Je laisserai couler de l'eau courante froide sur la zone pour enlever toute saleté.

✓ À l'aide de la pince à épiler, je saisirai l'extrémité de l'écharde et la retirerai fermement, mais délicatement, dans le même angle que celui de son entrée sous la peau.

Si l'écharde est enfoncée et qu'il n'y a aucun bout par lequel l'extraire, je dois avoir recours à une aide médicale (pousser autour pour tenter d'extraire l'écharde causera seulement de la douleur et pourra l'enfoncer plus profondément).

CORPS ÉTRANGERS

À l'occasion, les enfants s'enfoncent des objets dans les oreilles ou le nez, ou avalent des corps étrangers.

Si mon enfant s'est enfoncé quelque chose dans l'oreille...

✓ Je regarderai dans son oreille pour voir si l'objet est visible et je pencherai sa tête sur le côté pour faire tomber l'objet. S'il demeure enfoncé, je demande une aide médicale, car essayer d'ôter l'objet moi-même peut endommager les délicates structures internes de l'oreille ou l'enfoncer plus profondément dans l'oreille.

Si un objet se loge dans les narines de bébé, je demanderai une aide médicale pour l'enlever.

Si mon enfant a avalé un objet, je demanderai un avis médical. On pourra me conseiller de laisser la nature suivre son cours et attendre que l'objet passe dans les selles, ou on pourra me dire que des radiographies sont nécessaires pour suivre la progression de l'objet dans l'intestin, ou qu'un traitement est nécessaire pour retirer l'objet.

LE SERVICE D'URGENCE DE L'HÔPITAL OU DE LA CLINIQUE LE PLUS PRÈS DE CHEZ MOI

_____

Traiter les maladies et les maux courants

Je serai capable de prendre soin de mon enfant sans aide médicale supplémentaire quand il souffrira des nombreux maux qui suivent – quoique je devrai informer mon médecin s'il souffre de l'un ou l'autre d'entre eux. Par contre, certaines conditions rares et dangereuses – comme la méningite (voir à la page 251) et la septicémie (voir à la page 250) – ressemblent à des maladies moins dangereuses, c'est donc une bonne idée que je puisse reconnaître leurs symptômes et prendre les mesures appropriées. De toute manière, si j'ai des doutes sur la façon de traiter mon enfant correctement, je devrai obtenir un avis médical (voir aussi à la page 252).

ÉLÉVATION DE LA TEMPÉRATURE

Les poussées de température sont courantes durant l'enfance et, d'habitude, elles durent peu ; une température élevée signale que le système immunitaire travaille à se débarrasser d'une infection. Néanmoins, ces températures élevées exigent d'être traitées, parce que les enfants se sentent mal. Dans de rares cas, elles peuvent s'accompagner de convulsions.

L'élévation de la température est souvent associée aux frissons, aux maux de tête et à la déshydratation. Si mon enfant fait de la fièvre (voir « Prendre la température corporelle », à la page 252), il peut être rouge et chaud au toucher. Après avoir vérifié sa température et l'avoir

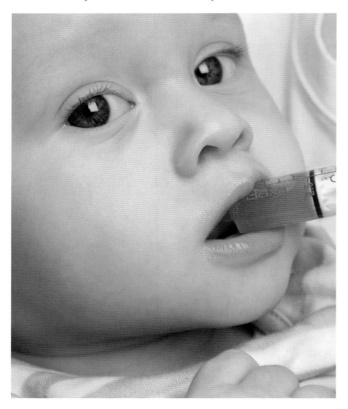

trouvée élevée, je dois suivre les conseils ci-dessous. Après avoir suivi ces mesures pendant environ 30 minutes (et pas moins), je peux prendre de nouveau la température de mon enfant. Si elle est plus basse, je peux continuer les mesures de rafraîchissement ; par contre, si elle demeure élevée pendant plus de 24 heures, ou si je m'inquiète de l'un de ces symptômes, je demanderai un avis médical.

Si la température de mon enfant est élevée je :

✓ M'assurerai qu'il boive beaucoup de boissons froides.

✓ L'épongerai avec une débarbouillette fraîche – et non pas froide – pour le rafraîchir.

✓ Lui donnerai un médicament pour faire baisser la fièvre, comme une préparation pour enfant à base d'ibuprofène.

✗ N'utiliserai pas trop de couvertures ou de vêtements ; même s'il frissonne, trop de couvertures et de vêtements ne feront qu'augmenter sa température corporelle et il se sentira encore plus mal.

✗ Ne surchaufferai pas la chambre ; si je me sens à l'aise dans mes vêtements habituels cela devrait me servir de guide.

Si mon bébé fais des convulsions – je dois :

✓ L'étendre ou le rouler sur le côté, idéalement avec la tête reposant à un niveau plus bas que le reste de son corps.

✓ Composer le 911 pour obtenir un avis médical d'urgence.

✗ Ne pas l'immobiliser, mais laisser la crise suivre son cours.

RHUMES

Différents virus causent le rhume et le reniflement. Mon bambin deviendra particulièrement vulnérable s'il fait partie d'un groupe de jeu ou s'il va à la garderie, car il sera en contact avec des infections que son système immunitaire n'a encore jamais croisées. Mon enfant peut attraper les virus du rhume si quelqu'un atteint d'un rhume tousse et éternue près de lui ou si quelqu'un souffrant du rhume essuie son nez avec sa main et touche ensuite mon enfant. Aller dehors

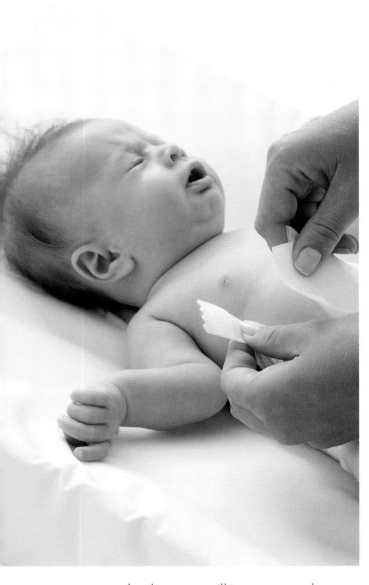

✓ Lui donnerai, si nécessaire, un médicament pour faire tomber la fièvre, comme une préparation d'ibuprofène pour enfant.

INFECTIONS DE L'OREILLE

Les infections aiguës de l'oreille moyenne (otites moyennes) sont courantes. De nombreux enfants ont des épisodes récurrents parce que la trompe d'Eustache, qui relie l'oreille moyenne au pharynx, est courte et droite, alors les sécrétions présentes lors d'un rhume, peuvent facilement contaminer l'oreille moyenne. Des épisodes récurrents d'otite moyenne peuvent causer une condition chronique.

Outre les symptômes de type rhume (dont le nez qui coule, les reniflements, la toux et la fièvre), s'il a une infection, mon enfant peut ne pas être capable de décrire sa douleur à l'oreille ; il ne peut que se sentir souffrant.

Si le tympan devient très enflammé, il peut se perforer (la pression provoque un éclatement), permettant au liquide de drainer vers l'extérieur. La perforation devrait guérir éventuellement.

Je dois obtenir l'avis de mon médecin pour un diagnostic de la maladie et le traitement. Si une infection est présente, mon médecin peut prescrire un antibiotique et un analgésique.

Si je soupçonne mon enfant d'avoir une infection d'oreille, je dois l'amener chez un médecin.

GRIPPE

Cette maladie virale hautement contagieuse est facilement transmise par les sécrétions de ceux qui en sont affectés. Les symptômes se développent quelques jours après le contact et sont similaires, mais plus graves, que ceux d'un rhume.

Je dois suspecter que mon enfant a une grippe s'il a une fièvre au-dessus de 37,5 °C (99,5 °F), ou 38 °C (100,4 °F) s'il a plus de 5 ans, et des frissons ; il peut aussi avoir le nez qui coule, une toux sèche et éternuer. Il peut se plaindre du mal de gorge et avoir des ganglions enflés. Il peut aussi manquer d'appétit.

D'ordinaire, les symptômes tendent à se calmer après quelques jours mais, les bébés et les jeunes enfants étant particulièrement vulnérables aux infections bactériennes secondaires, le mien peut avoir besoin d'un traitement médical.

sans manteau ou les cheveux mouillés ne cause pas le rhume.

Quand il souffre d'un rhume, mon enfant peut avoir le nez congestionné ou avoir un écoulement nasal, éternuer et, parfois, faire de la température. Parmi les autres symptômes, on trouve le mal de gorge, une toux surtout la nuit, une perte d'appétit, de la léthargie et de la fatigue.

Le rhume dure environ une semaine, mais certains enfants développent une infection pulmonaire ou de l'oreille.

Si mon enfant a un rhume, je :

✓ Lui donnerai du confort – en m'assurant qu'il absorbe assez de liquides.

Si je pense que mon enfant a la grippe, je :

✓ Suivrai les recommandations pour faire baisser la fièvre (voir à la page 256).

✓ Amènerai mon enfant chez le médecin s'il est très jeune ou si la fièvre est très forte (au-dessus de 39 °C/102,2 °F) ; si les symptômes persistent plus de quelques jours ; si mon bébé a des troubles respiratoires ou s'il a une respiration sifflante, mal aux oreilles ou un écoulement des oreilles, un très gros mal de gorge ou une toux persistante ou une toux accompagnée de sécrétions.

FAUX CROUP

Dans cette condition courante, une infection virale affecte le larynx et la trachée. Le faux croup peut être causé par un grand nombre de virus et il est particulièrement courant à l'automne. Il affecte les enfants entre 6 mois et 6 ans, mais ceux âgés de 1 à 2 ans ont plus de risques d'être affectés.

La maladie débutera souvent par une fièvre et des symptômes semblables à ceux du rhume, comme le nez qui coule et des reniflements. Les principaux symptômes se développeront ensuite – toux semblable à des jappements, respiration bruyante (particulièrement à l'inspiration) et enrouement. Ces symptômes ont tendance à empirer la nuit. L'inflammation et l'enflure de la paroi, si elles sont graves, causent des difficultés respiratoires.

Si mon enfant a des symptômes bénins, il peut être préférable de prendre soin de lui à la maison. Toutefois, si je suis inquiète, j'obtiendrai des soins médicaux, surtout si mon enfant continue à respirer bruyamment ou inspire difficilement.

Pour soigner mon enfant qui souffre de faux croup, je :

✓ M'assurerai qu'il boit beaucoup de liquides.

✓ Lui donnerai un médicament qui abaisse la fièvre comme une préparation pour enfant de d'ibuprofène.

✓ Utiliserai un vaporisateur ou placerai un bol d'eau sur un radiateur.

CONJONCTIVITE

Particulièrement répandue durant les deux premières semaines après la naissance, je devrais suspecter une conjonctivite si le tissu qui couvre le globe oculaire de mon enfant et tapisse sa paupière (la conjonctive) devient rouge. Condition courante, elle se résout souvent sans médication, mais parfois un traitement d'antibiotique, sous forme de gouttes ou d'onguent, est nécessaire.

Pour soigner la conjonctivite de mon enfant, je :

✓ Essuierai ses yeux de l'intérieur vers l'extérieur avec des tampons d'ouate et de l'eau bouillie tiède (en changeant de tampon pour chaque œil pour enlever l'écoulement).

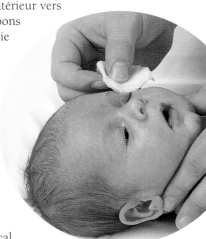

✓ M'assurerai que mon enfant ne partage pas sa débarbouillette ou sa serviette pour éviter la transmission à d'autres.

✓ Solliciterai un avis médical si la rougeur et l'écoulement persistent.

GASTROENTÉRITE ET EMPOISONNEMENT ALIMENTAIRE

Les bébés et les jeunes enfants sont particulièrement à risque des effets des maux d'estomac, car ils se déshydratent rapidement (voir l'encadré, à la page suivante). La gastroentérite peut résulter de bactéries et virus divers, dont certains sont transmis par un manque d'hygiène lors de la manipulation d'aliments. La cause la plus courante de gastroentérite contagieuse est l'infection au rotavirus. Elle est particulièrement courante en hiver.

Je devrai suspecter une gastroentérite si mon enfant souffre de diarrhée et, peut-être, de vomissements, de fièvre, d'apathie et de signes de déshydratation. Il peut aussi se plaindre de douleurs abdominales.

Si je pense que mon enfant est affecté, je :

✓ M'assurerai qu'il boit assez de liquides, particulièrement les solutions de réhydratation orales (recommandées par mon médecin ou mon pharmacien).

✓ Donnerai un médicament qui abaisse la fièvre comme une préparation pour enfant d'ibuprofène.

✗ N'éliminerai pas le lait de son alimentation ou je le donnerai sous une forme diluée avec de l'eau.

Déshydratation

Elle est courante quand les enfants sont malades. Si votre enfant manifeste un ou plusieurs des signes ci-dessous, il est déshydraté.

- Il urine moins que d'habitude.
- Il a les yeux creux.
- Sa peau et les parois de la bouche sont sèches
- Il est léthargique
- Il respire plus rapidement que d'habitude
- Il est plus somnolent et moins alerte que d'habitude

Je dois consulter le médecin si...

✓ Les vomissements ou la diarrhée persistent pendant plus de 24 heures.

✓ Mon enfant présente des signes de déshydratation.

✓ Il y a du sang dans ses selles.

✓ Mon enfant a une très forte fièvre.

VARICELLE

Dans cette maladie courante, le virus de la varicelle et du zona se répand sur tout le corps, causant l'éruption cutanée caractéristique. Les taches rouges, qui tendent à apparaître d'abord sur la tête et le tronc avant de se répandre sur les bras et les jambes, se transforment bientôt en petites cloques. Un enfant affecté peut aussi avoir une fièvre légère. Les lésions mettent 5 jours à apparaître et, au cours des quelques jours qui suivent, elles croûtent. Il n'y a parfois que quelques lésions.

Chez la plupart des enfants, le problème principal est la démangeaison causée par les lésions ; si des lésions sont présentes dans la bouche, elles peuvent causer des irritations. Cependant, dans quelques cas, des complications peuvent se développer, comme une infection des lésions. La plupart des enfants iront mieux au bout de 10 à 14 jours.

La maladie n'est plus contagieuse une fois que toutes les lésions sont croûtées.

Pour soigner la varicelle, je :

✓ Appliquerai de la calamine ou d'autres crèmes anti-démangeaison sur les lésions.

La varicelle cause de fortes démangeaisons, une lotion calmante comme la calamine procure un soulagement.

✓ Donnerai un médicament qui réduit la fièvre comme une préparation pour enfant d'ibuprofène.

✓ Solliciterai une avis médical si le système immunitaire de mon enfant est faible ou si ses symptômes sont graves.

CINQUIÈME MALADIE

Causée par un type de parvovirus, cette condition peut se présenter à tout moment de l'année, mais elle est particulièrement courante au printemps et peut être contractée à tout âge. Le virus est souvent transmis par les sécrétions de ceux qui sont infectés. Les complications sont rares chez les enfants, mais elles peuvent inclure des articulations douloureuses et de l'inflammation.

La maladie peut commencer par une fièvre (qui peut être bénigne) ou un mal de tête. Environ une semaine plus tard, les joues rougiront, puis suivra une éruption sur le tronc, les bras et les cuisses, avec possiblement des démangeaisons et pourra persister jusqu'à 6 semaines.

Aucun traitement spécifique n'est requis, car les symptômes sont très bénins ; donc, si mon enfant est affecté, il peut continuer de fréquenter la garderie.

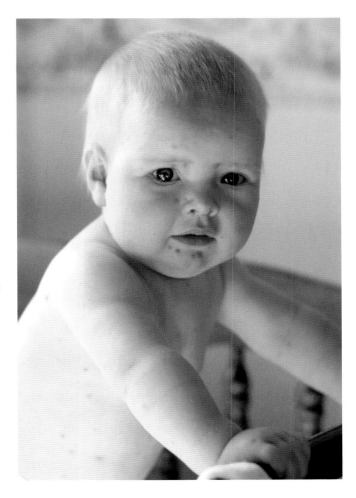

SYNDROME PIEDS-MAINS-BOUCHE

Cette maladie virale courante provoque des cloques dans la bouche (dont la langue) et sur les mains et les pieds. Ces cloques sont douloureuses, mais disparaissent en moins d'une semaine environ. La maladie peut se présenter à tout âge, mais les enfants de moins de 10 ans sont le plus souvent affectés. Si mon enfant est atteint, il sera généralement pâle, avec possiblement de la fièvre, pendant un jour ou deux, puis il aura un mal de gorge suivi de petits boutons dans la bouche qui se transformeront bientôt en ulcères douloureux. Un jour ou deux plus tard, des boutons se développeront sur les mains et les pieds, de même que sur les jambes, les fesses et d'autres régions du corps dans certains cas. Les boutons ressemblent à ceux de la varicelle, mais sont plus petits et ils démangent moins (quoiqu'ils soient plus douloureux).

En général, c'est une maladie relativement peu grave, les cloques disparaissant en une semaine environ. Le problème le plus important pour un enfant affecté de ce mal, c'est la douleur dans la bouche : il a mal quand il mange et avale.

Pour soigner le syndrome pieds-mains-bouche, je :

✓ Donnerai un médicament qui réduit la fièvre comme une préparation pour enfant d'ibuprofène.

✓ Offrirai des breuvages frais et des sucettes glacées pour aider à soulager la bouche de mon enfant.

✓ Encouragerai mon enfant à boire même si cela lui fait mal pendant quelques jours.

✓ M'assurerai que mon enfant se lave les mains après être allé à la toilette et avant de manger. De bonnes mesures d'hygiène sont importantes, car cette maladie est contagieuse, en particulier quand les boutons et les ulcères sont présents, et peut être transmise par les selles.

ROUGEOLE

Cette maladie virale potentiellement grave est devenue moins courante grâce au vaccin contre la rougeole, mais elle se manifeste toujours et elle est en hausse actuellement à cause de la baisse de l'administration du vaccin ROR (rougeole, oreillons, rubéole). Les enfants qui ont un système immunitaire faible, comme ceux qui sont traités pour un cancer, sont particulièrement à risque.

Les enfants qui souffrent de la rougeole se sentent misérables et fatigués, mais ce n'est qu'un petit nombre qui souffre de complications qui mettent leur vie en danger ; dans environ 1 cas sur 5000, il se produit une inflammation du cerveau (encéphalite) et une hépatite (inflammation du foie).

La maladie commence par une fièvre et les symptômes du rhume, dont les reniflements, la toux et, parfois, une conjonctivite. L'éruption apparaît après environ 3 jours : d'abord sur le visage, ensuite derrière les oreilles, puis vers le reste du corps. L'éruption se présente en groupes de petites plaques rouges, après 3 jours environ, les rougeurs se touchent et forment des taches marbrées mais laissent entre elles des intervalles de peau saine. Des infections aux oreilles et une pneumonie peuvent se développer.

Un enfant est contagieux avant que l'éruption ne se produise et jusqu'au cinquième jour après celle-ci.

Pour soigner la rougeole de mon enfant, je :

✓ Donnerai un médicament qui réduit la fièvre comme une préparation pour enfant d'ibuprofène.

✓ M'assurerai qu'il boit assez de liquides.

Parmi les maladies infantiles courantes, la rougeole figure parmi les plus sérieuses et les enfants affectés peuvent être très malades. Assurez-vous que votre enfant est vacciné contre cette maladie.

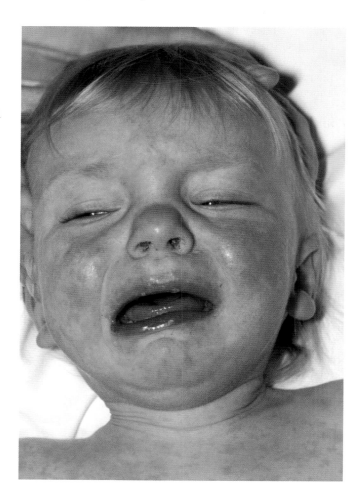

✓ Consulterai un médecin si mon enfant développe une infection d'oreille ou si sa condition ne s'améliore pas ; des antibiotiques peuvent être nécessaires.

OREILLONS

Les oreillons ont tendance à être une maladie moins grave, pendant laquelle un enfant peut ne pas présenter de symptômes particuliers, ou il peut avoir une fièvre durant environ 3 jours et l'inflammation et l'enflure caractéristiques des glandes parotides qui se trouvent devant les oreilles. À l'occasion, des complications surviennent ; des problèmes d'ouïe peuvent faire suite aux oreillons, mais ils sont d'un seul côté et temporaires ; par contre, chez quelques enfants, le virus des oreillons peut causer une méningite et une encéphalite.

Dans le sillage de la baisse de l'administration du triple vaccin ROR (rougeole, oreillons, rubéole), plus d'enfants non immunisés ont été une fois de plus affectés. Les oreillons tendent à éclore en hiver et au printemps. La maladie se transmet par les sécrétions de ceux qui sont infectés.

Les premiers symptômes sont l'enflure des glandes devant les oreilles, ce qui peut commencer d'un côté mais, dans la plupart des cas, l'autre côté enflera aussi en quelques jours. Les glandes enflées peuvent être douloureuses, il peut y avoir des malaises pour avaler et de la douleur aux oreilles. L'enflure dure entre 5 et 10 jours. La maladie est contagieuse pendant une semaine après que les glandes parotides ont commencé à enfler.

Pour soigner les oreillons de mon enfant, je :

✓ Offrirai abondamment de liquides et d'aliments mous si avaler est douloureux.

✓ Donnerai un médicament qui abaisse la fièvre comme une préparation pour enfant d'ibuprofène.

✓ Contacterai d'urgence mon médecin si mon enfant devient gravement malade, a mal à la tête, le cou raide, les testicules enflés, des douleurs abdominales, ou s'il a un mal d'oreilles persistant.

ROSÉOLE OU EXANTHÈME SUBIT

Cette maladie virale courante cause une éruption et une forte fièvre, 39 °C à 40 °C (102,2 °C à 104 °F). Elle est particulièrement courante entre 6 mois et 2 ans.

Les premiers symptômes sont une forte fièvre, une toux sèche, un mal d'oreilles et l'enflure des ganglions du cou ; certains enfants souffrent de diarrhée légère. Après quelques jours, une éruption de petites taches rouges se répand sur le visage et le tronc. D'habitude, la maladie disparaît par elle-même au bout d'une semaine environ.

Pour soigner la roséole de mon enfant, je :

✓ Donnerai un médicament qui abaisse la fièvre comme une préparation pour enfant d'ibuprofène, car une forte fièvre peut se compliquer de convulsions.

✓ M'assurerai qu'il absorbe suffisamment de liquides.

RUBÉOLE

Habituellement, cette maladie virale est bénigne chez ceux qui sont affectés et peut passer inaperçu mais, durant la grossesse, elle peut causer des malformations fœtales (avant la 20e semaine). L'infection est transmise par les sécrétions de ceux qui en souffrent.

Une éruption de minuscules petites taches roses apparaît sur le visage et le tronc avant de se répandre au reste du corps. L'éruption dure jusqu'à 5 jours. Il peut y avoir une adénopathie cervicale et une fièvre bénigne, mais aucun autre signe particulier de maladie. Une inflammation des articulations (arthrite) et du cerveau (encéphalite) peut se produire, mais très rarement.

Pour soigner la rubéole de mon enfant, je :

✓ Donnerai un médicament qui abaisse la fièvre comme une préparation pour enfant ou d'ibuprofène.

✓ Préviendrai aussitôt mon médecin si je suis enceinte et n'ai pas été vaccinée contre la maladie ou testée pour des anticorps à la maladie.

IMPÉTIGO

Causée par une infection bactérienne, cette affection courante de la peau se transmet très facilement. L'impétigo est particulièrement courant au début de l'enfance et tend à se développer sur des zones de la peau qui sont déjà fragilisées, à titre d'exemple par l'eczéma (voir ci-dessous).

Le visage et les mains de l'enfant afficheront des taches rougeâtres et des cloques et, bientôt, d'autres régions de la peau seront affectées. Le contenu des cloques suinte, laissant des zones croûtées habituellement de couleur miel.

Si je pense que mon enfant souffre d'impétigo, je...

✓ Consulterai mon médecin. Il est fort probable qu'il prescrira un antibiotique, parfois sous forme d'onguent, dans les cas légers, mais habituellement en médicaments oraux.

✓ Garderai mon enfant à la maison jusqu'à ce que les zones soient complètement sèches, car cette condition est très contagieuse.

ECZÉMA

L'eczéma est une maladie chronique qui peut exiger les soins d'un médecin spécialiste. C'est une affection courante – jusqu'à 20 % des enfants en sont affectés –, quoique les symptômes puissent habituellement être soulagés en grande partie par les mesures décrites ci-dessous et la condition a tendance à diminuer d'intensité avec l'avancée en âge des enfants affectés. L'eczéma apparaît souvent durant les premières années de vie. Souvent, les membres de la famille des enfants affectés auront d'autres conditions allergiques, comme l'asthme et le rhume des foins, auxquels les enfants souffrant d'eczéma sont à risque plus élevé. Certains enfants affectés peuvent avoir des allergies à des aliments particuliers ou à un ingrédient dans la nourriture.

Les rougeurs et les démangeaisons de la peau peuvent être intenses causant, à ceux qui sont le plus affectés, des difficultés à dormir la nuit. Un environnement chaud peut aggraver la démangeaison. Les zones que les enfants grattent suinteront et formeront des croûtes. À force de gratter, la peau peut épaissir. La peau a tendance à être sèche partout et exige de fréquentes applications d'hydratant non parfumé. Des plaques d'eczéma seront parfois infectées, si des bactéries pénètrent dans la peau endommagée. Des infections virales, comme l'herpès, peuvent aussi causer des infections de la peau dans les zones affectées. La condition de certains enfants s'aggrave quand ils sont stressés.

Les zones du corps sur lesquelles l'éruption d'eczéma apparaît tendent à changer avec l'avancée en âge de l'enfant.

Le visage, le cou et parfois le cuir chevelu d'un enfant sont le plus couramment affectés tandis que, chez les enfants plus vieux, ce sont les creux des articulations qui sont sujets à avoir des plaques.

Si mon enfant développe de l'eczéma, je dois voir mon médecin qui peut prescrire un onguent ou une crème à base de stéroïde ou des médicaments oraux, comme des antihistaminiques pour soulager la démangeaison. Il peut prescrire d'autres médicaments si une infection bactérienne ou virale se présente. À l'occasion, l'eczéma requiert un traitement à l'hôpital.

L'eczéma cause rougeurs et démangeaisons de la peau. Il peut apparaître vraiment tôt dans la vie, mais diminue souvent d'intensité avec l'avancée en âge de l'enfant.

Pour soigner l'eczéma de mon enfant, je :

✓ Garderai ses ongles courts et éviterai les substances qui peuvent irriter sa peau, comme le savon et les lotions parfumées (je peux utiliser des substituts de savon) et les tissus de fibres synthétiques.

✓ Utiliserai en petites quantités l'onguent ou la crème à base de stéroïde prescrits par mon médecin et suivrai les instructions.

OXYURES

Cette infestation est courante durant l'enfance et notamment chez les enfants d'âge préscolaire. Les vers vivent dans l'intestin mais, durant la nuit, les femelles descendent à l'extrémité de l'intestin et pondent leurs œufs dans la zone autour de l'anus (les minuscules vers peuvent être visibles dans la zone anale). Les œufs sont récoltés par les doigts quand l'enfant se gratte, puis transmis aux autres et ingérés, engendrant un nouveau cycle.

Les oxyures peuvent se répandre facilement et des mesures d'hygiène strictes sont nécessaires pour les éradiquer de façon permanente. Les vers peuvent causer une démangeaison intense autour de l'anus et, parfois, dans la zone génitale. Il peut aussi y avoir de la douleur. Cependant, certains enfants affectés n'ont aucun symptôme et la condition peut perdurer, ignorée, pendant quelque temps.

Si je pense que mon enfant a des vers, je dois voir mon médecin. Il peut prescrire plusieurs médicaments différents et chaque membre de ma famille devrait être traité. Ces médicaments ne tuant pas les œufs, des mesures d'hygiène doivent donc être maintenues pendant six semaines, ce qui correspond à la durée de vie des oxyures.

Même avec des médicaments et des mesures d'hygiène, les vers peuvent persister. Si c'est le cas de mon enfant, mon médecin pourra me conseiller d'autres médicaments et des méthodes d'hygiène plus approfondies.

Pour traiter les oxyures chez mon enfant, je :

✓ Couperai ses ongles courts et l'encouragerai à porter des gants de coton pour éviter qu'il ne se gratte. Autant que possible, j'essaierai de l'empêcher de sucer son pouce ou de se ronger les ongles.

✓ M'assurerai que mon enfant se lave les mains fréquemment et minutieusement et qu'il ne partage pas sa serviette ou sa débarbouillette avec d'autres membres de la famille.

✓ Changerai les sous-vêtements de mon enfant et ses vêtements de nuit quotidiennement.

✓ Laverai soigneusement toute la literie, les serviettes, les sous-vêtements et les vêtements de nuit.

POUX DE TÊTE

Ils sont courants dans les garderies et les écoles où les enfants sont en contacts étroits les uns avec les autres. Je devrai suspecter qu'il y a des poux dans le cuir chevelu de mon enfant s'il se gratte intensément. En fait, je peux voir les poux sur son cuir chevelu ou les œufs sur ses cheveux. Ces œufs sont appelés lentes. Ils collent aux cheveux et s'éloignent du cuir chevelu avec la croissance des cheveux.

Les recommandations précises de traitement changent, car les poux peuvent résister à certains médicaments. Néanmoins, toutes impliquent l'application de lotion ou d'un après-shampooing pour cheveux et utilisent souvent un peigne à dents fines pour extraire les poux des cheveux.

Si mon enfant a des poux, je :

✓ Demanderai conseil à mon médecin ou pharmacien pour connaître le meilleur traitement à utiliser.

✓ M'assurerai que les brosses, peignes et serviettes de mon enfant sont soigneusement nettoyés et non partagés avec les autres membres de la famille, car les poux peuvent se transmettre par leur usage en commun.

Premiers soins d'urgence

Certaines situations mettent la vie en danger et, si l'une d'entre elles se présente, je dois obtenir l'aide d'un médecin rapidement ou composer le 911 pour une ambulance. Par contre, j'ai aussi besoin de connaître les techniques de base des premiers soins si mon enfant est inconscient, étouffé ou s'il arrête de respirer. Ces techniques diffèrent selon l'âge de mon enfant. En cas d'accident grave, je dois mettre mon enfant en position de recouvrement, sous une couverture chaude au besoin.

POSITION DE RECOUVREMENT

Cette position peut aider à préserver la respiration de mon enfant. Si mon enfant perd conscience, mais respire encore, je dois le tenir ou le placer dans cette position. Jusqu'à l'arrivée de l'aide médicale, je devrai surveiller ses signes vitaux – déterminer son niveau de réaction (conscient ou non), la présence d'un pouls et s'il respire encore. S'il cesse de respirer, je dois suivre les conseils sur l'étouffement (voir à la page 265).

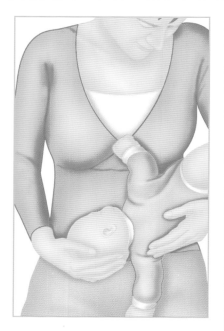

Bébé
Je dois tenir mon bébé comme si je lui donnais un câlin, mais il doit être sur le côté, la tête plus basse que l'abdomen et inclinée.

Bambin
Je dois placer mon enfant sur le côté afin que le bras sous lui forme un angle droit. Je déplace ensuite son autre bras afin que le dos de sa main soit sous sa joue. Je dois remonter le genou du dessus jusqu'à ce que son pied soit à plat sur le plancher et que sa jambe forme un angle droit. Je peux m'assurer que ses voies respiratoires demeurent ouvertes en soulevant son menton. Je dois continuer de vérifier sa respiration jusqu'à l'arrivée de l'aide.

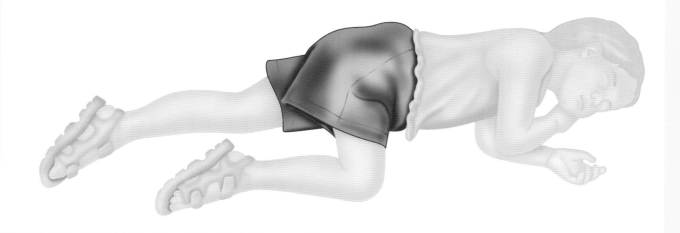

TRAITER L'ÉTOUFFEMENT

Si mon enfant commence à s'étouffer, mais est capable de parler ou de pleurer, quelque chose qui peut se dégager par lui-même peut obstruer ses voies respiratoires. Par contre, s'il ne peut que signaler ou avoir l'air désemparé, de bonnes tapes dans le dos et des compressions thoraciques (voir ci-dessous) seront nécessaires. S'il n'y a pas de dégagement après 3 cycles de chacun, je dois composer le 911 pour une ambulance avant de continuer. Si sa condition se détériore (il n'a plus de réaction), je dois le réanimer (voir à la page 266). Après l'administration de compressions de la poitrine, je dois appeler une ambulance.

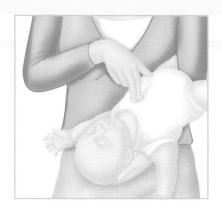

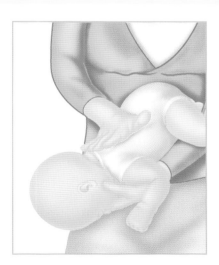

Jusqu'à 1 an

1 Je dois étendre mon bébé le visage vers le bas le long de mon avant-bras afin que sa tête soit tenue plus basse. Avec la paume de ma main, je lui donnerai jusqu'à 5 bonnes tapes dans le dos entre les omoplates (tel qu'illustré). Je dois vérifier sa bouche rapidement après chacune et retirer tout obstacle. S'il n'y a pas dégagement de l'obstacle...

2 Je dois retourner le bébé sur le dos et appliquer des compressions thoraciques. En utilisant 2 doigts, j'appuierai 5 fois au milieu de sa poitrine. Après chaque compression, je vérifierai sa bouche rapidement. S'il n'y a pas dégagement de l'obstacle, après 3 cycles de chacun, je dois appeler une ambulance et continuer ensuite les cycles de tapes dans le dos et de compressions thoraciques jusqu'à l'arrivée de l'aide.

Plus d'un an

1 En utilisant la paume de ma main, je devrai donner 5 bonnes tapes entre les omoplates de mon enfant et vérifier sa bouche rapidement entre chaque tape pour enlever tout obstacle. S'il n'y a pas de dégagement...

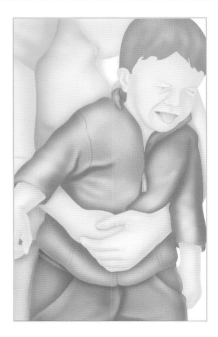

2 Je dois appliquer 5 compressions abdominales. Je placerai mon poing fermé entre son nombril et le bas de son sternum et je pousserai en même temps vers l'intérieur et vers le haut, en vérifiant sa bouche rapidement entre chaque compression. S'il n'y a pas de dégagement après 3 cycles de chacun, je dois appeler une ambulance, puis continuer les cycles de bonnes tapes dans le dos et de compressions abdominales.

PRATIQUER LA RÉANIMATION CARDIOPULMONAIRE (RCP)

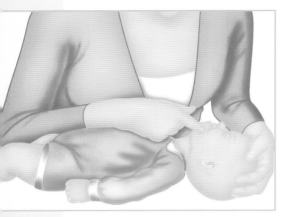

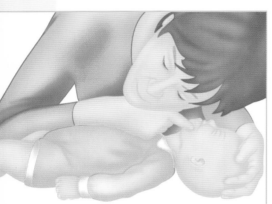

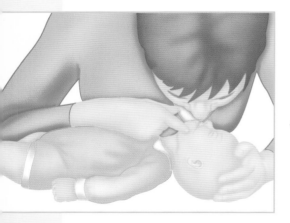

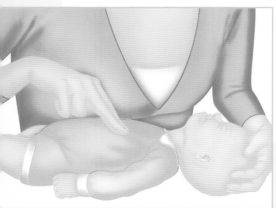

Si mon bébé ou mon enfant n'a plus de réaction, s'il ne réagit pas quand je l'appelle ou je frappe délicatement son pied, je dois faire ce qui suit :

Moins de 1 an

1 Je dois mettre une main sur le front de mon bébé et délicatement pencher sa tête vers l'arrière et soulever son menton. Avec mon doigt, j'enlève toute obstruction visible de sa bouche et de son nez.

2 Je vérifie ensuite s'il respire en regardant, écoutant et sentant sa respiration sur ma joue pendant au moins 10 secondes. S'il ne respire pas normalement, je dois, pendant 1 minute, suivre les étapes 3 et 4, puis composer le 911 pour une ambulance. Si une autre personne est présente, je lui demanderai d'appeler une ambulance de toute urgence.

3 Ensuite, je dois emplir mes joues d'air et placer ma bouche sur la bouche et le nez du bébé et souffler délicatement et régulièrement 2 fois. Je dois observer sa poitrine et cesser de souffler quand elle se soulève ; je la laisse ensuite redescendre.

4 Je dois ensuite placer 2 doigts au milieu de sa poitrine et appuyer au tiers de l'épaisseur de sa poitrine. Après 30 compressions de poitrine (au rythme de 100 à la minute), je lui donnerai 2 respirations (comme à l'étape 3). Je dois continuer avec des cycles de 30 compressions de poitrine et 2 souffles jusqu'à ce que les secours arrivent.

Plus de 1 an jusqu'à la puberté

1 Je dois placer une main sur le front de mon enfant, délicatement pencher sa tête vers l'arrière et soulever son menton. J'enlèverai tout obstacle visible de sa bouche et de son nez.

2 Je pincerai ensuite le nez de mon enfant. en plaçant ma bouche sur la sienne, je soufflerai délicatement dans ses poumons 2 fois, en regardant sa poitrine quand je souffle. Je dois prendre des respirations peu profondes et ne pas vider mes poumons complètement. Quand la poitrine de mon enfant se soulève, j'arrête de souffler et la laisse redescendre.

3 En tenant mon bras droit, je placerai ma main au centre de sa poitrine et, avec la paume de ma main, j'appuierai vers le bas à un tiers de la profondeur de sa poitrine 30 fois (au rythme de 100 compressions à la minute). Selon sa taille, je pourrai avoir besoin des deux mains. Après chaque séquence de 30 compressions de la poitrine, je lui donnerai 2 respirations (comme à l'étape 2).

4 Je dois poursuivre les cycles de 30 compressions et 2 respirations jusqu'à ce que l'aide arrive.

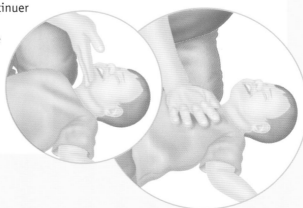

EMPOISONNEMENT

Si mon enfant ingère quelque chose de nocif ou si je soupçonne qu'il l'a fait, ou si un poison potentiel est entré en contact avec sa peau et ses yeux, je dois composer le 911 pour une ambulance immédiatement.

Je devrai essayer de découvrir ce qu'il a pris, la quantité et depuis quand, afin de pouvoir informer le médecin ou les ambulanciers. Je garderai un échantillon de ses vomissements – mais je n'essaierai pas de le faire vomir. Il peut avaler de petites gorgées d'eau, mais non de grandes quantités. S'il respire, mais est inconscient, je le mettrai en position de recouvrement (voir à la page 264).

BRÛLURES

Les bébés qui se brûlent, même s'il s'agit d'une brûlure mineure ou superficielle, devraient recevoir des soins médicaux d'urgence.

Je rafraîchirai la brûlure aussi vite que possible en plaçant la zone affectée sous l'eau courante froide 10 minutes au moins.

Je n'appliquerai aucune crème qui pourrait causer une infection, mais couvrirai simplement la blessure d'une gaze stérile, non adhésive, tel un mouchoir de tissu propre ou un autre emballage propre comme une pellicule plastique. J'utiliserai un bandage lâche pour tenir le pansement en place. Je lui ferai lever le bras pour réduire l'enflure.

SAIGNEMENT

Si mon enfant saigne, mon souci principal sera d'arrêter le flot en attendant que l'ambulance arrive (composez le 911), ou pendant que j'amène mon enfant à l'hôpital. Si possible, je porterai des gants jetables pour réduire le risque d'infection croisée. Je dois vérifier qu'il n'y a pas d'objet enfoncé dans la plaie.

Si rien n'est enfoncé, je presserai la plaie avec ma main, idéalement avec un tampon propre, et je la protégerai avec un bandage. Si la plaie est sur un bras ou une jambe, j'élèverai le membre blessé au-dessus du niveau de son cœur.

Si je pense qu'un objet est enfoncé, je ne presserai pas l'objet, mais presserai fermement de chaque côté de la plaie et formerai un tampon tout autour avant de mettre un bandage pour éviter d'exercer une pression sur l'objet lui-même.

ÉLECTROCUTION

Je devrai composer le 911 pour une ambulance immédiatement.

Je couperai ensuite le contact entre mon enfant et l'appareil électrique en fermant le courant du circuit.

Si je ne peux l'atteindre, je dois me tenir sur un matériau d'isolation sec, comme un annuaire téléphonique, pour me protéger. Ensuite, en utilisant quelque chose de non conducteur (à titre d'exemple, un balai à manche en bois) je pousserai mon enfant loin de la source électrique ou je pousserai la source loin de lui.

Si à un moment ou un autre, mon enfant cesse de respirer ou devient inconscient, je suivrai les instructions données pour la CPR (voir à la page 264) jusqu'à ce que l'aide arrive.

NOYADE

Si je trouve mon enfant sous l'eau, je le sortirai aussitôt et le tiendrai afin que sa tête soit plus basse que son corps. Cela aidera à éviter que l'eau, ou les vomissements s'il régurgite, entre dans ses poumons. S'il est inconscient, mais respire toujours, je le mettrai en position de recouvrement pendant que je compose le 911. S'il ne respire pas, je commencerai la réanimation (voir « Traiter l'étouffement », à la page 265). De l'eau dans les poumons signifie que je devrai respirer plus fort que d'ordinaire pour que ses poumons se gonflent adéquatement.

Index

Remerciements

ILLUSTRATIONS

Amanda Williams

FOURNISSEURS

Nos remerciements aux entreprises suivantes qui ont fourni des produits et des photographies :
Mothercare, pour l'équipement présenté aux pages 80-81, 82, 91 et 198 ; Babybjorn, pages 176 et 199.

PHOTOGRAPHIES

Première de couverture : (haut) © Yuri Arcurs_Dreamstimes.com (photo d'ambiance) © fmp_Istockphoto.com (photos de gauche à droite) © photolibrary.com, © Brigit Levesque (Anne-Julia), © photolibrary.com, © Yuri Arcurs_Dreamstimes.com, © Dmitry Kurnyavko_Dreamstimes.com
4ᵉ de couverture : (haut) © Yuri Arcurs_Dreamstimes.com (photo de gauche de haut en bas) © photolibrary.com

© Professeur Stuart Campbell, pages 26-27 et 29.

PHOTOLIBRARY.COM

pages 6, 7, 8-9, 12, 14, 15 (haut droite et centre gauche), 18 à 23, 26, 33, 34, 35, 37, 40, 41, 42, 52, 54, 61, 62, 70-71, 73, 87, 98-99, 100-101, 102, 104, 105, 107, 109, 110, 112-113, 114, 116, 117, 131, 133 (gauche et centre), 134-135, 136, 141, 144-145, 160, 164, 171, 177, 178, 179, 180, 182-183, 185, 186 (bas gauche), 187 (bas gauche), 190, 192, 201, 204, 206, 210-211, 214, 216, 219, 220, 221, 224, 225, 226, 228, 230, 234, 241, 242, 243, 244-245, 246, 247, 248, 249, 254, 259, 262, 263, 264, 267.

SCIENCE PHOTO LIBRARY

Page 15 Saturn Stills (haut gauche) Mendil (centre droite), p. 111 Mark Clarke, p. 122 Dʳ P. Marazzi, p. 137 Mike Devlin (haut gauche), Dʳ P. Marazzi (haut droite), Dʳ P. Marazzi (bas gauche) Dʳ P. Marazzi (bas droite), p. 151 Tek Image, p. 251 Gustoimages, p. 260 Dʳ M.A. Ansary.

GETTY IMAGES

Pages 27, 200 et 181.